地方は復活する

北海道・鹿児島・沖縄からの発信

編 三大学院共同出版編集委員会
　　松本源太郎・村上了太・菊地裕幸

日本経済評論社

目次

序章　北海道・鹿児島・沖縄からの地域再生
　………………………………………… 松本源太郎・村上了太・菊地裕幸　1

第Ⅰ部　地域の歴史とグローバリゼーション

第1章　北海道・鹿児島・沖縄の歴史的位置 ………… 桑原真人　15

　1.　日本史における「辺境」の位置　15
　2.　中世国家と「異域」論　16
　3.　明治国家と「内国植民地」論　17
　4.　幕藩制国家と「四つの口」論　22
　5.　北と南を結ぶ交易　25
　6.　「昆布ロード」の成立　27

第2章　沖縄に即して考える「地域個性と経済学」……… 来間泰男　31

　1.　はじめに　31
　2.　原始・古代の北海道・鹿児島・沖縄　33
　3.　「琉球王国」の成立と展開　35
　4.　薩摩藩支配下の琉球王国　37
　5.　近代の入口での北海道・沖縄の編入　39
　6.　沖縄県土地整理事業　41
　7.　再び日本から分離された沖縄　42
　8.　沖縄の日本復帰　43
　9.　おわりに　44

第3章　北海道農業とドイツ人招聘農家 ……………… 石井　聡　46

　　1．はじめに　　　　　　　　　　　　　　　　　　　　　46
　　2．十勝における甜菜栽培の開始　　　　　　　　　　　　49
　　3．2戸のドイツ人農家　　　　　　　　　　　　　　　　51
　　4．ドイツ人農家が残したもの　　　　　　　　　　　　　55
　　5．おわりに　　　　　　　　　　　　　　　　　　　　　59

第4章　近世末～近代初頭の歴史から見た鹿児島の地域性 … 中村明蔵　64

　　1．藩政期全国2位の石高が，いまは　　　　　　　　　　64
　　2．農民に過重な負担　　　　　　　　　　　　　　　　　67
　　3．辺境の文化向上策と財政難　　　　　　　　　　　　　70
　　4．廃仏毀釈とニセ金鋳造　　　　　　　　　　　　　　　72
　　　(1) 廃仏毀釈　72
　　　(2) ニセ金鋳造　75
　　5．近代化への遅滞　　　　　　　　　　　　　　　　　　77
　　　(1) 明治前期の悲惨な文化・社会状況　77
　　　(2) 近代は士族のセカンドステージ　84
　　　(3) 町人を嫌う風土　88
　　6．新しい価値観の創出へ　　　　　　　　　　　　　　　90

第5章　アジアの経済統合と沖縄 ……………………… 富川盛武　94

　　1．はじめに　　　　　　　　　　　　　　　　　　　　　94
　　2．沖縄の位置と発展可能性　　　　　　　　　　　　　　95
　　　(1) 沖縄の位置と発展可能性　95
　　　(2) アジア経済統合の先進地：沖縄　95
　　3．アジアの経済統合と共通基盤（プロトコル）　　　　　96
　　　(1) 経済統合と日本　96
　　　(2) 経済統合と共通基盤（プロトコル）　98
　　4．沖縄の発展方向　　　　　　　　　　　　　　　　　100

(1) 発展方向　100
　　(2) アジアの中の沖縄：経済統合への優先的取り組み　101
　5. 結びに代えて　112

第II部　地域における産業振興

第6章　ネットワーク・観光と地域づくり……………松本源太郎　117

　1. はじめに　117
　2. 観光と地域の発展　118
　　(1) 旅行・観光の動向　118
　　(2) 観光産業の地位と経済効果　120
　　(3) スペイン・イギリスにおける観光の経済効果　121
　　(4) 北海道における観光の動向　124
　3. 交流とネットワークによる地域力　126
　　(1) 地域の「つながり」から交流へ　126
　　(2) ネットワークと交流がもたらす外部効果　127
　4. 観光と社会関係資本：むすびにかえて　128
　　(1) 観光ニーズの多様化と供給側の対応　128
　　(2) ニューツーリズム　128
　　(3) 新しい観光の担い手　129
　　(4) 観光資源と社会関係資本　131

第7章　沖縄における長期滞在型観光と地域づくり……宮森正樹　137

　1. はじめに　137
　2. 沖縄観光の現状　139
　3. 観光産業の経済効果　142
　4. さらなる発展の必要性　144
　　(1) 観光発展のポテンシャル要因と悲劇的要因　144
　　(2) 観光発展のための構造分析　145
　　(3) 長期滞在型観光によるさらなる発展　149

4．長期滞在型観光の現状　　　　　　　　　　　　　　　　149
　　　（1）長期滞在型観光の定義と目的　150
　　　（2）沖縄をデスティネーションとした長期滞在型観光の現状　152
　　5．新しい沖縄独自の長期滞在型観光の提案　　　　　　　　　156
　　　（1）戦略的長期滞在型観光の構築　156
　　　（2）長期滞在型観光のマーケティング戦略　159
　　6．まとめ　　　　　　　　　　　　　　　　　　　　　　　　162

第8章　過疎地域における産業クラスター型地域振興
　　　　―下川町の事例―　………………………………　長尾正克　164

　　1．はじめに：問題の所在　　　　　　　　　　　　　　　　　164
　　2．内発的発展の成功事例：下川町の地域振興経過　　　　　　166
　　　（1）下川町の概況　166
　　　（2）国有林の町払い下げと森林組合の事業展開　168
　　　（3）林業を核とした産業クラスターへの取り組み　171
　　　（4）都市住民と農山村住民との交流の場づくり　172
　　3．下川町における地域振興の現段階的問題点　　　　　　　　178
　　4．おわりに　　　　　　　　　　　　　　　　　　　　　　　182

第9章　企業研究と地域振興の光と影
　　　　―企業の社会的責任―　………………………………　村上了太　184

　　1．はじめに　　　　　　　　　　　　　　　　　　　　　　　184
　　2．地域発展に関する若干の検討　　　　　　　　　　　　　　184
　　　（1）先行事例　184
　　　（2）貧困，無縁社会　185
　　3．「格差」を中心とした沖縄の社会課題　　　　　　　　　　186
　　　（1）子供の貧困　186
　　　（2）貧困ビジネスへ　187
　　　（3）貧困ビジネスの社会目的化　188
　　4．北海道と沖縄の概観　　　　　　　　　　　　　　　　　　189
　　　（1）北海道の概況　189

(2) 北海道の自治体と第三セクターの経営に関する事例：夕張市　190
　　(3) 沖縄県の概況　190
　　(4) 沖縄県の地域振興策の事例：開発と雇用　191
　5.　社会的利益という概念の伝播　　　　　　　　　　　　　　　　192
　　(1) 地域発展の目的　192
　　(2) 社会的企業の重要性　192
　　(3) 沖縄県内における企業の社会的責任　193
　6.　沖縄への含意　　　　　　　　　　　　　　　　　　　　　　　194
　　(1) 前提条件　194
　　(2) 雇用創出としての社会的企業の可能性　195
　　(3) 社会的企業の可能性と沖縄　195
　7.　まとめ　　　　　　　　　　　　　　　　　　　　　　　　　　196

第10章　沖縄における甘味資源と環境保全型農業………兪　炳　強　200

　1.　はじめに　　　　　　　　　　　　　　　　　　　　　　　　　200
　2.　甘味資源と地域農業　　　　　　　　　　　　　　　　　　　　201
　　(1) 地域経済と甘味資源産業　201
　　(2) 甘味資源生産と地域農業　203
　3.　地域経済・農業と環境保全　　　　　　　　　　　　　　　　　205
　　(1) 石垣市の経済・農業　205
　　(2) 赤土等流出と農家経営の対応　206
　　(3) 赤土等流出対策の経営経済的評価　210
　4.　むすび　　　　　　　　　　　　　　　　　　　　　　　　　　213

第11章　ブランド力強化と栽培履歴情報
　　　　－沖縄産マンゴーを事例に－………………………廣瀨　牧人　215

　1.　はじめに　　　　　　　　　　　　　　　　　　　　　　　　　215
　2.　沖縄県内のマンゴー生産者・販売者に対する聞き取り調査　　　216
　3.　消費者が求めるマンゴーの栽培履歴情報に関するアンケー
　　　ト調査　　　　　　　　　　　　　　　　　　　　　　　　　　218

    (1) 調査概要　218
    (2) 結果概要　218
    (3) アンケート調査結果のまとめ　222
  4. マンゴー品質比較分析　223
    (1) 品質に関する調査　223
    (2) 品質に関する比較分析　223
    (3) マンゴーの品質比較分析のまとめ　231
  5. おわりに　232

第12章　地方分工場の未来と産業振興 …………………… 富澤拓志　237

  1. はじめに　237
  2. 外来型開発と分工場経済の問題　239
  3. 分工場の動向と地域経済　240
    (1) 事例1：シャープ亀山工場　241
    (2) 事例2：出水市における工場閉鎖の影響　245
  4. 鹿児島県内の分工場経済　248
  5. 企業誘致型産業振興の限界　251
  6. 工場が地域にある意義は何か　252
  7. 地域を守るために　253
  8. 既存工業の脱落に備える方向　254
  9. まとめ　256

第III部　まちづくりの課題と行財政

第13章　都心における大規模再開発事業
　　　　－札幌・JRタワーと都心環境－ ………………… 鈴木聡士　261

  1. 背景と目的　261
  2. 札幌市内主要百貨店に対する住民意識構造分析　264
    (1) 調査概要　264
    (2) AHPによる評価結果と売上高の関係性　265

　　　　(3) 評価結果に関する考察　267
　　　　(4) 札幌駅前通の交通環境整備に対する住民意識構造分析　269
　　3. 結論　273

第14章　中心市街地活性化策の実態と問題点
　　　　―まちづくり3法との関連で―……………………… 衣　川　　　恵　275

　　1. はじめに　275
　　2. 地方都市中心市街地の衰退とその原因　275
　　3. まちづくり3法の失敗　279
　　　　(1) 旧まちづくり3法　279
　　　　(2) 新まちづくり3法　280
　　4. 行政主導の再開発ビルの失敗　282
　　　　(1) 佐賀市の「エスプラッツ」　282
　　　　(2) 津山市の「アルネ津山」　283
　　　　(3) 青森市の「アウガ青森」　284
　　5. 民間主導の先進事例　286
　　　　(1) 丸亀方式　286
　　　　(2) 黒壁方式　287
　　　　(3) 浜の町方式　288
　　6. おわりに　289

第15章　地方分権と自治体財政 ……………………………… 前　村　昌　健　291

　　1. はじめに　291
　　2. 地方分権の推移　292
　　3. 地方分権と自治体の歳入　295
　　　　(1) 地方税　295
　　　　(2) 地方交付税交付金　297
　　　　(3) 国庫支出金　298
　　　　(4) 地方債　299
　　4. 地方分権と自治体の歳出　301

　　　　(1) 目的別歳出　301
　　　　(2) 性質別歳出　302
　　5. 地方分権の推進と自治体の財政運営　303

第16章　北海道における地域経済と行財政の課題………　岩崎　徹　309
　　1. はじめに　309
　　2. 北海道経済の歴史的・構造的特質　310
　　3. グローバリズム時代の北海道地域経済　313
　　4. 札幌市近郊の農村都市・岩見沢市の実態　317
　　5. まとめ：展望　322

第17章　地域開発政策と構造改革－奄美群島を事例として－
　　　　………………………………………………………　菊地裕幸　325
　　1. はじめに　325
　　2. 奄美群島の概要と歴史　327
　　　　(1) 奄美群島の概要　327
　　　　(2) 奄美群島の歴史：藩政時代　328
　　　　(3) 奄美群島の歴史：明治から戦後日本復帰まで　329
　　3. 奄振事業の光と影　331
　　　　(1) 奄美群島復興事業（1954-63年）　331
　　　　(2) 奄美群島振興事業（1964-73年）　332
　　　　(3) 奄美群島振興開発事業（1974年～）　333
　　　　(4) 奄振事業の成果と課題　334
　　4. 近年の奄美経済の動向と小泉構造改革　338
　　　　(1) さらに疲弊する奄美経済　338
　　　　(2) 小泉構造改革の功罪　339
　　　　(3) 奄振事業と小泉構造改革に対する評価　340
　　5. おわりに　344

あとがき………………………………………………………………　衣川　恵　348

序章

北海道・鹿児島・沖縄からの地域再生

松本源太郎・村上了太・菊地裕幸

【本章のキーワード】
　　　国土開発政策，地域間の経済格差，東京一極集中，バブル経済，高齢化，地域の自立，労働生産性，シフト・シェア分析，産業構造

　わが国では，明治維新以降，中央集権的国家体制のもとで近代化を目指し，さらに戦後の復興から経済発展のプロセスにおいても中央から地方へという資金の流れ，意思決定のあり方の構図が続いた．とくに政府による「開発モデル」となってきた北海道においては中央からの資金に依存した開発が繰り返され，本土復帰後の沖縄経済についても公的資金に漬かった経済が強制されてきた．総じて地方は人材の供給地であり，地方の開発・近代化は中央の計画と資金に依存してきたといえる．地方はその自立的発展を目指しても，選択の自由度は小さかったといわざるを得ない．

　中央集権的意思決定は経済力の集中を重視した発展政策を重視し，当然，経済的成功の裏側には遅れた地域，地域間の経済格差がみられることになった．そのため，わが国の国土開発政策における課題の1つが地域間の均衡ある発展（地域の経済格差の解消）であった．これは最初の全国総合開発計画から第4次にわたるまでの長期間変わらぬ主要課題であった．地域間の経済格差が長い間課題として取り上げられてきたということは，この問題の解消が期待したごとくには進まなかったということに他ならない．バブル経済，それ以後の失われた10年（20年？）を経ても，東京一極集中の弊害，地域における高齢化の進展と経済の疲弊が問題とされ，地方都市の中心街の「シャッター通り」にその課題が浮き彫りされているかのようである．

ところで，所得格差は個人間において重視されるべき問題であり，地域間の格差は二次的な問題であるという見方もある．個人は「足による投票」を通じて自分の能力を発揮できる地域を選ぶ自由があるのだから，地域間の格差をそれほど重視する必要はない，というのである．このような考え方は，労働は自由に移動する生産要素であるという新古典派的考え方を前提にしている．しかし，労働者はその生産力に見合った報酬を求めて地域間を自由に移動する，という前提に再考が必要ではないかとわれわれは考えている．その地域に存在するからこそ得られる生産能力と，その地域ならではの生活コストの条件がある．労働者の生産性に影響し，生活条件を左右するこれらの要因こそ地域固有の環境であり歴史ではないだろうか．

　これらへの考慮を度外視して労働の移動の自由を絶対視すれば，経済がサービス化している今日，集積こそが高い生産性を発揮できることとなり，ますます一極集中を促す．そのような考え方で果たして，国全体の国土形成は可能であろうか．これまでの大量生産・効率化重視の計画が行き詰まり，いっそう大きな地域間の不均衡をもたらし，国土形成・地方発展計画は大きな転換が要請されている，とわれわれは認識している．

　従来の成長発展重視は，地域間の不均衡だけではなく長い歴史に培われた人びとのつながり・絆をも毀損している．西川[1]もいうように，中央の資金分配にぶら下がった地域開発に別れを告げ，地域分権，地域主権を実体化する取り組みが求められているのである．それには，地域固有の地政学的位置・歴史という原点に今一度立ち戻る必要があると考える．本書はこのような問題意識により，地域間の経済格差を確認し，地域間格差を解消する政策，実践例をあげてそれらの意義を考えるとともに，地域間の経済格差を考える上で欠かせない歴史的視点を提示することから論を始める．

　以下では，上記の他にわれわれ編集委員の地域経済とその格差についての現状認識を示しておこう．

1. 全国総合開発計画における地域間の課題

　戦後の復興を経，1962 年 10 月，政府は「全国総合開発計画」（以下，全総と

も）を策定した．池田内閣の所得倍増計画に象徴されるように当時のわが国は高度経済成長時代のただ中にあり，太平洋ベルト地帯に石油化学コンビナートが展開する一方，北海道や日本海側の地域などからは，開発から取り残されることへの不満が噴出した．そのため，初めての全国総合開発計画には，開発拠点の配置を開発方式とするとともに地域間の均衡ある発展が基本課題として明記された．

　全国総合開発計画は，計画期間を10年とし1987年6月の第4次計画まで4度策定された．第4次全総は基準年次を1985年，目標年次を1995年としていたが，それに続く総合開発計画は策定されず，代わって基準年次を2010年，目標年次を2015年とする「21世紀の国土のグランドデザイン」が1998年3月に策定された．

　第1次全国総合開発計画においては開発拠点構想で大規模集積と交通通信網，新全国総合開発計画（新全総）においては大規模プロジェクト構想で大規模プロジェクトと新幹線・高速道路等のネットワーク整備を組み合わせて地域間格差を解消することをめざした．交通通信網の整備により地域の格差は解消せず，逆に太平洋ベルト地帯の大都市にますます経済力と人口が集中した．そのため第3次全総（三全総）では，大都市への人口と産業の集中を抑制し，過密過疎問題に対処することが課題となった．しかし，過密と過疎の問題はまたもや解消されず，石油ショックを経て産業構造の変化に直面するなかで東京への一極集中と地方の雇用悪化が顕在化した．第4次全総（四全総）が提起した基本目標は多極分散型国土の構築であり，地方における定住圏構想である．その後，バブル経済の崩壊と経済のグローバル化，財政の悪化，とくに地方における高齢化社会の進展などがあり，終に国は全総の策定をあきらめ，1998年3月末に「21世紀の国土のグランドデザイン」により，多軸型国土構造形成と地域の自立を促す構想を策定した．

　戦後わが国の経済計画においては，一方で国として豊かさを追求する開発重点地域と方法の選択，他方で経済力の偏在を避けなければならないという地方への目配り，の双方が常に課題であった．経済力・所得の地域間格差の縮小を，工場など事業所の地方への立地，公共事業による地方の社会資本整備などを通じて行うというのが基調であった．

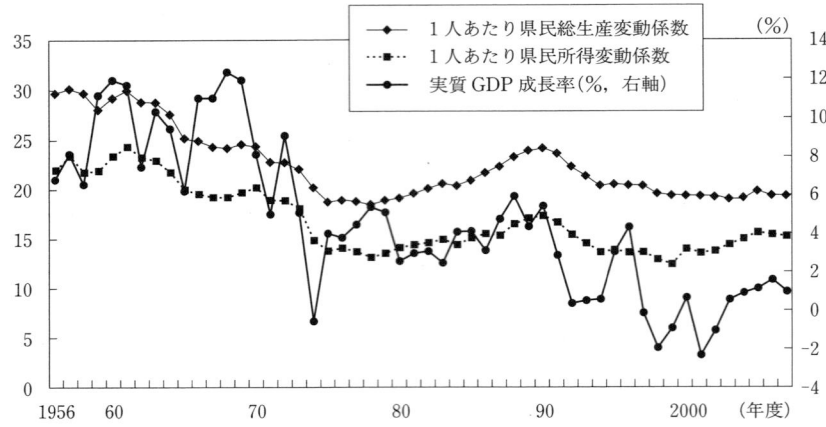

図 0-1 実質 GDP 成長率と 1 人あたり県民総生産・所得の格差
（1956-2007 年度）

表 0-1　1 人あたり県民総生産でみた経済格差の状況（47 都道府県）

1 人あたり県民総生産の 2 期間 における相関係数		1960-75 年 0.890	1975-90 年 0.933	1990-2007 年 0.957
	1960 年度	1975 年度	1990 年度	2007 年度
47 地域の歪度	1.559	1.904	3.069	2.704
上位地域の歪度	1.612 (17 地域)	2.908 (22 地域)	3.665 (23 地域)	3.305 (20 地域)
下位地域の歪度	-0.120	-0.346	0.146	-0.800

注：原データは図 0-1 に同じ．1960 年度データに沖縄は含まれない．「上位地域」と「下位地域」は平均値で分けられる．

　これらの国土開発計画を通じて，地域間の経済格差はどのように変化したであろうか．県民 1 人あたりの経済指標の格差を変動係数（100×標準偏差／平均値）であらわし，図 0-1 により 47 都道府県の 1 人あたり県民総生産および 1 人あたり県民所得格差の推移をみる[2]．

　図 0-1 からは，高度経済成長の過程で生産・所得の県民格差は縮小したが，石油ショック以後の回復過程・バブル経済で再び格差が拡大し，バブル経済崩壊後は再び縮小するかに見えたがそうはならず，格差が固定化しつつあるよう

にみえる．表0-1ではまず，1人あたり県民総生産の2期間における相関係数をみた（第1行）．相対的な経済力が15年後（17年後）も維持されていることがわかる．

ただしこれらの期間で，1人あたり県民総生産の順位に変化がなかったわけではない．それよりも，表0-1第2行以下で，図0-1でみられる格差の傾向と「歪度」を比較してみることが興味深い．図0-1では1970年代半ばまで格差が縮小しているが，75年度では47地域全体の歪度がプラス方向に拡大している．1人あたり県民総生産の平均値で地域を区分すると，より大きな上位地域の歪度がプラス方向に拡大し，平均値より低位にある下位地域の歪度がマイナス方向に拡大している．バブル経済下で格差が再び拡大していることは図0-1より明らかであるが，90年度でみると全地域の歪度がプラス方向にさらに拡大している．上位地域の歪度が大きくなり，下位地域の歪度はプラスからマイナスに転じた．2007年度では，全地域の歪度が依然として大きく，下位地域の歪度がマイナス方向に大きく拡大している[3]．

上記の分析期間中，1人あたり県民総生産で常にトップにあるのが東京で，平均より下位の地域（道県）が固定化しつつある（とくにバブル期以降）．この傾向は低迷する実質GDPの成長率と軌を一にしているので高齢化がいっそう進行している地域にとっては，財政の再分配も期待できず，地域経済を自立的に発展させて格差縮小を図るということは，きわめて厳しい課題なのである．

ところで，地域の経済が活性化するためには，ヒト・モノ・カネの流入が必要であるといわれる．モノについては，過度に工業が集積している地域からその他の地域へ工場の再配置を促進する目的で1972年に「工業再配置促進法」が制定された．この法律の目的には，国土の均衡ある発展も同時に掲げている（2006年に廃止）．

しかし，ヒトやカネの地域間移動を誘導・促進することは非常に困難である．1960年度から全国銀行貸出残高を全国8ブロック別にみたのが図0-2である[4]．とくに「一極集中」である東京都および地盤沈下が甚だしい大阪府を内訳として抽出した．47都道府県の地域間経済格差が縮小しつつある期間においても，カネの関東（東京）集中ははっきりしている．バブル経済崩壊後，おそらくは東京の地価の低下によるものであろう，東京都の貸出残高シェアは低下するが

表 0-2　全国銀行貸出残高

(%)

年度	1960	1975	1990	1995	2000	2005	2008
北海道	3.6	2.3	2.0	2.2	2.0	2.2	2.2
東北	4.0	1.7	2.9	3.2	3.7	4.0	3.7
関東	40.6	48.2	55.4	54.8	53.2	51.7	55.0
東京都	34.5	39.9	44.6	43.1	40.8	37.9	41.7
北陸・中部	15.3	12.4	10.2	10.4	11.2	11.9	11.2
近畿	23.7	21.8	18.9	18.1	17.3	16.5	14.5
大阪府	16.5	15.7	13.3	12.6	11.6	10.6	9.1
中国	4.5	3.8	3.2	3.4	3.7	3.9	3.9
四国	2.3	2.2	1.9	2.0	2.2	2.6	2.5
九州	6.0	5.6	5.5	5.9	6.8	7.3	7.0
全国計	100.0	100.0	100.0	100.0	100.0	100.0	100.0

出所：日本銀行「都道府県別経済統計」・「経済統計」，朝日新聞「民力」より算出．
注：数値は年度末で，2008年度は2009年2月末．九州には沖縄を含むが，1960年データに沖縄は含まれない．全国銀行は，国内銀行で信用金庫，農協等を含まない．

再び上昇し関東ブロックのそれはバブル経済の水準に復活している．資金需要は経済活動を反映しているから，東京都・関東に資金が偏在する傾向が定着しつつあるようにみえることも，自立にあがく地方にとってきわめて困難な情勢を示している．

2.　地域間格差解消の意味

　以上のように，地域間の経済格差を解消しようとした全国総合開発計画はその目的を達成することができず，格差が定着しつつある．GDPの2倍に及ぼうとする公的債務を抱え，かつてのような地域間の財政資金の再配分は困難である．地方では高齢化がいっそう進行するなかで，「地域の自立」はなお求めて止むことがない国民的課題である[5]．

　先にも述べたように，新古典派経済理論では労働は移動が自由で（ゼロコスト），移動することにより地域間の労働価格（賃金率）は均等化する．つまり，ある地域に労働人口が集中すれば限界生産力逓減によりその地域の賃金率上昇は低下し，労働が流出した地域の賃金は（限界生産力の増加により）上昇する．

よって両地域の賃金率が均等化すると考えられる．しかし果たしてそうであろうか．人口が集中する地域では需要の増加が急で購買力が高まり諸価格は上昇する．その一方で，労働が流出した地域ではこれまでの生産能力に過剰が生じ購買力が減退し，労働需要も減少するから賃金は低下するだろう．労働需要の強い地域へ流出するのは生産性の高い若年労働力であり，地方には労働生産性の低い労働力（高齢者）が残されることも十分想定できる．そのような生産環境の劣化により，地方の限界生産力曲線は下方にシフトするだろう．われわれが観察する日本の地域間経済格差はこのような状況が累積した結果ではないだろうか[6]．

そのように考えれば，産業が発展し雇用が増加している地域では賃金水準も高く購買力も増加し，衰退産業が多く雇用が減少している地域では逆の現象が見られるであろう．つまり，産業が発展している地域では個人の所得も高く，産業が衰退している地域では個人所得が低いのではないかと考えられる．とくに人口が流出している地域ではサービス部門の発展に必要と思われる「集積効果」が期待できず，企業の利潤期待も高くはならない．地域の雇用と所得（人口と生産）の変化には当該地域の産業構造が深く関与しているから，地域の雇用（人口）の変化も産業構造と連動すると考えるのである．

この仮説は「シフト・シェア分析」としてアームストロングとテイラー[7]に紹介されている．これは，地域の雇用の変化を，①当該地域の特定の産業構成，②当該地域の成長に与えるその他の要因，③国全体に対する当該地域の産業シェア，の3要因で説明しようとするものである．t期におけるある地域の第i産業の雇用を$e_i(t)$，基準時点(0)におけるそれを$e_i(0)$，t期における国全体の第i産業の雇用を$E_i(t)$，基準時点(0)におけるそれを$E_i(0)$，とする．地域および国の全雇用はそれぞれ，

$$\Sigma e_i \quad および \quad \Sigma E_i$$

であり，分析期間中の成長率をそれぞれg_rおよびg_nと記して，

$$g_r = \frac{\Sigma e_i(t) - \Sigma e_i(0)}{e_i(0)} \quad および \quad g_n = \frac{\Sigma E_i(t) - \Sigma E_i(0)}{E_i(0)}$$

である．さらに，当該地域の第 i 産業が国と同じ率で成長（変化）した場合の雇用成長率を g_{rn} とする[8]．これを用いて当該地域の雇用成長率は以下のように定式化できる．

$$g_r = (g_{rn} - g_n) + (g_r - g_{rn}) + g_n$$

これは恒等式であり，右辺第 1 項は①当該地域の特定の産業構成による雇用の変化率，第 2 項は②当該地域の成長に与えるその他の要因による雇用の変化率，第 3 項が国全体の成長による雇用の変化率，をあらわしている．

この地域の産業構造が相対的に成長性の高いものであれば右辺第 1 項はプラス（$g_n < g_{rn}$），逆に衰退産業が多く相対的に不利なものであればマイナス（$g_n > g_{rn}$）となる．もしもこの地域の産業構造が国の平均像と同一に推移すればこの項目はゼロである（$g_n = g_{rn}$）．アームストロングとテイラー[9]ではこのシフト・シェア分析の計測例が紹介されている．

イギリスでは，ロンドンを含む南西部，その北の東アングリア（East Anglia），ロンドン西方の中西部などでは第 1 項がプラスで，雇用増加率は全国平均よりも上，失業率は低く賃金が高い．一方，中西部，スコットランド，北アイルランドなどでは第 1 項がマイナスで，雇用増加率が全国平均に及ばず，失業率は高く賃金が低い．地域間の産業構造の相違が雇用変化率に影響し，雇用が流出していた地域で生産要素の限界生産力が高まるのではないかという新古典派的な予想に反する，むしろ集積と過疎の累積が生じているのではないか，と考える．この方法は地域の雇用変化の要因のラフスケッチであり因果関係を説明しているわけではない．しかし，地域の経済力が産業構造に起因し，それが地域間所得格差の要因であるという示唆を与えるものである．

いま，北海道，鹿児島県，および沖縄県の産業構造（就業者数の％）を全国と比較すれば表 0-3 のごとくである．これらの地域では第 1 次産業および建設業の比率が相対的に高く，製造業の比率が相対的に低い．とくに北海道では造船業，製鉄業，紙・パルプ製造業，セメント業，石油化学工業など主要産業が立地しているが，基礎素材型産業で成熟型産業でもあり，地域の成長に対する寄与は大きくない．同表の右側には製造業の対全国シェア（付加価値の％）を示した．3 地域ともに，就業者シェア＞生産額シェア（GDP ベース）である

表 0-3　3 地域の就業構造（％）および製造業の全国シェア（2005 年）

	第 1 次産業	第 2 次産業		第 3 次産業	製造業の対全国シェア	
		製造業	建設業		就業者	生産額
全国	4.82	17.31	8.81	67.20		
北海道	7.71	8.38	10.64	71.31	2.05%	1.60%
鹿児島県	11.65	11.22	9.96	66.68	0.85%	0.63%
沖縄県	5.87	4.92	11.38	76.32	0.26%	0.16%

出所：総務省「国勢調査」(2005 年)および内閣府「県民経済計算」より算出．
注：製造業シェアは，GDP ベース．

から，3 地域の製造業は全国平均に比して生産性が劣る，それもかなり劣ることを示している．

シフト・シェア分析に拠って考えれば，これら 3 地域において経済的成果が劣っているのは，成長性が期待できる製造業の割合が小さい産業構造であるとともに，製造業の生産性が相対的に低いことに起因している，といえる．地域経済の活性化を考える場合，企業・工場の立地，地場企業の育成政策が欠かせない理由である．本書においてもこのような認識から，地域産業の活性化の例を取り上げ，さらに工場立地戦略の問題点にも言及している．

3．本書の構成

さて，本書は日本列島の外縁に位置する 3 大学院研究科が，「地域と経済」を看板に掲げているところから始まった「三大学院共同シンポジウム」の成果をまとめたものである．そのシンポジウムは 2001 年 12 月から開催され，毎年一度，絶えることなく交流と研鑽を積み重ねてきた．各研究科が得意とする地域の産業・社会・文化を取り上げ，互いに学びあうことは当然の成り行きであった．その過程で，長い歴史の中でたとえ封建的中央集権体制下であっても，われわれの地域はグローバルな交流の先端を担い，それらの積み重ねがわが国の近代化・経済発展の礎であったことを強く認識するようになった．

財政の再配分が行き詰まり，地方で顕著な人口減少と高齢化という状況で，しばしば目にする「中央と地方」のような二項対立的な論調では，グローバル

な視点だけでなく，地域が果たしてきた歴史的役割，地域の歴史が積もった地域の多様性と価値を軽視したものになりがちである．地域が抱える固有の課題でも，その解決に向けた一般理論，グローバルな広がりを意識した政策的検討が不可欠であろう．

　北海道・鹿児島・沖縄いずれの地域においても活性化の取り組みには，内発性を重視し地域再発見から始めたものが多い．それらの取り組みは，一見多様ではあるが共通項があり一般性がある．われわれは，多様で地域固有の取り組みに流れる通奏低音が，固有の歴史とグローバルな交流であることを再認識することになった．当然，地域の抱える課題を理解し，その解決に向けた戦略・事例を展開するにあたり，地域の「陰」の部分を剔抉するだけではなく，地域から発する「光」となる取り組みに着目した．

　このような思量を重ね，本書を以下の3部構成としてまとめた．

　第Ⅰ部「地域の歴史とグローバリゼーション」では，わが国近代における地域の役割を，とくに3地域の例に拠って展開している．わが国における国際化は中央集権体制の下で戦前・戦後の共通した課題であったが，地方もまた地域の開発・発展に不可欠なものとして国際性を意識し，地域政策の大きな要素としてとらえてきているのである．ここでは，それらの概略と興味ある具体例を論じている．

　第Ⅱ部「地域における産業振興」では，地域の活性化にとって産業活動は不可欠の基盤であることから，地域の産業振興を論題としている．地域がそれぞれ取り組んでいる産業振興の事例は，そのマイナス面も含めてわが国のすべての地方にとって共通の課題を含んでいる．その点で，個別事例であっても一般性を有した議論が展開されている．

　第Ⅲ部「まちづくりの課題と行財政」は，「民と官」あるいはもっと多様なプレイヤーが共同してまちづくりに取り組むことが欠かせない，という視点から事例を紹介し，論じている．たとえば，「まちづくり3法」のように中央からの目線で全国一律的なまちづくりの発想の経緯と問題である．まちづくりはもちろん，国土計画であれ財政資金の分配であれ，地方が中央の計画と資金にぶら下がるようなスタンスが許されない状況は明らかであり，ここで展開さ

れる事例紹介・論が現在の問題点を摘出するだけでなく，将来の取り組みの方向性を示唆するものでありたい．

注
1) 西川ほか (2010)．
2) ここでは47都道府県の経済格差を各年度の変動係数（100×標準偏差／平均値）であらわしている．これを「最大値／最小値」であらわしても同様の傾向である．
3) 図0-1に「歪度」を加えたグラフを示す（比較しやすいように歪度×10を測っている）．1人あたり県民総生産の格差と比較すれば，1970年半ば以降にGDP成長率の低下にかかわらず歪度はプラス方向に大きくなっている．このことから，地域間の経済格差が縮小しているとは思えない．加えて，1人あたり県民総生産が平均値以下の地域が固定化していることから，地域間の経済格差が固定化しつつあるのではないかと推測する．

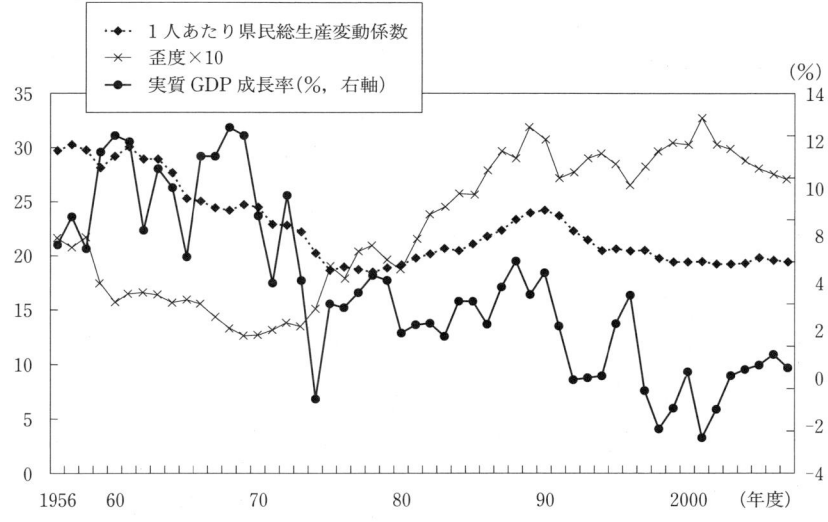

4) ここにおけるブロックは以下の都道府県からなる．北海道：北海道．東北：青森，岩手，秋田，宮城，山形，福島．関東：茨城，栃木，群馬，埼玉，千葉，東京，神奈川．北陸：新潟，富山，石川，福井．中部：長野，山梨，静岡，岐阜，愛知，三重．近畿：滋賀，京都，奈良，和歌山，大阪，兵庫．中国：鳥取，島根，岡山，広島，山口．四国：徳島，香川，愛媛，高知．九州：福岡，佐賀，長崎，大分，熊本，宮崎，鹿児島，沖縄．
5) 所得格差を縮小することが，単純に地域間の財政資金の再分配を要請するとはいえ

ない．所得格差は「個人」間にあって縮小すべき課題であり，地域間の経済格差を通じて個人間の所得格差を解消しようとする政策の効果は薄いだけでなく根拠に乏しいものだ，という反論もあろう．このような反論は，地域内における個人間の所得格差解消という課題も重視すべきであるという含意ももつ．

　しかし，図 0-1 からも明らかなように，再分配後の個人所得格差が地域間の経済格差とほぼ同様の推移をみせていることは，個人間の格差と地域間の格差が決して別の問題でないことを意味している．地域の経済格差の解消を考える立場は，むしろ，生産・雇用の拡大を通じて個人の所得格差を縮小しようとするアプローチであるといえる．

6) Armstrong & Taylor (1993) には，「経営職，専門職および非筋肉労働従事者は，筋肉労働者よりもはるかに移動性が高い．高学歴者と専門職従事者はとくに移動しやすい」という調査結果が紹介されている (p. 161)．

　また，原とアームストロング (2005) では，グローバル化する環境下で，地方の再生には地域住民の自立を促す CED (Community Economic Development) 政策が有効であろうという展望が提示されている．社会関係資本の議論なども考慮すれば，地域の共同体あるいは絆を大切にするところから生まれる新たなビジネスに地域再生の可能性を見出すことができよう．

7) Armstrong & Taylor (1993) chap. 7.

8) $g_r = \dfrac{\Sigma\left[e_i(0)\left(E_i(t)/E_i(0)\right)\right] - E_i(0)}{\Sigma e_i(0)} \times 100$ である．

9) Armstrong & Taylor (1993).

参考文献

Armstrong, Harvey & Jim Taylor (1993) *Regional Economics & Policy*. (second edition), Printice-Hall Europe. 坂下昇監訳『地域経済学と地域政策』流通経済大学出版会，1998 年．

小磯修二／山崎幹根 (2007)『戦後北海道開発の軌跡』(財)北海道開発協会．

小林好宏・松本源太郎 (1995)『経済政策論』中央経済社．

西川潤・松島泰勝・本浜秀彦編 (2010)『島嶼沖縄の内発的発展』藤原書店．

原勲・H. アームストロング (2005)『互恵と自立の地域政策』文眞堂．

第Ⅰ部　地域の歴史とグローバリゼーション

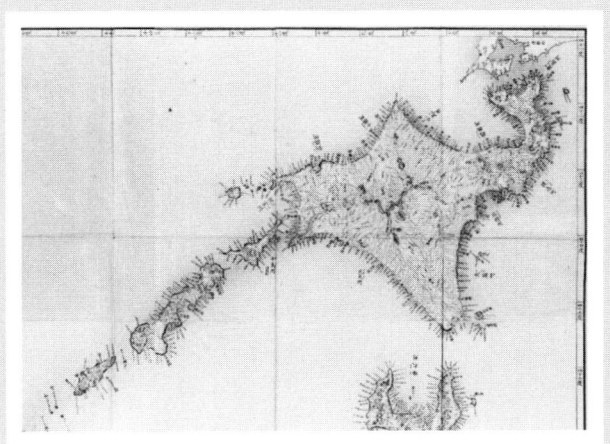

「北海道」の名付け親・松浦武四郎による「北海道国郡全図」
（部分）（北海道大学附属図書館所蔵）

第1章
北海道・鹿児島・沖縄の歴史的位置

桑原 真人

【本章のキーワード】
　　　辺境，異域，内国植民地，投資型内国植民地，収奪型内国植民地，
　　　四つの口，松前口，薩摩口，昆布ロード

1. 日本史における「辺境」の位置

　北海道と鹿児島・沖縄の各地域は，日本列島の北端と南端に位置するという地勢的特徴によって，いわば辺境としての独自で個性的な歴史を内包しながら発展してきた．いま，このことを近世の場合で考えてみよう．住民が先住のアイヌ民族と本州から移住・定着した和人（本州系日本人）によって構成され，アイヌ交易を経済的基盤とした蝦夷島の支配者である「無高大名」・松前藩，近世後期に西南雄藩の1つとして台頭し，山口藩とともに明治維新の主体勢力を形成した鹿児島藩，中世から近世の南島地域において，日本（薩摩藩）と中国による二重の支配を受けるという「日中両属」体制のもとで，中継貿易国家として発展した琉球王国，これらの史実がそのことを何よりも雄弁に物語っている．

　北海道を始めとするこれらの地域について，辺境に位置するという共通性だけでなく，その他にも，それぞれの地域の政治・経済構造を貫く同質的な側面の把握を意図した代表的な理論として，
　①中世国家と「異域」論
　②近世の幕藩制国家と「四つの口」論
　③近代の明治国家と「内国植民地」論

の三者をあげることができる．ここでは行論の都合上まず①と③について取り上げ，次いで②に触れたいと思う．

2. 中世国家と「異域」論

これは，日本中世において貴族層を中心とする社会意識としての「キヨメ－ケガレ」意識，いいかえれば「天皇＝浄」を頂点とし，「非人＝穢」を底辺とする「浄・穢」観念を中核とするものである．この，本来は身分的な垂直方向の関係が，同時に列島規模での地理的な水平方向の関係にも反映される．具体的には，中世日本の周縁部と異域を隔てる境界の典型は，「東では外浜，西では鬼界島（硫黄島）または壱岐・対馬（中略）そしてその外に位置するところの，東では蝦夷島，西では琉球または高麗は，異域とみなされることが多いように思われる」[1]と村井章介氏は指摘する．

村井氏の別の表現を借りるならば，「中世日本列島上の地域空間について，畿内を中心として，それを取りまく周縁が東と西（または北と南）で位相的に同一の性格をおびる，という試論を立ててみた．東国と南九州，外浜と鬼界島，北海道と南島，等々である」[2]．

このように，村井氏の「試論」にしたがえば，日本列島北辺の蝦夷島と南端の琉球は「中世日本」の国家的領域外の空間，すなわち「異域」として位置づ

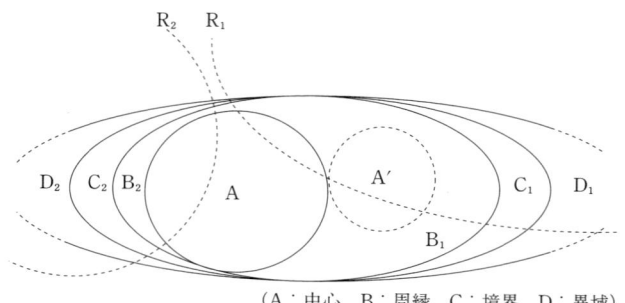

(A：中心　B：周縁　C：境界　D：異域)

出典：村井 (1988) 126 ページより．

図 1-1　中世後期の地域モデル

けられ，その「境界」に当たるのが津軽・外浜と鬼界島であり，南九州は境内に相当する（図1-1）．この蝦夷島と琉球を異域とみる視点は，その後，近世を経て近代にも引き継がれている．すなわち，明治政府によって近代の北海道に樺戸集治監を始め5か所の集治監が建設され，同時期の沖縄・八重山群島に集治監を建設する構想があったことは，これらの地域を流刑地とみなしたものであり，決して偶然のことではない．

3. 明治国家と「内国植民地」論

近代の北海道と沖縄をセットとして理解しようとする内国植民地論は，1970年代後期を中心にして，おもに北海道側の研究者から提起されているが，その代表的論者の1人として田中彰氏をあげることができる．もちろん近代の北海道と沖縄について，それぞれ個別に本州（内地・本土）との関係において内国植民地と規定する見解は存在していた．北海道の場合でいえば，1950年代半ばから60年代初頭にかけて農業経済学の分野を中心に北海道＝「辺境」論争が展開され，その最終段階では，永井秀夫氏によって論争に関する論点整理が行われている[3]．

この論争では，「辺境」・「後進国的辺境」・「特殊的辺境」といった多様な概念が使用され，内国植民地という用語は登場していないが，永井氏の結論は，近代の北海道には「辺境」よりも「植民地（＝経済的植民地）」と表現した方が単純明快であるというものだった．また，論争自体の内容も，近代日本の資本主義発展過程において北海道をどのように位置づけるかが主たる課題であり，帝政ロシアの資本主義発展下における辺境としてのシベリアとの対比がなされる程度で，沖縄との比較といった視点はそもそも皆無であった．

これに対し田中氏は，明治維新後によって成立した近代天皇制の本質を「北海道と沖縄を重ね合わせた複眼の視座」[4]から照射するために，この両者をセットとして認識しようとした点に特徴があった．同氏がこの点について積極的に言及しているのは『日本の歴史　第24巻　明治維新』（1976年）である．この中で田中氏は次のように述べている．

（「本州・沖縄・北海道の行政対比」表によれば－引用者）北海道と沖縄は，同じように差別的な政治構造のなかで位置づけられている．もしそのちがいを指摘するとすれば，北海道が維新当初から開拓使のもとに，お雇外国人を投入し，"官"主導の開拓の実験場として，年々100万円余の国費投資の場であったのに対し，沖縄では，明治15年（1882）においても年間約20万円（沖縄からの総歳入65万5000余円に対して沖縄への地方費歳出45万5000円余）が国費へ収奪されていることである．
　北海道と沖縄では投資と収奪という一見対蹠的な方向をしめす．しかし，その政治支配のありかたは，ともに内国植民地的であり，北海道が日本資本主義の矛盾のはけ口の役割を果たせば，沖縄は明治政府と琉球旧支配層との癒着のもとに収奪の対象とされていたのである．
　明治維新は，このようなかたちで北海道と沖縄をつつみこむことによって，近代国家としての日本の統一をなしとげた[5]．

　田中氏は，この3年後に著した『近代天皇制への道程』（1979年）でも同様の指摘をおこなっている．すなわち，明治政府が北海道開拓の「新たな実験場」として設置した開拓使に1872年から10年間で1000万円の支出を認めたのに対し，「琉球処分」後の沖縄では「いわゆる旧慣温存策によって収奪政策が続行され，明治15年において収支差引年間約20万円が国庫収入になる」[6]という点に触れながら，あらためて次のように述べている．

　　もちろん，このことは政府の政策が北海道に甘く，沖縄に厳しいということを意味しはしない．北海道と沖縄とでは，投資と収奪という，一見ベクトル方向を反対にするかのような外見を呈しながら，実は日本資本主義の育成強行策の総体のなかで，ともに"内国植民地"的な差別政策という構造においては共有するところがあり，地理的に北と南という対極にあって，一見，逆方向をとるかにみえて，日本資本主義の内包する矛盾を，底辺において支える存在であった点では共通するところがあった，といいたいのである[7]．

表1-1 本州・北海道・沖縄の政治・行政的格差

制度	本州	北海道	沖縄
廃藩置県	明治4年	明治2年　開拓使設置 明治4年　館県設置 明治15年　札幌県・函館県・根室県設置 明治19年　北海道庁設置	明治5年　琉球藩設置 明治12年　沖縄県設置
府県制施行	明治24年	明治34年　北海道会設立 大正11年　北海道会に参事会設置	明治42年　特別県制施行 大正9年　県会に参事会設置
市町村制施行	明治22年	明治32年　区政(函館・札幌・小樽) 明治33年　北海道1級町村制 明治35年　北海道2級町村制 大正11年　市制 昭和18年　指定町村制(1・2級町村制を廃止)	明治29年　区制(那覇・首里) 明治41年　沖縄県及島嶼町村制 大正9年　町村制 大正10年　市制
衆議院議員選挙法施行	明治23年	明治35年　函館・札幌・小樽 明治37年　全道	明治45年　全県(宮古・八重山両郡をのぞく) 大正8年　宮古・八重山両郡
貴族院多額納税者議員選出	明治23年	大正7年	大正7年
徴兵制施行	明治6年	明治22年　函館・江差・福山 明治29年　渡島・胆振・後志・石狩の4か国 明治31年　全道	明治31年　全県(宮古・八重山両郡をのぞく) 明治35年　宮古・八重山両郡
地租改正施行	明治6年	明治10年　北海道地券発行条例	明治32年　沖縄県土地整理法

出典：田端・桑原他（2000）262ページより．

　このようにして，田中氏は近代の北海道＝投資型内国植民地，近代の沖縄＝収奪型内国植民地と規定し，この両者を近代日本における内国植民地の2類型として，セットとして把握すべきことを提唱されたのである[8]．
　このような田中氏の主張に触発された筆者は，「内地」と比較して近代の北海道と沖縄では，市町村制・地租改正・徴兵制・衆議院議員選挙法などの近代的行政諸制度の適用に著しい格差があることを指摘した[9]．その後も筆者は，「近代日本と内国植民地」[10]などの小論を公にした．そこで確認されたことは，近代的政治・行政制度を北海道と沖縄に施行するにあたっての明治国家の基本方針は，「衆議院議員選挙法」の施行といった地域住民の「権利」に先んじて，

地租改正の北海道版としての地租創定や同じく沖縄県版の土地整理，あるいは徴兵制といった地域住民の「義務」を優先する側面が顕著なことであった（表1-1）．明治国家体制のもとでは，地域住民の権利は国家に対する義務に優先することは決してなかった．ともあれ，近代の北海道と沖縄は，その政治・行政的構造の総体において，近代日本の内国植民地として位置づけられていたのである．

　このような見解に対して，又吉盛清「沖縄・北海道と台湾植民地」[11]などを除き，沖縄史研究者からは同調する意見は少なく，むしろ批判的な意見が多い．たとえば「沖縄は，琉球処分以後，日本の植民地になったのでは決してない．沖縄は，たしかに，本土の諸県と同一に論ぜられないさまざまな特殊性をもっているが，このことは，沖縄が台湾・朝鮮と同様な植民地であったことを全く意味しないし，北海道のような内地植民地でもない．唯一例外的ともいうべき特殊な県」であるという安良城盛昭氏の指摘がある[12]．また，この安良城氏の指摘を継承する立場から，向井清史氏も，近代沖縄のさまざまな特殊性に触れたのちに，「しかし，だからといって沖縄は北海道のような内国植民地であったわけでもない．内国植民地化は『第1に，移住，とくに農業移住とその結果としての人口増加の現象によって，第2に，耕地面積の急激な増加によって表現される』が，後にみるように沖縄は全く逆の過程を辿ったからである．このようにみてくるならば，経済的側面における日本資本主義と沖縄の関係を適切にとらえうる概念を持たないことになる．そこで，消去法の果てにとりあえずここではその関係を辺境という言葉で表現しておくことにしたい」[13]と「経済的側面」に限定してこのように述べている．これらの議論をみていると，北海道と沖縄とでは研究者の内国植民地概念に関する認識のズレがあることは否定できない．

　なお北海道側の研究者でも，投資型の内国植民地とされる北海道も実は収奪の前提としての投資ではないかという榎本守恵氏の意見や，北海道と沖縄を内地＝本土と比較する視点は「日本史を立体化する点で大きな前進だった反面，『内地』『本土』と呼ばれる地域を一元的にとらえすぎている」[14]という河西英通氏の批判もある．

　これらの点について永井秀夫氏は，「差別と同化の問題が，北海道・沖縄か

ら外地植民地にまで連なる問題であることは前に述べたが，このことの故に沖縄と北海道を等置することは誤解を招きやすい」[15]として，北海道と沖縄を「辺境」・「内国植民地」と規定して「等置」することには慎重である．とはいえ永井氏も，北海道と沖縄が「ともに日本の周縁部に位置し，日本の国家体制の確立期にそれぞれ特殊な位置付け与えられた．（中略）ともに南北の国境の最前線にあり，国際的な緊張の中にあった」ことや「差別や蔑視と表裏をなす統合・同化の問題でも，両地域には共通性がある」ことについては決して否定的ではない[16]．

以上，内国植民地論的視点からの北海道と沖縄の研究状況について簡単に触れてきたが，この問題に関する最も新しい文献として，(財)沖縄県文化振興会史料編集室編『沖縄県史』各論編第5巻（2011年）における秋山勝氏の見解を紹介しておこう．秋山氏には，すでに「近代沖縄・北海道地方（自治）制度の比較史的研究」（沖縄大学地域研究所『年報』第15号，2001年）といったこの問題に関する沖縄側からの先駆的研究があるが，この『沖縄県史』第5巻・近代の第2部第1章「県令政治の実相」を執筆された氏は，第1節「沖縄県令政治と『内国植民地論』」の中で，これまでの北海道と沖縄に関する内国植民地論争について言及したうえで，次のように指摘されている．

　1つは，植民地（民衆を含む）が近代国民国家の領土（国民）として排他的な統治権を持つ地域でありながら「内地」（本国）とは異なる法体系をもって統治される地域（民衆）をいうのに対し，「内国植民地」とは永井秀夫が「内地の中で植民地的なところ」と指摘したように，「内地」でありながら一定期間部分的に異なる法制が敷かれた地域という意味で植民地的な（状況概念）として理解できる．こう考えると安良城の「植民地（的）のヒユ的意味でしかない」とする西里批判は，少し「的はずれ」のように思われる．特に北海道を「内国植民地」とし，沖縄を「特殊な県」と区別する論の根拠は不明である．2つめは，西里のいう法制的一体化以後も沖縄県の「植民地的地位」が続いたとの論理は，植民地の概念そのものの捉え方への疑問や，沖縄を台湾や朝鮮の植民地支配と同一視するものではないかとの疑問が生じる．西里の指摘は，おそらく日本植民地政策と

深くつながる「同化政策」が沖縄で継続・強化されたことを指してのものと思われるが,法制的差別と文化的・民族的差別・統合を同一化して植民地を論じることへの疑問でもある.

　以上述べてきたことから,「内国植民地」を一定期間部分的に「内地」と異なる差別的法制が敷かれた地域という実態に基づく状況概念と考えるならば,北海道・沖縄の近代は,それぞれの違いを含みつつ一定期間「内国植民地(的)であった」と言ってよいと思われる[17].

秋山氏はこのように述べて,近代の一時期における北海道と沖縄が「内国植民地(的)」状況にあった事実を肯定されている.因みに近代沖縄のそのような状況は,1879年（明治12）の沖縄県設置を起点とし,1909年（明治42）の特別県政施行もしくは宮古・八重山を除く沖縄県に「衆議院議員選挙法」が施行された1912年（明治45）までの時期とされる（宮古・八重山に同法が施行されたのは1919年〈大正8〉である）.さらに,市制施行まで含めた「厳密な法制一体化」の時期は1921年（大正10）になるという.これに対し北海道側の内国植民地(的)状況は,私見によれば1886年（明治19）の北海道庁設置を起点とし,市制が施行された1922年（大正11）までとなるが,これは沖縄県と1年のズレがある.このように,近代の北海道と沖縄の内国植民地(的)状況は,その起点と終点（内地との「法制一体化」の時期）を含めて,ほぼ同一の時期に収斂している点に注目すべきであろう.

4. 幕藩制国家と「四つの口」論

　こうした中で,近世の場合には中世の「異域」論や近代の「内国植民地」論に対置するものとして,幕藩制国家と「四つの口」論がある.一般に近世の日本,すなわち幕藩制国家の外交のあり方は「鎖国」政策と呼ばれてきた.国家的な外交・通交の関係を,幕府が直接関与した長崎の出島を窓口とする「通商」の国＝オランダ・中国に限定し,対馬藩と薩摩藩に対しては「通信」の国＝朝鮮・琉球との通交を委任,その他の外国とは新たな通交関係を持たないというものだった.

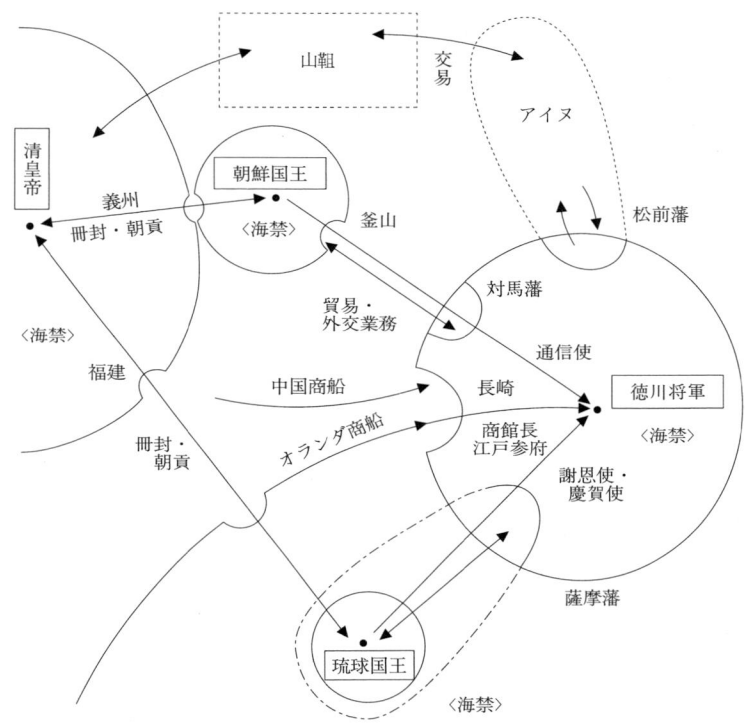

出典：荒野（1988）8ページより．
注：1）釜山・義州以外の朝鮮の交易所（会寧・慶源）と，清のロシアとの交易所は本図では省略した．
2）清の海禁は1717年以降．

図1-2　18世紀ごろの東アジアの国際秩序（概念図）

　この鎖国政策は最近では「海禁」政策と呼ばれ，中国・朝鮮・琉球という当時の東アジア世界に共通してみられる外交政策とされている（図1-2）．この図に示されるように，18世紀頃の東アジア世界では，日本（徳川将軍）・琉球（琉球国王）・朝鮮（朝鮮国王）・中国（清皇帝）の各国家が「自己の国家秩序に適合する国際関係」を設定しながら，「相互に恒常的な関係」[18]を形成していた．
　近年の日本近世史研究は，この海禁（鎖国）問題をいわゆる「四つの口」論として展開している．では「四つの口」とは何か，鶴田啓氏によれば次のよう

になる．

　近世の「海禁（鎖国）」体制のもとでも，諸外国や他民族との恒常的な接触，つまり，長崎における中国商人・オランダ商人との関係，対馬藩を通した朝鮮との関係，薩摩藩を通した琉球・中国（明・清）との関係，松前藩を通したアイヌとの関係が存在していたことは，近年広く知られるようになってきている．近世史研究の分野では，これら異国（中国・オランダ・朝鮮・琉球）や異域（アイヌ）との接触の場所，もしくはルートを総称して"四つの「口」"と呼ぶことが多い[19]．

この「四つの口」論が荒野泰典氏によって提起されたのは，1970年代末期のことであった．この時期の荒野氏の論文では，対馬・薩摩・松前の3か所ないしは3つの口という表現にとどまっていたが，1981年に執筆された「大君外交体制の確立」（のちに，同氏前掲書に収録）では，「四つの口」をより明確なかたちで定式化した．その一節を以下に引用しておこう．

　「鎖国」体制下で徳川幕府は対外関係の取扱いの窓口を，中国・オランダを中心とする長崎，朝鮮に対する対馬，琉球に対する薩摩，アイヌに対する松前に限定していた．幕府はこれら4つの「口」のうち，長崎を直轄領として対外関係全般の管理統制の中心とするとともに，他の3つの「口」での対外関係は，それぞれ対馬藩・薩摩藩・松前藩に管掌させていた．これらの3藩はそれぞれ対象とする異民族・異国に対する「押え」の軍役を徳川将軍に負い，諸外交業務もその軍役の一環として行なっていたと考えられる[20]．

このような問題提起によって，その後の近世日本における対外関係の認識は，それまでの長崎・出島を主な窓口とするといったイメージから大きく変貌することになった．ただし，長崎・対馬・薩摩・松前という「四つの口」は近世初期から同等の比重をもって存在していたわけではない．その形成期は17世紀初頭から中葉の段階であり，この17世紀を通じて制度的に整備されていった．

18世紀に入ると，四つの口体制は各地の状況に応じて矛盾や動揺を示すこともあったが，実態としてはこの体制が定着・固定化していった．そのような中で，四つの口のうちでただ１つ「異域」（＝蝦夷地のアイヌ民族）との関わりに過ぎなかった松前口も，寛政４年（1792）のロシア使節アダム＝ラックスマンの蝦夷地・根室への来航によっていやおうなく異国との関わりを持つこととなり，他の３つの口と同列の関係となった．

このように，幕藩制国家が異国・異域との通交関係を持つ場所を４か所に限定し，その場所における交渉相手を従来の「伝統的な関係を有する相手にのみ限定しようとする意識」[21]は，18世紀から幕末期にかけて，外国からの開国要求を拒否する過程で段階的に成立したものである．そして，幕府当局がこのことを「祖法」であると強調すればするほど，現実の外交関係とはかけ離れたものとなっていった．

5. 北と南を結ぶ交易

近世の幕藩制国家による外交・通交関係は，前項でみたように「四つの口」を媒介として機能していたが，これを交易関係に引きつけて述べてみよう．いま，17世紀後半から19世紀半ばにかけての東アジア交易と日本との関係を図示すれば図1-3のようになる．

幕藩制国家が長崎・対馬藩・薩摩藩・松前藩という四つの口を通じて行う中国人・オランダ人・朝鮮・琉球・アイヌ民族との貿易（交易）は，その内容によって次の３類型に分類される[22]．

①公的な私貿易で，その大部分が直接あるいは第三者に媒介される中国貿易のルート
②朝鮮および琉球との２国間貿易のルート
③国家権力の背景を持たない相手を対象とする交易ルート

①は，長崎における中国・オランダ貿易，対馬藩による朝鮮私貿易，琉球による対中国朝貢貿易である．②は，対馬藩・琉球が朝貢船を派遣して行う朝鮮貿易のうち，進貢・公貿易，琉球の薩摩藩への黒糖・鬱金の販売である．そして，最後の③は松前藩によるアイヌ交易である．この図1-3は，日本（市場）

第1章　北海道・鹿児島・沖縄の歴史的位置

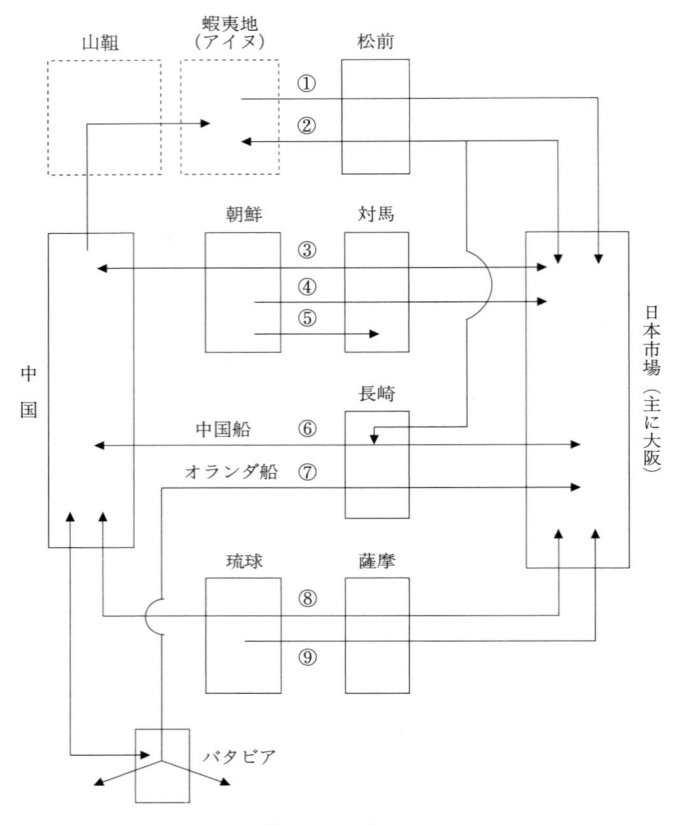

出典：荒野（1988）6 ページより．なお，注の一部を省略．
注：1) 交易品（概略）
    ①→鷹・金（17世紀半ば），木材（17世紀末）
    ②米・日用品など→←海産物・毛皮など
    ③生糸・絹織物→←（～18世紀初），薬種・毛皮など→←銅（18世紀半ば～）
    ④人参（～18世紀半ば），木綿→
    ⑤米→
    ⑥生糸・絹織物→←銀・銅（～17世紀末），絹織物・薬種ほか→←銅・海産物（18世紀～）
    ⑦生糸・絹織物→←銀（～17世紀末），絹織物→←銅（17世紀～）
    ⑧生糸・絹織物→←銀・銅（～18世紀半ば），薬種・絹織物ほか→←銅・海産物（18世紀半ば～）
    ⑨→砂糖
2) 蝦夷地の重要性は，18世紀に入り，海産物が長崎の中国貿易の主要な輸出入品となり，またそのころ農業における金肥（魚肥）使用が盛んになって，特に増大．
3) 琉球は，このほかに1万石余の貢米を上納（薩摩へ）．

図1-3 17世紀後半～19世紀半ばの東アジア交易と日本

第Ⅰ部　地域の歴史とグローバリゼーション

と中国を中心にして，それに琉球・朝鮮を加えた東アジア世界を構成する国家群が，貿易・交易を通じて緊密なネットワークで結ばれていたことを示している．すなわち「朝鮮・対馬間，アイヌ・松前間の局地的な貿易の他の，主要なルートは日本と中国を両端に形成されている」[23]のである．

しかも，この貿易ネットワークは東アジア世界の中で完結するのではなく，北方はアイヌ民族を通じてロシアに，また南方はオランダ船を通じてバタビアに，さらにその先はヨーロッパ世界に向かおうとしていた．

6.「昆布ロード」の成立

前項で紹介した図1-3は，もっぱら近世日本の四つの口と東アジア世界との交易関係に重点が置かれており，四つの口間の相互依存関係については，松前口と長崎口が直接結ばれているのみである．ところで近世後期の日本社会において，日本列島の最北端の北海道から本州方面に流通した極めて経済的価値の高い海産物がある．それは北海道産の昆布であり，最終的には鹿児島を経て沖縄に，さらに沖縄から中国に到達していた．

この昆布の流通ルートは，いわば日本列島を北から南に縦断する「昆布ロード」とでも呼ぶべきものであるが，このような考えを提唱された大石圭一氏には「昆布が明治維新の原動力になった」[24]という注目すべき説がある．すなわち，明治維新の主体勢力は薩摩藩と山口藩であるが，とりわけ薩摩藩の場合，鳥羽・伏見の戦いで使用した大量の新式銃をどのような手段で入手できたのかという点について，これまで琉球・奄美大島での砂糖増産や薩摩藩の抜け荷などが指摘されているが，この程度では巨額の財政赤字を抱えていた薩摩藩の財政再建と蓄財は不可能である．そのことを可能にしたのは，実は北海道産の昆布であったというのが大石氏の主張であり，次のように述べている．

『琉球館文書』によれば，1788年頃に薩摩の黒糖を大坂で昆布に換え，昆布を琉球で唐物に換え，唐物を長崎，北陸筋で金に換える商法が始められた，と推定できる．1821年から道光以後中琉貿易が約50年間続けられた．薩摩藩の家老，調所広郷が藩の財政立直しを完遂したのは，この方式

によった，と思われる[25]．

　「道光」元年は1821年のことであるが，この時期は，北海道の釧路・根室地方を中心に生産された「長昆布」が昆布の商品市場に出回り始め，「昆布の取扱い量が，それ以前の千トン台から万トン台に移り始めた頃」[26]であった．さらに，その流通範囲は本州から沖縄に及んだとされている．道光元年以後の中国・琉球間の貿易統計である「道光以後中琉貿易統計表」によれば，昆布の取扱高は年最高30万斤（180トン），年平均23万斤（120トン）であるが，これは表向きの数字で実際はこの2～3倍と推定され，400～500トンになるという．明治3年における日本の昆布総生産量は5千トンであるから，中琉昆布貿易の取扱量は日本の昆布総生産量の10％にも及ぶ計算となる．このような指摘に続いて，大石氏は次のように述べている．

　　　中琉貿易に於ける積荷全体に対する昆布の重量比は，最大94パーセント，最少71パーセント，平均85パーセントである．この比率から考えても，中琉昆布貿易に於ける昆布の意義が大きかったことが知られる．昆布が全く生産されない沖縄に於いて，遠く北海道から，かくも大量の昆布を取り寄せ，扱うとは，何か特別の事情があった，と推定せざるを得ない．唐物や製薬原料の供給地である清国では，その頃昆布に対する需要が特に高かった．そこで，唐物の見返り品として昆布が登場することになった[27]．

　そして，「中琉貿易の意義」は「昆布」と「薬品」の交換という点にあり，交換比率からみて「琉球側が得をした」と考えられるという[28]．このようにみてくると，北海道産の「昆布が明治維新の原動力になった」という大石氏の説は，明治維新史の知られざる一面を衝いた真実と云えるのかもしれない．

注
1)　村井（1988）115ページ．
2)　同上書，346ページ．
3)　永井（1966），のちに永井（2007）に収録．
4)　田中（1979）144ページ．

5) 田中（1976）379 ページ．
6) 田中（1979）143 ページ．
7) 同上書，143-144 ページ．
8) 田中（2000）144 ページ以下を参照．
9) 桑原（1982）9-10 ページ．
10) 宮良編（1993）所収．
11) 同上書所収．
12) 安良城（1980）203 ページ．
13) 向井（1988）4 ページ．
14) 河西（1996）22 ページの注12 参照．
15) 永井（2007）276 ページ．
16) 同上書，272-273 ページ．
17) 秋山（2011）105-106 ページ．
18) 荒野（1988）7 ページ．
19) 鶴田（1992）207 ページ．
20) 荒野，前掲書，161 ページ．
21) 鶴田，前掲論文，310 ページ以下を参照．
22) 荒野，前掲書，40-41 ページ．
23) 荒野，前掲書，5-6 ページ．
24) 大石（1987）186 ページ．なお大石氏は，自著の書名には『コンブ・ロード』ではなく『昆布の道』が相応しいとして，その方が「昆布の運ばれた道」や「昆布の歴史の道」などの意味が含まれているからだと述べている（同上書「はじめに」参照）．
25) 同上書，213 ページ．
26) 同上書，212 ページ．
27) 同上書，214 ページ．
28) 同上書，220 ページ．

参考文献

秋山勝（2011）「県令政治の実相」（財）沖縄県文化振興会史料編集室編『沖縄県史』各論編第5巻第2部第1章，沖縄県教育委員会．
安良城盛昭（1980）『新・沖縄史論』沖縄タイムス社．
荒野泰典（1988）『近世日本と東アジア』東京大学出版会．
大石圭一（1987）『昆布の道』第一書房．
河西英通（1996）『近代日本の地域思想』窓社．
桑原真人（1982）『近代北海道史研究序説』北海道大学図書刊行会．
田中彰（1976）『日本の歴史　第24巻　明治維新』小学館．
田中彰（1979）『近代天皇制への道程』吉川弘文館．
田中彰（2000）『明治維新』日本の歴史7　岩波ジュニア新書．
田端宏・桑原真人他（2000）『北海道の歴史』山川出版社．
鶴田啓（1992）「近世日本の四つの『口』」荒野泰典・石井正敏・村井章介編『アジアの

なかの日本史』II 外交と戦争，東京大学出版会．
宮良高弘編（1993）『日本文化を考える』第一書房．
向井清史（1988）『沖縄近代経済史－資本主義の発達と辺境地農業－』日本経済評論社．
村井章介（1988）『アジアのなかの中世日本』校倉書房．
永井秀夫（1966）「北海道と『辺境』論」北大史学会『北大史学』第11号．
永井秀夫（2007）『日本の近代化と北海道』北海道大学出版会．

第2章
沖縄に即して考える「地域個性と経済学」

来間泰男

【本章のキーワード】
　　中華と蝦夷・隼人，琉球王国，地割制度，琉球処分，ウェーキ＝シカマ関係，沖縄県土地整理事業，基地経済

1. はじめに

　経済学は，社会を研究する科学の，1つの分野にすぎない．目的は社会の構造・性格・発展法則・その歴史の解明であり，経済学を極めることではない．社会を理解するための手段であって，それ自体が目的ではない．したがって，「総合化」の方向性を意識せねばならない．もっとも，そのために経済学の「個別化」「精密化」も避けられない．「経済学を極める」こともありうるのである．ありうるが「それは目的ではない」というのが，ここで言いたいことである．そして，「1つの分野」にすぎないから，経済学は万能ではない．ほかの関連科学との相互浸透によって，社会の理解が深められていくことに意を尽くさねばならない．

　経済学は，その誕生以来，純粋化を求めてきたように思われる．対象は資本主義・資本主義社会・資本主義経済である．その純粋な状態を想定して，時代や，地理的位置や，政治制度や，宗教的環境や，人びとの個性など，多くの「非経済的要素」を捨象して，切り捨てて，ないものとして，法則性を追究してきたのである．それによって分かってきたことは少なくない．かくして経済学が誕生し，発達してきたのである．

　私の関心は，しかし別の方向に向いている．経済学が捨象してきた「非経済

的要素」を取り戻して，そして経済学の有効性を高めたいということである．

　経済学も，たとえば時代の問題では，発展段階論があったりして，19世紀の資本主義と20世紀のそれとに一線を引いて処理することもなされてきた．それは，自由競争の段階と独占の段階の峻別などとしてあった．また，政治制度や宗教的環境の違いが，それぞれの国・地域の経済発展にプラスに作用しているとか，逆にマイナスに作用しているとかという研究もなされてきた．しかし，人びとの個性については，経済学はその性質上，捨象されるのが常である．皆が金を儲けようとする，そのための努力は惜しまない，したがって品質が同じであれば安いものが売れるから，合理性に突き進み，技術は改良され，革新され，大量生産に流れていく，などなどである．このことが社会進行と乖離してきた現実が，いま経済学者の前に突き付けられている．有機食品，フェアトレード，環境にやさしい社会・経済の追求などである．

　もう1つ，地理的要素の処理が経済学の課題としてある．地理的要素は，大陸か島嶼か，山地か低地か，熱帯か温帯か寒帯か，湿潤地か乾燥地か，人口の集積地か過疎地かなど，その位置に関わる問題であるが，それらのことを基礎にして，「地域個性」が成立している．その個性は，そもそもそこに人びとが住むようになった原始から，数万年にわたる歴史が積み重ねられてきて，「強化された地域個性」となっている．

　なのに経済学は，これらを基本的に軽視してきたといってよい．むしろ「地理的決定論批判」という風潮さえあった．「今は違っているかもしれない，でもそのうち追いついて，同じようになるのだ」というわけである．

　しかしながら，そうではあるまい．経済学だって，純粋化を追究しながらも，それを達成できていないともいうことができる．アメリカ経済学とヨーロッパ経済学とインド経済学と日本経済学は，同じであろうか．それは，地理的要素から自由になっていない経済学の姿を示しているのである．そして，日本経済学の中でも，北海道経済学や鹿児島経済学や沖縄経済学が必要なのである．現状分析のための経済学である．それぞれの「地域個性」に着目して，それを取り込んだ経済学である．

2. 原始・古代の北海道・鹿児島・沖縄

　原始時代を考えてみる．今から4万年ほど前に日本列島（国はまだできていないので，考古学では「列島」という）に人類がわたってきた．まず最初に，北のシベリアから北海道へ，そして西の朝鮮半島から九州北部へ，さらに南から琉球列島へわたってきた．このうち南からの渡来は強い流れではなく，原始の日本にはそう影響を与えてはいない．これらが日本列島全体に拡散していった．この時代は「旧石器時代」である．琉球列島には3万年前や2万年前などの旧石器人の人骨が7か所ほどに遺されているが，文化の痕跡が見当たらない．一方，九州以北では，人骨は1か所で認められるだけであるが，文化の痕跡がかなりはっきりと確認できる．

　今から1万数千年前に，鹿児島の南部に縄文文化が生まれ「縄文時代」となった．それは，気候の温暖化とともに各地に波及していった．その文化は，旧石器時代からの打製石器（石鏃・石錐・石斧）を引き継ぎ発展させるとともに，土器を生み出し，木器や骨角器を生み出し，勾玉，漆器を使用する．植物を採集し，集積し，ある程度は栽培もする．動物や魚介類を獲る．この文化は日本列島全体におよび，琉球列島にもひろがった（かつては「貝塚時代」とされていたが，今では「縄文時代」という）．

　今から5千年ほど前になると，列島に弥生文化が生まれ「弥生時代」となる．この文化は，縄文時代の要素を引き継ぎつつも，中国大陸から朝鮮半島を経てまず北九州に伝わった稲作農耕と，また金属器を取り入れて，生産力を大きく発展させた．稲作農耕は伝来の時から，水田と田植えとそのための農耕具がセットになって伝わっている（稲作が，畑稲作から，しかも縄文時代から始まったとは考えられない）．金属器の場合，特に鉄器は朝鮮半島との密接な関係を抜きにしては，その普及はありえない．

　この「弥生時代」から，北海道と琉球列島の歴史は分かれる．北海道は，弥生時代には進まず，「続縄文文化」の時代を経て，東北地方と近接しその影響を受ける所では「擦文文化」の時代となり，またオホーツク海沿岸では，北からの移住民の影響で「オホーツク文化」の時代となり，これらが基礎となって

第2章　沖縄に即して考える「地域個性と経済学」

「アイヌ文化」が形成されていく．ここには，弥生の文化要素である金属器は流入したが，水田稲作は採用されなかった．一方，琉球列島でも，水田稲作と金属器の波及がなく縄文文化が続くが，こちらは「続縄文文化」とはいわれず（その説もある），単に時期を示すだけの「弥生〜平安時代並行期」とされている（かつて「貝塚時代後期」とされていたもの）．

　この時代の北海道と琉球列島に水田稲作が伝わらなかったことについては，北海道は「寒さ」のためだと了解されてきたが，琉球列島は「暑さ」のためだと，同じ論理で説明されることはなく，地形・地質・台風・干ばつなどによるとされてきた．中国長江流域で生まれた水稲作が，北に向かって伝播していくときに，ジャポニカ種として温帯適応型になっていったので，亜熱帯の琉球列島ではよく育たなかったのであった．これは「地域個性」の問題であって，「先進・後進」の問題ではない．

　ともあれ，北海道と琉球列島は稲作を受容せず，他の日本列島のように弥生文化に移行することはなかった．しかし，交流・交易は断絶していない．この時代の北海道の遺物には，新潟地域までのつながりが見られるし，特に津軽海峡を挟んだ地域とはもっと緊密な関係があり，類似の土器が現われたりした．琉球列島の産物も，九州はもちろん，山陰や東北，北海道までわたっていた．稲作は一度ならず伝わってきたが定着しなかったとするべきであろう．

　弥生時代の進行は，階層社会へとつながり，やがて九州北部が先行して「奴国」「壱岐国」「伊都国」などの原初的なクニが生まれた．これは，中国や朝鮮半島の影響のもとにあった．それがさらに進んで，これらを統括する「邪馬台国」が生まれるが，その頃の中心は奈良盆地に移っており，「邪馬台」は「ヤマト」を漢字に写し取ったものと考えられる．そこで「大王」が生まれ，盛んに前方後円墳を造って権力の象徴とした．

　弥生時代に異なった道を歩み始めた北海道と琉球列島であるが，その後の日本列島が古墳時代を経て飛鳥時代になると，ヤマト王権は中国の国家理念に対応させて，自らを「中華」的な位置におき，東北に蝦夷（えみし），九州南部に隼人（はやと）を設定し，これら「蛮人」を支配し朝貢を受けているとの構図を形成したりした．奈良時代の8世紀に「天皇」号が生まれ，さらに「日本」国号も確立していく．平安時代となり，9世紀初頭には蝦夷・隼人という設定も消滅するが，東北の

さらに北に位置する北海道と，南九州のさらに南に位置する琉球列島は，天皇制国家である「日本」の版図から外れたままであった．

この間，琉球列島（奄美・沖縄・宮古・八重山の各諸島）では，中国（明）の影響のもとに1429年には「琉球王国」が成立し，国家としても区分される存在となった．

他方，北海道は，永くアイヌの居住地であり，更に北方からの人びとの流入もあったりしたが，15世紀半ばにその西南端部（函館周辺）に蛎崎氏（のち改姓して松前氏）が「和人政権」を建てた．

3．「琉球王国」の成立と展開

13～15世紀という，当時の東アジア・東南アジアではまだ国境意識はほとんどなく，各地（各国）の商人（海商）が，居住地を離れて，各地（各国）に広く活動していた．この商人たちは，各地の物産を扱うだけでなく，人身をも，いわば「奴隷」として交易した．彼らは，交易がいろいろな理由で阻害される時には，いきなり武力を行使することがあった．つまり「海賊」「倭寇」になるのである．このような，今流に言えば「国境を越えた交易」はずっと古い時代から盛んだったのであり，朝鮮と北九州を中核に，しだいに中九州，南九州，あるいは東九州，そして瀬戸内海，近畿地方へとつながっていた．朝鮮も，南だけでなく，中朝鮮へ，そして中国の山東半島あたり，それがしだいに南下して福建へと，そのような交易の関係は，東アジア一帯に広がっていたのである．中国はまた，東南アジアとの関係も保っていた．

この状況の中で，交易を担う人びとが沖縄地域にも住むようになり，沖縄という場を利用して交易に従事していた．それには，今流の国籍でいえば，中国人も，日本人も，朝鮮人もあったし，それらと連携した沖縄人もあったであろう．「琉球王国」の誕生は，沖縄の社会が，その内部から育っていって「国」になったと考えることはできない．そうではなく，外部との関係の中で，いきなり国になったのである．「琉球」が国家となったのは，中国（明）からの働きかけによるものである．

明を建国した朱元璋は，その成立過程で対立していた国内の海洋勢力の力

を削ぐために，建国するとすぐ，1371年に「海禁」=「鎖国」政策をとった．そのときすでに外国に住んでいた交易従事者は，中国に帰ることもできず，交易自体ができなくなったのである．その前に，明は周辺各国に対して「朝貢」を求めていった．朝貢者に対しては，皇帝がその地の「王」などに「冊封」する．建国元年の1368年には高麗と南安に，1369年には日本と占城・爪哇などに，1370年にはアユタヤ，カンボジア，マラッカ，ブルネイに，1372年には「琉球」に，使節が送られた．この中で，日本だけは呼びかけに応じなかった[1]．

　明は一方で，海禁政策によって交易の道を閉ざされた人びとに，かすかな道を保証するために，琉球に国家としての体裁を整えさせ，それを支援したので，沖縄地域に国家が誕生した．つまり，「琉球」は中国によって「琉球国」とされ，その有力者を「王」だとされ，その王は「尚」と名乗った．明は，琉球に対して，船の賜与，航海技師や通訳や皇帝あての文書作成者の派遣など，多くの「優遇策」をとった．初期の王国は，懐機ら中国人宰相によって支えられていた．その行政組織も，民衆支配の体系ではなく，交易体制と対応したものであった．

　しかしながら，その交易の最盛期は王国成立の前後（13～15世紀前半）であって，その後は衰退してゆく．そこからが，かえって琉球王国の自立への道が始まるのである．渡来中国人はしだいに去ってゆき，王国の中枢から中国人がいなくなり，交易だけに頼らない経済の確立も要請される．

　このような中で，政権が「第一尚氏」から「第二尚氏」へと移行する．尚円によるクーデターだとされる．これを対中国交易の利権をめぐる争いだとする見解があるが，むしろ，衰退しつつある交易への依存の影響を乗り切ろうとする「危機対応」ではなかったか．このエポックを，多くの歴史家は「琉球王国の確立」としている．そこに，「黄金時代を築いた」とされる尚真の時代（16世紀前半）があった．それは，まさに自立を求め，王国の体裁を整えていった時代だったのであろう．それでも物産の少ない琉球は，なかなか自立できるものではない．その流れの中で，日本との関係が従属的に深まっていく．

4. 薩摩藩支配下の琉球王国

　1609年に，薩摩藩・島津氏の侵略を受けて，「琉球王国」はいったん破却される．しかし，薩摩藩は徳川幕府と連携して，いったん潰した「琉球王国」をすぐに復活させ，中国（明，そして清）との交易は継続させた．それは，「朝貢」の形で行なわれるので，琉球の王は中国の皇帝から「冊封」を受け続けたものの，その政治的支配を受けたわけではなかった．政治的支配は，もっぱら薩摩藩から受けており，中国はほとんど関与していない．ことあるごとに「江戸のぼり」を強いられていた．

　薩摩の琉球支配の意図は，中国との交易にあったと言われているが，そこに大きな利益を生み出す要素があったとは思われず，結果をみれば，情報の収集に効果があったのではないか，と思われる．ただ，このような中国と薩摩との間に立った交際（御取合）の中から「沖縄らしさ」が育っていき，琉球料理や，琉球舞踊・組踊が今日につながる形で継承されていったのであろう．

　一方，経済的支配に目を向けると，徳川幕藩体制が全国を「石高制」のもとに編成したのとは異なって，琉球には石高制は実施されなかった．検地を実施して，石高は定めたし，石高に基づいて課税したような形になってはいるが，実態は異なっていた．それまでの租税制度の実態が不明であり，確かなものがなかったところに，石高に基づく租税制度を布くことはできなかったのであろう．この段階でも，租税の多くは生産物（生産物地代）ではなく，賦役・夫役（労働地代）であったし，名目的に「生産物」で課税されてくる品目も，さまざまな代替物，あるいは労働に換えてもいいこととされていたなど，弾力的に（いいかげんに）運用されていた．労働を課すということは，人口に応じた「人頭税的」（「的」に注意）なものになる．これが先島を含めて，琉球近世の租税制度であった．その中で，先島だけが「人頭税」だったとされているのは，課税の形式が，沖縄本島地域では一応は「石高」に基づいているものの，先島地域では，文字どおり「人頭＝人口」に基づいていたからであり，その実態には違いはなかったのである．その先島や久米島などには，農作物ではなく，大半が織物に置きかえられた．それを地域の側で受け止めるのは「地方役人」た

ちであり，彼らは王府からの租税の割り当てを受けて，その生産物を調達するのに，住民を指揮して労働をさせたのである[2]．

　近世初頭の1605年に，中国から甘藷（さつまいも）が伝来し，しだいに普及していって，人口扶養力が高まった．また，少し遅れて，甘蔗（さとうきび）を原料にした黒糖の製造方法が伝来した．このことは「冬作」中心だった農耕に，夏作物が取り入れられたということである．農耕への取組みに，やや積極性が見られはじめた．

　農地は，百姓地，役地，仕明地の3つに分けられ，他に請地，払請地がある．このうち「百姓地」は，地割制度という，地域の人びとの利用慣行に任されていた．それは，地域が自主的に定めたルールによって，お互いの土地を定期または不定期に割り換えあうもので，そこには甘藷をはじめとする自給作物が植えられていたと考えられる．地割制度を租税制度としてみる見解が多いが，租税は，その土地の配分とは無関係に，主として労働の割当として，間切や村の人口に対して掛けられてくるのである．「日本近世」とは異なって，土地の私的所有が実質的に育つということも，なかったのである．なお，「役地」としてまとめたものは，地頭地・オエカ地（オエカ人＝地方役人の土地）・ノロクモイ地（ノロ＝祝女の土地）のことであり，「仕明地」とは開墾地・埋立地のことである[3]．

　士族階級の収入の受け方も特異であり，首里にいて政務に従事してその給与を受け取るかたわら，間切・村と名づけられた地域の「地頭」ともなるが，それはその地域の支配者になるということではなく，その地域内にある「地頭地」という特定の土地からの収穫物から，そのほぼ3分の1程度の作物を，地域から受け取る権利があるだけで，地域行政の責任者ともいえないのである．そこに居住してもいない．そのような地頭地には，多くさとうきびが植えられ，黒糖が製造されたと考えられる．

　薩摩藩の支配が始まったということは，大きな政治的事件であるが，そのことによって，直ちに社会が改革されたのではなく，首里王府の近世的政治行政路線は，向象賢の摂政期（1666～1673）から蔡温の三司官期（1728～1752）に至る時期，すなわち17世紀後半から18世紀初中期に，確立に向かったのである．とはいえ，その「近世」は「琉球近世」というべきであり，「日本近世」

とは大きく異なった実態にあったのである．①1689年に「系図座」がおかれ，身分制度の確立に向かった．②祭祀への関与を減らし，ノロ（役人としての祝女）やユタ（民間の祈禱師）の活動を制限した．③百姓をむやみに使役することを禁じた．④植林を奨励し，農業技術の指導を勧めた．⑤首里・那覇と田舎とを区別し，那覇を商人や細工人の町にしていった．

このように，「日本近世」とは大きく異なる「琉球近世」の社会なので，近世（という時期）になっても，例えば，武士がいない（封建社会ではない），日本的な「イエ」が成立しない（小農が成立しない），「一揆」や「村八分」がない（封建自治村落ではない），祭り・祈り・歌舞に熱心で，農耕には熱心ではない（農耕社会ではない），などの特徴を持つことになった（なお，奄美諸島は近世の初頭，1609年に琉球王国が薩摩藩・島津氏の支配下に入ったときに，王国から裂き取られ，薩摩藩に編入された）．

5. 近代の入口での北海道・沖縄の編入

このような琉球が，明治期の日本によって，1872（明治5）年に「琉球王国」が「琉球藩」とされ，「琉球国王」は「琉球藩王」とされ，次いで1879（明治12）年の「琉球処分」で「沖縄県」とされた．これが政治的な面から見た「近代」の始まりである．しかしながら，明治政府は，沖縄の社会が本土とは大きく異なったものであったために，改革のテンポを遅らせ，まずは「旧慣」を存続させた（以前は，沖縄から収奪するために旧慣を「温存」したとの説があったが，安良城盛昭に批判された[4]）．それでも改革は少しずつ進められ，教育の普及，貨幣＝商品経済への誘導，地方制度の改革などを実施していった．この間，支配層の一部は日本への編入に抵抗して，清へと逃亡する（脱清人）など，清に期待をかけた者もあったし，王家であった尚家を沖縄県の世襲知事にするようにという運動（公同会事件）もあったが，そのうち日清戦争となり，それに日本が勝利したことなどによって，この動きも静まった．こうして沖縄は「日本」に編入されたが，それは武力によるものであった．

一方の北海道は，近世に入り，16世紀末に豊臣政権が「松前藩」を認知し，続く徳川政権もそれを認めた．そして「蝦夷島」と呼ばれていた北海道を，

「蝦夷地」(アイヌ地)と「和人地」(あるいは「松前地」)とに区分した.アイヌはその両地に居住していて,また本州にも居住していた(津軽アイヌ,下北アイヌ)が,生活圏は分断され,「和人」の支配を受けた(この間,アイヌとの摩擦があり,その抵抗に直面することもあった).この藩の財政は,農業によって賄うのではなく,居住者アイヌとの交易の独占権と,本州からやってくる人びとへの課税権によって支えられていた.

近世末期になってロシアの南下に対応するため,徳川幕府は1799年から「蝦夷島」全域への支配をめざし,1807年には「和人地」だけでなく「蝦夷地」を含めて幕府直轄とし,松前藩を陸奥に移封した.しかし1821年に松前藩が幕府に代わって再び全域を直轄することになった(復領).やがて1855年には箱館開港となり,「蝦夷地」と「和人地」ともに幕領となった.徳川幕府打倒を目指す戊辰戦争は,いくつかの戦争を経て1869年の箱館戦争によって終結し,明治政府による北海道開拓の時代になっていく.

弥生時代に,沖縄と北海道が「日本」から離れたことの歴史的意味について,今村啓爾は次のように述べている[5].
「このように見ると,弥生時代に水稲耕作が広がり,基本的生業として定着した地域が,前方後円墳という共通した型式の墳墓を作り,豪族たちが政治的に結合した地域にほぼ重なっている.律令国家が統治した範囲もこれに重なる」.沖縄のわれわれが「本土」とよぶ地域,いわゆる日本国の範囲を指摘している.「このような経過を通してヤマトすなわち歴史的日本の範囲が決まり,その対置の形勢の中から日本,アイヌ,琉球という民族意識の違いが育っていった」.
結論.「現在の日本国の範囲は,ほぼ縄文文化が広がった範囲に一致している.しかし歴史的にみると,それは江戸時代における日本の影響力の拡大と明治初期における北海道・沖縄の領有という比較的新しい出来事によって形成されたもので,歴史的日本の範囲は縄文文化の範囲よりずっと狭くなり,江戸・明治における拡大まで狭い状態が続いてきた.この狭くなるきっかけは,縄文から弥生への移行時における日本列島文化の三分に行きつくのである./歴史的日本の範囲を越え,日本列島の住民と文化の歴史をきちんと整理してとらえ

ようとするとき，基本的な下地として縄文文化の広がりを見ていく必要があることが了解されよう」．

弥生時代以後，「日本」の範囲は，北海道と沖縄を除いて存在していたが，「明治初期」にその北海道と沖縄を併合して，「現在の日本国の範囲」となったが，それは「縄文文化が広がった範囲」になっているというのである．いろいろと考えさせられる提起である．

6. 沖縄県土地整理事業

1899（明治32）年に帝国議会で「沖縄県土地整理法」が制定され，「旧慣」の根本的な改革に着手された（1903年終了）．それは，地割制度をやめて，土地の筆界を定め，面積を測量し，生産力を「地価」として評価し，所有者を固定するものであった．そのうえで「国税徴収法」を適用し，地価の2.5％（本土は3％）を地租として現金で徴収することとなり，その負担者はそれまでの「村」（以前は「間切」，明治になって「村」）から，個別家族に移った[6]．

この改革によって，人びとは家族単位に自立することが促された．琉球近世の体制からの移行は，しかしながら大きな摩擦もなく進んだ．近世における租税は，「間切」に対して米や雑石（麦・下大豆）を基本に賦課されたが，それは米の代わりに粟でもよいとか，また砂糖や反布に置き換えられたりした（既述）．この王府からの割り当てを受けとめるのは「地方役人」であり，彼らはその物品を調達するために，人びとに労働を割り当てた．すなわち，稲作労働，甘蔗作・製糖労働，反布労働である．人びとはその指示に従いつつ，他方で地割配当地での自給作物（甘藷が主）の生産によって生活していた．

それが，この改革によって変化を求められたが，かつての「地方役人」の指示に従った労働から，その変化形態である「ウェーキ」の指示に従った労働に移行しただけのことであった．ウェーキとは，土地を中心とした財産持ち・財産家のことで，その多くは「地方役人」流れであり，人びとはその下に「シカマ」や「イリチリ」として従属した．シカマは自立した経営をもちながら，ウェーキからの借地や借金の代償として，地代や利子として，労働（臨時的）を提供するものである．イリチリは「入り切り」すなわち住込み者のことで，身

売りをされた若年労働力のことである．これをわれわれは「ウェーキ＝シカマ関係」と名付けた．現金の調達が困難な人びとに対して，ウェーキがそれを提供し，代償としての労働を受け取ったのである．そのかぎり，この近代体制への移行は，摩擦が少なく進行したと考えられる[7]．

それにしても，以後は市場経済・商品経済の時代となる．ウェーキなど一部の上層はそれに対応するのは早かったが，一般の人びとまで浸透するのはこの土地整理事業を画期とする．これにより，租税負担を含めて「自立」することが求められ，家族・個人単位での経済活動の時代となったのである．

しかしながら，零細な農家（1920年で農家8万4千戸のうち1町未満が7万戸，83％を占める）にとって，農業経営で自立することはきわめてきびしく，そのため早々に分解の道を歩むことになる．つまり，自らの生産物を商品として販売するのではなく，自らの労働力を商品として販売する，賃金労働者への道を余儀なくされるのである．沖縄にとって「近代」は，このように内的条件の整わない中での市場経済・商品経済への移行として展開したのである．

7. 再び日本から分離された沖縄

「琉球処分」（沖縄県の設置）という政治的指標によればほぼ60年，一気の変革はかなわず「旧慣」が残された時期を経た，「沖縄県土地整理事業」という経済的指標によればほぼ40年，この間に「日本への同化」が進められた沖縄は，再び日本から分離される．1945年，アメリカ軍の占領支配下に置かれたのである．

まず戦闘を経て，沖縄全土を支配したことを皮切りに，1949（昭和24）年2月1日，トルーマン大統領が国家安全保障会議（NSC＝National Security Council）の文書「NSC13/3」を承認して，アメリカは，沖縄のアメリカ軍基地を長期的に保持する，それだけでなく拡充するという決定をし[8]，次に1951（昭和26）年9月8日調印，52年4月28日発効の「サンフランシスコ平和条約」（対日講和条約）によって，沖縄・奄美・小笠原が日本から分離されて，アメリカの排他的支配下に置かれた．

「恒久基地」の建設が始まった．それには，本土の土建業者が招かれた．地

元でも，これを機会に企業として成長するものも出てきた．主として「軍作業」の労賃としてカネが落とされ，そのカネを原資として本土からの日用品などが大量に輸入され，活気が出てきた．「基地経済」という言葉が生まれたのは，このような状況からであっただろう．沖縄経済は，本土へ「輸出」する物は少なく，「輸入」する物は多くて，「貿易赤字」が避けられないが，それを「基地収入」が埋めるという構造になった．

　このように，アメリカ軍占領支配下の沖縄経済は，何よりも，その性格が「基地経済」となったことに特徴を見出さなければならない．それは，経済基盤の小さな沖縄に，膨大な軍事基地が建設されたことによるものであり，例えば「為替レートがB円高に設定されたから」などというような，あれこれの「政策」によるものではない．「基地経済」としての沖縄経済は，基地による用地取得と労働力吸収によって生産の基盤が縮減され，基地から与えられる「基地収入」によって展開するものとなり，その「基地収入」が，沖縄の要請・期待とは無関係に増減し，動揺するために，沖縄経済自体が振り回されるようなものであり，しかもそこには何らの積極的な展望が見えない経済である（「基地経済」の定義）[9]．沖縄経済が「基地経済」だったのは，論理的に考えれば，1945年のアメリカ軍の占領開始から，1972年の占領終了までの間である．

　そのアメリカ軍占領支配下の沖縄では，軍と軍人関係の事件・事故が絶えることなく，政治的自由はなく，人権は蹂躙され続けた．人びとは，1950年代の半ばには軍用地をめぐる「島ぐるみの土地闘争」を，60年代には祖国（日本）復帰運動を展開し，異民族支配に抵抗した．アメリカはそれに対して，経済重視の政策転換を図ったがその成果は乏しく，懐柔することには成功しなかった．

8. 沖縄の日本復帰

　1967（昭和42）年11月15日，佐藤（首相）・ジョンソン（大統領）会談の共同声明で「両三年以内に返還の時期につき合意すべき」とうたわれ，復帰準備が「一体化」の名の下に進められていったが，そこにアメリカ軍基地の温存が含まれていることをめぐって，県民世論は二分されたまま，1972（昭和47）

年5月15日,沖縄は日本に復帰して沖縄県が復活した(奄美諸島の復帰は1953年12月25日,小笠原諸島は68年6月26日).

これにより,琉球政府と琉球列島米国民政府がなくなり,沖縄県が復活した.一気に本土と同じ政治経済体制にすることはかなわず,いくつかの「特別措置」が設けられた.また,産業基盤と生活基盤の立ち遅れを補うために,財政投資が強化された.それは「戦後復興」「復帰後復興」の性格のものであり,かといって他府県に比べて突出したものではないが,沖縄にとってはかつてない規模の大きなものであった.こうして「基地経済」は「財政依存経済」に移行した(財政依存経済という性格は,各地方にも見られる性格であり,沖縄だけのものとはいえない).

ただし,近年は基地に絡まる「特殊沖縄的支出」も見られるようになった.それは,1995年のアメリカ兵による少女暴行事件,それへの県民の抗議の声をきっかけとしているので,私は「95年転機」と言いあらわした[10].

アメリカ軍基地は,縮小・整理されながらも大半が残された.その維持あるいは機能強化がアメリカ側の最大の関心事であったし,日本政府はその要求のほとんどを受け入れた.ところが在日アメリカ軍基地(専用)の75%が沖縄にある,という姿になった.そこから軍と軍人による事故・事件・犯罪は目立つし(占領下よりはかなり減少しているものの),騒音は絶えないし,県民の権利意識の向上とも相まって,「基地」を告発する声が高まってきた.基地があるから「基地収入」はなくならないが,その相対的な比重(基地依存度)は劇的に低下し(1955年は28%,2005年は5%),「基地経済」ではなくなった[11].ただし,基地のない府県と比べれば,基地収入があることは,沖縄経済の特徴として残っている.

9. おわりに

本題に戻って「地域個性と経済学」を考える.この日本の中で沖縄ほど日本らしくない地域はない.ここではその歴史を通してその特異性を提示してきたのであるが,歴史はそこに生きてきた人びとの死生観・人生観を左右し,家族のあり方を規定し,社会(大小さまざまな社会単位)の性格を色づける.その

歴史と歴史的遺産に加えて，中央から遠く離れた地理的な位置，それが40前後の島じまに分散していること，亜熱帯湿潤という気候，人口140万人（2011年8月到達）で国のそれの1%という少なさ——これらを含めてみたとき，その個性はさらに際立つ．

　北海道や鹿児島でも，それほど極端ではないにしても同様のことは指摘できるし，そこに地域個性は間違いなくあるのである．

　地理的な条件を基礎に，歴史的に形成されてきた地域個性は，数十年，数百年では容易に変化するものではない．経済学の法則的・理論的な理解を基礎におきつつも，この地域個性を重視する立場に立たなければ，現実の社会・経済は見えてこないはずである．

注
1) 上田信（2005）『海と帝国－明清時代』（中国の歴史09）講談社，101-102ページ．
2) 来間泰男（2007）「琉球近世の租税制度」日本農業史学会編『農業史研究』第41号．
3) 来間泰男（2006）「琉球近世の地割制度再考」沖縄国際大学経済学部編『経済論集』第3巻第1号．
4) 安良城盛昭（1980）『新・沖縄史論』沖縄タイムス社．
5) 今村啓爾（2002）『縄文の豊かさと限界』山川出版社・日本史リブレット，95ページ．なお，この項での今村説の紹介は，拙著『稲作の起源・伝来と"海上の道"』下，第5章第3節，日本経済評論社，2010年，で取り上げたものである．
6) 来間泰男（1976）「土地整理事業」『沖縄県史』第1巻・通史，沖縄県教育委員会．
7) 来間泰男・波平勇夫・安仁屋政昭・仲地哲夫（1979）「近代沖縄農村におけるウェーキ＝シカマ関係」沖縄国際大学南島文化研究所編『南島文化』創刊号．来間泰男（2008）「近代沖縄の土地問題－ウェーキ＝シカマ関係について」日本農業史学会編『農業史研究』第42号．
8) 宮里政玄（1981）『アメリカの対外政策決定過程』三一書房，211-212ページ．琉球銀行調査部（1984）『戦後沖縄経済史』牧野浩隆執筆，173-178ページ．
9) 来間泰男（1970）「沖縄経済の現局面と1972年返還」新日本出版社編『経済』12月号．また来間（1979）『沖縄の農業－歴史のなかで考える』日本経済評論社．
10) 来間泰男（2010）「95年転機の沖縄経済『振興策』」，新日本出版社編『経済』6月号．
11) 来間泰男（2010）「基地問題論争で見られる"沖縄は基地依存経済"の誤り」，毎日新聞社編『エコノミスト』8月3日号．

第3章
北海道農業とドイツ人招聘農家

石井　聡

【本章のキーワード】
　　　北海道農業史，甜菜生産，ドイツ人農家，ヨーロッパ式中農経営，
　　　日独関係史

1．はじめに

　我が国における甜菜生産は，北海道がそのシェアの100％を占め，国内製原料で製造される砂糖は，8割までがその甜菜を原料とする甜菜糖となっている[1]．今日ではこのように重要産物となっている北海道製甜菜であるが，歴史を振り返ってみると，甜菜栽培は，北海道の地にその初めから容易に根付いたものではなかった．先人により数々の先駆的な試みが繰り返された結果，それは発展してきたのである．本章は，そのなかから，1920年代の十勝地方で甜菜栽培に従事したドイツ人農家が果たした役割について，とくに検討を試みるものである．

　1923（大正12）年，北海道庁の招きによって，ドイツから2戸の農家が十勝へやってきた．彼らは5年の契約で，北海道製糖会社および明治製糖会社の所有地内において，それぞれ甜菜を中心とする農業生産に従事した．同じ年札幌に招聘された2戸のデンマーク人農家ともども，彼らヨーロッパ人農家が北海道農業に与えた影響については，たとえば坂下明彦氏によって，「彼らの母国で行われていた畑作（飼料作と穀作，原料農産物）と畜産（乳牛と豚），ならびに農産加工（チーズ，ハム，ソーセージ）を組み合わせたヨーロッパの中農による自給度の高い農法は（北海道には－引用者）根づかなかったとみてよい．

この時期の農業政策は，ヨーロッパ農業の形式的模倣段階であり，その文化をまるごと理解するには遠かったのである」といった評価が与えられている[2]．

　この評価自体に誤りはないとしても，ヨーロッパ人農家の実際の活動をより詳細に見ていくことで，彼らが北海道農業に与えた意義について，さらに掘り下げて検討することも必要ではないだろうか．というのは，ドイツ人農家が招聘された1920年代前半の時期は，北海道農業のモデルをどこの国とするかという点においても，また北海道農業において甜菜栽培の意義をどう考えるかという点においても，北海道農業史上ひとつの重要な画期にあたっていたということができるからである．

　第1に，北海道農業のモデルをどこの国に見るかという点でいえば，明治初期のいわゆる「ガルトネル事件」の発生時には，ヨーロッパ農法の日本への導入を重要視する動きがあった．1868（明治2）年，ドイツ・プロイセン人であるガルトネル（R. Gärtner）が，榎本武揚の蝦夷政府との間で，函館近郊七重村約1千ヘクタールを99年間借り受けるという契約を結んだ．その「蝦夷地七重村開墾条約」には，ガルトネルがヨーロッパの農法を広めようとしているので，それを習得する意志のある有志12名及び農夫50人を選び，ガルトネルから彼らに3年間農法を教授させるといった内容が記されており，外務省内には，ガルトネルに指導を依頼すべきだとの意見が存在したのである[3]．だが結局，明治新政府はガルトネルとの契約を取り消し，1871（明治4）年にはアメリカ農務長官であったケプロン（H. Capron）を最高顧問とするアメリカ人技術者を多数招聘する．次いで76（明治9）年に札幌農学校を開設すると，クラーク（W.S. Clark）を教頭に招くなどして，アメリカ農業をモデルとして学ぶ姿勢を強めていくことになった．しかし，ケプロンの唱えた小麦を中心とする畑作農業の導入は，わが国の根強い米食慣習などのために根付かず，また札幌農学校で学んだ者を中心とするアメリカ農学の先覚者たちによって奨励された大農経営の試みも失敗に終わった．なぜなら小農経営を中心とする北海道農業の現実的諸条件は，アメリカの大農経営には適応しない部分が多かったためである[4]．加えて，開墾地において長年無肥料連作を続けた結果，大正時代になると，次第に地力の低下も北海道農業の問題点となっていった．「本道農業生産力の減退は永年の粗放的経営により，更に自家食糧以外は市場公共の作物を

逐って年々耕作を事とするため，輪作等を行って地力の均衡と経済とを顧みらざるは勿論，自給肥料の施用に到りては暁天の星の如く，之を施用するもの極めて尠き状態」だったのである[5]．こうした状況のなかで，宮尾舜治北海道庁長官（在任：1921～23年）下での宮尾農政の時期に，「拓殖計画」に地力の回復を目指す畜産奨励が盛り込まれ，従来混同農業，有畜農業，農牧併用経営等と呼ばれた欧米式の酪農経営が強力に推進されていくことになる[6]．そのモデルとされたのがヨーロッパの中農経営であり，実地経営の参考とすべくデンマーク人およびドイツ人農家計4戸が招聘されたのであった．つまり，ドイツ人農家がやってきた1923年は，北海道農業において，ちょうどアメリカ式大農経営からヨーロッパ式中農経営への転換が企図された時期にあたっていた．そうした時期に招聘されたドイツ人農家は，地力の回復や生産といった面で具体的にいかなる影響を残したといえるのだろうか．

　第2に，北海道農業史における甜菜栽培の意義という点に関して，1923年という年はどのような時期に位置づけられるだろうか．北海道における甜菜栽培は，1871（明治4）年の北海道開拓使札幌官園での試作を端緒とする．その後各地での甜菜試作の結果，最も条件が良く耕地面積も広かった紋鼈（伊達）に，1880（明治13）年，わが国最初の官営製糖所が建設されることとなった．1888（明治21）年には札幌製糖会社も創立されるが，これら両製糖工場は，天候不順などによる甜菜収穫の不安定さの結果，赤字経営が続く状況となる．甜菜糖業は，その原料たる甜菜の栽培状況を以て基礎とする産業であるがゆえであった．結局のところ，「甜菜は明治に入ってから外国から導入された新しい作物であり」，「根本的には『中農的作物』，『集約作物』，『輪栽作物』である甜菜を受け入れる条件を当時の北海道農業は具備していなかった」[7]．より具体的にいうならば，当時の甜菜生産は「中農」ではなく零細農耕制によって支えられており，また「集約作物」という点でも，大部分の農家は地力の消耗を省みない粗放略奪的（無肥料栽培）な農業経営のもとにあって，合理的な輪作が行われる状態にはなかったのである．結局，1896（明治29）年と1901（明治34）年に上記両製糖会社は解散せざるをえなくなり，ここから約20年の間，北海道における甜菜栽培は，大学や試験場などにおいて試験的にわずかに栽培されるのみという状態が続くこととなる．

ところが1914（大正3）年の第1次世界大戦の勃発は，ドイツ，ロシアなどにおける甜菜生産量を減少させ，フランスやベルギーの糖業地を荒廃させるという結果を生じ，世界的な砂糖不足という状態を生み出した．この需給逼迫状況から発生した砂糖価格の暴騰は，なお国内需要をまかない得ていなかった日本において，甜菜糖業の復興を余儀なくさせる．1919（大正8）年，台湾での製糖経験を有していた帝国製糖株式会社によって十勝の帯広に北海道製糖株式会社が設立され，翌20年には同じく十勝の清水村に日本甜菜製糖株式会社が創設（同社は1923年6月に明治製糖に合併）されることとなった．ここに，北海道において再度甜菜栽培を拡大していく必要性が生じてきたのであった．また甜菜栽培は，次の意味でも重要視された．1920（大正9）年前後の北海道農業は，開拓が一段落し，耕地の拡大よりもむしろ集約化の求められる時期にあたっていた．先に述べたような開拓以来続けられてきた粗放略奪的な農法によって相当程度低下していた地力を回復させるために，集約作物である甜菜が見直され，また酪農とも結合する「北欧型有畜輪栽式農業経営」を導入することで，いっそうの地力の回復が目指された時期にもあたったのである[8]．

　このように，甜菜を原料とする砂糖生産の増大のみならず，従来の粗放略奪的無肥料経営で低下した地力の回復という大きな課題を抱えた1920年前後の時期には，ヨーロッパ式混合農業の導入および集約作物である甜菜の栽培拡大が，北海道農業発展のための重要な方策として浮上していたのである．そうした時期である1923年に招聘されたドイツ人農家が，これらの課題の解決に対して具体的にはどういった影響を残したといえるのかを考察することが本章の目標である．これまでデンマーク人農家に関しては，比較的多くの研究が存在するが[9]，ドイツ人農家に関しては，さほどまとまった研究は残されていない．近年ドイツにおいてこれらドイツ人農家に関する論考がちょうど発表されたことでもあるので[10]，それも参考にしながら，以下で分析を進めていくこととしたい．

2. 十勝における甜菜栽培の開始

　1919年，北海道製糖株式会社が設立されたさい，その「設立趣意書」にお

いて，先の紋鼈，札幌における甜菜糖業の失敗の理由が以下のように説得的に分析され，かつ会社創設の構想が熱意をもって語られている．

　失敗の理由としては，第1に，紋鼈，札幌は，実は秋に降雨の多い甜菜不適地であって，甜菜糖の糖分蓄積作用を阻害し，砂糖の生産量を僅少としてしまったことが挙げられている．これに対して北海道製糖の母体となった帝国製糖では，まず満州・朝鮮・北海道・岩手の4箇所で大規模な試作を行い，うち北海道が最適地であることを確認したうえで，開拓の進んだ十勝・北見において試作を継続した．その結果，十勝など「雨の少ない地方はすこぶる甜菜に適し，経験のない農家にきわめて粗放・不注意な耕作をさせた結果によっても，糖度100分の15・純糖率82の平均成績を得」られたとして，帯広への工場設立を進めることとした．第2に，前2社は，甜菜を馬車で工場へ運んでいたため，収穫期の製糖作業に追いつかないという問題を抱えていた．北海道製糖は，専用鉄道を帯広から日高山脈の麓まで敷設し，甜菜を一気に工場まで運搬して貯蔵しておくための条件を整えた．このほか失敗の理由として，当時の製糖技術が稚拙なものであったこと，耕地面積が乏しかったこと，労働力が十分でなかったことが列挙されているが，「私たちはみずから実験を重ね，かつ前会社失敗の原因を探り，まさに北海道甜菜業の根本を捉えることができたと信じ，ここに同志相はかって北海道製糖株式会社を創立」すると宣言したのであった[11]．

　ところが，万全の準備を整えたかに見えた同社の創業初期の業績は，甜菜栽培上の問題によって芳しいものではなかった．初年度の1920年は，7月中旬から長雨が続き，一部には出水を見た．甜菜はほとんどが生育不良となり，歩留率は4％程度という惨状であった．逆に翌21（大正10）年は豊作であったが，「豚ビート事件」と呼ばれる騒動が生じることとなった．この年の甜菜収穫量は，農家によっては前年の5倍以上の者があるほどであったが，多くが製糖材料にならない家畜ビート，すなわち家畜の飼料にしかならないものであることが判明した．このビートの種子はアメリカから輸入したものであったが，種子を自給するまでに発展していなかった米国は，当時なおドイツからの輸入に依存していた．第一次世界大戦に勝利したアメリカは，敗戦国ドイツから，賠償物資の一環として大量のビート種子を取り立てたが，そのなかに相当量の家畜ビートが混入しており，それが回り回って北海道までやってきていたので

ある．さらに，続く1922（大正11）年には，十勝地方は歴史的な大洪水に見舞われ，甜菜収穫も大打撃を受けてしまった[12]．

このような時期の1921年に，北海道庁長官に就任したのが宮尾舜治であった．彼は，長く台湾において製糖政策に尽力した経験を持つ人物であり，甜菜製糖に強い意欲を抱いていた．長官就任早々から，宮尾は甜菜栽培奨励の先頭に立ち，北海道帝国大学の研究者などとともに全道の農村を歩き回り，また道庁に糖務課を新設して北大教授三宅康次を課長にするなどの措置をとった．1924（大正13）年からは甜菜耕作助成金を交付し，各地で講習会や品評会を頻繁に催した．そうしたなかで宮尾は，甜菜栽培を北海道に根付かせるためには，ドイツまたはデンマーク式の集約農業・農牧混合農業の導入が必須のことであると考えるようになった．そしてその導入は，日本人による現地視察だけでは到底不可能であり，「同国より2, 3の実際家を招聘し適当の所に地を卜し実地に彼らに経営させ彼らの生産方法と経営方法，引いては彼らの家庭生活迄開放して，行きつまった同地の農業に一生面を開かせ，農民自身の発憤を此の生きた模範に依りて促そう」としたのであった[13]．

3. 2戸のドイツ人農家

宮尾の意向を受けた北海道庁は，招聘農家の選定にあたることになった．道庁は，在独日本大使館に協力を依頼した．それを受けた大使館は，ドイツ・マグデブルクの西南約20kmに位置するクライン・ヴァンツレーベン（Klein Wanzleben）製糖株式会社へ参事官を派遣した[14]．同社は，1856年に工場を操業し，1885年に株式会社化されたドイツを代表する製糖会社であった．同社研究員によって改良された甜菜の種子は，当時ドイツ国内ばかりでなく，フランス，オランダ，イタリア，スウェーデン，ポーランド，ロシアなどでも品種改良のために利用されており，同社の産する甜菜種子は，含糖率，発芽率，発芽後の発育率において，世界一との評価もなされていた[15]．実際，当時のドイツ製の甜菜は，製糖歩留まり率の点で優れたものであった．アメリカ製甜菜が歩留まり率18％，北海道製はわずか10〜12％にすぎなかったのに対して，ドイツ製のそれは23％を誇っていたといわれる[16]．

表 3-1　ドイツ人農家の概況

	フリードリヒ・コッホ家	ヴィルヘルム・グラバウ家
農地	清水・明治製糖工場付近	帯広・北海道製糖工場付近
家族	コッホ夫妻 長男22歳，次男20歳，長女18歳，次女16歳	グラバウ夫妻 長男7歳，長女4歳，次女（日本で誕生）

出所：Junghans, E., a.a.O., S. 854f；吉村（1928）187ページ．

　クライン・ヴァンツレーベン社の元社長であり当時財務担当顧問を務めていたエルンスト・ギーゼケ（Ernst Giesecke）は，道庁からの依頼を「とても好意的に受け入れ」[17]，8名の候補者を推薦した．道庁は，その8名から人選し，同社の農場で働く2人の農民を北海道に招聘することにした．それが，フリードリヒ・コッホ（Friedrich Koch，当時43歳）とヴィルヘルム・グラバウ（Wilhelm Grabau，当時30歳）であった．両者ともに，第1次世界大戦に従軍した経歴をもつが，長年甜菜の耕作に従事した経験を有していた．「両名ハ甜菜耕作ニ関シテハ深キ自信ヲ有シ其家族等モ同地甜菜会社ノ工場ニ労働シタル者」であった[18]．

　1923年7月20日にドイツのブレーメン港を出港したコッホ，グラバウ両家族は，9月25日に神戸に入港した．ちょうどこの期間は，ドイツにおいてハイパーインフレーションが進行した時期にあたっており，グラバウはこのニュースを船上で聞いたという[19]．彼らが船上にいる間に，ドイツ・マルクの価値は，100分の1以下に下落していたことになる[20]．ただし，彼らが日本で得た報酬は，当時の日本人農家（夫婦に子供5人の平均的家族）の年収が350円ほどであったことと比べると[21]，破格の金額であった．彼らは，旅費として5000円，年給与2000円，年間賞与1000円を受け取るという契約を結んでいたのである[22]．これら費用は道庁からの支出であり，両名に対して5年間の契約が結ばれた．

　コッホ，グラバウ両家族は，10月初めにそれぞれの農地に到着した．両家の概況を示すものが表3-1である．コッホ一家は，すでに成人した子供を含む6人家族であり，十勝清水（当時は人舞村）の明治製糖工場の保有地に入地した．グラバウ一家は，日本到着後（1924年）に生まれた次女を加えて5人家族

であり，こちらは帯広の北海道製糖工場近くの地において農業に従事することとなった．それぞれ十町歩の農地，住居，農具場兼作業場，家畜小屋，家畜，農具などが，これは明治・北海道両製糖会社から無償で提供された．住居や畜舎などの建物は，ドイツ国内の小農家に奨励されていた家屋の設計図を参照して，両製糖会社自らが設計し，建設したものであった[23]．つまり建物まで含めてドイツ式の農家をそこへ再現し，日本人の参考にしようとしたのだといえる．彼らの義務は，この地において甜菜を中心とする農業生産に従事することに加え，「日本人農民に，農業経営や家政の切り盛りの方法について啓蒙すること」であった[24]．道庁としては，「農業経営ニ堪能ナル農家ヲ本道ニ招聘シ各自其ノ生国ニ於ケル最モ善良ナル方法ニ則リ農事及家事ノ経営ヲ為サシメ広ク道民ノ視察ニ応ゼシムルノ外其ノ余力ヲ傾ケテ道内ノ農事若クハ家事改善ノ指導ニ当タラシメムトス」ことが目的であった[25]．

コッホが与えられた農地は，彼が到着したさいには，以下のような状態であった．「地力は殆ど減退しきって，十町歩の畑地に林立せる伐根は恰も散兵線を敷いた様に無数に散在していた」．「水利の便極めて悪く彼等の井戸は45尺を掘鑿して始めて水が湧き出た」．「且つ同所は雑草の繁茂甚だしく少しく除草を怠れば忽ち作物の所在を見分け難き迄に到るのである」[26]．清水駅に到着後，住居へと向かう途中，コッホ一家は「道々，畑に茂つて居る雑草を指さしながら，奇怪に堪えないような顔をして，独逸に於て畑地に雑草が生じて居たと云う事は百年以前の記録に残つて居るに過ぎないと云つて居た」[27]という．彼は「『これでも畑か』という奇問を発したほどであった」ともされる[28]．

しかし，コッホ一家は，到着の翌日から翌年へ向けての作業を開始した．最初は，畑の面積の測量であった．その測量に基づいて区画がなされ，翌年，どこにどれだけの耕作物を生産するかが決定された．次に取りかかったのが伐根の排除であった．これは2頭の馬に鎖をつけて取り除き，馬力でもいかんともしがたい5，6本を除いてすべて排除した．排除した伐根は，豚の放牧場の囲いやストーブの燃料に化した．また，伐根を排除した畑地には，秋耕がなされた．当時の北海道においては秋耕は普及しておらず，5月の雪融けを待って耕作し播種するのが一般的であったが，彼らはドイツでの習慣に従った．さらに，発芽の試験にも取り組むなど，「彼等は長い冬の間無為には暮らさなかった」

のであった[29]．

　「ドイツ人農家の入植に見学に訪れる者も多かったが，人々を驚かせたのはその深耕方式だった」とされるように，翌春，コッホ一家が畑地を耕す方法は，日本での従来の方法とはまったく異なるものであった[30]．「昨秋耕された畑は再び二頭曳の深耕プラオを以て1尺4寸耕されて行つた．此上をジグザグ整地器で整地し，之に対し石灰窒素，過燐酸，智利硝石を畑一面に散播した」．「1尺4寸の深耕は，肥沃の土地にあらざる限り，内部の無肥料の土地を混交するを以て，其年は余程肥料を入れなければ充分収穫を上げる事が出来ない．然し，老衰地を根本から改良し，地力を涵養さする為めには斯くの如く根本的に深耕し厩肥を充分施さなければならない．彼等は眼前の利益を棄てて永遠の策を講じているのである．彼等の年期は僅かに5年である．且つ肥料は自ら購買せねばならない．斯くの如く深耕せず，肥料を節し，其年の成績を上げんと志すは普通の人情なれど，彼等は眼前の毀誉を顧みず，真に自分の使命を悟り先ず土地の改良から始めようとして居るのである」．これに対して日本人農家は，その年の作物の収穫のみを考え，肥料をただ条播するのみであって，そもそも畑の地力の回復という概念をもってはいなかったという[31]．

　このほか，ドイツ人農家と日本人農家の相違点としては，畑の姿や家畜に対する態度といった点を挙げることができた．「収穫期近づきたる初秋，試みに彼等の牧舎の2階より畑を眺めんか，彼等の畑と隣接せる日本農家の畑との違いは割然と判明する．一方は伐根林立し，雑草も諸処に繁茂して居るが他方は伐根は殆どなく一面黄熟せる雑穀類は初秋の風に打ちなびいて居る」．家畜に対してもコッホ一家は，「家畜を家畜として居ない．恰も一の友人関係に置いてある．畜舎の清潔，手入れの丁寧，我農家のそれとは雲泥の差がある．400圓を投じて購入した1頭の馬匹は1年を得ずして，其の価額1000圓に上つた事実が之れを充分裏書きして居る」[32]．

　このような日独農家の状態の違いは生産性という面に現れてきた．1年目のコッホ一家の収穫物は，砂糖甜菜，家畜用甜菜以外に青エンドウ豆，燕麦，レッドクローバーなどであった．だが，このうち販売され利益を上げ得たものは砂糖甜菜のみであって，残りは自分たちと家畜の食糧であったという．だが，彼らの畑の畝幅は日本人農家の畝幅の半分程度に過ぎず，畑の収穫量としては

倍になる計算であった[33]．またグラバウ一家についても，「限られた道具と年限にもかかわらず，徹底的な深耕，浅耕，秋耕，良質な家畜の堆肥や化学肥料の利用によって，数年のうちに1ヘクタールあたり30トンという甜菜収穫高を達成した．これは日本人農家と比べて，相当に高い数字であった」とされている[34]．入地後3年を終えた時点では，「コッホ農場では農産物によって四百圓，畜産物によって百圓内外，計五百圓程の現金収入」をあげており，主な農産物は，甜菜，小麦，燕麦，エンドウ豆であった．また「グラバウ農場にあつては農産物によって三百圓，畜産物は三百圓，計六百圓内外の現金収入をあげて居るがその多くは甜菜，小麦，豌豆，燕麦及牛乳」であった[35]．コッホは，麦類，豆類，甜菜の3品による輪作を実行していたが[36]，このことも土地生産性を上昇させるとともに，日本人農家との差を大きくした．当時の十勝では，なお輪作を実行する者は「微々たるもの」に過ぎなかったからである[37]．このように，両者ともに，契約通りのヨーロッパ式混合農業経営を実践し，成果をあげていたといえよう．

　グラバウ一家は，子供の教育面の理由から，契約より1年短い4年で日本を去ることとなり，1927（昭和2）年にドイツへ帰国した．グラバウ家が日本を去るさいの送別会は，同年11月19日に帯広において開催され，北海道庁長官澤田牛麿のほか，政府高官，製糖工場長，北海道帝国大学教授など62名の参加する盛況な会となった．グラバウは，ドイツ帰国後マグデブルク近郊のエトガースレーベンに13ヘクタールの農場を購入し，農業を続けた．グラバウ一家とは逆に，コッホ一家は契約を延長し，1930（昭和5）年まで7年間日本に滞在して農業に従事する．コッホは，マグデブルクの農場へ戻ったが，彼の次女ヘルタのみは日本に留まり，酪農家三澤正男と結婚し，八雲において牧場を経営した[38]．

4．ドイツ人農家が残したもの

　グラバウが帯広を去るにあたって，北海道製糖株式会社の松方正熊社長から彼に感謝状が手渡されている．そこには以下のように記されていた．「貴殿はこの帯広の地に4年の間生活し，自身の貴重な経験をもとに日々働きながら，

我々に対し，甜菜はいかにして栽培すべきか，また有畜農業はいかに経営すべきかについて教示して来られました．いまや我々は，畑地を効率的に耕作することが可能となりました．貴殿のおかげと深く感謝を申し上げます」[39]．

この松方の言葉は，感謝状という性格から，グラバウの北海道農業に対する貢献について，やや過剰に表現しているという部分があるといえるかもしれない．とはいえ，まったくの社交辞令であったとも考え難い．では，実際のところ，ドイツ人農家は北海道に対して，どれほどの影響を残していったと考えればよいのであろうか．

それを考えるための材料として，たとえば彼らの日本人との関わり方は，次のようなものであった．コッホ一家は，日本到着後の最初の冬の間，日本語の勉強に没頭していたという．「客あれば喜んで之を迎へ，其人々に依り種々質問を発し日本の習慣に馴れ，且つ総べて了解しようとした」[40]．ここからは，彼らが「日本人農民に，農業経営や家政の切り盛りの方法について啓蒙すること」という契約を遵守するための努力を惜しまなかったことをうかがい知ることができよう．コッホ一家が契約を延長して日本に滞在したことも，彼らが北海道での生活に馴染んでいたことを示唆する．「コッホは大戦生き残りの勇士ということで実行力に富み，その経営には熱情と独創性とがあり，付近農民にかなりの影響を与えた」とされる．またコッホ，グラバウ両者には共通した性格が見られたが，それは「農民であることに強い誇りを持っていた点」であり，この点は「とかく卑屈な態度をとりがちであった当時の農民に好刺激となった」のであった[41]．

実際の農業生産に関する教育という点については，「彼等が到着後1年間は，各町村の首脳者を初め，農村の団体，其他1日数組となく彼等の生産方法と経営方法とを視察に来り殆ど彼等をして労働をなさしめない程であった」という．実際に，コッホの影響を受けた日本人のなかから，「附近の農家の心ある人々は彼等に真似て伐根を排除し，其耕地面積を拡大した．或る者は其農具に倣って同じ農具を使用し出した．又或者は彼等の飼育法に習うて，家畜を立派に成した．又或人は，簡易なサイローを作つて冬期の畜牛の飼料を貯蔵した．斯く有形無形に十勝原野に残して居る彼等の功績は決して少なくない」[42]．また「1920年代にはいり，甜菜耕作が開始されるや，深耕・心土耕が再認識された．

甜菜ほど耕起の深さによって収量への影響を大きく受ける作物は他になく，招聘せる外人の『模範農場』でも深耕に努めているさまを目のあたりに見たからである」ともされる[43]．

　上記の引用中にも見られるが，ドイツ人農家が具体的な形として残した影響としては，農具の普及という点を最も強調できるように思われる．とくに深耕プラウについては，「甜菜製糖会社の輸入品や外人農家のドイツ式プラウから示唆を得て，各地の農機具製作者は，それぞれの地域に適する優秀な深耕プラウを製作した」という[44]．また双耕プラウは，1920年設立の日本甜菜製糖株式会社の技手であった河辺敬太郎が，派遣されたドイツから1926年に持ち帰ったことで導入されたものである[45]．この双耕プラウに関して『北海道農業発達史』の記述は，「かくして北海道に初めて輸入された双耕プラウは，十勝国人舞村の外人模範農場開設に際して，そこの農機具のなかに編入されたが，この目新しい作業機はたちまち現地の野鍛冶連中の注目するところとなった」としており，これはコッホ一家が1923年に来日していることからすると，やや時間的に矛盾した記述となっている[46]．とはいえ，ドイツ人農家において双耕プラウが用いられていたことは事実であり，彼らの影響を受けた人舞村の山田清次郎は，1927年に双耕プラウの模造に成功している．また，「ドイツ人模範農場の装備から双耕プラウの示唆を受けた太田源二は，コッホの帰国後上美生に住む前田栄作なる大面積耕作者の依頼により」，1929（昭和4）年に双耕プラウの試作を開始し，1932（昭和7）年には，この「太田式双耕プラウ」は年200台ほどを販売するまでとなった．「太田式双耕プラウ」の普及は1933（昭和8）～35（昭和10）年頃がピークとなり，「当時は他の機種の製作が一時止まったほど」であって，たとえば芽室村ではそれを有しない農家は皆無に近かったという[47]．

　以上のように，ドイツ人農家の農業に対する情熱や誇りといった精神面，深耕や伐根排除，家畜飼育などの農業技術，深耕プラウ・双耕プラウといった農具の利用法等を学んだ日本人によって，ドイツ的な農業生産がある程度は広がりを見せることとなり，このことは「粗放略奪的な農法」により耕作されていた北海道農地の地力回復および甜菜の収穫に，一定の好影響を与えたことが考えられる．表3-2は，コッホのいた明治製糖，グラバウのいた北海道製糖をの

表 3-2 日本甜菜製糖株式会社の甜菜農場における年度別
ヘクタールあたり収量

(トン)

1921 年	12.27	1926 年	19.61	1931 年	18.20
1922 年	11.13	1927 年	18.63	1932 年	19.86
1923 年	17.97	1928 年	20.37	1933 年	18.49
1924 年	13.82	1929 年	22.54	1934 年	24.22
1925 年	15.15	1930 年	21.02	1935 年	18.08

出所:『日本甜菜製糖 60 年史』日本甜菜製糖株式会社, 1979 年, 287-288 ページ.

ちに吸収合併した日本甜菜製糖株式会社（つまり明治および北海道の両製糖会社の数値を含む）の農場における甜菜のヘクタールあたり収量を年度別に見たものである．収穫は天候に左右されるため年度ごとに上下動はあるが，ドイツ人農家が招聘される前の 1921, 1922 年度の数値と比べると，招聘され一定時間を経た 1925 年度以降の数値が明らかに上昇し安定した傾向のあることが確認できるであろう．もちろんこの数値に対するドイツ人農家の影響をどれほどのものとみなすかという問題は残されるとしても，少なくともドイツ人農家の招聘の成果を否定することはできないように思われる．また，コッホ・グラバウ来日後から帰国後の 1926～38 年にかけて，ドイツのクライン・ヴァンツレーベン社には 36 名の日本人が訪問し，甜菜の栽培方法について実地で学んだという記録があることからも，ドイツ人農家の招聘とその成果が当時道内において高く評価されていたものと考えてよいであろう[48]．

とはいうものの，ドイツ人農家の招聘の結果，十勝の地にヨーロッパ式の中農経営が定着を見たわけではなかった．米浪信男氏によれば，明治製糖，北海道製糖の設立以降，十勝では「有畜輪栽式農法，地力造成集約農法の確立をめざしたものの『中農的作物』である甜菜を農業経営に組み入れるには当時の農家 1 戸当り経営面積は狭小であり，輪作体系の確立は困難であったこと，さらに十勝では工場周辺に濃密な甜菜生産地帯が形成されることなく，また乳牛飼育地帯との重合，さらには農家経営内での甜菜栽培と酪農との結合が脆弱であったため不十分な結果に終わった」という[49]．北海道における甜菜栽培は，作付面積が 1920 年の 2,265 ヘクタールから 1936 年の 18,937 ヘクタールへ，総収量も同じ時期に 6,391 トンから 321,421 トンへと飛躍的な増加を見せる．だが，

それ以降は，戦時体制への移行の影響を受け，労働力・肥料の減少，主要作物への強制的作付転換などの原因によって長期の低迷期を迎える．その後，1936年の収量水準を回復するのは，実に1953年のこととなるのである[50]．

5. おわりに

コッホが滞在していた『清水町史』には，彼に関する以下のような評価が記されている．コッホは「甜菜を組み入れた農業経営の実践例として，多くの示唆を与え，前後8年間に大きな足跡を残してドイツに帰った」．「5年目の末期には経営面積も（1年目の）10ヘクタールから17.5ヘクタールに増え，深耕による土地改良によって収量も増大した．このためコッホの経営を見習う者も次第に増え」た[51]．上述したグラバウに対する感謝状も合わせて考えると，2戸のドイツ人農家は，十勝の地に確たる足跡を残したということができるであろう．それは彼らが，日本人農家と直接のつながりも結びながら，ヨーロッパ式中農経営を実践し，農業に対する情熱や誇りといった精神面，深耕や農具という技術面を伝え，また「進取の気性」を有したであろう日本人農家や技術者がそれを受容したからであった．ドイツ人農家来日後のヘクタールあたり甜菜収量の増加を見ても，宮尾舜治らによって進められた招聘は，決して無駄ではなかったと思われる．北海道製糖が，紋鼈・札幌両製糖会社の失敗理由として挙げていた，耕地面積の乏しさ，労働力の不足といった問題点は，ドイツ人農家の来日によって解決へ向けて前進したことが考えられるのである．

ただし，本章の最初に引用したドイツ人農家の影響に関する坂下明彦氏の評価，すなわち彼らの招聘によって，「ヨーロッパの中農による自給度の高い農法は根づかなかった」という評価は，本章での分析を通じても否定することはできないといえる．それは「当時の農家1戸当り経営面積は狭小」だったという北海道農業の現実があったためであり，また彼らの影響が広域的あるいは長期的に広がるためには，2戸という戸数は少なすぎたのだと考えられる．とはいえ，岩崎徹氏は，宮尾農政による「政策転換を起点として今日の北海道畑作や酪農の基礎が形成された」と評価する[52]．ドイツ人農家の影響力を過大に評価してはならないとしても，彼らはその転換期の象徴的存在であったというこ

とができるだろう．彼らは，酪農・輪作や農具を十勝でも実行・使用できることを実証したのである．

　本章の最後に，以下の点を付け加えておきたい．近年刊行された『日独関係史 1890-1945』の冒頭で，編者の工藤章・田嶋信雄の両氏は，「戦後60年の時間を隔てて一般に表象される1945年までの日独関係の歴史は，一方では1940年9月に調印された日独伊三国同盟条約に象徴される友好関係の歴史であり，他方では法律・軍事・技術・医学・思想・学術・芸術などの分野における日本のドイツからの学習の歴史であったといって大過ないであろう」としつつ，ただし「日本によるドイツからの学習は受容・模倣と反発との重層的な過程であって，けっして単純平板なものではなかった」と述べている[53]．

　本章で取り上げたドイツ人農家の招聘という史実は，まさに1945年までの時期の農業という分野における「日本によるドイツからの学習」という性格を有するものである．実際に，深耕の方法や農具などについて日本人はドイツ人農家から学び，模倣したのであった．とはいえ，2戸の農家が招聘されたことによって，十勝にヨーロッパ式中農経営が広がるということにはならなかった．それは，当時の北海道の農家1戸あたりの経営面積が狭小であったことや，ドイツ人農家がわずか2戸であったという理由から説明のできるものであろうが，同時に次のような事実も存在したのである．ドイツ人の耕地を見学に訪れた日本人のなかには，ドイツ人農家の報酬の多さを耳にして，「我等に彼等の如き家と農具を与え俸給を与えなば，彼等の行なふ以上に立派な成績を挙げる事が出来る」と言う者があった．また1年目の収穫物のうち利益を上げ得たのが砂糖甜菜のみであったという事実を聞いて，「彼等の失敗を攻撃し彼等を招聘した道庁首脳者の早計を詰つた」者もいたという[54]．グラバウについては「その営農技術はさほど感心できるものではなく，口さがない住民たちから『べらぼう』の異名を奉られたりした」[55]．このようにドイツ人農家と日本人農家の間には，「受容・模倣」のみでなく，「反発」という側面も確認できるのであって，日本の側の学習はやはり「単純平板なものではなかった」．「進取の気性」が発露されるにあたっては，また曲折した過程があったことも忘れてはならないであろう．

注

1) 農林業センサスにおいて，甜菜生産については，北海道でのみ統計がとられている．なお，我が国製糖業の原料として，今日最も重要なのは輸入粗糖であり，それが砂糖生産の原料の67%までを占める．その他は国内甜菜製の砂糖が26%であり，国内さとうきび製が7%である．『平成13年度北海道農業の動向』2002年，104ページ．
2) 坂下（2006）34ページ．
3) 田辺（2000）40ページ．なお，ガルトネルについては，田辺（2010）に詳しい．
4) 北海道立総合経済研究所編（1963）25-28，42ページ．
5) 桃野（1953）15ページ．
6) 『新北海道史』（1975）310ページ．
7) 米浪（1977）72ページ．
8) 以上については，米浪（1977）72-76ページほか，桃野（1953）11-16ページ，山木（1991）49-51ページを参照した．
9) 最近では，佐保（2004），（2006）など．
10) Junghans（2005）．なおこの論文については，丸山孝士氏による抄訳がある．『HOMASニューズレター』（2009）12-15ページ．(http://www5.ocn.ne.jp/~homas/homas56.pdf) ただし本稿内での引用箇所は石井による訳文である．
11) 『大正村史』（1964）277-279ページ．
12) 同上書，281-282ページ．
13) 吉村（1928）187ページ．
14) 北海道庁産業部（1928）19ページ．
15) Junghans, E. a.a.O., S. 854.
16) 吉村（1928）183ページ．
17) Junghans, E. a.a.O., S. 854.
18) 北海道庁産業部（1924）7ページ．
19) Junghans, E. a.a.O., S. 855.
20) 成瀬ほか（1997）147ページの表6より．
21) Troje (1928) S. 109.
22) Junghans, E. a.a.O., S. 855.
23) 北海道庁産業部（1928）20ページ．
24) Junghans, E. a.a.O., S. 855.
25) 北海道庁産業部（1924）1ページ．
26) 吉村（1928）90ページ．
27) 同上．
28) 北海道立総合経済研究所編（1963）910ページ．
29) 吉村（1928）91ページ．
30) 『清水町百年史』（2007）441ページ．
31) 吉村（1928）92ページ．
32) 同上，93-94ページ．
33) 同上，93ページ．

34) Troje, E., a. a. O., S. 110.
35) 北海道庁産業部 27 ページ．
36) 『清水町百年史』（2007）442 ページ．
37) 北海道立総合経済研究所編（1963）874 ページ．なお現在の十勝では，甜菜，馬鈴薯，小麦，豆類の「畑作四品」による輪作形態が定着している．岩崎（2006）15 ページ．コッホの三品輪作と今日の四品輪作の間に関係性があるのかについては，今後の検討課題となる．
38) Junghans, E. a.a.O., S. 856. なお，ヘルタと三澤正男の娘である丸山るみい氏の回想談が，『HOMAS ニューズレター』（2008）6-7 ページに掲載されている．（http://www5.ocn.ne.jp/~homas/homas54.pdf）
39) Junghans, E. a.a.O., S. 856.
40) 吉村（1928）91 ページ．
41) 『帯広市史』（1984）609 ページ．
42) 吉村（1928）94 ページ．
43) 北海道立総合経済研究所編（1963）898 ページ．
44) 同上書，899 ページ．
45) 同上書，894，910 ページ．
46) 同上書，911 ページ．
47) 同上書，911-912 ページ．
48) Junghans, E. a.a.O., S. 856.
49) 米浪（1997）78 ページ．
50) 同上，110 ページ．
51) 『清水町史』（1982）583 ページ，『清水町百年史』（2007）442 ページ．
52) 岩崎（2006）8 ページ．
53) 工藤・田嶋編（2008）iv〜v ページ．
54) 吉村（1928）94 ページ．
55) 『帯広市史』609 ページ．なお農具の模倣という点についても，次のような問題点が指摘されている．双耕プラウは，ドイツでは本来雑草駆除のために考案された農具であるが，十勝では耕鋤用に改造されたケースがあり，その結果鋤込みを浅くし，在来粗放浅耕農法を逆に固定化したことがあったという．北海道立総合経済研究所編（1963）864 ページ．

参考文献

岩崎徹（2006）「『農業の国際化』と北海道農業の構造変動」『経済と経営（札幌大学）』第 36 巻 2 号．

『帯広市史』（1984）．

工藤章・田嶋信雄編（2008）『日独関係史 1890-1945 Ⅰ』東京大学出版会．

坂下明彦（2006）「1950 年代における北海道農業の到達点」岩崎徹・牛山敬二編著『北海道農業の地帯構成と構造変動』北海道大学出版会．

佐保吉一（2006）「大正時代北海道招聘デンマーク農家に関する一考察－エミール・フ

ェンガの書簡を中心に－」『北海道東海大学紀要』26号.
佐保吉一（2004）「大正時代北海道のデンマーク模範農家招聘について－モーテン・ラーセンを中心に－」『北方生活研究所所報』（北海道東海大学），No. 29.
『清水町史』（1982）.
『清水町百年史』（2005）.
『新北海道史』（1975）第5巻通説4.
『大正村史』（1964）.
田辺安一（2000）「独逸兵俘虜北海道移住計画案－北海道農業史の一断章－」『黎』No. 93.
田辺安一（2010）『ブナの林が語り伝えること－プロシア人　R・ガルトネル七重村開墾顛末記－』北方新書.
成瀬治・山田欣吾・木村靖二編（1997）『ドイツ史』山川出版社，第3巻.
『平成13年度北海道農業の動向』（2002）.
北海道庁産業部（1924）『外人農家概況（第一次）』.
北海道庁産業部（1928）『外人農家の農業経営法』.
北海道立総合経済研究所編（1963）『北海道農業発達史』上巻.
『HOMASニューズレター』（北海道・マサチューセッツ協会）（2008）54号.
『HOMASニューズレター』（北海道・マサチューセッツ協会）（2009）56号.
桃野作次郎（1953）「甜菜農業の経済的研究」『法經會論叢』第13集.
山木雄三（1991）「甜菜糖業」『北海道開拓記念館研究報告』第11号.
吉村眞雄（1928）「北海道に於ける独逸人経営の模範農家(上)(下)」『農業世界』.
米浪信男（1977）「北海道甜菜糖業の歩み」『旭川大学紀要』第5号.
Junghans, Erhard (2005) Die Förderung des Zuckerrübenanbaues in Japan zu Beginn des vorigen Jahrhunderts durch die Zuckerfabrik Klein Wanzleben, *Zuckerindustrie*, 130.
Troje, Erich (1928) Die Zuckerindstrie des Fernen Ostens, in: *Die Deutsche Zuckerindustrie*, 53.

第4章
近世末～近代初頭の歴史から見た鹿児島の地域性

中 村 明 蔵

【本章のキーワード】
　　　　火山性土壌と低生産，島津氏700年の強力支配，廃物毀釈とニセ金鋳造，過重負担にあえぐ農民，一向宗禁制と教育遅滞，自給自足と商人蔑視，士族王国の近代継承，大藩から貧困県へ，新価値観の模索

1. 藩政期全国2位の石高が，いまは

　鹿児島県民は，かつてこの地域に存在していた鹿児島藩（薩摩藩）が，金沢藩に次ぐ全国2位の大藩であったことを誇りにしているように見受けられる．俗に加賀百万石といわれる金沢藩にはおよばなくても，薩摩72万石は西日本随一の大藩であったから，そのような地で生活している者としては当然の心情でもあろう．
　ところが，その大藩を継承した鹿児島県は現在県民所得で全国の下位を低迷している．最下位の沖縄県をわずかに上回っているが，大差はない．廃藩置県から約140年で，どうしてこんなことになったのであろうか．この現状を，かつての大藩を誇りにしている人びととはどう思っているのか，あまり話題にもならないようである．そんなことは考えたくないのか．あるいは，そのような思考にはおよばず，無関心のようにも見受けられる．
　しかし，低迷している鹿児島県の現状を打開し，将来への展望の道筋を見極めようとするならば，この問題を見過ごすことはできないように思われる．本稿はそのような視点から歴史的立場に重点をおいて私見を述べて，問題解明へ

接近してみたい．

　鹿児島の地で生活していると，歴史的思考においてしばしば錯覚におちいっていることがある．

　たとえば，江戸時代までこの地に君臨していた「島津」という大名家は，この地域を何千年も前から支配していた家で，いわば地域の大地主であったから，その家によって住民は治められ，その家に年貢を納めるのは当然のことであると．また，⊕のその家の紋所がいま鹿児島市の市章であっても，何の疑問も持たないし，この地域を代表して催し事に参加するときには，多くの人が好んでこの紋所を使っている．そして，日本全国どの地域でもそれがあたり前だと信じている．

　もう1つ例をあげると，鹿児島にはあちこちに「──寺」という地名があるが，その名のお寺は見当らない．南林寺・柿本寺・皇徳寺・慈眼寺などはその一端である．慈眼寺に行けばそれらしい場所があるので，お寺があると思い込んでいる人がある．しかし，そこにあるのは神社であって，お寺ではない．奈良・京都に旅した人は，巨大な敷地を占める寺院を見て，はじめて鹿児島にそのような大寺のないことに気づかされる．すべて廃仏毀釈の結果がもたらしたもので，ほとんど鹿児島特有の現象である．

　話をもとにもどそう．江戸時代まで鹿児島を治めていた島津氏は，鎌倉時代初期に惟宗忠久が将軍から島津荘下司職に補任されたことから，島津氏を名乗るようになり，その後，薩摩・大隅・日向の3か国を支配するようになった．

　それ以前からこの地域には豪族・住民が住んでいたから，新来の島津氏と在住の人びととの間には，しばしば大小の争いごとが生起したが，それらの曲折を経つつ島津氏はこの地にしだいに根をおろしたのであった．以来，約700年間継続して，島津一族は守護大名・戦国大名を経て，江戸時代には外様大名としてその地位を保持した特異な支配者であった．鹿児島では，外来者を「よそもん」と呼んで，ときに差別的に見る傾向がある．しかし，約700年にもなると殿様家に対してはそのような意識ははたらかなくなり，すっかり「土地のもん」として，敬意と好意をもって接してきている．

　その島津氏が支配した江戸時代の鹿児島藩（薩摩藩）は，幕藩体制下でも改

易（領地没収）・転封（国替）・減封などをほとんど受けず，明治維新を迎えている．

さらに，島津氏の支配領域の広大なことが指摘できる．豊臣秀吉によって認められていた薩摩・大隅・日向（諸県郡域）に加え，江戸時代に入ると琉球を領域とした．いまの県名でいえば，鹿児島県・宮崎県・沖縄県の3県にわたる広大な地域である．

このように島津氏について概観すると，他の大名との違いがしだいに浮かび上がってくる．なかでも際立っているのが，その支配領域の広さであろう．

江戸末期の大名家の数は約270家であり，それ相当の藩が全国に分布していたことになる．とすると，現在の47都道府県の各地域に平均的に藩が分布したと仮定した場合には，1県に5〜6藩があったことになろう．

ところが，鹿児島藩の場合はどうであろうか．先述したように，1藩で3県にまたがっていたのである．この一事をもってしても，鹿児島藩が特異な藩であったことは明らかであろう．この鹿児島藩に近い例として金沢藩（加賀藩）がある．金沢藩の場合は石川県と富山県にわたっていた．2県は現在でも米の生産地として知られているが，102万石の領知高で諸大名のなかで最高の石高であった．

鹿児島藩の石高は72万石で，金沢藩に次いで2位であった．しかし，この石高の実態は籾高といわれており，脱穀して玄米にすると約半分になるので，実高は36万石程度とみられている．何故に籾高であったのか．その納得できる説明はほとんど聞かれないが，筆者は玄米より籾が保存には適していたので，高温多湿の南九州では籾で保存することが慣例になっていたのではないかと推定している．

いっぽう，一般的に藩の「石高」として公称している数値は，幕府による領知高であり表高といわれているものである．これに対し，藩による内検（藩内の検地）などによって実際の生産高をとらえた石高を内高といい，概して表高より高い．鹿児島では18世紀前半の享保内検で，内高が86万余になっている．このうちには琉球・道之島（奄美諸島など）の生産高も含まれている．それでも籾高であれば43万石余となる．金沢藩は表高102万石余であったが，内高は130万石余といわれているので，鹿児島藩との隔差はさらに広がること

になる.

　このようにみてくると，鹿児島藩は表高では全国2位であっても，以下の仙台藩やその他の諸藩に石高は抜かれて，かなり下ることは明白である．ちなみに，鹿児島藩の領域であった現在の3県各々の県民所得はいずれも下位にあり，最下位から5位以内にある．それに対して金沢藩の2県（石川・富山）は中位より上に位置している．

　つぎに，鹿児島藩をとりまく環境に眼を移してみよう．まず温暖な地域であるから稲作をはじめ農作物には適しているはずである．ところが，地形・地質に問題がある．地形からみると，山地・丘陵が多く平地が少ない．また地質は火山性土壌が広域にわたり，概して無機質であり，農作物の生育には向いていない．さらには，火山性土壌は保水力が弱いので水田稲作は容易ではない．加えて，秋の収穫期には台風が常襲する地域である．

　このような鹿児島の状況を外からの旅行者はどう見たのであろうか．備中（岡山県）の薬種商・医師の古河古松軒は天明3年（1783）に日向を経て大隅から薩摩に入っているが，大隅については「上方筋，中国筋にくらべ思へば，何もいはんやうなき下国にて，人物言語賤しく諸品不自由なり．大隅は東西狭く南北長き山国」といい，薩摩については「国中八分は山にて，其山なり押ひしぎしやうに山の頂平なる故に，それをひらきて畑となし雑穀を作る」と記している（傍点は筆者）．諸国をめぐって来た旅行者の観察力は，さすがといえるものがある．ちなみに，南九州（とりわけ鹿児島県）は概して水田が少なく，新田開発を各地で行なってきた現在でも，水田は耕作地の3分の1でしかない．

2. 農民に過重な負担

　鹿児島藩の族籍別人口を見ると（明治4年現在），平民が57万人弱，士卒が20万人強で，その比率は前者が73.6％と後者が26.4％となっている．

　平民（農・工・商）のうちでは，概して商人が少なかったので，ほとんどが農民とみられる．いっぽう士卒は，他藩では全人口の5〜6％が平均的であったから，鹿児島藩はずばぬけて武士が多かったことになる．その主な理由は，江戸時代初頭の不安定な政治状況にあったとみられる．すなわち，関ヶ原の戦

い（1600年）で反徳川の西軍について敗北したことや，周辺諸藩の反鹿児島藩的動向に警戒せねばならず，軍事力の削減には消極的であったことが，武士人口の維持につながったのではないかと見られている．周辺諸藩の中でも，とりわけ熊本藩の動きに神経をとがらせていたようである．

　武士人口比率が多いとは，いっぽうで農民人口比率が少ないことであり，単純に見ても農民負担が高率になるのは必至である．そこで鹿児島藩では武士にも農業に従事することを認めていた．かれらは郷士といわれる武士であり，城下以外の藩内各所に分散居住させていた．そのような分散居住地は外城（とじょう）（あるいは麓）といい，藩内に113か所ばかりあった．

　それでも農民の貢租負担は高率で八公二民にもなった．加えて，用夫（いぶ）（15〜60歳の男子）に対して，「月に35日の公役」といわれるほどの夫役が課され，さらに柿・漆・茶・桑などの樹木にも「上木高（うえきだか）」と称する税が課されていた．

　上木高の附籾は，柿・漆・桑各1本が籾1升，茶1斤が籾3升5合とされ，ほかに高掛納物などが課されていた．

　また，鹿児島藩独特の農村支配の仕組みとして門割（かどわり）制度がある．門とは農業経営や村落生活の単位体となった組織である．と同時に，藩権力による公的な村落行政支配の基本単位体ともなっていた農民組織である．つぎに，門割とは江戸時代の鹿児島藩の検地事業の際に，耕地の割換えと門農民たちの所属配置替えをセットにして，藩が同時並行的に行なった農村秩序（支配秩序）の再編成である．

　このような農村支配の方法は，江戸時代の初めからあったものではない．豊臣秀吉によるいわゆる太閤検地のあと，17世紀初めの慶長期から18世紀の前半の享保期にいたる約1世紀余の間に，鹿児島は独自に4回にわたって「内検」と呼ばれる領内総検地を実施している．

　近世前半期に実施されたこれら4回の内検事業を通して，藩では領内農民をすべて門に組織づけて支配するという農村支配の仕組み，いわゆる「門割制度」が徐々に生み出されていったのである．

　その実相をみると，検地のたびごとにそれぞれの村の門ごとの耕地面積とその状態（耕地の等級など），個々の農民の年齢・性別・牛馬の役畜数にいたる

表 4-1 門割の一例

享保 11 年 (1726) の大御支配門割による村落再編成直後の宮之城郷時吉村の農村構造－薩摩国の例－

(門高は勺以下は切り捨て)

経営体名	門高	人口			名子	用夫	役畜		農民配当屋敷 (1 は名頭のみ)	
(門)	石斗升合	男	女	総人数	人	人	正	数	等級・面積 (反畝歩)	
上市門	22・273	3	3	6	0	2	牛 0・馬 3	1	下	1100
下田門	22・338	3	2	5	0	2	牛 0・馬 1	1	下	1306
紺屋門	22・297	4	2	6	0	2	牛 0・馬 3	1	下々	405
松木園門	22・307	3	1	4	0	2	牛 0・馬 1	1	下々	708
徳永門	22・307	2	2	4	1	2	牛 0・馬 2	1	下々	415
八日園門	22・307	3	3	6	0	2	牛 0・馬 1	1	下々	1404
東門	22・287	2	1	3	0	2	牛 0・馬 1	1	下々	500
西之原門	22・287	3	2	5	1	2	牛 0・馬 2	1	下	1315
馬立門	22・307	3	2	5	1	2	牛 0・馬 1	1	下	1605
堂脇門	22・317	4	2	6	1	2	牛 0・馬 1	1	下	824
外堀門	22・289	4	3	7	0	2	牛 0・馬 1	1	下	1211
市園門	22・327	4	1	5	0	2	牛 0・馬 2	1	下々	1128
吉祥庵門	22・248	4	3	7	0	2	牛 0・馬 4	1	下	1302
新政門	22・318	2	4	6	0	2	牛 0・馬 2	1	下々	1015
中園門	22・306	4	1	5	0	3	牛 0・馬 2	1	下々	1012
田島門	22・300	5	5	10	0	2	牛 0・馬 5	1	下	1406
樋之口門	22・299	4	5	9	1	2	牛 0・馬 4	2	下 725・下々 620	
田畑門	22・277	3	1	4	0	2	牛 0・馬 1	1	下	1315
中原門	22・307	3	2	5	1	2	牛 0・馬 2	1	下	1010
下市門	22・345	3	2	5	0	2	牛 1・馬 0	1	下	1400
荻峰門	22・278	3	2	5	0	2	牛 0・馬 1	1	下々	2100
今村門	22・301	3	4	7	1	3	牛 0・馬 1	2	下々 720・下々 615	
中間門	22・245	2	0	2	0	2	牛 0・馬 1	1	下々	1603
浮免	267・474									
合計	780・341	74	53	127	8	48	牛 1・馬 44	25	総面積 2 町 7 反 3 畝 24 歩	

出所:本表は享保 11 丙午年 9 月 9 日「薩州伊佐郡宮之城時吉村御検地名寄帳」(鹿児島県立図書館蔵) によって尾口義男氏の作成による.

表 4-2 年貢 (農民と郷士)

地目		貢租 (籾高 1 石に付)	税率 (%)	備考
門地 (蔵入高・給地高)	:農地の本田畑	米 3 斗 9 升 8 合	79.6	公役付加
浮免地 (蔵入地系・給地系)	:郷士の自作・自収地 :高売買可能	米 9 升 2 合	18.4	公役免除売買可
抱地 (持留地)	:藩士の開墾地	米 8 升 2 合	16.4	3 年作取 4 年竿入
永作地	:郷士・農民の開墾地 :永代使用	米 3 斗 9 升 8 合	79.6	3 年作取 4 年竿入
溝下見掛	:郷士・農民の開墾地	見掛	約 20	
大山野	:郷士・農民の開墾地	見掛	田 40, 畠 20	

出所:『鹿児島県史』・秀村選三『薩摩藩の構造と展開』より作成.

まで調査し，各門の農民たちの年貢・諸役負担の平準化・公平化を企図し実施している．そのため，以前からの伝統的な門農民の家族構成や社会関係を解体し，門の再編成が行なわれてきた．

　この制度は，年貢や諸負担を賦課・徴収する確率を高めるためには有効かつ巧妙な手法であろう．しかし，農民の家族関係・社会関係を無視しての施策であり，農民の人格や人間関係をほとんど否定する危険性をはらんでおり，看過できない問題であろう．

　用夫と呼ばれた15～60歳の男子を各門に均等に配分して，各門の労働力をならして配分しており，各門の収穫高がほぼ一定になるような仕組みをつくり上げている．その一例を表示してみよう（表4-1）．一覧して，だれもが目を見張るような「みごとな施策」である．

　このような仕組みの施策が実施できたのは，農林地域に居住した郷士の役割が大きかったとみられる．村の庄屋は郷士がつとめ，郷士によって村は支配されていた．八公二民の高率の年貢負担ばかりでなく，支配者に抵抗する一揆も薩摩藩ではほとんど見られなかった．それでもひどい飢饉が生じていないのは，温暖な気候で冬期でも山野に草木があり，野生動物が生息していたほか，甘藷が食料の重要な役割を果たしていたからであろう（表4-2参照）．

3．辺境の文化向上策と財政難

　江戸時代も中期の18世紀になると，武断政治から文治政治への傾向が，各地域で急速に高まった．

　その象徴的動きが各地の藩校の設立である．支配階級である武士は統治者として身につけるべき教養や学問を学ぶべき，との意識の高まりの表れであろう．

　薩摩藩でも18世紀後半（1773）に藩校造士館が設立された．藩主島津重豪による文化・教育向上策にもとづくものである．造士館の敷地は鹿児島城二の丸の前で，火除地として空地となっていた場所である．

　造士館の設立は全国的な藩校の開設時期からみると早い方に属しており，重豪の藩士教育への熱意をうかがい知ることができる．造士館の敷地の奥には，武芸の訓練を行なう演武館も設立されている．武芸の訓練は他藩でも重視され

ているので，さほど珍しいことではないが，その施設の中に，犬追物の場所があった．犬追物は騎射三物の一として，かっては弓射鍛錬に用いられていたが，徳川綱吉の生類憐みの令発布後は全国的に見られなくなっていたから，特異な施設であった．

その点では，続いて設置された明時館も特異であった．その名称からも分るように，天文観測をして時を明らかにする機関であり，その観測にもとづいて，この地域固有の暦を作っていた（薩摩暦）．江戸と薩摩ではかなり遠隔にあるため，江戸を基準にした暦・時刻では少なからず差異があった．この差異は現在でも，鹿児島から上京する旅行者が，夜明けと夕暮れ時刻で実感するところである．したがって，薩摩独特の暦があってもごく自然であろう．しかし，全国を支配下においた統一政権としての江戸幕府としては容認できない薩摩藩の施策であったといえよう．それでも薩摩藩では鎌倉幕府以来の慣行として暦の作成は認められていたと主張していたようである．その明時館の設置されていた場所が，「天文館通り」で，鹿児島の繁華街の名称として今も市民に親しまれ，通用している．

そのほか，藩校造士館の前には医学院も設置され，1770年代は薩摩藩の文化・教育が一挙に開化された観がある．これらはすべて8代藩主島津重豪による事業であった．重豪にはこの他にも上方文化を積極的に導入した諸事業を列挙できるが，いっぽうで重豪による諸事業は，それまでの藩の借財を大きく増大させることになった．

薩摩藩の借金は，藩政当初から大坂の豪商などを主にしだいにその借高をふくらませていたが，重豪の治政下には100万両を超え，19世紀に入ると急速に増大し，重豪は次代の斉宣，さらに次の斉興に家督を譲っても実権を掌握して，抑制しつつも開化策を継続していたため，重豪の晩年には借財が500万両に達していた（表4-3）．薩摩藩の歳費が15万両前後とみられているので，その借財のあ

表 4-3 薩摩藩の借金表

年次	借銀高（金両）
元和 2 （1616）年	1,000 貫余 （2 万両）
寛永 9 （1632）年	7,000 貫余 （14 万両）
〃 17 （1640）年	21,000 貫余 （34.5 万両）
寛延 2 （1749）年	34,000 貫余 （56 万両）
宝暦 4 （1754）年	40,000 貫余 （66 万両）
享和元 （1801）年	72,600 貫余 （117 万両）
文化 4 （1807）年	76,128 貫余 （126 万両）
文政10 （1827）年	320,000 貫余 （500 万両）

出所：原口虎雄『鹿児島県の歴史』による．

まりにも過大なことが推測できよう．

そのような莫大な借財の整理のために登用されたのが調所広郷である．調所は下級の御小姓与の出身でありながら，その能力をしだいに発揮して財政改革主任に抜擢されていた．

改革は天保元年（1830）に始まり，それまでの借金証文を取り返して，利息なしの250年賦返済を強行した．この一方的な措置に商人たちは不満をつのらせ，幕府に訴えたが，調所は事前に幕府に手をまわし，幕府に10万両を上納するなどして工作していた．調所の改革に向けた才覚の一端である．

調所は薩摩藩の特産品をどう売り込むかを計ったが，なかでも奄美諸島の黒糖に目をつけていた．他藩では生産できない，その商品価値に着目したのである．すでに黒糖を買いあげていたが，延享2年（1745）には「換糖上納令」を公布して租税を米に代えて，黒糖に改めた（延享4年説もある）．砂糖1斤（約600グラム）を米3合5勺とみなし，水田をサトウキビ畑に変えていった．そのため，奄美諸島では各地で飢饉・疫病が頻発した．宝暦5年（1755）の凶作では，徳之島で約3000人が餓死したと伝えられている．

それでも藩は収奪の手をゆるめず，未納・延滞者に首枷などの重刑を科した．黒糖地獄といわれるゆえんである．

また，琉球を通しての中国貿易による収入にも依存していたが，琉球口貿易は密貿易の隠れ蓑としても利用され，幕府認可の貿易額をはるかに上回っていたといわれる．しかし，その実態は密貿易という性格上明確には知ることができない．ただ，江戸時代の早い時期から，くりかえし密貿易の禁止令が出され，『坊津拾遺誌』によると享保年間（18世紀前半）に多くの商船が抜荷（密貿易）の取締り対象となり，摘発された事件（「享保の唐物崩れ」）が伝えられていることなどから，その一端が窺える．

4．廃仏毀釈とニセ金鋳造

(1) 廃仏毀釈

廃仏毀釈は，明治初年の政府の神道国教化政策にもとづいて起こった一連の仏教抑圧・排斥と寺院・仏像の破壊運動，というのが一般的解釈である．

ところが，薩摩藩における廃仏毀釈の推移から，その特色をみると，他藩領に先がけて進行し，結果的にはほとんど一寺も残すことなく徹底してなされたことと，藩主以下庶民にいたるまで，廃仏毀釈に協力または黙認するか，あるいは放置してきたという実態，さらには寺院跡が神社として残存する例がしばしば見られることなどである．

　なぜ，このような事態が生じたのであろうか．以下に概略してみたい．まず，幕藩領で一般的に行われていた寺請制度が，薩摩藩では見出せず，かなり変則的な形をとっていたことがあげられよう．すなわち，寺院と民衆との直接的関係が見出しにくいことである．この点については，ここでも注目しておきたい．

　つぎには，薩摩藩で仏教と対置される儒学・国学と神道の動向である．薩摩藩領における儒学は，いわゆる薩南学派として桂庵玄樹以来の伝統をもっていた．ところが，その儒学は江戸時代になると，藤原惺窩・林羅山などの影響もあって廃仏的傾向をもつようになっていた．そのいっぽうで，儒学は神道に接近する傾向を見せていた．また江戸中期におこった国学は儒学とは対立する要素をもちながらも，廃仏という点では共通し，神道とはその基盤を重層させていた．賀茂真淵・本居宣長によって体系づけられた国学は，平田篤胤にいたって復古神道を大成させた．

　薩摩藩の国学者には本居派の白尾国柱（くにはしら）などがあり，平田門下には後醍院真柱（ごだいいんまはしら）に代表される数多くの人物が輩出していた．ほかに，国学者・神道学者として田中頼庸（よりつね）がおり，後醍院・田中の思想は薩摩藩の神仏分離・廃仏毀釈に多大な影響力を発揮したとみられる．

　かれらによってもたらされた神道思想，とりわけ復古神道思想は漸次藩内に浸透していったが，早くは島津重豪にその傾向があったように，藩主たちの受け入れるところとなっていた．その1人が島津斉彬（なりあきら）であった．斉彬は安政4年（1857）の藩校造士館布告で，儒学の「五常之本領を守」ることを説きながらも，儒者のなかに「我皇朝をも夷狄（いてき）同様に心得違ひ」するものがあることを指摘し，「第一天照皇太神之御明慮も可畏（かしこむべき）儀にて，右等之所，一同深く致分別，学風令振起」と告げている[1]．

　蘭学に通じながらも，そのいっぽうで国学・神道に傾斜していた重豪・斉彬らの考え方は，藩内の廃仏の動向をしだいに決定的なものにしつつあった．そ

れに拍車をかけたのは水戸藩の廃仏の動きであった．

　水戸藩は，他の幕藩領とは異なる宗教政策を早い時期からとっていたようである．儒教を教学・道徳の核とし，廃仏思想を醸成させていった．葬祭を仏式から儒式に替えたり，僧侶を還俗させて農民とする政策などをとっていたが，天保年間（1830～44年）にいたると，ついに領内の大寺を破却し，それにともなって末寺も廃寺に追いこみ，また領内全寺院から撞鐘を徴収し，大砲の材料にあてている．島津斉彬はこの水戸藩の例にならい，報時鐘を除くほかの，あらゆる梵鐘を徴して武器製造にあてようと計画したという．しかし，斉彬の逝去（1858）によって実行にはいたらなかった．

　その後，慶応元年（1865）の春になると，藩の少壮者は廃仏断行・僧侶還俗を家老桂久武に建議し，桂もこれに賛同して藩主島津忠義ならびに島津久光への伺いを経たうえで，寺院処分の実施に向けて調査に入った[2]．そして，翌2年9月17日に霧島神宮におもむき，その神前で祭文を捧げ，仏法僧侶の非を難じ，由緒なき寺院の取り除きと神道の宣揚を告げた．その祭文は後醍院真柱の作という．

　以後，藩の機構，郷（外城）の組織を通じて各所で廃仏の動きが活発になった．このような動きの背景には，思想的・理論的根拠からだけのものではなく，幕末の薩摩藩における軍備充実と経済上の観点からの要請もあった．この点については，さらに後述したい．ただ，ここで確認しておきたいことは，薩摩藩の廃仏毀釈が，他の幕藩領の場合のように，明治元年（1868）の明治政府による，王政復古にもとづく祭政一致の立場からの，あるいは神道国教化政策にもとづく神仏分離令以前に，独自の動きを示していたことである．そして，その動きが，幕末期の藩の軍事的・財政的要請ともかかわっていたことである．

　薩摩藩における廃仏毀釈は，このようにして幕末期から藩内各地の一般寺院から始まったが，手がつけられなかったのは島津家ゆかりの寺院などであった．福昌寺・南林寺・大乗院などの城下の寺院のほか，加世田の日新寺（じっしん），伊集院の妙円寺，坊津の一乗院，志布志の大慈寺などの名刹である．しかし，明治2年3月に藩主忠義夫人暐子（てるこ）が死去し，その葬儀にあたって知政所が神式で執行することを告示したことにより，それらの名刹にも廃仏毀釈の断が下されることになった．

桃園恵真氏は，薩摩藩において一寺も残すことなく廃仏毀釈が徹底した理由について，1つには，他藩と異なって寺請制度が行われておらず，寺院と民衆との間の結びつきがなかったため，ただ武士の扇動にのって庶民も寺のうちこわしに付和雷同したこと．2つには，廃寺によって職を失った僧侶に食料を給与し，また希望する者は，兵士・教員・巡査・官公吏に採用するなど，その生活を保障したためである，と述べている[3]．

　このようにして廃仏毀釈が進められた結果，
　　寺院 1,066 寺
　　僧侶 2,964 人
が整理された．また，寺社所領石高，藩庫支出の諸経費などもあり，それに寺院あるいは堂宇の敷地，あるいは田畑山林などの広大な地所，それらがみな免租の地であり「合計すれば凡そ10万余石の巨額に及ぶ」とある[4]．

(2)　ニセ金鋳造

　薩摩藩における廃仏的思想の背景に，軍備充実の必要という財政上の理由があったことを述べたが，この点についていささか言及しておきたい．
　滝沢武雄氏は薩摩藩が幕末に鋳造した琉球通宝について，つぎのように述べている[5]．
　薩摩藩主島津斉彬の遺志により忠義が幕府に鋳造許可を願い出て，文久2年（1862）8月，琉球および領内限り通用の銭貨鋳造を許された．その条件は，形・量目・裏書は天保通宝と同じくし，通用価値は1枚124文，3か年限り，100万両を限度とし，その鋳造高の10分の1ないし2を幕府に献納するというものであった．
　薩摩藩では，その年11月から磯浜に設けた鋳造所で鋳造を始め，薩英戦争で鋳造所が焼失するとそれを西田町に移した．ところが，「琉球通宝」の泉（銭）文をもつものは10万両程度で，そのほかは幕府に禁止されていた「天保通宝」の泉文をもつものであった．これらの贋造天保通宝は領外に搬出され，広島・大坂・京都にも現れた．薩摩藩ではその材料の銅を得るために苦心し，他領からの買入れはもちろん，大砲・梵鐘をはじめ燭台・銅釜まで集めたというが，多量の贋造天保通宝をもって，薩英戦争の傷手を回復し，さらに新式の

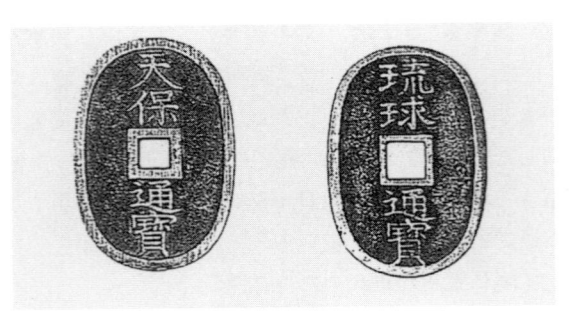

ニセ金の天保通宝，琉球通宝と酷似

軍備を整え，維新に際して雄飛できた財力の一端をおぎなうことができた．

その天保通宝は[6]，天保6年（1835）以降金座の直轄した銭座で鋳造されたもので，小判形で中央に方形の穴があり，表面に「天保通宝」の4字，裏面に「当百」の2字と後藤光次の花押（サイン）がある．百文通用であるが，重さは5匁5分であるから，鋳造利益は大きい．すなわち，本来は100匁の重量が100文に相当するのであるから，贋造費用を見込んでもその差益は甚大である．

薩摩藩の鋳造の状況については，その主任を勤めた市来四郎の日記に伝えられており，芳即正氏によってその内容が紹介され，未知の事実が解明されつつある[7]．その一部をここに概略したい．

鋳銭を担当した市来は，鋳銭開業以来技術的な馴れの問題と，とくに原材料である銅の補充に苦労したようである．文久2年（1862）に当たる「壬戌」12月27日の日記によると，銅を対州（対馬）・長州・芸州（安芸）・越前・南部・秋田など全国的に広く買い求める段取りのほか，大島・国分・日州延岡・阿久根などの産銅，さらには，「古製銅砲御兵具所在合大小30丁」「梵鐘凡130余但大小」が予定されている．

かれの日記には，他の日付の部分にわたって「御領国中寺院之梵鐘並仏器其他銅器物・錫釜家部寺社数ニ基キ取調候処，銅凡22万斤余ニ及候賦ニ候間……」，あるいは「寺院之梵鐘御取上ケ之建言申置候処，今日表向ニ寺々へ御達有之，取しらへ早々取掛候よし」，あるいは「御領国中寺院之梵鐘惣計凡610口，内半鐘129口は此度地かね用ニ被相渡候間，残り578口許りニ而候」などと，しばしば寺院の梵鐘類に言及している．

市来が梵鐘御取上の対象にしていた地域は「御府内又は諸郷私領諸島々」とあるほか，日記の欄外には「琉球梵鐘ヲ鋳銭料トス」ともあり，計画は本土の薩摩・大隅・日向3州の薩摩藩領はいうまでもなく，「諸島々」「琉球」にまでおよんでいたことが知られる．

　薩摩藩の廃仏毀釈が，他の幕藩領に先駆けて行われた背景には，儒学・国学，さらに神道学などに藩主・藩士が傾倒したという思想的側面もあるが，民衆が日常的に寺院とのかかわりをもつことが少なかったこと，加えて軍備充実などにともなう財政上の必要から，鋳銭事業に寺院の梵鐘などを鋳つぶして，その材料にすることが計画されたことが，ここに十分に推察できそうである．

　芳即正氏は，「この梵鐘鋳つぶし論とその実行が廃仏毀釈の前哨戦であり，廃仏毀釈前史として位置づけられるのではないかと思われる」と結んでいるが，まさしくその通りではなかろうか．

5. 近代化への遅滞

(1) 明治前期の悲惨な文化・社会状況

　明治前期の鹿児島の文化・社会の実情を，県外人はどのように見ていたのであろうか．

　本富安四郎（ほんぷやすしろう）は，旧長岡藩士の3男で慶応元年（1865）2月に長岡（現新潟県長岡市）に生まれた．19歳で出身地近くの坂之上小学校教員，翌年長岡学校（長岡中学校の前身）教員になるが，その後上京，東京英語学校を卒業し（その間に，東京外神田の芳林小学校でも教鞭をとる），明治22年（1889）10月，鹿児島県南伊佐郡宮之城村盈進（えいしん）高等尋常小学校教員として赴任する（25歳）．翌年には同校の校長に昇進した（月俸約30円也）．生徒数450人，教員13，4名．しかし，その2年後には辞職し，鹿児島県を去り，その後は新潟県，大阪府などで中学校教員などを勤めた．『薩摩見聞記』[8]は明治31年に東京・東陽堂から刊行されたもので，20数項目に分けられたうちに「教育」の1項目があり，明治22～25年ごろに体験した鹿児島県教育の実情が記されている．その一部を抄出する．

薩摩の文化が他県に比して後れ居ることは彼国人の自白する所にして実際に於て真に然るが如し．統計の示す所に由れば郵便物発出数，新聞雑誌発兌部数並に購読及び配布を受けし部数は人口に割合して皆全国の最低位にあり．之を学校児童に見るも修学児童の割合は亦全国の最低位に在り．即ち男子の修学者は僅に学齢男児の半数を超え女子は100分8, 9に過ぎず．之を石川県の男子100中80余，女子60余の修学に比ぶれば其差実に大なりと云ふべし．凡そ女子修学の割合は其他学事の進否を測り得べき標準にして，100人の中僅に8, 9の女児が文明の教育に与かるが如きは其不振明かなり．実に鹿児島（旧城下）に於ては学校生徒は男子2人に女子1人の割合に迄進歩したけれども，城外に至りては男3, 女1を最高として時には全校1人の女子を見ざることあり．或は男子の10分1, 20分1に至る者あり．

　去れどもこれまた已むを得ざるの結果なり．他県に於ては其文化は（明治維新以来）既に26年を経過し其間に漸次に収めたる効果なれども，薩摩の文化は僅に16年の成長に過ず，実に薩摩の維新は明治10年の戦争なりき．此時迄は薩摩は依然封建の天地武を以て立つの国なりき．（中略）

　隼人の素養実に此の如し．勇武の風賞すべきなり．去りながら余は薩人の為めに惜む．其尚武の風を奨励するは甚だよしといへども，単に此一方にのみ偏重して学事上の奨励注意甚だ至らざるが如し．或は小児が些少の事より学校を休み或は家に帰りて充分に復習をなさず，或は学業成績の不良なる等に付きても意外に無頓着にして，自然小児をして我儘怠惰に流れしめ，其頭脳亦軍人的粗苶簡単となりて緻密の思想耐久の精神を闕き，学事を厭ひ特に深奥なる哲理数理の研究に堪ゆる能はざるに至らしむ．是れ其気質の飽迄軍人的にして且つ自ら好んで陸海軍に入らんとするに係らず，今日の如く軍人となる者また大に学術を要するの時に際しては，諸種の兵学校に於ける薩人が漸く其不成績を致すを免かれざる所以なり．省みざるべけんや．

　ここに本冨安四郎が指摘していることは，郵便物の発出数，新聞・雑誌等の発行・購読および配付が全国最低位にあること，修学児童の割合も全国最低位

にあり，とりわけ女子の修学の割合が低いことなどにおよんでいる．

　また，明治10年の戦争，すなわち西南戦争が薩摩の文化に停滞をもたらしたものが重大であったことと，尚武が偏重される一面で学業については家庭が無頓着であること，さらには，今後は軍人にも大いに学術が必要であり，薩摩の教育には反省すべき点が少なくないことなど，的確な指摘がなされている．

　つぎに，江戸時代末期から明治初頭の民衆教育の実態について述べてみたい．
　近代の学制以前の庶民教育機関として，よく知られているのは「寺子屋」と総称される施設である．寺子屋は中世の寺院における僧侶による俗人教育に発し，入学を寺入り，生徒を寺子と称し，寺子の会する屋（建物）を寺子屋といったのが用語として定着したとされている．
　寺子屋は江戸時代に普及するが，なかでも江戸中期以降，天明年間（1781～89年）の18世紀末ごろから増加傾向がめだち，さらに天保年間（1830～44年）以後の急速な普及・拡大が認められ，明治初期までに全国で1万5千か所以上に達している．
　いっぽう，寺子屋とほぼ時期を同じくして私塾が開設され，その増加の推移をたどると，天明・天保の各期に増加の画期が見出される．このように急増した理由には，商業資本主義の発展にともなう生産力の増強により，庶民が数多く私塾に通うようになったこと，儒学に対する新興の学問を導く教育施設が増加したこと，藩学・郷校にあきたらず，社会の改革を直接に指導し実現しうる人材を養成しようとする塾の出現などが指摘されている．その数は，研究者により異なるが，1,500か所以上から数千か所とみられている．教師は学者・文人・芸能人・武芸者などであり，自宅を教場として開設している．しかし，私塾は概して寺子屋より高度な学問・技芸を教授することを特徴としているため，塾生には武士層などもみられ，庶民教育のための施設と限定できない面がある．
　『日本教育史資料』（8・9）によって，海原徹氏は江戸時代・明治以降に区分して，各府県ごとの私塾・寺子屋の分布を調査・集計している[9]．
　これによると，私塾では岡山・長野・東京・山口などの各府県がその数の多さでめだち，少ない方では函館・鹿児島・和歌山などの各県がめだつ．また寺子屋では，長野・山口・岡山などの各県が1,000か所以上と多く，宮崎・富

表4-4　私塾と寺子屋の普及

府県	私塾				寺子屋			
	計	江戸時代	明治以降	不明	計	江戸時代	明治以降	不明
東京	123	83	34	6	487	335	151	1
京都	34	27	1	6	566	363	31	172
大阪	20	14	2	4	778	588	72	118
神奈川	11	7	4	0	507	365	46	96
兵庫	52	39	4	9	818	628	35	155
長崎	51	21	3	27	187	143	9	35
函館	0	0	0	0	48	36	11	1
新潟	27	20	1	6	63	51	1	11
群馬	39	26	13	0	55	50	5	0
千葉	52	21	2	29	107	58	4	45
栃木	19	10	9	0	86	79	4	3
三重	4	0	1	3	115	39	1	75
愛知	43	19	0	24	977	482	57	438
静岡	4	3	1	0	25	24	0	1
山梨	22	20	2	0	254	122	4	128
滋賀	8	7	0	1	450	355	27	68
岐阜	28	24	1	3	754	541	43	170
長野	125	117	1	7	1,341	1,196	48	97
宮城	52	48	2	2	567	541	7	19
福島	19	12	5	2	281	233	8	40
青森	8	4	3	1	456	301	15	140
山形	6	6	0	0	63	47	3	13
秋田	66	58	3	5	249	210	7	32
福井	23	13	1	9	31	1	1	29
石川	22	6	2	14	190	100	3	87
富山	4	4	0	0	17	17	0	0
鳥取	4	4	0	0	313	227	22	64
島根	73	52	15	6	674	538	46	90
岡山	144	123	21	0	1,031	927	90	14
広島	65	56	5	4	257	236	6	15
山口	106	82	24	0	1,304	970	174	160
和歌山	3	2	0	1	294	229	19	46
徳島	37	29	2	6	432	333	43	56
高知	10	10	0	0	217	175	10	32
福岡	50	37	5	8	160	144	9	7
大分	92	44	10	38	482	208	0	274
佐賀	7	5	2	0	27	23	4	0
熊本	45	31	2	12	910	812	69	29
宮崎	6	6	0	0	9	7	0	2
鹿児島	1	0	1	0	19	19	0	0
計	1,505	1,090	182	233	15,601	11,753	1,085	2,763

出所：開設年を府県別に分類，『日本教育史資料』8・9により海原徹氏作成．

表 4-5　就学率のワースト 10

	府県名	就学率(%)	寺子屋	私塾	備考
1	鹿児島	7.10	19	1	
2	青　森	12.35	456	8	
3	秋　田	13.45	249	66	
4	愛　媛	13.87	(950)		
5	長　崎	17.10	187	51	
6	福　岡	18.24	160	50	三潴＋小倉＋福岡
7	佐　賀	20.55	27	7	
8	石　川	22.86	190	22	
9	新　潟	24.23	63	27	新潟＋相川
10	熊　本	24.76	910	45	白川

出所：『日本教育史資料』8・9,『文部省第二年報』(明治7年)などにより海原徹氏作成.
注：1)　府県名は明治16年当時に統一.
　　2)　愛媛県の ( ) は昭和11年 (1936) 度の調査による.

山・鹿児島などの各県が20か所以下で少ない．一見して，地域的格差の大きいことがわかる．このような格差について海原氏は，中央政府の手になる学事統計への各府県当局の姿勢如何，すなわち調査に熱心であったか，不熱心であったかが報告の精粗に結びついていることは否定できず，現に，17校の寺子屋しかなかったとされる富山県に，実は350余校の寺子屋があったといわれていることも指摘しながら，「そうした未確認情報を度外視しても，寺子屋数の大小に結びつく地方的特色を江戸時代にさかのぼりながら説明することはできる」とし，つぎのように述べている．

　全国第1位，1,341校の開設をみた長野県では，中小藩の分立，天領・知行地の散在，街道の発達，京都・江戸文化の流入などの諸条件が相乗的に作用して，一般民衆の間に広汎な学習要求を生み出し，またそれに応えうる多数の知識人が存在したという文化的風土が強調される．また山口 (1,304校)・岡山 (1,031校) の場合は，藩政時代の萩藩や岡山藩当局が特別に教育熱心であったことが働いているようである．

　いっぽう，幕末，維新の動乱期に長州 (萩) 藩と並び称される雄藩中，第一等の薩摩藩に寺子屋教育がほとんど皆無に近かったのはなぜだろうか．鹿児島市内にわずかに1校のみというのも信じがたいが，川辺郡の13校と大島郡の5校を合わせて総計19校というのは，薩摩・大隅両国を合して構成する24郡

第4章　近世末～近代初頭の歴史から見た鹿児島の地域性

の大半を除外しているところから，県下全域にかなりの調査洩れのあったことを想像させる．西南戦争による人心の荒廃，なかんずく中央政府への敵対感情が官製調査を意識的にサボタージュさせ，それがこのような粗笨(そほん)な数字になったとも思われるが，もともとこの地方に寺子屋の発達を妨げるマイナス的環境があったことも事実である（表4-4，および表4-5参照）．

そのマイナス的環境について，海原氏はつぎのような諸点をあげている．

薩摩藩は極端にサムライ人口の比率が高いことで知られ，現に，士卒あわせて20万3711名，総人口の26.4%という数字は，全国平均の5.7%をはるかに上回る．その大部分は郷士として藩内全域に土着するいわば屯田兵であったが，かれらはまた，各在所で農民を直接的に支配する存在でもあった．租税は収穫の8割（八公二民），公役のごときは「月35日」といわれたように，想像を絶する過酷な負担を強いられていたが，これをともかくも可能にしたのは，ほかならぬ郷士制度である．農民の側からいえば，土着の郷士団をとおして絶えず苛斂誅求(かれんちゅうきゅう)の対象であることを強制されたのであり，文字どおり「依(由)らしむべし，知らしむべからず」を地でいく無智蒙昧の民であるほかはなかった．要するに，寺子屋教育を享受する「カネ」や「ヒマ」など，そもそもありえなかったというわけである．

寺子屋教育をいっそう切実に必要としたはずの町人階級はどうであったのか．砂糖専売にみられるように，重要な国産品をすべて藩専売として独占していた薩摩藩では，商業資本の発達はいちじるしく出遅れ，町人人口そのものが寡少であったが，その大半は零細な小商人，すなわち「士族の御用足（達）し」を勤める類いでしかなかったから，読み・書き・ソロバンへの需要はきわめて貧弱であった．もちろん小規模といえども経済行為であるから，眼に一丁字もなく，金勘定もできない文盲であるわけにはいかなかったが，おそらくこの種の教養や知識は家庭教育，もしくは徒弟奉公で間に合わされたものであろう，という．

つぎに，「学制」によって明治5年からスタートすることになった小学校教育は，鹿児島県ではどのように推移したのであろうか．明治政府のこの新教育制度は，先述したように前代までの庶民教育を担っていた寺子屋的遺産を継承したというのが実情であった．したがって，寺子屋的遺産をほとんど継承でき

なかった鹿児島県が,「学制」によって大きく変化したとは考えにくいことである．教育施設・人員としての敷地・建物・教師の不足はいうまでもなく，庶民教育に対する認識において，他の府県とは大差があった．加えて，小学校に子どもを入学させる義務を負わされた親には，高学費の支出を要求されるという，経済的負担があった．

その結果，鹿児島県の「学制」にもとづく就学率を，小学校創設期において全国的視野からみると，前出の表4-5のようになる．

そのなかで，鹿児島県の7.1％は最低である．全国平均の32％余からして，それの4分の1以下である．この点についての海原氏の見解は，つぎのようである．

「最下位の鹿児島県にわずか19校の寺子屋しかなかったのは，前述したように，藩政時代の苛斂誅求（かれんちゅうきゅう）や愚民政策のゆえであるが，加うるにまた，寺子屋の語源ともなった寺院が決定的に不足していたことも大いに関係あるようだ．もともと薩摩藩では，庶民層に人気のある一向宗は禁教であり，わずかに禅宗系の寺院が勢力を有していただけであるが，英明をうたわれた藩主島津斉彬の時代に領内の寺院を焼き払うなど，一貫して寺院勢力の伸長をきびしく取り締まったから，他地方でみられるような寺院を中心とする庶民教育は望むべくもなかった．その意味では，19校の寺子屋に若干のプラス・アルファがあったとしても，大した数ではない．

維新革命のリーダーシップをとり，しかも大藩が一県に移行した点は山口県と同じだが，旧藩出身の大山綱良（県令）以下，保守勢力の牙城であった鹿児島県は，山口県とはまた違った意味で中央政府の開明的政策にことごとく対立した．とくに明治6年の征韓論による西郷下野以後は，さながら独立王国の観があり，新政一般に対するサボタージュも徹底していた．明治10年の西南戦争まで士族禄制を改めず，地租改正も行わなかったのがその何よりの証拠であるが，「学制」頒布にともなう新小学校の建設もやはり例外ではなかった」，と海原氏の指摘は手厳しい．

さきの『文部省第二年報』によると，鹿児島県の就学人員9,605名であるが，その内訳では男児9,305名で97％弱を占め，女児は3％強である．しかし，女児だけをみると学齢人員6万3,065名中の300名であるから，0.5％にも満

たない．したがって，女児においてはほとんど就学していない状況であった．

(2) 近代は士族のセカンドステージ

　江戸時代の城下士と外城士（郷士）の割合は，文政9年（1826）の『薩摩政要録』によると，前者が11.4％で約4,300人，後者が88.6％で約3万3,400人である．ところが，それぞれの平均持高をみると，前者が約79石，後者が4石余りで大きな格差がある．さらにみると，前者の城下士が全臣下持高の70％を占め，後者の外城士が残りの30％を持高として分給されていたことになる．この数値だけからみても，外城士がいかに零細であったかが知られる．

　その外城士の実態をみると，三種に分類される．各郷の士族高帳によると，高持士・一か所士・無屋敷の三種があり，高持士は数10石から1石未満まであり，1石未満が圧倒的に多かった．一か所士は屋敷だけで無高，無屋敷はその屋敷すらなかった．このような外城士・郷士の状況からみると，名称だけの武士であり，「半士半農」あるいは「一日兵児」の称すら，その実態を示していないようにも思われる．

　ただ，農民との差異は収穫高に対する貢租負担比率に格差があった．農民の門地（本田畑）の貢租は籾高1石（米にすると半分の，約5斗）に付き米3斗9升8合で，税率は約80％にもなる．八公二民といわれるゆえんである．それに対し，郷士の自作・自収地である浮免地の税率は18％余であり，さらに開墾地の抱地（持留地）は税率16％余で，低率におさえられていた．

　このように，郷士の禄高は1石未満が圧倒的であったから，浮免地・抱地からの収入に依存していた困窮した郷士は，浮免地を売買してもおり，天保13年（1842）の郷士間の浮免地売買証文が垂水郷などに残っている．その結果は，有力郷士に土地が集積される傾向が生じたことを示しており，なかには持高100石を超える郷士の例が出水郷などにみられる．

　このように郷士の実態をみてくると，持高ばかりでなく，その生業の依存度において城下士との質的差異が見えてくる．しかし，それは薩摩藩が存続し，諸制度が維持されていくためには必要不可欠という前提に立ってのことであった．

　ところが，廃藩という事態が現出すると，そこに大きな変化が生じてきた．

城下士は他の諸藩の武士と同じように，知行地を持たず俸禄を支給される者が大部分であった．かつて，武士は一定の領地を分与される地方知行制(じかた)に依っていた．しかし，17世紀には領地に代わる俸禄（米）を支給される俸禄制が一般的となり，禄米の給付を受ける蔵米取になっていた．知行地・領地から切り離された存在の城下士は，維新政府の改革施策の1つであった秩禄処分の直接的対象となった．

　秩禄処分は，封建的秩禄（家禄・賞典禄など）制度を廃止することである．廃藩置県後，華族・士族への秩禄支給は維新政府の大きな負担（国の総支出の約30％）となっていた．そこで政府は，明治6年（1873）秩禄奉還の法を定め，奉還希望者に秩禄公債と現金で家禄の数か年分を一度に支給して家禄を整理した．これによって家禄の3分の1が整理された．ついで明治9年（1876）になると，全支給者に年間支給額の5～14年分の額の金禄公債証書を与えて，秩禄を全廃した．その公債の額は士族1人平均500円ほどであった．その公債を元手にして，慣れない商売に手を出し，失敗して没落した士族が多かった．「士族の商法」といわれるゆえんである．

　しかし，鹿児島県ではこの政府の施策をそのままでは受け容れず，独自の政策がとられた．独自政策の内容は，まず6石救助米の支給である．これは高25石以下の少高・無高士族1戸に付き米30俵（2斗俵入り，計6石）を支給する布告で，明治4年（1871）9月のことであった．ついで，維新軍功禄の賞典禄への引き継ぎ，さらには家禄の金禄化指令を無視した現米支給の継続などで，徹底して士族の生活を擁護するための政策であった．

　鹿児島県では，これらの士族優遇策が廃藩後も独自に施行され，あたかも独立国の観を呈していた．しかし，明治10年（1877）の西南戦争の敗北は，鹿児島県の独自政策に終止符を打つことになり，翌11年秋になって金禄公債発行の手順となった（証書下付完了は14年3月）．

　つぎに，新政府のもう1つの重要課題としての地租改正がある．政府の財政安定に不可欠の施策で，土地制度・税制の改革である．

　新政府の主要な財源は旧幕府時代のまま受け継いだ年貢であった．その年貢は旧各藩ごとに税額が異なり，そのうえ米の作柄によって年々変動していた．それらを全国的統一基準に改め，税収を安定させる必要があった．さきの秩禄

処分は支出の抑制・削減策であったが，地租改正は収入の確保策であり，いわば車の両輪ともいうべき重要施策であった．

その前提として，明治4年（1871）に田畑勝手作を許可して，作付制限を撤廃した．ついで翌年には田畑永代売買を解禁して，各耕作地ごとに地券を発行して，土地の所有権を認めた．地券は原則として従来の年貢負担者（地主・自作農）に交付された．

このような措置がはかられて，明治6年7月に地租改正条例の公布となった．その要点は，課税の基準を不安定な収穫高から，一定した地価に変更する．地租は金納とし税率は地下の3%とする．地券所有者を納税者とする，というものであった．

この地租改正を廃藩後の鹿児島県でみてみよう．全国的には明治6年から実施された地租改正であったが，鹿児島県では武士・農民と県当局の抵抗があって，明治9年（1876）5月になって，ようやく着手することになった．ところが西南戦争の勃発でさらに遅延し，戦後の明治12年1月に再着手され，14年（1881）6～7月になって，ようやく終了した．

鹿児島県の耕地の状況については，さきに旧藩時代の概要を述べた通りで一様ではない．一部の士族が所有していた給地，郷士が主に所有していた浮免地・抱地の処分が問題であり，これらには金禄公債が下付されていた．それらは政府の指令で，給地は耕作農民の所有地となり，浮免地・抱地は士族の所有地となった．

浮免地・抱地の所有主体は郷士であったから，郷士の有力者が以後勢力をもつようになったのは当然であろう．明治22年から約2年半にわたって鹿児島の様相を観察した先掲の本冨安四郎は，その士族の状況を記述している[10]．

　　　藩政の日に於ては城下士族は豊かに食禄を給せられ，別に労働作業を要せず，安楽に日を送りしも，御扶持離れの今日に至りては，矢張他藩の士族に等しく活計の困難を免かれず，維新以来既に各所に転戦して討死したる人も夥しきに，10年の戦争にて更に多数の少壮血気の壮士亡びたれば，跡には唯寡婦幼児のみ残すあり．老親のみ存するあり．幸に藩閥の余力ありて其一半は官途に由て活計を立つるも，他の一半は中々の困難を極め，

乞食同様に零落したるも少しとせず．

　然るに外城士族は素より土地を貫ひ自ら耕して生活の道を立て居たりしかば，廃藩の今日になりたりとて，之がため何程の影響をも受けず，兼て馴れたる農業にて豊かに其日を送れり．されば，今城外士族の有様を見るに，依然として其旧邸宅に安んじ，戸々相依り門々相対し，廃屋空地等あること稀なり．屋敷廻りには石垣を以て高く積み上げ，生墻(いけがき)，板塀，竹垣を以て其上を取り廻し，門を構ひ道を掃へ，儼然として封建武士の邸なり．内には下男下女を置き，牛馬雞豚を畜ひ，馬小屋あり，土蔵あり，浴場あり，物置あり，下人部屋あり，自ら耒耜(すき)を執て耕すもあれども，多くは奴婢をして田畝を耕さしめ，少しく暮しの宜しき者は，所々の村々に土地を有し，之を其地の農民に貸し付け，刈入の幾分を納めしめ，納米数十百俵に至り，食余は売りて金となし，公債の利子と共に日常の雑費に充て，士族は地主にして農民は小作人の姿なり．されば昔は陪臣郷士として侮(あなど)られ「日シテ兵児(へこ)」(日シテハ隔日ノ事ナリ一日ハ耕シ一日ハ士タルヲ賤ムノ語ナリ)と嘲(あざけ)られ，又自らも耻辱と考へたる半農半士の風も，今は却つて幸福となり，其生活も寧ろ城下士族に優ること丶はなれり．

　斯くて生活の難易より此両種士族の間に於ける遠距離も，一方は退き一方は進みて次第に相近づき，甲屈し乙仰ぎて，茲に両者の高低相平均し二族同種の有様となり，共に一様の運動を為し得るに至れり．（中略）

　東北の地方にて士族と云へば，殆んど貧民頑固の代名詞の如く，場合に由りては平民と名乗る方都合よきことも折々なるが，薩摩に於ては万事万端士族ならざれば，夜が明けぬなり．東北にては実際既に士族の名を分ち置くの用なく，全く空名にて，只封建時代に於ける武士と云ふ者の子孫なりとの標に過ぎず，士族自身も此名を負へる為め，何の有難味あるを知らざれども，若し一たび薩摩に到ることあらば，茲に始めて士族も亦一の名誉の称号にして，実際真に大なる有難味ある者なることを悟るべし，即ち旅店に泊りても宿帳に士族と書けば応答・待遇必ず他よりも鄭重なり．余の如きも独り薩摩に於てのみは，士族の空名の下に少なからざる余恵を受けたり，誠に可笑しき事共なり．

表4-6 明治20年代前半ごろの県会議員数

県 \ 族籍	士族	平民
神奈川	1人	56人
埼玉	1	38
千葉	3	50
群馬	4	56
新潟	4	60
栃木	5	32
長野	6	32
岩手	7	60
宮城	8	56
山形	8	23
秋田	9	21
茨城	10	48
福島	10	50
青森	12	18
鹿児島	27	3

出所：本冨安四郎『薩摩見聞記』．

　一体に西南地方は士族の勢力何れも盛んなるが，薩摩は実に其極点にて，公共の事業其大小に係らず悉く士族の掌中に在り，国会議員，県会議員，市会並に村会議員，県庁，郡役所，村役場，警察，裁判，登記，山林，諸役所の吏員より高等中学・師範学校の生徒，小学校の教員に至る迄，其九分九厘までは実に士族を以て充たされたり．現に国会議員7名の内1人の平民もなく，又勿論1人の初めより競争だにせんとしたる者なし．県会議員も1両年前東北諸県と比較し見たるに，次表のごとし．

　本冨の記述には，しばしば数値・統計が用いられる．それは，かれの記述や主張が単なる思いつきでなく，まして空論でないことを証するためであろう．ここにあげている各県の県会議員の出身を示す統計もその一例である．この統計によって，明治20年代前半期の鹿児島県会の構成が，他県のそれと異質であったことが一目して判然としている．

　当時の県会は，被選挙権者は地租10円以上，選挙権者は同5円以上を納める有産者であったから，士族有勢の鹿児島県の実態を県会議員の構成は如実に示すものになっている．ついでに記すと，明治21年（1888）から同36年までの15年間にわたる統計では，つねに9割余が士族であり，平民はごく少数であった．本冨の出身地の新潟県では，士族と平民の割合が鹿児島県とはまったく逆転しており，本冨の眼には奇異な現象と映ったこともうなずけよう．

　士族王国は明治中期になっても，厳然と継続していたのである．

（3）町人を嫌う風土

　商業・町人嫌いの風土も，また薩摩藩の人びとの気質の特色といえる．江戸時代には鹿児島城下を別にして，藩内の各外城（郷）では自給自足が立て前で

あり，商業や商人を他藩のように必要としなかった．したがって，農民のように労働をすることなく，生計を立てる町人を軽蔑する風があった．その風土は明治以後になっても続いていた．その様相を先学の著書から引用してみよう．

　明治22年（1889）4月1日市制町村制が施行されて，今日の市町村の基礎ができた．まず鹿児島城下に山下町以下50町村をもって鹿児島市が誕生した．鹿児島郡新町外14町戸長丹下伊左衛門（女性先覚者，農学博士丹下梅子の父）が，市会準備および議決執行責任者とされたが，間もなく上村行徴が市長となり，また市会も誕生した．この時全国に31市が出現し，九州ではほかに福岡・久留米・熊本の3市が誕生した．
　その後明治44年（1911）7月城下近郊の西武田村の一部（武）と伊敷村の一部（草牟田）を合併，更に昭和9年（1934）中郡宇・西武田・吉野3村，太平洋戦後1960年伊敷・桜島両村，次いで67年南隣の谷山市を合併して，市域を拡張した（近年，合併により周辺部へさらに拡大している）．
　一方，大島郡を除く全県下に町村制が施行され，115村が生まれた．政府は町制区域の標準を大体300戸から500戸としたが，鹿児島県ではこれよりずっと戸数が多く，例えば谷山村4,089戸，人口22,722人（1888年8月現在）のごとく，人口1万人以上の村が22もできた．これは主として郷を単位に新村を形成したからで，むしろ500戸以下の標準村は11村に過ぎなかった．
　郷を単位にしたのは，旧藩時代薩摩藩では郷を行政の単位とし，郷士が郷政を支配していたからで，町村制を施行するに当たって，当時の鹿児島近在で4か村，県下89郷で111か村を形成した．1郷を2か村に分割した郷は市来はじめ10郷，3か村に分割したのは加世田など6郷である．
　しかしこの郷を単位にすることには反対も強かった．その理由はこれまで郷政を郷士すなわち士族階級に牛耳られてきた平民層の不満で，かれらはむしろ平民だけの村をつくることを望んだ．例えば南諸県郡（現曽於市他）の志布志郷で，郷士居住（麓）の帖村外11か村で志布志村をつくる案に対して，同郷内蓬原・野井倉・原田・野津各村の人民総代は，反対意見を述べて，

　　且つ帖村は従前の麓士族の居住する場所にて，旧藩時代に異なるなく士族

と平民との交際待遇恰も主従の如く，聊思想を伸んとすれば腕力の憂なきにしもあらず，平民は唯伸縮低頭するの外なき

といい，そのほか伊佐郡大田村（伊佐市大口），出水郡上・下大川内村（出水市）などで同様の反対意見が出たが，結局認められなかった．当時戸長などの指導層を士族たちが握っていた結果である．ただ明治24年（1891）には志布志村が東志布志・西志布志・月野3村となるほか，数村で世論の貫徹がみられる．

　こうして明治時代はぎりぎりの45年（1912）6月，姶良郡加治木村に町制が施行されるまで，町人（町民）を嫌う士族は人口膨大な村をつくって，1つも町制を施行しなかった[11]．

6. 新しい価値観の創出へ

　さて，本稿の冒頭で述べたように，鹿児島の歴史を見ると，江戸時代と現代では経済的隔差があまりに大きい．全国2位の石高を誇った大藩が，いまは最低に近い県民所得で低迷している．なぜであろうか．
　かつての藩領が広大であり，現在の県域が狭小であるとの指摘はすでに試みたが，それだけではない．
　農業を基本産業とする江戸時代において，藩領における農業生産性を具体的に分析して，その原因をさらに追究する必要があろう．
　農業をとりまく環境，火山性土壌や台風の常襲地域であることは前述した通りであるが，他の地域と比較しての検討をさらに深める必要があろう．
　そこで，藩領の基本作物である米・麦・粟・大豆・蕎麦（そば）・甘藷の6種をとりあげ，畿内諸国（5か国）・西海道諸国（9か国）の反当収穫高を比較してみた．
　本来ならば江戸時代の数値が得られればよいのであるが，前述したように表高・内高があり，加えて統一的尺度による数値を得ることは不可能である．したがって，明治新政府が行なった統一的調査による統計資料で，なるべく江戸期に近い資料を入手して比較したのが先掲の表である．

表 4-7　明治10年代3か年の作物別平均反当収穫高とその全国比

		米		麦		粟		大豆		蕎麦		甘藷	
		(石)反当	全国比(%)	(石)反当	全国比(%)	(石)反当	全国比(%)	(石)反当	全国比(%)	(石)反当	全国比(%)	(貫)反当	全国比(%)
畿内	山城	1 713	148.2	1 491	175.4	0 893	120.2	0 951	180.8	0 768	167.0	25 6	117.8
	大和	1 264	109.3	0 837	98.5	0 653	87.9	0 612	116.3	0 656	142.6	12 9	56.4
	河内	1 379	119.3	1 140	134.1	0 454	61.1	0 479	91.1	0 409	88.9	86 4	39.3
	和泉	1 138	98.4	1 158	136.2	0 567	76.3	0 415	78.9	0 656	142.6	11 5	50.8
	摂津	1 480	128.0	1 212	142.6	0 608	81.8	0 538	102.3	0 771	167.6	26 1	119.4
	平均	1 393	120.5	1 105	130.0	0 649	87.3	0 567	107.8	0 665	144.6	15 9	69.2
西海道七国	筑前	1 171	101.3	0 572	67.3	0 802	107.9	0 394	74.9	0 414	90.0	10 3	46.1
	筑後	1 316	113.8	0 838	98.6	1 154	155.3	0 557	105.9	0 670	145.7	15 3	69.8
	豊前	1 177	101.8	0 798	93.9	1 531	206.1	0 592	112.5	0 597	129.8	19 4	88.1
	豊後	1 70	92.6	0 764	89.9	1 191	160.3	0 595	113.1	0 494	107.4	21 6	95.9
	肥前	0 961	83.1	0 696	81.9	0 839	112.9	0 505	96.0	0 371	80.7	20 5	95.5
	肥後	1 198	103.6	0 629	74.0	0 979	131.8	0 639	121.5	0 655	142.4	21 7	95.9
	日向	0 768	66.4	0 520	61.2	0 523	70.4	0 450	85.6	0 369	80.2	16 3	73.9
	平均	1 79	93.3	0 686	80.7	0 987	132.8	0 556	105.7	0 487	105.9	20 1	91.1
二国	大隅	0 586	50.7	0 373	43.9	0 497	66.9	0 204	38.8	0 457	99.3	34 6	158.3
	薩摩	0 719	62.2	0 284	33.4	0 681	91.7	0 397	75.5	0 177	82.0	18 1	84.2
	平均	0 657	56.8	0 340	40.0	0 647	87.1	0 325	61.8	0 404	87.8	22 9	100.6
合計		1 156	100.0	0 850	100.0	0 743	100.0	0 526	100.0	0 460	100.0	21 9	100.0

出所：中村明蔵『古代隼人社会の構造と展開』．

　この表によって大隅・薩摩両国（ほぼ現在の鹿児島県に該当）と他の諸国の6種作物の反当収穫高を比較すると，大隅・薩摩両国の収穫高がいかに低いかが判然とする．全国比でみると，米56.8％・麦40％とかなり低い．粟・蕎麦は80％を超えており，甘藷がようやく100％で全国並みである．

　このような結果からして，鹿児島県で米・麦などを生産して，他の地域と肩を並べることは容易ではないことが明らかである．米作から脱することは，日本人の歴史からみて大きな決断が必要である．江戸時代の武士の俸禄が「石高」で示され，農民の年貢も「米納」が基本であったように，価値観は米に集約されてきた．今後はそれからの離脱が必要である．

　地域の特性をどう生かすか．この課題を克服しようとするならば，さきの6種の作物のなかでは甘藷を軸に据えて工夫をこらすべきである．そして，6種以外の作物で，この地域の風土に適した作物を育成することに工夫を重ね，試

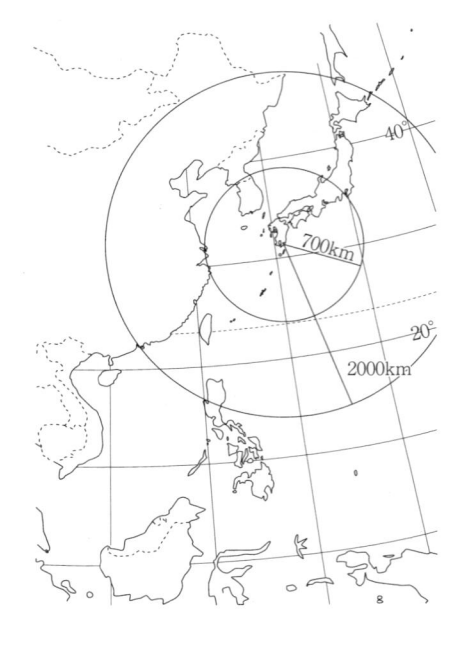

みるべきであろう．

　以上は，農業・作物についての提言であるが，それらをさらに，どのように加工して，新しい価値を付与していくかも考える必要があろう．

　つぎには，地域性をどう活かすかという課題がある．日本列島の南辺に立地する地域的特性を十分に活用することで，その課題に応えることができるはずである．

　鹿児島の人びとは，長期にわたり江戸ないし東京に眼を向けてきた．それは習性ともいえるもので，とりわけ明治以後，有能な若者は東京でこそ自己の能力が発揮できるとして，上京する者が多かった．そして，一部の者はさらにヨーロッパ・アメリカを目ざした．

　ところが，数十年以前から東アジア・東南アジア諸国のめざましい発展が漸次高まってきて，いまではこの地域の動向が世界の人びとの注視を集めるようになった．

　そこで，あらためて鹿児島の立地を確認してみたい．鹿児島からアジア各地は意外なほど近い．永く日本の政治の中心であった畿内（近畿地方）までは，鹿児島からどれくらいの距離にあるのだろうか．鹿児島市の眼前にある桜島の頂上にコンパスの針を立てて，紀伊半島を包括する距離をはかると，約700 kmである．そこまでの距離をコンパスを回して西にとると，朝鮮半島南半（韓国）がほぼおさまってしまう．鹿児島から京都・大阪へ行くのと，韓国ソウルへ行くのは同じ距離である．

　ところが，ソウルに行くとなると，京都・大阪に行くほど気軽ではない．ソウル行きには，どこかに壁を感じてしまう．その壁を払拭することが肝要である．

同じように，鹿児島から北海道北端に行く約2,000kmの距離をコンパスで南にとると，フィリピンのルソン島に達し，西にとると，中国大陸の主要部を広く包括してしまう．ここでも我々は心的障壁を取り除く必要にせまられる．

　いま，発展途上にあるアジアの諸地域は，それほど遠くないのである．今後は視野を全方位に広げるとともに，創造的思考とそれに伴う行動が求められるであろう．

　新しい価値観が創出されることを切に期待して本稿を閉じることにしたい．

注
1) 『鹿児島県史』第3巻，第4編，1941年．
2) 芳即正「市来四郎日記にみる鹿児島藩廃仏毀釈前史」『鹿児島歴史研究』3，1998年．
3) 桃園恵真「廃仏毀釈」『鹿児島大百科事典』南日本新聞社，1981年．
4) 前出の『鹿児島県史』．
5) 滝沢武雄「琉球通宝」『国史大辞典』巻14，吉川弘文館，1993年．
6) 小泉袈裟勝『図解単位の歴史辞典』の「天保通宝」の項，柏書房，1989年．
7) 前出の芳即正氏の論文．
8) 『薩摩見聞記』は1962（昭和37）年に再版されたが，著者の来歴を紹介された芳即正氏の解説文より引用．
9) 海原徹『近世の学校と教育』第8章，思文閣出版，1988年．
10) 先掲の『薩摩見聞記』．
11) 芳即正編『鹿児島県民の百年』1987年，著作社．一部筆者加筆．

参考文献
(1) 引用文献の大部分については，文中の該当箇所に記入した．
(2) その他の文献を左記にあげる．
　①拙稿「鹿児島県の近代化への道程（その二）」（『鹿児島国際大学国際文化学部論集』8-1，2007年6月）
　②拙著『薩摩民衆支配の構造』（2000年，南方新社）
　③拙稿『古代隼人社会の構造と展開』（1998年，岩田書院）
　④鹿児島県歴史資料センター黎明館『薩摩七十七万石』（1991年）
　⑤本冨安四郎『薩摩見聞記』（再版，1962年，鹿児島県高等学校歴史部会）
　⑥秀村選三『薩摩藩の構造と展開』（1976年，西日本文化協会）
　⑦原口虎雄『鹿児島県の歴史』（1973年，山川出版社）

第5章
アジアの経済統合と沖縄

富川 盛武

【本章のキーワード】
アジアのダイナミズム，アジアの経済統合，共通基盤（プロトコル），国際観光拠点，アジアのセカンダリー空港としての那覇空港

1. はじめに

沖縄のアジアとの経済的連携が叫ばれてから久しい．しかし，未だ期待に添う結実は見られない．他方，中国をはじめとするアジアの成長・発展は著しく，今や世界経済を牽引する存在となっている．このアジア経済の水位の高まりは，沖縄に改めて経済連携のチャンスを与えている．また欧州連合（EU），北米自由貿易協定（NAFTA）の進展は無論，アジアでも自由貿易協定（FTA），経済連携協定（EPA）さらに環太平洋パートナーシップ協定（TPP）等の大波が日本を覆い，アジアの経済統合，経済圏の構築は不可避の流れとなっている．沖縄はアジアとの歴史的関係性，地政学的優位性を活かし，アジアの経済統合の先進地として，空港，観光，医療等の共通基盤（プロトコル）を取り込み，自立経済に結びつけることが重要である．本章の目的は東南アジア諸国連合（ASEAN）等の経済統合の手法を参考にしつつ，経済統合の先進的要素を取り込み，沖縄の経済発展に資する方策を考察することである．

2. 沖縄の位置と発展可能性

(1) 沖縄の位置と発展可能性

　島嶼社会では外との関係性が発展を左右する．かつて「琉球の時代」を構築できたのも中国からの帰化人を軸とし，中国，東南アジア及び日本との国際的ネットワークという外との関係を作り上げたからである．アジアのほぼ中心に位置する沖縄は地政学的に見て，アジアのダイナミズムに取り組む拠点であり，アジアの発展にビルト・インする「アジアの中の沖縄」を確立することが沖縄はもとより日本の発展とアジアの繁栄に寄与するものと思われる．安全保障さらにロジスティクス上（兵站学），沖縄の米軍基地の重要性が強調されるのは，市場原理の意味でも重要である証左であろう．

　新・全国総合開発計画では沖縄は，太平洋・平和の交流拠点（パシフィック・クロスロード）として位置付けられ，沖縄振興計画においても人，物，情報等が行き交うアジア・太平洋地域の交流拠点にすることが謳われている．更に政府は最近アジアゲートウェイ構想を示し，アジアの成長と活力を日本に取り込み，新たな「創造と成長」を実現することや開かれたアジアを共に創り，経済を中核とした開放的な地域秩序を維持・深化していくことが謳われている．

(2) アジア経済統合の先進地：沖縄

　EU，NAFTA が存在し，さらに南米南部共同市場（MERCOSUR）を軸にした南米共同体の動き等があり，世界の地域統合が進んでいる．そのメリットは何であろうか．第1は，市場拡大による規模のメリットであり，国境を越えた域内での貿易，投資が増大し，経済成長を促すことができる．第2は相互補完のメリットであり，各国の比較優位は，工業国と農業国，高度な工業製品と汎用製品，知識集約型産業と安価で豊富な労働力というように様々であり，地域統合により，各国の長所を生かした更に大きな相乗効果が期待できる．第3は，域内経済の安定化のメリットであり，通貨危機等の危機を，域内全体で予防・対処の枠組みを構築し，各国が経済・政策面での連携を強化することにより，グローバル経済の変動に強い域内経済構造を作り上げることができる．

鳩山総理（当時）は 2009 年 9 月の国連演説で「アジア太平洋地域に深くかかわらずして日本が発展する道はありません．「開かれた地域主義」の原則に立ちながら，安全保障上のリスクを減らし，経済的なダイナミズムを共有しあうことは，わが国にとってはもちろんのこと，地域にとっても国際社会にとっても大きな利益になるでしょう．FTA，金融，通貨，エネルギー，環境，災害救援など，できる分野から，協力し合えるパートナー同士が一歩一歩，協力を積み重ねることの延長線上に，東アジア共同体が姿を現すことを期待しています」と述べた．経済だけでなく安全保障，文化に至る多次元的な内容を含むアジアの経済統合を推進する上で，沖縄は歴史的，空間地理的優位性を活かして，先導的役割を担えると思われる．

3. アジアの経済統合と共通基盤（プロトコル）

(1) 経済統合と日本

　日本政府は 2010 年の APEC 横浜会議で，経済自由化，経済統合の判断を迫られ，結局，「緊密な共同体」の目標となる経済統合構想「アジア太平洋自由貿易圏（FTAAP）」は包括的な FTA として追求すべきだとする考えを明記し，その具体策として①ASEAN プラス 3（日本，中国，韓国）②ASEAN プラス 6（日中韓，オーストラリア，ニュージーランド，インド）③環太平洋戦略的経済連携協定（TPP：Trans-Pacific Partnership）－などの地域的な取り組みを基礎に FTAAP へと発展させる道筋を掲げた．

　また「強い共同体」を実現するため 2015 年までの成長戦略を策定．「安全な共同体」に向けて食料安全保障やテロ対策などを促進する考え方も示した．

　その基本方針は以下の通りである[1]．

（緊密な共同体）
　アジア太平洋経済協力（APEC）の中核的任務である貿易及び投資の自由化及び円滑化の作業を更に進めることを通じて，より強固でより深化した地域経済統合を促進することにより，地域における繁栄及び福祉のための強固な基盤を確立する．

（強い共同体）

　アジア太平洋地域が持続可能な成長を実現し，世界経済における経済的な活動及び前進のエンジンであり続けることができるよう，より質の高い成長を実現することを目的とする．APECのエコノミー内及びエコノミー間において均衡ある成長を推進するための政策が採用されるべきである．社会のあらゆる層，とりわけ，不利な状況にあり周辺に追いやられる可能性のある人々が，その潜在力を完全に発揮するための機会を提供されるべきである．経済成長及び環境の持続可能性は，総合的な方法で前進させるべきである．

（安全な共同体）

　開発目標の達成の必要性に留意し，人々が貧困，暴力，犯罪，疾病及び飢餓を恐れることなく生活し，自由に安心して経済活動に従事することができるより安全な経済環境を提供する地域共同体を構築することを目的とする．

（緊密な共同体への道筋）

　我々は，ボゴール目標が想定した，すべてのAPECエコノミーが自由で開かれた貿易及び投資を実現させることとなる2020年という目標年に向けて作業を行い，地域経済統合を更に推進する．

（強い共同体への道筋）

　地域における質の高い成長を促進する包括的かつ長期的な枠組を提供するため，APECとして初めての本格的な取組である「APEC首脳の成長戦略」を発表する．①均衡ある成長，②あまねく広がる成長，③持続可能な成長，④革新的成長，⑤安全な成長という5つの望ましい特性に焦点を当てつつ，2015年に向け，「成長戦略」を実施する．

（安全な共同体への道筋）

　地域全体において，人間の安全保障に係る基本精神を守護するとともに，すべての参加エコノミーに対し，地域経済を頓挫させ得る深刻な脅威を最小化し，それに備え，対応するための具体的な手段をとることにより，人間の安全保障を確保する共同の能力を向上するための取組を継続するようAPECメンバーに求める．

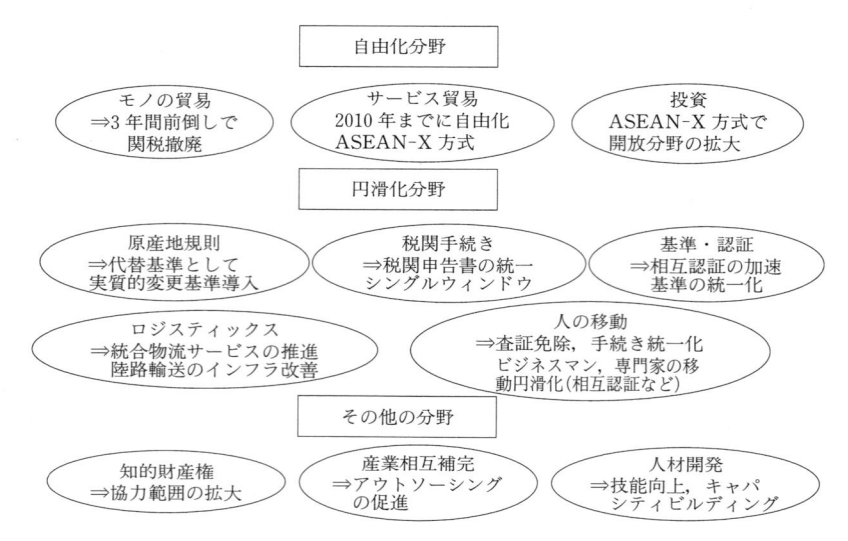

```
           ┌──────────────┐
           │  自由化分野   │
           └──────────────┘
  モノの貿易        サービス貿易         投資
  ⇒3年間前倒しで    2010年までに自由化   ASEAN-X方式で
    関税撤廃        ASEAN-X方式          開放分野の拡大

           ┌──────────────┐
           │  円滑化分野   │
           └──────────────┘
  原産地規則         税関手続き         基準・認証
  ⇒代替基準として    ⇒税関申告書の統一  ⇒相互認証の加速
    実質的変更基準導入  シングルウィンドウ  基準の統一化

  ロジスティックス             人の移動
  ⇒統合物流サービスの推進      ⇒査証免除，手続き統一化
    陸路輸送のインフラ改善        ビジネスマン，専門家の移
                                  動円滑化(相互認証など)

           ┌──────────────┐
           │  その他の分野  │
           └──────────────┘
  知的財産権         産業相互補完      人材開発
  ⇒協力範囲の拡大    ⇒アウトソーシング  ⇒技能向上，キャパ
                       の促進            シティビルディング
```

出所：日本貿易振興機構海外調査部「ASEAN経済共同体（AEC）の現状と事業環境の変化」2006年2月による．

図 5-1 経済統合の仕組みとロードマップ

(2) 経済統合と共通基盤（プロトコル）

　経済統合は，当該国の事情を斟酌しつつ，段階的に実現されていく．ここでは ASEAN 経済共同体の事例を基に，経済統合の仕組みとロードマップ（工程表）について概観しよう[2]．

　2003 年 10 月の ASEAN サミットでは，バリ協定 II の中で，2020 年までに ASEAN 経済共同体（AEC）を実現することが合意された．同協定によると，AEC は「ASEAN 経済統合の最終ゴールであり，モノ，サービス，投資の自由な流れ，資金のより自由な流れが実現され，平等に経済が発展し，貧困・社会的格差が縮小された地域で，安定，繁栄し，高い競争力を持つ地域」とされている．その具体的な実現方法としては，優先 11 分野を選び，これらの分野については，2010 年までに先行して共通基盤（プロトコル）を実現させることになった．これを受け，2004 年 11 月，ラオスのビエンチャンで開催された ASEAN サミットで，各国首脳により，「優先統合分野のための ASEAN 枠組み協定」が署名された．同協定には，11 分野の先行的統合のためのロードマ

ップが盛り込まれた．

　その中で沖縄に示唆を与える事例をみてみよう．

①航空分野統合のためのロードマップ
　ASEANにおける航空輸送サービスの完全な自由化を推進し，オープンスカイを達成するのが目標である．第9回ASEAN運輸相会議によって採用された「競争力のあるASEAN航空サービス政策」を基に，ASEAN航空輸送統合及び自由化における行動計画の全体的な政策目標が示されている．
　メンバー国はASEANにて計画された重要な航空輸送自由化を達成するために①空輸サービスの自由化，②乗客サービスの自由化に対応する．
　ASEANメンバー諸国は特定措置のために提言されたスケジュールの実行に対し柔軟に対応すべきである．自由化措置は航空輸送による乗客と貨物の両方の移動及び輸送に適用される．
　主な項目は以下の通りである．
　・空輸サービスの自由化
　・乗客サービスの自由化
　・ASEANサブ地域の指定された少なくとも各国2地点以上について，制限のない第3及び第4の自由運輸権による乗客サービスの自由化
　・ASEAN加盟国の各首都について，制限のない第3及び第4の自由運輸権によるASEAN規模の乗客サービスの自由化
　・完全な航空サービス自由化に向けた移行を容易にするための能力造成計画

②観光事業部門統合のためのロードマップ
　2003年10月のバリサミットにおいて，全ASEAN加盟国の観光分野は完全な統合を達成することが確認された．自由化，円滑化，及び促進措置を通して2010年までに観光分野の完全なる統合を確保するため，地域における統合努力を強化し，さらにASEANを1つの観光旅行目的地として促進するために観光分野の競争力を強化することも示された．
　・ASEAN観光基準を確立し，環境管理認証システム等に焦点を合わせ，ホテルの基準確立に取り組む．
　・観光分野のより自由な経済活動を実現するため，市場アクセスや内国民待

遇における制限を撤廃する．
- 中国，日本，韓国及びインドの主なマーケットを含めた，共同の観光事業パッケージを促進することによって，多様なASEAN観光名所を提供する．
- ASEAN観光遺跡の選定基準及びASEAN遺産賞を制定する．
- ASEAN域内をASEAN加盟国以外の旅行者が旅行する場合の簡易ビザを制定する．

③ヘルスケアー分野統合のためのロードマップ

ASEANは2010年を目標として，ヘルスケアーの分野統合を進める．
- ヘルスケアー事業を含めた投資促進を管轄する"ワンストップセンター"をASEAN各国に設置する．
- 医薬製品のラベル基準の統一化を図る．
- ASEAN市場おける製薬・医薬製品の統一したプレースメントシステムの導入可能性を探る．
- 欠陥及び危険のある製薬／医薬製品に対する販売開始後の警告システムを正式に発足させる．
- 伝統薬及び健康サプリメントの定義を統一し，ASEAN統一技術基準を設ける．

4．沖縄の発展方向

(1) 発展方向

人々を惹きつける沖縄の魅力つまりソフトパワーは，人口減少時代において，大きな可能性を持つ．この言葉は元々，ジョゼフ・ナイハーバード大教授が政治学で用いたもので「政策や文化，歴史，自然などにより人々を惹きつける魅力」を意味した．軍事力というハードパワーではなく，外交や文化の理解などのソフトで紛争解決や平和に導く考えである．日本を含むアジアの国々は魅力的なソフトパワーを秘めており，それがトヨタ，ホンダ，ソニーなどの世界ブランドのものづくりの力，明治維新の刷新力，第2次世界大戦からの再生力を生み出したと解し，そのソフトパワーこそが日本経済を再生させると説く[3]．

現在では発展論などの領域でも広義の意で多用されている．

　1990年代の「失われた日本」を抜本的に改革するために政府が諮問した「動け日本」[4]という小宮山宏東京大教授（当時）を委員長とするプロジェクトがあった．日本再生の切り札は実に明解である．先進国が更に発展するためには高次元のニーズに対応することが重要であり，具体的には世界一の「健康・長寿，安全・安心，快適・環境，教育水準」というニーズに対し各大学の研究成果を対応させれば新たなビジネスが生まれ，発展のフロンティアを切り拓くというロジックである．筆者は産官学の会議で直接，プレゼンを聞く機会があったがこれこそ沖縄のとるべき道と感じた．それらのニーズに対応できる能力が沖縄の自然，歴史，文化には内在しているからである．アジアのダイナミズムがうごめく中で，沖縄の優位性であるソフトパワーを梃子にして，アジアの中の沖縄としての発展が求められている．

(2)　アジアの中の沖縄：経済統合への優先的取り組み

　ASEAN経済共同体の経済統合の仕組みとロードマップ（工程表）事例を基に，沖縄が先んじて取り組むべき分野として以下の可能性を示したい．アジアの経済統合も不可避である．沖縄は経済統合の先行地域として共通基盤（プロトコル）を整備し，アジアの経済圏構築の役割を果たしつつ，自立経済への要素を優先的に取り組む必要がある．

1)　国際観光拠点

　アジアの成長と活力を日本に取り込み，新たな「創造と成長」を実現するために政府はアジアゲートウェイ構想[5]を打ち出した．人口減少の局面を迎えた日本にとって，更に「オープン」にし，アジアや世界の成長や活力を取り込まなければ，安定した経済成長の実現は困難となるからである．オープンなスタンスは，イノベーションの創造にも繋がる成長のカギとなる．同構想に盛り込まれた重点施策の①アジアの共通発展基盤の整備，②アジアの活力を取り込む地域戦略，③日本の魅力の向上・発信の拠点として沖縄を位置づけ，人を引きつける魅力（ソフトパワー）を内包した沖縄を国際観光拠点にすべきである．

　そのためには，空港の拡張，格安航空会社（LCC）の活用，アジアの観光客

とりわけ富裕層の引き込み戦略が重要となる．
①セカンダリー空港

　セカンダリー・エアポート（第2の空港）が欧米で注目を集めている．米国の「サウスウェスト」や英国の「イージージェット」，アイルランドの「ラインエア」などの格安航空会社が，メジャーで着陸料の高い空港を避けて，郊外のマイナーな空港を使って業績を上げている．

　発着の地域拡大や頻度の高まりに伴い，ハブ空港が混雑し，コミューター機等の中小型機の乗入れ制限があるという．周辺のローカル空港と補完しつつ，対応するセカンダリー空港（第2の空港）が活性化し注目を浴びている．現在，発着便数が国内第5位に甘んじている那覇空港もアジアのゲートウェイと位置づけ，香港，上海，仁川，シンガポール等のセカンダリー空港として，発展するシナリオが現実味を帯びてくる．アジアの那覇空港になればビジネスチャンスもさらに加速する．そのためには，那覇空港の滑走路の拡張と国際線ロビーの拡充が急務となる．

② LCC：Low Cost Carrier＝格安航空会社

　多くの LCC は，単一機材の使用，セカンダリー空港への就航，アウトソーシングの活用，Eチケット化等によりコスト削減を図るとともに，機材稼働率の向上，高いロードファクターの確保，職員の生産性向上等を行うことにより，フルサービスエアライン（FSA: full service airline＝既存の大手航空会社）に比べて圧倒的に低いユニットコストを実現している[6]．

　自由な競争環境の下で，欧米をはじめ世界各地で見られるように東アジアにおいても LCC が台頭している．LCC はもともと米国のサウスウェストが機内サービスの有料化や機材稼働率の向上などにより FSA よりも生産性を高め低運賃を実現した，新しいビジネスモデルである．日本でも茨城空港に中国から往復4,000円という超低価格の LCC が出現し，注目を集めた．

　LCC はオープンスカイを追い風に凄まじい市場浸透力により世界的にシェアを拡大している．米国のサウスウェスト，イージージェット（英国），ラインエア（アイルランド），エアアジア（マレーシア），エアコリア（韓国）等が世界を席巻しつつある LCC であり，沖縄にもビバマカオがチャーターで飛来したことがある．

有償旅客キロ
(10億人・キロ)

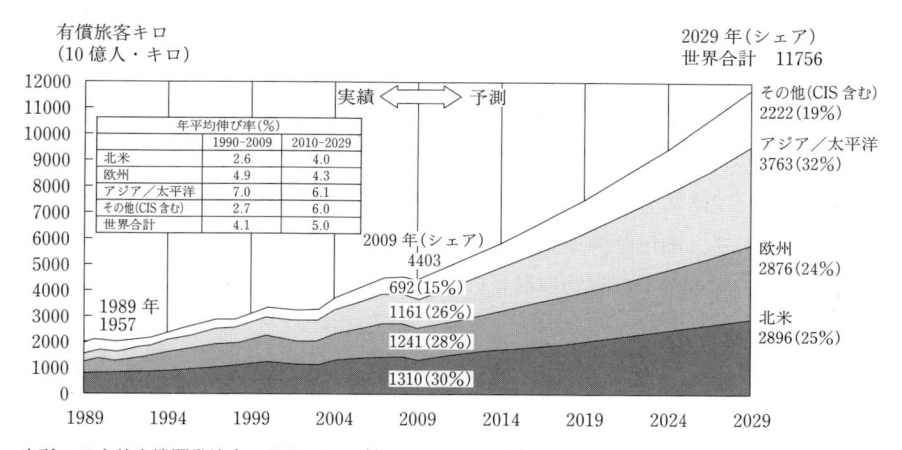

2029年(シェア)
世界合計 11756

年平均伸び率(%)		
	1990-2009	2010-2029
北米	2.6	4.0
欧州	4.9	4.3
アジア／太平洋	7.0	6.1
その他(CIS含む)	2.7	6.0
世界合計	4.1	5.0

実績 ⇔ 予測

2009年(シェア)
4403
692(15%)
1161(26%)
1241(28%)
1310(30%)

1989年
1957

その他(CIS含む) 2222(19%)
アジア／太平洋 3763(32%)
欧州 2876(24%)
北米 2896(25%)

出所：日本航空機開発協会のHP http://www.jadc.or.jp/jadcdata.htm による．

図5-2 世界の航空旅客予測

③アジアの航空需要

すでに中国のGDPは日本を追い越している．アジア諸国の経済が，リーマン・ショック後の大不況から回復し，成長に伴い人，もの，金の流れも拡大している．さらに航空協定の規制を撤廃し自由化するオープンスカイ政策がアメリカをはじめEU諸国，そして日本を含めたアジアの国々などで展開されていることもありアジアの航空需要が増大している．

日本航空機開発協会の世界の航空旅客予測[7]によるとアジア・太平洋は1990-2009年の平均伸び率は7%で2010-29は6.1%となり，いずれも最も高くなっている．シェアも26%から32%へと伸び，北米を追い抜いて最も高くなっている．

④那覇空港の課題

那覇空港の国内線，国際線を合わせた航空旅客数（2010年度）は1,406万人で，航空機年間発着回数は，我が国の空港では，5番目に多い回数となっている．那覇空港技術検討委員会の需要予測[8]（1-1）によると，2015年度には1,678〜1,773万人，2020年度では1,749〜1,896万人，2030年度では1,883〜2,123万人となるという．国内線，国際線を合わせた航空貨物量（2010年度）は27.6万トンであるが，2015年度には約28.2〜31.8万トン，2020年度では

29.8～35.4万トン，2030年度では32.5～43.1万トンとなるという．更に，ANAの物流拠点構想に伴う計画貨物量（40万トン）を考慮すると，2015年度には56.1～59.7万トン，2020年度では57.8～63.4万トン，2030年度では60.4～71.1万トンの見込みである．

　観光客やビジネス客などのほとんどは空路により沖縄を訪問しているため，増加傾向にある．羽田路線や関西空港の旅客数が特に多くなっている．

　那覇空港の旅客および貨物取扱量の増加する中，現在以下のような課題に直面している[9]．

(a) 夏場の観光シーズンや年末年始などには航空便の予約がとりにくくなっている．
(b) 昼間特定の時間に便が集中する特性がある．
(c) 出発と到着の航空便が渋滞し出発や到着遅れが発生している．
(d) 滑走路が1本であるため，事故や整備の時に余裕がない等の様々な制約がある．
(e) 現国際線旅客ターミナルビルの利便性向上には限界がある．
(f) 貨物施設は現ターミナル地域内での機能向上が困難である．

　夏季ピーク時には航空券が購入できず，17万人が沖縄訪問を取りやめている．沖縄県の予測によると，将来増便ができない場合，2015年頃には年間19～43万人（ケース4～ケース1）が沖縄県を訪問できないという状況になると予想される．沖縄訪問ができなくなることによる県経済の年間の損失を試算すると，190億円に上っており，2015年にはさらに拡大し220～490億円になると予想される．

⑤アジアの富裕層観光客の開拓

　観光はこれまで沖縄経済を牽引してきており，これからもリーディングセクターであり続けると思われる．しかし，「量」の追求はいずれ沖縄のキャパシティの壁にぶつかると予想されており，「質」への転換が迫られている．

　沖縄の観光客数は昭和52年には約120万人だったのが，毎年増加を続け，2008年には約604万と約5倍の増加を遂げている．2001年の世界同時多発テロの発生によりわずかに減少した以外は増大しており，沖縄観光の力強さが窺え，今後も増大することが予想される．

(単位：人，百万)

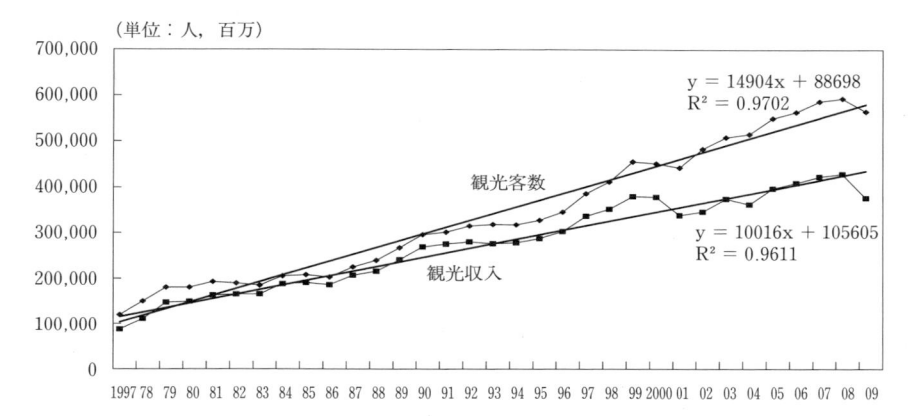

$y = 14904x + 88698$
$R^2 = 0.9702$

観光客数

$y = 10016x + 105605$
$R^2 = 0.9611$

観光収入

1997 78 79 80 81 82 83 84 85 86 87 88 89 90 91 92 93 94 95 96 97 98 99 2000 01 02 03 04 05 06 07 08 09

出所：沖縄県観光商工部 HP．
http://www3.pref.okinawa.jp/site/view/cateview.jsp?cateid＝233 より筆者作成．

図5-1　観光客数と観光収入

しかしながら，観光客数と観光収入には乖離がみられる．1次関数の回帰を行うと観光客数の傾きより観光収入のそれが低く，1人当たり観光消費が減少している．これは薄利多売方式であり，これからは量から質に転換して，付加価値の高い観光に転換すべきである．

もうひとつの特徴は世界の観光地に比べて沖縄の外国観光客は極端に少なく，国際観光拠点とは言い難いことである．沖縄観光入域者（2010年）約572万人の内，台湾を主とする海外観光客が約28万人で約4.9％しか占めていない．

なぜ極端に外国客が少ないのであろうか．その理由はまず，増大する国内観光客に支えられ，エージェントが半年前から予約を入れるなど，県内観光関連業者が安定した国内首都圏需要一極に依存した構図がある．しかし，その多くは沖縄3日間2万9,000円（航空券，宿泊付）の商品が出される例に見られるように薄利多売路線である．次に外国観光客の経常的な維持ができるかに不安があるからであろう．

アジアの観光需要に目を背けては時代に取り残される．日本の人口減少はいずれ沖縄の観光客にも影響を及ぼす．名実共に国際拠点となり多極依存に転換するためにもアジアの観光需要開拓とりわけ富裕層の開拓が必要である．

中国，台湾，韓国，シンガポール等にはスーパーリッチと呼ばれる富裕層が

存在しており，その市場を開拓する必要がある．

　観光産業の「量から質」への転換が必要である．世界の富裕層に関する報告[10]によると100万ドル以上の個人資産を持つ富裕層HNWI: High Net Worth Individualは，世界で870万人おり総額33.3兆ドル（2005年）に上るという．アジア太平洋地域は総額で世界の9.3%を占め，2010年には14.5%に拡大すると予測されている．人数では240万で，日本が146万6,000人で最も多く，次いで中国，韓国，インド，香港の順となっている．しかし，2005年の増加率では韓国が21.3%と最も大きく，次いでインド，インドネシア，香港の順となっており，発展途上国を含めてアジアの富裕層が拡大している．

　富裕層が求めるのは高次元のニーズであり，観光も含まれている．観光は単なる物見遊山ではなく，安全・安心，快適・環境，健康・長寿などがキーワードとなっている．

　沖縄の自然，歴史，文化には人々を魅せ，惹きつけるソフトパワーが内在しており，富裕層の観光客のニーズに十分対応できる素地がある．

　沖縄を名実共に国際観光の拠点にし，沖縄観光の本領を発揮し自立経済に結び付けるためにもアジアの富裕層の開拓は重要であると思われる．

⑥国際観光客の経済効果

　2009年の沖縄県の観光収入3,778億3,200万円の経済効果を計測すると生産誘発額が6,344億9,400万円となり付加価値誘発額が3,503億6,900円，就業誘発は9万6,733人となる．これは，内外観光客は等しく一人あたり観光消費が6万6,403円であることを前提にしている．

　国際観光振興機構の資料[11]の1人あたり外国観光客の消費24万8,110円を基に外国人観光客24万6,200人（2009年）の経済効果を計測すると，生産誘発額が1,025億8,000万円となり付加価値誘発額が566億4,500円，就業誘発は1万5,639人となる（ケース1）．さらに，沖縄県は外国人観光客目標を100万人としているが，その半分の50万人の場合（1人あたり外国観光客の消費24万8,110円はそのまま）を推計してみると，生産誘発額が2,023億円となり付加価値誘発額が1,118億4,600円，就業誘発は3万902人となる（ケース2）．

　ケース1では県内総生産を1.547%押し上げ（2007年の県内総生産を基

表 5-1　外国人観光伽の経済効果

	生産誘発額 (百万円)	付加価値増加額 (百万円)	県内総生産 押し上げ率(%) (2007年の県内総生産 3兆6620億2000万円 を基準)	就業者増加(人)	失業率(%)の変化 2010年9月の 8%を基に計測
ケース1	102,580	56,645	1.547	15,639	5.700
ケース2	202,300	111,846	3.054	30,902	3.432

出所：沖縄県産業連関表（2005年）を基に筆者が計測．

準），2010年9月の失業率8%を5.7%に押し下げる．ケース2では県内総生産を3.054%押し上げ，失業率を，3.432%に押し下げることになる．

沖縄県の振興審議会で，地元旅行社の重役の発言によると，中国の経済成長が著しく，中間層まで浸透し，近い将来沖縄県の掲げる観光目標1,000万人を超える2,000万，3,000万人の中国人観光客が押しかけることもあり得るという．むしろ，これからは環境保護の立場からも観光入境税等による制御も考えねばならない．

2) 医療特区

内閣府沖縄総合事務局は沖縄地域産業ビジョンの中で強化すべき産業分野としてウェルネス産業を挙げ，健康サービス産業を推進している．

健康志向が国内外を問わずに広がりをみせており，特に富裕層など消費性向が高いマーケットでは健康に対する意識も高い．また，沖縄地域では，バイオ産業の集積が進みつつあり，研究機関も充実してきた．沖縄地域が持つ独自の生物資源（在来野菜，薬草等），長寿の島としてのブランド力や温暖な気候などの優位性を考えれば，健康サービス産業・健康バイオ産業を包括した「沖縄ウェルネス産業」のポテンシャルは高い．

また，沖縄は，医師，看護師，理学療法士，作業療法士，言語聴覚士等の数が全国平均よりも多い．引き続き，着実な人材育成に取り組むことにより，県民に対する医療サービスの質を低下させることなく，域外から沖縄に来訪する患者等に対するサービスの供給を増大することは，十分可能であると考えられる．

琉球医療ルネッサンス研究会は沖縄総合事務局の「産業クラスター計画」の

表 5-2 外国人観光の経済効果（ケース 1, ケース 2）

	1人あたり消費額 ケース 1 248,110 円				1人あたり消費額 ケース 2 248,110 円 外国人 50 万人		
	生産誘発額（百万円）	付加価値誘発額（百万円）	就業誘発者数（人）		生産誘発額（百万円）	付加価値誘発額（百万円）	就業誘発者数（人）
農業	914	452	364	農業	1,742	860	693
林業	8	6	1	林業	12	10	1
漁業	141	79	23	漁業	276	155	45
鉱業	102	43	3	鉱業	202	84	7
食料品・たばこ・飲料	3,325	1,082	200	食料品・たばこ・飲料	6,211	2,021	375
繊維製品	136	44	42	繊維製品	71	23	22
製材・木製品・家具	53	19	7	製材・木製品・家具	90	32	12
パルプ・紙・紙加工品	145	48	9	パルプ・紙・紙加工品	263	86	17
化学製品	84	33	8	化学製品	58	23	6
石油製品・石炭製品	1,291	270	2	石油製品・石炭製品	2,554	535	5
窯業・土石製品	159	65	10	窯業・土石製品	308	125	20
鉄鋼	54	12	1	鉄鋼	83	18	1
非鉄金属	12	2	1	非鉄金属	17	3	2
金属製品	118	44	10	金属製品	215	80	18
一般機械	3	1	0	一般機械	4	1	0
電気機械	197	66	22	電気機械	15	5	2
輸送機械	118	35	1	輸送機械	113	34	1
精密機械	26	9	3	精密機械	7	3	1
その他の製造工業製品	478	232	55	その他の製造工業製品	763	370	88
建築及び補修	561	257	57	建築及び補修	1,109	509	113
土木建設	0	0	0	土木建設	0	0	0
電気・ガス・熱供給	2,350	796	30	電気・ガス・熱供給	4,656	1,578	60
水道・廃棄物処理	1,392	825	72	水道・廃棄物処理	2,794	1,654	145
商業	22,137	14,713	4,820	商業	43,215	28,723	9,410
金融・保険	5,146	3,215	210	金融・保険	10,175	6,356	415
不動産	3,084	2,603	64	不動産	6,121	5,168	128
運輸	9,406	4,437	543	運輸	18,754	8,847	1,082
情報通信	2,278	1,337	165	情報通信	4,265	2,503	309
公務	453	270	37	公務	911	543	75
教育・研究	1,167	970	166	教育・研究	2,195	1,825	312
医療・保健・社会保障・介護	1,399	824	140	医療・保健・社会保障・介護	2,841	1,674	284
その他の公共サービス	578	367	100	その他の公共サービス	1,145	726	199
対事業所サービス	4,031	2,379	631	対事業所サービス	7,816	4,614	1,223
対個人サービス	39,393	21,386	7,323	対個人サービス	79,603	43,215	14,797
その他	1,840	-277	516	その他	3,697	-557	1,036
合計	102,580	56,645	15,639	合計	202,300	111,846	30,902

出所：沖縄県産業連関表（2005年）を基に筆者が計測．

一環として，医療関連サービスの優位性を示している．「日本医療は医薬品や医療機器の認可が遅く，実は世界的に遅れているが長寿で有名な沖縄で，世界最先端の医療技術を提供できる医療特区を設置したらどうか」と提案している．さらに西洋医療と鍼灸，漢方，食事（薬膳），ハーブ，アロマセラピー，サプリメント，マッサージ等の東洋医療と組み合わせた相補・代替医療（CAM: Complementary and Alternative Medicine）が提案された．これらは予防やライフスタイルの改善に主眼を置いており，現代のストレス社会に対応できる．

中国の富裕層が日本で人間ドックを受け，同時に観光も楽しむという観光商品も登場している．人工透析さらに義肢の注文等，日本の安全，安心な医療サービスと観光，保養を組み合わせた観光商品が登場してきている．ASEAN経済共同体の事例を基に外国人医師の医療行為を可能とすることも含めて，西洋と東洋の複合医療の自由化を優先的に沖縄で展開し，加えて新成長戦略の柱として政府が示した設備投資額の一部を法人税の控除，研究開発費の控除限度額を拡大等の優遇税制も組み込んで高度医療の提供地として，沖縄の医療特区を検討し，アジアの医療センターの構築を目指すべきである．

3) 中国との歴史的関係性

かつて中国からの閩人三十六姓の帰化人がビューロクラート，テクノクラートとして琉球王朝を支えたと言われる．今こそ中国との歴史的関係性（チャイナ・コネクション）を蘇生させれば沸騰する中国のみならず華僑の存在するアジアのダイナミズムにビルト・インできる．さらに沖縄は戦禍を経験し，中国，台湾，アジア等との歴史的関係があり，政治のバッファーとして国際紛争の調整センターにすることにより，国家の枠組みを超えて安全と経済発展に寄与できる．

東シナ海の天然ガス，石油の資源をめぐって中国と日本に確執があり，共同開発の合意には未だ至っていない．しかし，国家の枠組みを超えた特別なエリアとして調整センターが機能すれば共同開発の可能性も見えてくる．中国のエネルギー確保は高成長維持のために喫緊の課題となっており，日中両国にとって時間的にも経済的にも両得になるからである．現在日本では構造改革の一環として道州制が議論されており，従前の国家の枠組みを超えた地域にすれば国

家間の摩擦を減じることができる．

　中国との歴史的関係性が蘇生できるのであれば，華僑をはじめ世界に張り巡らされた中国ネットワークに参画し，ビジネスにも参加できよう．日本であり日本でないという沖縄の「多様性」と歴史的，地理的「近接性」がビジネスの発火点になりうる．

4）　国際貨物ハブ空港の展開

　全日本空輸（ANA）の国際貨物便が那覇空港に就航し，那覇空港をアジアの貨物ハブ（拠点）に位置付けた国際物流拠点が2009年に実質的にスタートした．

　国内外の主要8空港に路線を開設．各地から那覇への貨物便が深夜に到着，荷物を積み替えて早朝に離陸し，海外への翌朝配送が実現した．政府のアジアゲートウェイ構想に呼応し，自立発展とアジア・太平洋地域の発展に寄与するために県も重要な施策として取り組んできた．物流ネットワークの充実によって県産品の販路拡大，物流関連産業の集積による雇用増大が期待されるからである．那覇空港の国際貨物取扱量は，ANAの国際貨物ハブ事業が始まる前と比較すると約80倍（月約1万3,000トン）に増え，成田，関空に次ぐ国内3

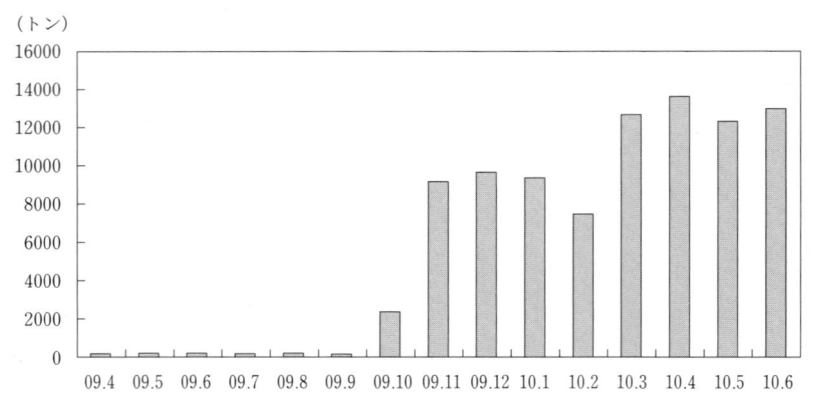

出所：立法と調査 2010.12　No.311 松本英樹「アジアの国際物流拠点形成を目指す沖縄～那覇空港で始まる国際貨物ハブ事業～」参議院　第一特別調査室による．

図 5-4　那覇空港の貨物取扱量

位の取扱高までに至ったという[12].

5) ビジネスの顕在化

　アジアとのネットワークの拡充は，観光や運輸関連だけでなく，各方面のビジネスを顕在化させる．マーケッティングにロングテール効果というのがある．それは従来，死に筋として切り捨てられていた商品をインターネット等により，販路を確保し，隙間商品として多品種少量販売によって売り上げ，利益を得る効果を意味する．縦軸に販売数量，横軸に商品を販売数量の多い順に並べたグラフを描いた際に，販売数量の少ない商品を示す部分が長く伸びるさまをロングテール（長い尻尾）に見立てた呼び名である．ネット販売は，世界中の顧客と広い売り場スペースを確保でき，在庫費用もほとんど入らない．数年に1回しか売れないような商品であっても，データベース上に登録しておけば整理する必要はなく，長期的に売り上げを伸ばすことができる．

　しかし，このようなネット販売も結果として画像や音楽等の配信を除き，モノの配送が必要である．最近の物流プロセスは，国際標準の商品コードや事業所コードの情報を自動的に交換するEDI（電子データ交換）や，携帯端末等で容易に必要な情報の入手を可能とする電子タグの導入等により，高度化が進んでいる．航空便をはじめとする流通網の拡充は市場の拡大を意味し，ビジネスの顕在化を高める．

　総合物流施策大綱（2005-2009）[13]では，今後推進すべき物流として「グリーン物流など効率的で環境にやさしい物流の実現」「安全・安心を支える物流システムの実現」が謳われている．貨物ハブはこれまで市場や販路の制約で埋もれていた地域の光る商品をビジネスの俎上に上げる．離島フェアでは，好評な健康・長寿に関連した島の特産品が多く展示される．中国やアジア諸国では高所得者層を中心に，安全安心な商品へのニーズが高まっている．沖縄の健康長寿，安全安心のキーワードを活かした高付加価値の商品が海外に展開できるようになる．

　アジアのダイナミズムがうごめく今，那覇空港の国際ハブ空港としての機能は観光，運輸ひいては地場産業の振興を推進し，現代の「万国津梁の邦」の実現に繋がる．

5. 結びに代えて

　沖縄は中国をはじめアジアとの歴史的関係性があり，現在においても地政学的な優位性を持っている．沖縄は経済統合の先行地域として，共通基盤（プロトコル）を整備して，その中で相互の比較優位を詳細に検討し，有効な補完関係を見出し，相互利益の仕組みを構築する拠点となりうる．国際観光拠点，アジアのセカンダリー空港，国際医療拠点等がそのキーワードである．これらを現行の構造特区の枠を超えた新たな概念のアジアの経済統合の先行プロトコルとしての新たなコンセプトの「特区」として検討すべきである．
　これらを沖縄21世紀ビジョンに盛り込まれた将来像「世界に開かれた交流と共生の島」を基に，2012年度よりスタートする新たな沖縄振興計画に成長のエンジンの一環として盛り込み，自立経済に繋げる必要がある．
　無論，農業については，当面ローカル・ルールをつくり，保護し，その中で比較優位のある農業の促進と並行して進めるべきである．
　沖縄はソフトパワーとアジアとの歴史的関係性，地政学的優位性を活かし，「アジアの沖縄」として発展できる．

注
1) 第18回APEC首脳会議「横浜ビジョン～ボゴール，そしてボゴールを超えて」首脳宣言　2010年11月13日～14日．http://www.mofa.go.jp/mofaj/gaiko/apec/2010/docs/aelmdeclaration2010_jks.pdf#search
2) 日本貿易振興機構海外調査部「ASEAN経済共同体（AEC）の現状と事業環境の変化」2006年2月．
3) 日本経済新聞 2004年1月6日．
4) 動け日本タスクフォース編（2003）．
5) 首相官邸，アジアゲートウェイ戦略会議HP．
6) 髙橋（2005）29ページ．
7) 日本航空機開発協会のHP　http://www.jadc.or.jp/jadcdata.htm による．
8) 内閣府沖縄総合事務局那覇空港技術検討委員会「航空需要予測の精査」平成20年9月22日．
9) 那覇空港調査連絡調整会議（2006）「那覇空港の調査報告書2」．
10) World Wealth Report 10th Anniversary 1997-2006, Capgemini Merrill Lynch.
11) JNTO（国際観光振興機構）－訪日外国人旅行の経済波及効果を試算－平成19年6

月15日.
12) 立法と調査 2010.12　No. 311 松本英樹「アジアの国際物流拠点形成を目指す沖縄～那覇空港で始まる国際貨物ハブ事業～」参議院　第一特別調査室，90ページ.
13) 総合物流施策大綱（2005-2009）平成17年11月15日閣議決定．http://www.mlit.go.jp/kisha/kisha05/15/151114/01.pdf

参考文献

ANA総合研究所「〈セカンダリー空港って何?〉茨城空港研究マガジン」2009年1月29日.
沖縄21世紀ビジョン http://www.pref.okinawa.jp/21vision/index.html
国土交通省航空局「平成18年度　諸外国における国際拠点空港等の実態把握調査報告書」平成19年3月.
国土交通省航空局「我が国の航空の現状と課題について」平成15年5月23日.
国土交通省「航空需要予測について」http://www.mlit.go.jp/singikai/koutusin/koku/07_9/01.pdf#search='航空需要予測について'.
財団法人統計研究会（2007）「首都圏空港の整備利用に関する検討調査報告書」.
『JNTO訪日外客訪問地調査2009』報告書概要，平成22年7月15日.
高橋広治（2006）「東アジア航空市場とローコストキャリアの将来像」国土交通政策研究第74号，28-61ページ.
富川盛武編著『沖縄の発展とソフトパワー』沖縄タイムス社，2009年.
内閣府沖縄総合事務局経済産業部「沖縄地域経済産業ビジョン―中間報告―」平成22年3月31日.
那覇空港調査連絡調整会議（2005年）「那覇空港の調査報告書」.
那覇空港調査連絡調整会議（2006年）「那覇空港の調査報告書　2」.
動け！日本タスクフォース編（2003年）『動け！日本―イノベーションで変わる生活・産業・地域』日経BP社.

第 II 部　地域における産業振興

鹿児島市街と錦江湾，桜島
(写真提供：鹿児島国際大学)

第6章
ネットワーク・観光と地域づくり

松本源太郎

【本章のキーワード】
　　　観光の経済効果，地域経済と観光，北海道における観光の産業連関，
　　　交流とネットワーク，社会関係資本，観光の担い手，クリエイティ
　　　ブ・クラス

1. はじめに

　観光産業の振興を核とした地域づくりへの関心と期待が高まっている．とくに，雇用や投資への期待が大きい．世界的には，大規模観光地を開発しツーリズムで高い成果を上げているスペインのようなよい例がある．スペインの外国人旅行受入数はフランスに次ぐヨーロッパ第2位，国際旅行収入はヨーロッパ1位で，国際旅行収支についてみると旅行受入数世界1位のアメリカを大きく上回り380億ドル超である（2007年数値）[1]．産業革命発祥の地で，世界初の団体ツアーを企画・実施したトーマスクック社のあるイギリスは，海外旅行が盛んであると同時に外国人観光客の in bound も世界有数であり，観光産業を戦略的に重視した地域政策を展開している．
　世界的には，観光産業は成長性が高く関連する経済効果の裾野が広い産業であるとの認識が高まっており，WTO（世界観光機関：World Tourism Organization）では国際基準を設けて観光の効果を統計的に計測している．その基準がTSA（ツーリズム・サテライト・アカウント：Tourism Satellite Account）である．わが国でも国土交通省がそのマニュアルである「TSA Recommended Methodological Framework」により，2000年度から「旅行・観光消費の

観光産業の経済効果に関する調査研究」を実施してきた.

　この調査の大きな特徴は，観光産業の経済効果を「産業連関分析」により測るという方法である．観光産業は従来の産業区分とは異なり包括的なビジネスであるから，その経済効果を計測するための産業・業種の分類が不可欠となる．わが国全体ではこのような計測の実績が積み重ねられているが，地域についてはまだこの手法が普及していない．人気を博した観光イベントを持ち上げ，地域の観光の経済効果を過大に見積もるリスクもある．観光ビジネスを支える商業・金融業等の幅広い産業の基盤が脆弱な地域では，観光の経済効果を客観的に計測し地域独自の戦略を考える必要がある．

　また，観光ビジネスに期待するということは観光客「入超」への期待が通例であるが，有数の外国人入り込み数を誇り観光ビジネスが盛んなイギリスでは「出超」であることの意味は大きい．他地域から資本・カネを流入させ，地域の雇用を確保しようという発想は，従来の工場誘致による地域活性化と通ずるものがあり疑問なしとしない．観光により地域を活性化する，という意気込みはもっともであるが，それよりも本稿では，地域のネットワークを拡げて交流人口を増やすことの意義を重視したい．観光を通じたネットワークは社会関係資本の観点からも住みよい地域社会を作るのではないか，と考えるからである．

2. 観光と地域の発展

(1) 旅行・観光の動向

　わが国経済の成熟化は知識集約型産業の発展を促し，商品の高付加価値化を求めている．産業構造からみて就業者がサービス生産へ移動しているだけではない．職業構造も大きく変化しており，専門的技術的職業従事者が増加している一方で，生産現場で働く単純作業従事者や事務従事者，販売従事者が減少することが予想されている．また，国民が「物の豊かさ」よりも「心の豊かさ」を重視する傾向がますますはっきりしており，旅行・観光をはじめとする余暇活動への参加希望は根強い．同時に，地域（隣近所）における「つながり」を求める意識も高く，地域の様々な活動に参加したいという希望が強くなっている．旅行においても，従来の物見遊山や観楓会のようなタイプから「癒し」を

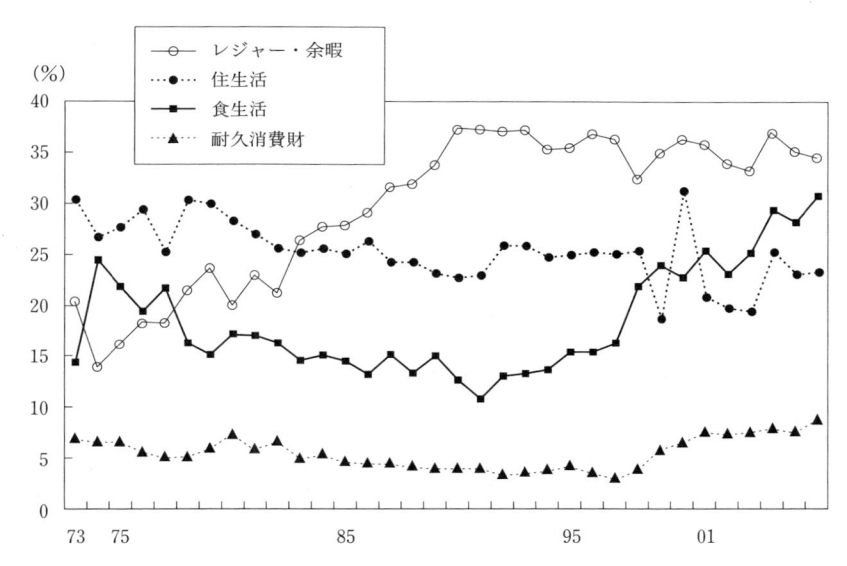

注:「観光白書」より筆者作成. 98年度および2000年度数値はない. 99年度までは単数回答.
01年度以降は複数回答で聞いており, 以前との比較はできない.

図 6-1　今後の生活の力点

求めるタイプが強まり, 参加型の旅行希望が増加している.

　内閣府調査「国民生活に関する世論調査」によれば, 国民が希望する「今後の生活の力点」は「レジャー・余暇」が第1位で, 他の分野を大きく引き離している. この調査では, 生活の力点を「レジャー・余暇」「住生活」「食生活」「耐久消費財」の4分野に分けている. 1980年代半ばまでは「住生活」が第1位を占めてきた. 70年代には「食生活」が第2位,「レジャー・余暇」は第3位で推移してきた. しかし, 70年代後半から「レジャー・余暇」の希望が上昇し「食生活」を抜き第2位に, 84年には第1位となり, その傾向はますます顕著となっている (図6-1参照).

　1977年以来発行されている「レジャー白書」((財)社会経済生産性本部) には, 2006年の余暇活動の「参加希望率」と参加人口それぞれ上位20位が掲載されている. やりたい余暇活動は, 国内観光旅行, 外食 (日常的なものを除く), ドライブと続き, 実際の参加人口順位は外食 (日常的なものを除く), 国

内観光旅行,ドライブと続く.旅行・観光活動は国民の第1位の希望ではあるが,経済情勢や労働環境がそれを許さない,ということであろうか.「レジャー白書」によれば,希望する余暇活動に参加できなかった理由の1,2位に所得の伸び悩み,年次有給休暇の取得率が低下し自由時間の確保が困難なこと,があげられている.旅行・観光の潜在需要はなお大きいのである.

(2) 観光産業の地位と経済効果

国土交通省「観光白書」によれば,2008年度の国民の平均宿泊旅行(観光・商用・帰省等を含む)は1.55回,宿泊数は2.44泊と低迷したままである[2].その一方,旅行・観光消費のわが国経済活動に及ぼす効果は上昇している.国内での旅行・観光消費の総額は,2000年度が22兆6,000億円,2003年度が23兆7,540億円,2006年度が23兆5,370億円,そして2008年度が23兆6,000億円である.その内訳は,宿泊旅行が15.6兆円(前年比2.0%増),日帰り旅行が4.9兆円(0.5%減),訪日外国人旅行者の国内消費額が1.3兆円(10.1%減),それに関連支出である.重要なのはこの直接的消費支出が経済全体に及ぼす波及効果である.旅行・観光消費による直接的効果は横ばいであるものの,産業連関を通じた波及効果による生産・所得・雇用の国民経済に占めるウエイトが増している.

表6-1 旅行・観光産業の地位(直接効果)(2006年度)(%)

	産業間の付加価値比較(対GDP)		産業間の雇用者数比較
	全国	北海道	全国
旅行・観光	2.4	5.9	3.6
農林水産業	1.3	5.5	5.9
食料品	2.4	4.1	2.4
一般機械	2.0	0.3	2.0
輸送用機械	2.8	0.5	1.7

出所:全国データは国土交通省「平成18年版観光白書」による.北海道のデータは,「北海道観光の概要」および「産業連関表(52部門)」より算出.

旅行・観光消費は,「旅行前消費+旅行中消費+旅行後消費」=[地域外需要+地域内需用]であり,旅行前・後の消費がいわゆる関連消費である.旅行用カバン等を含めた「旅行関連支出」はレジャー・余暇に関する支出である「家計自由時間関連支出」の17%超を占め,全家計消費支出に占める割合は3.5%前後で推移している.観光地で支出される地域内需要は旅行中消費であるが,それ以外の関連消費額も意外に

大きいのである.

　国内で支出される観光消費は，旅行・観光関連の財・サービスの購入でいわば「直接効果」である．この直接効果に比して生産波及効果は，03年度：2.26倍，05年度：2.33倍と増加している．2006年度の国内旅行消費額の直接生み出す付加価値（所得）は11.9兆円であるが，産業の連関を通じて作り出した付加価値合計額は28.3兆円と2.38倍に膨らむ（日本経済全体の5.6%，2006年数値）．そのプロセスで雇用が直接効果の215万人から442万人へと2.06倍へ（同6.9%），税収も2.0兆円から5.0兆円へと2.5倍も増加することになる（同5.3%）．そのような推計結果により，他の産業と比較してわが国における旅行・観光産業のウエイトが大きいことが認識できる（表6-1参照．表では直接効果のみ計上）．

　われわれが地域の経済に与える観光の影響を考える場合，往々にして入り込み数，宿泊数，地元商店の売上高など，旅行者の直接的影響に焦点を当てがちである．これは当然であるが，観光客が訪れた観光地以外で消費される「旅行前後」の消費支出割合が18%にも及ぶのに，他方，観光地の直接的収入となる宿泊費と飲食費の割合はそれぞれ14.4%と9.7%にすぎない（国土交通省「旅行・観光産業の経済効果に関する調査研究」2008年度調査）．地域における観光の経済効果を考える場合は，観光消費の影響をもっと産業連関的に広く捉えることが必要になる[3]．

(3) スペイン・イギリスにおける観光の経済効果

　「はじめに」で述べたように，スペインは戦後急速に観光大国となった例であり，世界初の団体旅行発祥の地イギリスは旅行・観光の国際収入・支出世界ランクで常に上位にあり，収支がマイナスという意味でも観光大国である．多少データは古いが，旅行・観光の経済効果を確認するためにこれらの事例を概観しておこう[4]．

　スペイン観光の特長は何といってもその急速な成長であり，国内旅行者はもとより外国のミドルクラスやそれ以下の階層の来訪者が増加したことである．スペインの物価が安く労働力が豊富だったこともあるが，金融や海外におけるプロモーションなど政府の政策が大きく貢献した．観光客は1955年の2.5百

万人から85年の43.2百万人，90年の52.0百万人，95年の63.2百万人へと急増した．フランコ独裁政権の誕生もツーリズムの成長にはあまり影響しなかった，といわれる．この40年間，ツーリズムはスペイン経済に大いに貢献しておりGDPの12%にも達し，外貨獲得に貢献している．

　スペイン観光の魅力は，太陽と海浜であるといわれるが，海外からの観光客のおよそ50%がドイツ，フランス，イギリスからである．ツーリズムに関連した国内および海外からの不動産投資が大きく，総固定資本形成の10%にものぼったことがある．ツーリズムの直接間接の雇用効果はまことに大きく，60年代に顕著であった海外への出稼ぎが止んだほどだといわれる．1960年代半ばでツーリズムによる雇用は約50万人，1975年で100万人，94年では就業者の9.5%，1,116千人である（直接雇用が664千人，間接雇用が452千人）．スペインの総人口が約44百万人であることを考えれば，同国経済におけるツーリズムのウエイトの大きさがわかる．

　ホテルやレストランは産業間結合が強く，産業連関分析によれば，各地域で強い経済的影響力を持つことがわかっている．カタルーニャ州のジローナ（ヘローナ）県では60年～91年で人口が2.8倍強，マヨルカ島のあるバレアルス諸島では1.6倍，コスタ・デル・ソルのあるマラガ県では1.5倍に増加した．ホテルおよびレストランの雇用比率もそれぞれの地域で12.5%，29.4%，11.5%と，観光産業の発展が地域の発展に大きく寄与している．

　一方，イギリスの国際旅行収入ランキングは，アメリカ，スペイン，フランス，イタリアに次ぐ第5位であり（377億ドル），国際支出ランキングは第3位である（723億ドル，2007年数値．「観光白書」より）．イギリスにおけるツーリズムは1977年にGDPの3.1%だったものが97年には4%にもなる．イギリスのinvisible exportの8%，輸出総額の4%にのぼる（1994年数値）．

　1974年から84年の間で観光による雇用創出は1百万人から1.2百万人に増加したと推計されている．雇用創出はさらに進み，1990年から96年まで3%の率で成長し，1995年には観光産業関連の雇用が1.5百万人と推定されている．また，観光産業における雇用の特長は，第1に労働集約的なこと，第2に地域経済にとって大きな乗数効果があること，があげられている．スペインの場合と同様である．

労働者に1週間の有給休暇を与えるという1935年のHoliday Pay Actは，最初の国内ツーリズム刺激策である．戦後この法律の休暇期間は2週間へ，さらに3週間へと拡張され，1950年代には海浜での休暇が国民的行事となった．1980年まで労働者の20％が4週間の休暇を楽しみ，55％が5週間の休暇を取るようになった．1995年までには5週間の有給休暇が増加し，国民の10％が6週間の有給休暇を取っている．ツーリズム産業の発展には国民の休暇を促進する法的整備が欠かせないのである．

　また，1〜3泊のショート・ブレイク（short break）とビジネス旅行が増加している．ショート・ブレイクの支出は1976年からの10年間で106％増加し，非商業施設の宿泊が増加し，中年の旅行が増加しており，ツーリズムが雇用創出に果たす役割が大きくなっている．レストラン，カフェ，ホテルなどツーリズム関連産業の雇用が，1991年の1,502千人から95年の1,548千人へと増加した．

　ところで，1980年代の伝統的な観光地では雇用の約70％が季節労働だったこともあり，低賃金，パートタイム，季節性といったツーリズムの雇用の質が問題であった．しかし都市ツーリズムが発展していることもあり，この季節性は変化している．昔から女性労働者が多く労働力の伸縮性を支えてきたことも大きな特徴であった．1989年には女性パートタイム労働者が全体の36.7％であった．正規・非正規をあわせた女性労働力は，観光関連産業全体の53.8％（1989年）から58.9％（1995年）へと増加している，という．

　さてツーリズムに対するイギリス政府の役割であるが，1969年にツーリズム発展法（1969 Development Tourism Act）がはじめてツーリスト・ボードの役割の枠組みを示し，ツーリズム政策が経常収支と地域発展に及ぼす経済的役割に重点が置かれていた．例えば，ツーリスト開発基金により成長地域を指定し，ツーリズムの資本蓄積を誘導しようとした．1980年代には政策の責任官庁が商務省から雇用省（Department of Employment）へ移り，さらに90年代初頭には文化遺産省（Department of National Heritage）がツーリズムと文化振興の両方に目配りすることとなった．労働党政権の97年，同省はDepartment for Culture, Media and Sportへと名前を変え，その下で英国ツーリスト庁（British Tourist Authority: BTA）が公的なツーリスト政策を担っ

ている．

(4) 北海道における観光の動向

観光消費が経済に及ぼす効果は，低水準の経済成長率，全国最悪の失業率に悩んできた北海道においてはなおさら重要視される．北海道経済は製造業比率が低く土木・建設業のウエイトが非常に高く，官依存の経済体質がよく指摘される．他地域や海外からの輸移入が輸移出を大きく上回り，「入超」は約4兆円近くで道内生産額の15%前後にのぼる．

その中で，観光だけがいわゆる大幅な「出超」で，それは全国でも際だっている．3大都市圏などにおける調査では，行ってみたい観光旅行先として北海道は常にトップにある．道外観光客の宿泊実人数は600万人を超え，宿泊者数でも東京都の次に多い．居住地域別でみた宿泊者の「受入数」と「送出数」の差，すなわち旅行宿泊者の「入超」では北海道が94万人と2位の沖縄県（87万人）を上回り第1位である（「観光白書　平成19年版」）．

宿泊者の総数では，東京都をはじめとする大都市圏が上位を占めるが，地域における基礎的指標で比較すれば北海道における旅行・観光産業の相対的地位の重要性がよりはっきりする．表6-2に県内の基礎的指標との関連性からみた宿泊者数等の上位5地域を示した．

しかし，生産波及効果の大きい道外客の宿泊数・消費額は減少傾向にある．直接の観光消費額とそれにより誘発された生産波及効果の比率は，88／89年調査：1.42倍，93／94年調査：1.54倍，99／2000年調査：1.54倍，04／05年調査：1.53倍である[5]．全国の生産波及効果は直接効果の2.33倍である（2005年度）から，北海道における波及効果の低さが明らかである．

表6-2　基礎的指標との関連させた宿泊者数等の順位（2006年度）

	第1位	第2位	第3位	第4位	第5位
人口1人当たり延べ宿泊者数	沖縄県	北海道	山梨県	長野県	石川県
人口1人当たり圏外からの延べ宿泊者数	沖縄県	山梨県	長野県	北海道	石川県
県内GDP1千万円当たり延べ宿泊者数	沖縄県	北海道	山梨県	長野県	石川県
第3次産業就業者に占める従業者数	長野県	沖縄県	北海道	石川県	山梨県

出所：国土交通省「平成19年版　観光白書」より筆者作成．

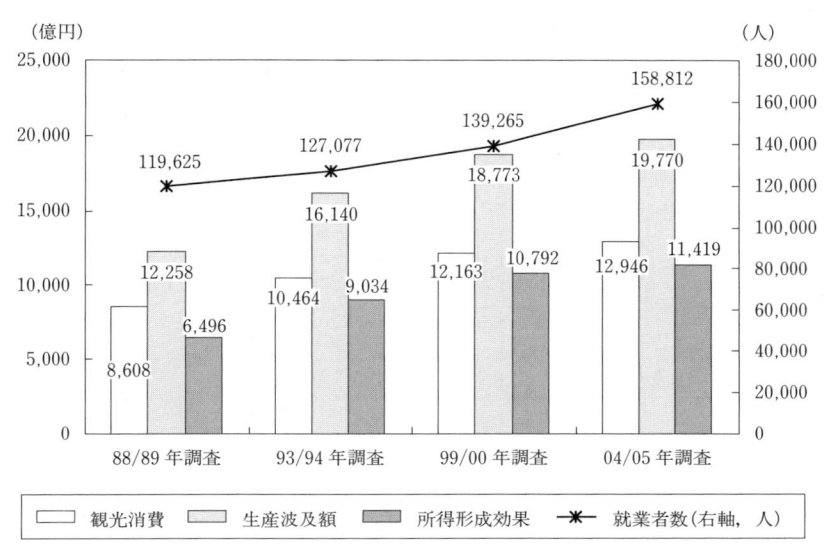

出所：北海道「北海道の観光経済　消費と経済効果」より筆者作成．

図 6-2　北海道における観光の経済効果

　それでも，観光消費による付加価値（所得）の道内GDPに占める割合は04／05年で5.9％と5年前の5.4％より0.5ポイント上昇し，農林水産業よりも大きなシェアを占めている．観光消費による雇用創出効果も1988年から2005年の間に1.33倍増加している．図6-2に，旅行・観光の直接効果と波及効果をまとめた．

　産業連関分析においては，ある産業への需要の増加が相互依存関係を通じて全体の生産活動にどれほど大きな影響力を与えるか，その程度を各産業部門の「逆行列係数」を縦方向に合計して（列和）みることができる．経済産業省「地域産業連関表」では，2000年度表より，これを「生産波及力」あるいは単に「波及力」と呼んでいる．もちろん，この数値が大きな産業ほど経済全体への波及効果が大きい．

　この生産波及力は，投入係数や財（もの）部門とサービス部門（≒第3次産業部門）の投入比率の変化に依存して変化する．海外からの部品調達が増せば（国内からの投入係数が低下すれば）生産波及力は低下し，サービス部門から

表6-3 生産波及の大きさ

	全国		北海道
	2000年	2004年	2000年
食料品・たばこ・飲料	1.9814	1.9563	1.1690
衣服・その他の繊維製品	2.0594	1.9811	1.4122
その他の製造工業製品	2.0796	2.0035	1.4443
商業	1.4638	1.4849	1.2905
金融・保険・不動産	1.4557	1.4524	1.3011
運輸	1.6127	1.6064	1.3617
対個人サービス	1.6911	1.6679	1.4244
財部門平均波及力	2.1036	2.0237	1.4604
サービス部門平均波及力	1.6135	1.5939	1.3626
全産業平均	1.9664	1.9033	1.4340

出所：経済産業省「地域産業連関表」(52部門) より作成.

の投入率が相対的に増せばやはり生産波及力は低下する．サービス部門の相互依存関係の程度は財部門よりも低いからである[6]．旅行・観光消費に関連していると思われる産業部門の生産波及力を全国と北海道について比較すれば表6-3のごとくである．

北海道は財の輸移入率が高く，これは観光消費の道内生産波及効果を弱める．その中で，国民の旅行消費支出の約10%を占める飲食に原材料を提供する食料品・たばこ・飲料部門の波及力がかなり劣る．土産物を供給する衣服・その他の繊維製品，その他製造工業製品についても同様である．宿泊や飲食を提供する対個人サービス，土産物の小売部門においても全国とかなり大きな差がある．地域の観光にとってまず集客が課題とされるが，地域経済との関連では「地産地消」も重要視されるテーマである．しかし，北海道の観光産業の現状について，輸移入率が高いということだけではなく観光に関連する産業部門の生産波及力をいかに高めるか，という視点が欠かせない．

3. 交流とネットワークによる地域力

(1) 地域の「つながり」から交流へ

内閣府「国民生活白書」のタイトルは，平成16年版が「人のつながりが変える暮らしと地域」，平成19年版が「つながりが築く豊かな国民生活」となっており，「つながり」をキーワードに地域の経済・社会の問題を検討している．同「国民生活選好度調査」では，1970年代後半から「物の豊かさ」よりも「心の豊かさ」を重視する傾向があらわれ，その傾向がますます強くなっていることを前節で指摘した．

地域における「つながり」は人と人，人と企業，民と官といったこれまでの関係に新たに人とNPO，NPOと企業，NPOと官など多様なネットワークを包含する．平成19年版「国民生活白書」ではR.パットナムにより提起された，社会関係資本（Social Capital）と地域社会経済との関係を重視し，社会関係資本指標の高い地域で犯罪発生率が低く出生率が高い傾向にあることを強調している[7]．

　同白書では，地域活動への参加により人びとがつながりを実感でき，それを喜んでいることが紹介されている．さらに興味を惹くのは，社会福祉法人全国社会福祉協議会による，「全国ボランティア活動者実態調査」（2002年）が登録1,539のボランティア団体・グループに対して行われた調査である．「ボランティア活動が社会的にどのような効果を生んでいるか」に対して，「活動に関わる人たちの間で絆が深まって地域への愛着が生まれた」（63.5％），「活動対象の問題について，社会の関心を集めることができた」（43.7％），「今まで活動に参加しなかった人の参加を促すことができた」（43.1％），に加えて「活動が刺激となり，行政等による新しいサービスが開始された」（20.9％），「組織を超えたコミュニケーションがとれた」（13.0％），「団体の活動が活性化したり，活動の幅が広がった」（13.0％），という結果に注目したい．

(2) ネットワークと交流がもたらす外部効果

　ところで，地域に住む人びとの満足度と安心感を高めるネットワークづくりにとっては，そこに参加しやすい環境が求められる．一般的にいえば，自由時間の確保でありワーク・ライフ・バランスのとれた社会システムが必要だろうし，情報提供や国民意識の啓発も欠かせない．そして何よりも，そのネットワークが魅力あるものであり，参加する「場」をいかに形成するかが大事である．精神的な絆や支え合いに止まらず，所属するグループを超えたコミュニケーション（交流の拡大）や経済的果実が伴うネットワークであれば参加する魅力は格段に強まるだろう．

　人のネットワークは情報（知識や技術を含む）を伝播させ，情報の共有は知識・技術の標準化をもたらし，それはさらに高い水準の知識・技術の受け入れや開発を可能にする．広い範囲の交流が地域の産業に刺激を与え，起業も実現

可能となるだろう．農泊で有名な九州の安心院町のようにドイツの農泊を主婦が見学して刺激を受け，新たな情報がネットワークに流入することにより，ネットワークにおけるデモンストレーション効果が生じる．製造業の現場に新たな材料や製法が取り入れられて生産性が高まるように，地域のネットワークが他のネットワークと重層的に重なり交流が拡大し，新たなビジネス・チャンスも生まれている．これらの動きは，観光がもたらす「外部効果」と言えるだろう．

そのよい事例を長野県小布施町にみることができる．長野市近郊のありふれた第1次産業中心の町で，これといった観光資源もなかった小布施町が，景観整備を進め，年間120万人を超える観光客が訪れる活気ある町へと変身を遂げた．元町長で「観光カリスマ百選」に選ばれた唐沢彦三氏が中心となって，単なる観光振興ではなく，町と住民が連携したまちづくりを進め，起業も生じている．たとえば住民出資による「株式会社ア・ラ・小布施」の設立や蔵風にデザインした瀟洒なホテルの建設などで，外部経済効果により，新たな業態が展開されているのである[8]．

4. 観光と社会関係資本：むすびにかえて

(1) 観光ニーズの多様化と供給側の対応

従来型の観光は，景観観光・施設観光ともに工業化時代のような大量生産・大量消費型が市場を盛り上げてきた．経済の成熟化とともに，旅行・観光体験も増えて人びとが旅行・観光活動に求めるニーズも多様化している．「レジャー白書」(2007年)では，「団体旅行から個人旅行へ」「顧客ニーズの多様化」「テーマ性の高まり」といった人びとの価値観・ニーズの変化に対応する新たな旅を「ニューツーリズム」と名づけており，その潜在需要が大きいことを示唆している．交流志向も年々高まっているばかりではなく，50歳代以上においてはその志向が顕著である．

(2) ニューツーリズム

以上のような趨勢・調査結果をもとに，「レジャー白書」ではニューツーリ

ズムを以下のような特徴があるものとしている（92ページ）．

> ①テーマ性：自分にとって関心のある「テーマ」にこだわる．
> ②地域性・地域への寄与：地域独自の魅力，地域発の旅行商品（＝着地型）といった地域性，地域振興への寄与などを重視する．
> ③参加・体験：たんなる物見遊山ではなく，体験ツアーやプログラム等に参加するといった参加・体験を重視する．
> ④地元での交流：訪れた地域の人々との交流やふれあいを楽しむ．

このような特徴を内包するニューツーリズムのタイプとして，①冬期滞在観光，②エコツーリズム，③グリーンツーリズム，④文化観光，⑤産業観光，⑥ヘルスツーリズム，⑦その他のニューツーリズム（花観光など），があげられる．

特にヘルスツーリズム（「健康ツーリズム」ともいう）は，近年北海道の各地でも力を入れて開発している旅行商品である．2008年7月21日付日本経済新聞によれば，JTBヘルスツーリズム研究所がまとめた健康づくりを取り込んだヘルスツーリズムの潜在市場は4兆1,300億円にもなり，国内観光・レクリエーション全体の4分の1を占めるという．同紙では，ヘルスツーリズムに本格的に取組むためには，宿泊施設，医療機関，大学，自治体の連携が欠かせないことが指摘されている．ネットワークの形成がニューツーリズムに欠かせないのである．

(3) 新しい観光の担い手

このように，人々の価値観の変化や観光目的の多様化は観光の供給側にも新たな対応を迫り，観光業者は個室露天風呂の設置など次々と対応に追われている．風景のスケッチやバードウオッチングを目的とした旅行商品も人気がある．しかし，この流れは従来の大量生産型観光業の枠内で対応できるものではなく，新たな目的意識をもった観光の担い手（供給者）が出現している．これまでの議論を踏まえ，これらの傾向を概念化して需要側の観光目的と供給側の担い手との関係をみたのが図6-3である．

図の左下を原点とする座標には，観光を消費する側の目的（水平方向）と方

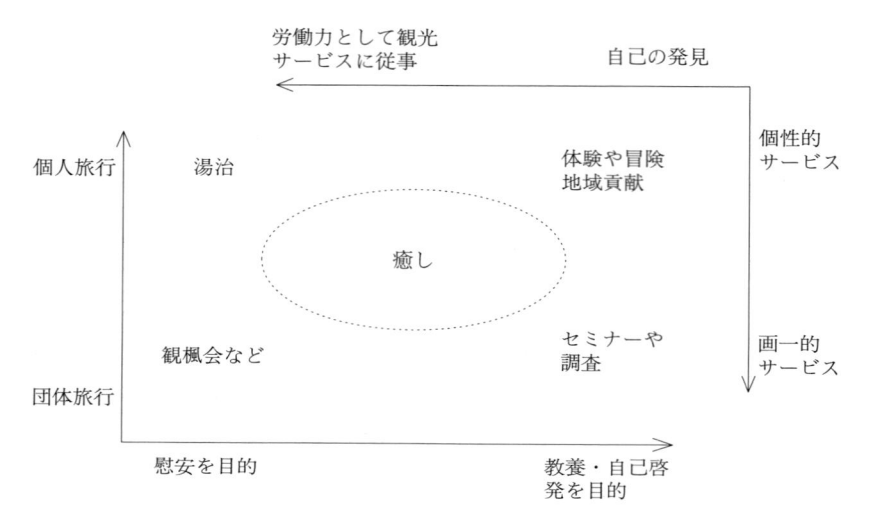

図6-3 観光目的と観光の担い手

法（垂直方向）を示す．左下原点に近い部分が，従来から行われている，慰安や楽しみを目的として集団で行動するパターンで，観楓会などの観光である．団体でセミナーに参加したり調査・見学するなどの兼観光を含む観光行動は，教養や自己啓発を目的としたものであろうから，右下方向に位置する．

右上を原点とした下向き・左向きの座標は，観光サービスを供給する側の目的（サービスの種類）と方法（サービス供給者の意識・技能）を示す．右上の原点に近い部分は，観光サービスを単に「売る」のではなく，観光サービスの供給を通して自らの生き方や地域との関わりなどを追求する，いわば自己実現を意識した供給態度である．料理や自然観察などの趣味と直結した生活を送るために北海道に移住する，創作活動を続けながらペンションを経営する，農村生活を見なおし個性的な生活をする手段として農家民宿を営む，などの目的意識をもった担い手が活躍している．左下原点と右上原点との中間領域に，家族団らんや友人との語らいなど，広い意味で癒しとなる観光行動が位置しよう．

左下原点に近い座標において，観楓会などの団体旅行のサービスは大量生産・大量消費のシステムで比較的単純な労働が対応する．サービスは往々にして画一的になりがちで，雇用条件も厳しいだろう．昔から行われてきた湯治や

寺社参りなどの観光は，システム化され大量消費的ではあるが，個人的で個性的な観光旅行である場合もあるかも知れない．この観光消費に対応する供給側は，比較的単純なシステム化された方法で労働サービスを供給することになる．

しかし，観光客のニーズがいっそう個性化し市場が細分化してくれば，大量生産システムでは対応できなくなる．観光客は，サービス供給者との交流を期待し，その「生活ぶり」に反応して自らの生活を見直そうとする動機もある．わざわざ田舎の農作業を体験し，汗まみれ泥まみれになって，都会生活で失われた「生活の実感」を求めて，観光客が宿泊体験し感動する．農泊やグリーンツーリズムは，観光サービスの買い手と売り手という垣根を超え，協働によって新たな価値の創造を体感できる喜びを共有する．都会の人びとがガイドに導かれて，路に迷うことなく原生林に吹き渡る風や風景を満喫できる．

このような観光の担い手は，単に雇われた労働者ではなく，自己実現を目的としたサービス供給の「担い手」である．地方のもっている「自然環境」の多様な資源は，そのサービス供給の担い手なしには価値を生み出さない．体験観光には顧客ニーズに応える能力のある担い手が不可欠である．ニューツーリズムへの高まる需要はその担い手を求め，観光市場は右上方へ向かっているように思われる．

(4) 観光資源と社会関係資本

わが国経済社会が成熟段階に入り，旅行・観光産業は人口減少と高齢化，ニーズの多様化に直面している．地域は安心と満足度を高める「つながり」を求めてさまざまなネットワークを形成しはじめている．農家民宿（農泊）にみられるように，観光業以外の生活者が，多様なニーズに応えて自らの個性を磨いて観光の担い手となることができる．従来は「観光資源」と認識されなかった地域の資源，たとえば農業や森林，旧い建物や昔からの習慣など，に目を向けたさまざまなタイプの観光がネットワーク形成の「磁場」として機能するという，新しいウエーブが各地でみられる．地域に住む人びとがより多く観光活動に参加し新たなネットワークを形成し，さらに外部とのネットワークとの連携やビジネスへの取組みが始まれば，地域の社会関係資本が強化され人びとの安心感や満足度が高まるであろう．

地域ごとに異なる生活そのもののように，地域の個性や資源は「他者の視点」から見直されてその価値が発見される，それが人びとを惹きつけ交流の場となり交流人口の拡大につながることも重要である．長野県飯田市の農泊のネットワークは，農政課職員が中心となって人的な信頼関係を基礎に作られた．そのネットワークから地域のリーダーが育成され，外に向かった情報発信が企業の進出を誘発している．大分県安心院町の農泊や長野県小布施町のオープンガーデンは，ヨーロッパの視察旅行で学んだ主婦たちにより地域の生活を見直す気運が高まり，ネットワークが作られた．それらのネットワークが外に開かれ，新たな人材を呼び込み，ビジネスを生み出している．

1) 社会関係資本と地域の創造性

これらの事例からは，地域の緩やかなつながりが観光を契機として方向性を意識したネットワークの形成，新たなビジネスや人・企業の流入など，その発展と地域再生へ向けた運動へとさらに成長するというプロセスがみられる．「つきあい・交流」，「信頼」，「社会参加」を構成要素とする社会関係資本の強化が地域に新たなビジネスを生み，人や企業の流入をもたらした，と解釈することが可能であろう．

地域の観光資源を発見した外部からの流入者が，地域の緩いつながりに刺激を与え，活動的なネットワークを形成し住民意識の啓発につながる事例もある．観光を契機とした交流が，住民の意識や生活スタイルにまで好影響を及ぼす事例も数多い．地域が活性化されるためには，ヒト・交流・環境の連携が段階的に発展しクリエイティブな人材が集まることが重要である．(社)北海道未来総合研究所他「地域の『創造力』向上をめざした再生のあり方」(NIRA 助成研究報告，2007 年) は，クリエイティブな地域こそ 21 世紀型社会のモデルで「人的資本（Human Capital）」「社会資本（Social Capital）」「環境資本（Environmental Capital）」の 3 つで「地域創造性インデックス」を作成している．

これは，R. フロリダのクリエイティブ・クラスが地域の発展に十分大きな役割を果たすという仮説，R. パットナムの社会関係資本の充実が地域の成長に有意に作用する，という仮説を総合化しようというものである．自然環境を筆頭に観光資源はクリエイティブな人材を惹きつけ，交流を活発化する．それ

により社会関係資本の形成が刺激を受け地域の持続的な発展が可能となるのではないか，と期待されるものである[9]．

R. フロリダによれば，地域発展の要因は「3つのT」であるという．すなわち，Technology（技能），Talent（才能），Tolerance（寛容性）である．技能を持った才能ある人は，個性的であればあるほど寛容性のある地域を好んで移動するから，社会の寛容性が地域の発展にとって非常に重要である，とされる．

本稿の関心から考えれば，技能を持ち才能ある人びとを惹きつける地域の魅力が他にもある．地域の人やネットワーク，そして環境，特に自然環境である．たとえば，高い評判を得たシェフが有名観光地とは言えないけれど自分のセンスにあった環境・食材がみつかる地方に移住し，小さいながらも創造性あふれたレストランやオーベルジュを開く事例が多い．自然の景観に魅せられ，退職後の芸術的な趣味を満たす場として北海道に移住する例も少なくない．つまり，自然などの観光資源は，創造的人びとを惹きつける大きな要因なのである．それらの人びとの流入や集積が，地域の観光資源をさらに魅力あるものにする好循環が地域にとって望ましい．

2）　美瑛町の事例

写真家のギャラリー，陶芸家の工房，私設美術館，オーベルジュなどが立地している北海道美瑛町はそのような事例が集まった地域であろう．美瑛町は，これといった観光資源もなかったが，基幹産業である農業（畑作）景観が評判となり観光客の来訪，アーティストの流入，ペンションやオーベルジュの立地などがあり，地元の農家が直販などの新たなビジネスに挑戦している．北海道の旧来からある温泉観光地はいずれも集客難で疲弊している．温泉観光地のある町自体も同様で，ほとんど例外なく人口減，商業の衰退に悩んでいる．そのような中で，美瑛町について観光とネットワークが地域社会に及ぼす効果を考える．

図6-4 A・Bに美瑛町における主要指標の変化をまとめた．美瑛町の宿泊者延数および宿泊率はともに上昇し，雇い人のある事業主も増加しており，商業事業所数・小売商店販売額の落ち込みもそれほどではない．そのためか，観光

表 6-4A　美瑛町の変化

(単位：人)

	人口	就業者数	専門的技術的職業従事者	管理的職業従事者	サービス職業従事者
1965 年	20,352	10,327	473	119	472
2000 年	11,628	6,188	527	129	598

表 6-4B　美瑛町の変化

年度	宿泊者延数(千人)		宿泊率(%)		商業事業所数		小売業商店年間販売額(百万円)	
	2000	'06	2000	'06	'90	'04	'90	'04
美瑛町	265.2	273.5	20.30	23.92	146	132	13,630	12,895

注：総務省「国勢調査」および「統計でみる市区町村のすがた　2008」等より作成．「宿泊率(%)」は，宿泊者延数／観光客入込数である．商業事業所数1990年数値は，サービス業事業所数（民営）である．

業を含むサービス職業について，美瑛町はその従事者数が増加した．美瑛町の管理的職業従事者数が増加しているのは，美術家の工房やペンションの立地によるものであろう．

　R. フロリダは，脱工業化時代の地域の発展は創造的階級に依存するとし，創造的階級の職種を「建築家から美術専門家，エンジニアや科学者から芸術家，作家，上級管理職，プランナー，そしてアナリストから医師，金融・法律の専門家まで，高度にクリエイティブな職」としている (p.36)．「国勢調査」ではこれらの職種の大半が「専門的技術的職業」として分類されている．この従事者についてみれば，なるほど美瑛町は若干の増加をみている．

　朝日新聞社は「民力は，生産・消費・文化・暮らしなどの分野にわたって国民が持っているエネルギー」であると定義し，30の指標よりなる各地域の「民力指数」を発表している．詳しいことは省くが，1990年版では1人当たり民力水準は美瑛町が93.8であったものが，2007年版では166.4と急上昇している（全国＝100）．また，(社)北海道未来総合研究所は，67の項目を総合化した「北海道市町村活性化指標」から，10の分類指標，さらに総合指標を作成している．詳しいデータは松本（2008）に譲るが，美瑛町では商業・サービス業，文化・教育，快適さなどで着実にポイントを上げ，総合指標でも上昇し

ている．

　これらのデータから，美瑛町にTalentをもつ創造的人びとが流入し（増え）地域の活性化に繋がっていると，直ちに結論づけるつもりはない．ただ，観光資源の魅力に惹かれて流入した人びとがオーベルジュなどのビジネスを展開し，地域の特性である農業と連携した「赤麦」の栽培やそれを用いたビール造り，その風景がカレンダーに掲載されるなど，新たなネットワークを形成している事実がある．地域の観光資源が「創造性ある」人を惹きつけ，地域の魅力を高める可能性を見出せるのではないか，と考える．

注
1) 国土交通省「観光白書」（平成21年版）第1章．世界の国際旅行収入ランク第1位はアメリカ，第2位はスペイン（578億ドル），次いでフランス，イタリア，イギリスと続き日本は第26位（93億ドル）である（2007年数値）．
2) （社）日本観光協会「観光の実態と志向」（平成19年版）によれば，すべての種類の宿泊旅行は1人当たり2.1回で平均宿泊数は1.6泊，全宿泊観光旅行の平均費用額は38,980円である（2006年度）．
3) 国土交通省総合政策局旅行振興課「旅行・観光産業の経済効果に関する調査研究Ⅸ（2008年度版）．
4) 以下は，Williams and Shaw（1998）を参考にしている．
5) 北海道「北海道の観光経済　消費と経済効果」（第4回）06年より筆者作成．本調査は，5年ごとに7月～翌年6月を調査期間としている．各年版より．
6) 財部門は，第1次産業と第2次産業，サービス部門は第3次産業を指す．資料によっては，第3次産業から電力・ガス・水道を除いてサービス部門としているものもあるが波及力などの数値に大きな変化はない．
7) OECD（経済協力開発機構）によれば，社会関係資本（ソーシャル・キャピタル）は「グループ内部またはグループ間での協力を容易にする共通の規範や価値観，理解を伴ったネットワーク」と定義される（平成19年版「国民生活白書」99ページ）．国民生活白書におけるソーシャル・キャピタル指数の構成要素は，Ⅰ．つきあい・交流，Ⅱ．信頼，Ⅲ．社会参加であり，全部で12の個別指標からそれぞれのサブ指数を作成し合成している．
8) 松本（2008）参照．
9) R.パットナムの社会関係資本やR.フロリダのクリエイティブ・クラスに関する議論は，100万人から数百万人余の地域（たとえば州）が対象である．ここでは，彼らの考え方を援用して地方の町など小さな地域における観光に何が期待できるだろうか，という観点から議論するものである．多少強引な援用であるが，地域における観光資源の活用や観光活動への参加の意義を考える仮説として試みるものである．
　また，フロリダはクリエイティブ・クラスが集まる地域にはパットナムのいう社会

関係資本が必要だとは思わない．かえって，地域社会の発展に社会関係資本が重要な役割を果たすという考えには批判的である．フロリダは，創造性（クリエイティビティ）はすべての人が潜在的にもっている，としている．地域の活性化を支えるのは外部からの流入者だけではない．紹介した農泊のケースのように，よい刺激を受けた住民が自らの潜在性に目覚め，新たな可能性に挑戦することが地域の創造性につながるのである．

参考文献

Williams, Allan M. and Gareth Shaw (1998) *Tourism and Economic Development: European Experiences*, Third Edition, John Wiley & Sons Ltd., Chester, England.
アーカイブス出版編集部（2007）「余暇・レジャー総合統計年報2008」アーカイブス出版．
小川正博（2000）『企業のネットワーク革新』同文舘出版．
国土交通省「観光白書」（平成19年度版）．
内閣府「国民生活白書」（平成19年度版）．
（社）日本観光協会「観光の実態と志向」（平成19年度版）．
（財）日本社会経済生産性本部「レジャー白書」（2007）．
国土交通省総合政策局旅行振興課（2006）「旅行・観光産業の経済効果に関する調査研究VII」および各年版．
額賀信（2004）『観光革命－スペインに学ぶ地域活性化－』日刊工業新聞社．
パットナム，R.D. (1993) *Making Democracy Work*. Princeton N.J.: Princeton University Press（河田潤一訳『哲学する民主主義』2001，NTT出版）．
パットナム，R.D. (2000) *Bowling Alone*. New York: Simon & Schuster（柴内康文訳『孤独なボウリング』2006，柏書房）．
フロリダ，R. (2005) *The Flight of the Creative Class*. HarperCollins Publishers, Inc.（井口典夫訳『クリエイティブ・クラスの世紀』2007，ダイヤモンド社）．
（社）北海道未来総合研究所（2002）「北海道市町村活性化指標」（平成14年度版）．
（社）北海道未来総合研究所他（2007）「地域の『創造力』向上を目指した再生のあり方」（NIRA助成研究報告書）．
松本源太郎（2008）「地域経済と観光」小林好宏・佐藤郁夫『生活見なおし型観光とブランド形成』（財）北海道開発協会．

第7章
沖縄における長期滞在型観光と地域づくり

宮森正樹

【本章のキーワード】
　　リーディング産業としての観光業界，コアターゲットとしてのリピーター，避寒地としての優位性，戦略的長期滞在型観光，県民の受け入れ体制の整備・拡充

1. はじめに

　沖縄県は日本列島の南西端に位置しており，他の都道府県とは歴史的・文化的・気候的に異なる要素を持っている．亜熱帯海洋性気候により，年間を通して温暖な気候に恵まれており，これが冬の沖縄観光を支えている．また，かつて沖縄は「琉球王国」として独立国家を形成しており，東南アジアを中心に広範囲にわたる交易ルートを持って，産業・文化交流を進めてきた．そのために日本の中でもユニークな歴史・文化環境を持っている．これらの特異でなおかつ魅力ある観光資源が，沖縄を訪れる観光客に支持されてきた．
　リーマンショック以降の世界不況により日本はかなりの打撃を被ったが，2009年4月－6月期時点では経済対策等の実施により日本経済は徐々に回復してきている．しかし，沖縄の経済状況は本土観光需要の冷え込みによりまだまだ猶予できない状況である．県内の人口の増加，景気・経済政策の実施による個人消費や公共投資の増加等で，県内総生産や経済成長率，完全失業率も改善の兆しが見られるものの，沖縄経済に対する影響力が最も大きい産業の観光はいまだ厳しい状況である．
　2009年は，世界不況やインフルエンザの流行もあり，観光入域客数は，前

年度を 4.1% 下回る 569 万人で，8 年ぶりに前年実績を下回った．

そのような中で，新たな社会的潮流を見極め，それらを活用した沖縄の魅力を高める新しい戦略が模索されるべきである．それが「長期滞在型観光」である．

今，短期周遊型の旅行よりも，一地域に比較的長期に滞在し，現地の生活を通して異文化に触れたり，人々との交流や現地社会への貢献をしたりするような滞在型旅行に興味を示す人が増えている．特に高齢化や国際化の進展，ゆとり重視のライフスタイル，そして金銭的裕福さ等もあり，シニア層の「長期滞在型観光」への興味が高まってきている．

一般的に長期滞在型観光は移住とかではなく「滞在型余暇」として位置づけられている．一般的な特徴として下記のようなものがある．

第 1 に，「長期滞在」を目的とする余暇である．第 2 に，「自由時間・余暇」の活用を目的とする．第 3 に，「旅」よりも「生活」をめざす滞在である．第 4 に，現地に「居住施設」を保有，または賃借する．5 番目に，生活資金の「源泉」は長期滞在地ではなく自分の居住地にある．

現在は長期滞在型観光の希望滞在先には海外が多い．そのために，日本の団塊世代をターゲットに多くの国が，長期滞在型観光を容易にする環境作りを行っている．

例えばフィリピンは 2007 年 5 月に「国家退職生活計画」を策定した．これは，2015 年までに退職者が世界で約 8 億 6,900 万人になる中で，その内の少なくとも 85 万 9,000 人をフィリピンに長期滞在させるというものである．ターゲットは，日本・韓国・中国・台湾・米国・カナダなどである．具体的には，フィリピン全土に退職者が長期滞在できる施設を作り，24 時間態勢の病院やヘリが常駐した緊急搬送体制，常時警備体制を敷き，文化や娯楽施設も充実させ，フィリピン人のホスピタリティーと充実した医療設備で快適な長期滞在を提供しようとするものである．また，台湾では，55 歳以上の日本人退職者を対象に，これまでの 30 日から 180 日間有効となるビザ制度を新たに導入した．タイ政府観光庁も，日本の団塊世代などをターゲットに，長期滞在型観光促進のため約 10 万室分の宿泊施設を新設する計画である．

しかし，長期滞在型観光は海外だけではない．長期滞在により非日常的なも

のに触れられ，当地での生活体験ができれば，国内でもよいのではないかと思われる．国内長期滞在型観光はリピートし易く，医療面における心配も全くない．また，地方の自治体からみれば地域活性化，過疎化対策にも寄与する可能性が高い．

　本章では，この長期滞在型観光に焦点を絞り，今後の沖縄観光発展の新たなモデルを提言するものである．最初に沖縄観光の現状を振り返り，観光産業の経済効果を明確にする．そして，さらなる発展を目指したときの潜在的可能性と発展を阻害する要因を明確にしていく．そして，沖縄の観光の発展に関する発展阻害要因の除去と潜在的可能性を長期滞在型観光という新たな観光の形態によって，成し遂げられるかどうかを述べていく．最終的には沖縄型長期滞在型観光の提言をおこなう．

2. 沖縄観光の現状

　沖縄観光は2009年，世界的な不景気や新型インフルエンザの流行もあって，伸び悩んできた．入域観光客数も減少し，観光収入も対前年比を下回っている．円高により国内旅行よりは海外旅行という流れができ，景気悪化と高速道路料

出所：沖縄県（2009）．

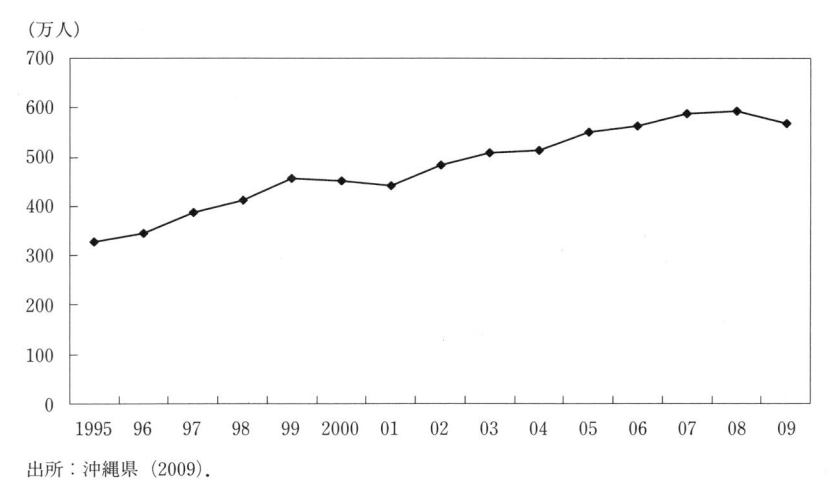

図7-1　入域客数

金の値下げ等の影響により「近く，短く，安く」という余暇の過ごし方も増えてきている．そのような中で，2008年まで順調に伸びてきた沖縄の入域観光客数は，2009年で569万人と対前年比でマイナス4.1%となった．

出所：沖縄県（2009）．

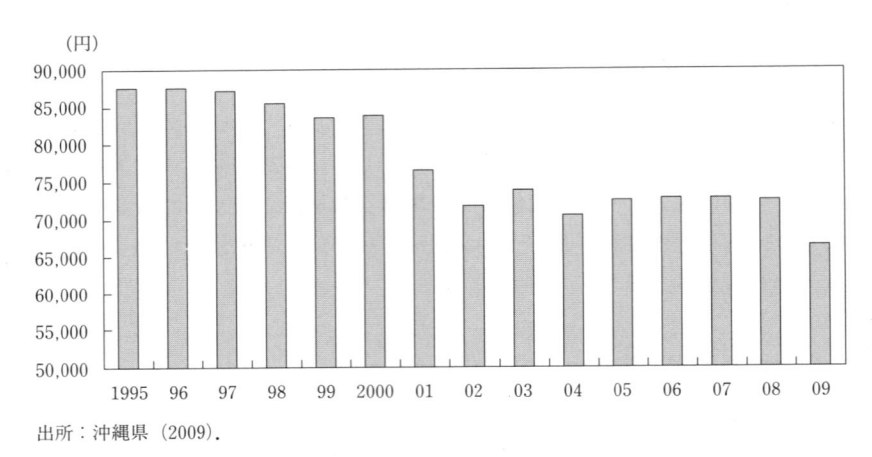

図7-2　県内消費額

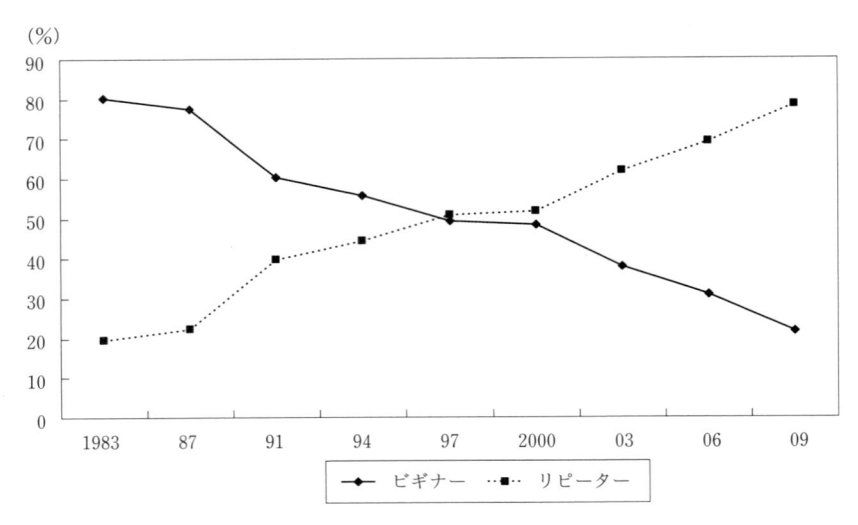

出所：沖縄県（2009）．

図7-3　ビギナー・リピーター比率

観光客1人当たりの県内消費額は2009年で6万6,403円と対前年比で8.4%の減となっている．また，観光収入は同年で3,778億円となり対前年比で，12.1%も下回る状況である．

沖縄観光の特徴として，リピート率の高さがある．2009年では，リピート率は78.4%と入域観光客の8割近くを占めている．特に5回以上のリピーターが増える傾向にあり，1997年にビギナーとリピーターが逆転して以降，リピーター人気が続いていると言える．

しかし，平均滞在日数は，ハワイなどの観光地に比べかなり短い状況である．しかも，昨今の景気不況で，継続して平均滞在日数の減少が続いている．2009年で3.75日となり，2泊3日が全体の40.7%を占め主流の滞在形態となっている．

観光中の利用交通機関はレンタカーが41.5%で最も多く，次いでバス・タクシー，共に39%前後となっている．これは，沖縄を訪れる旅行形態の変化に伴うものだと思われる．例えば2000年に37.7%あった団体旅行が2009年には11.5%に減少しており，逆に20.6%だった個人旅行は32.4%に増加して

出所：沖縄県（2009）．

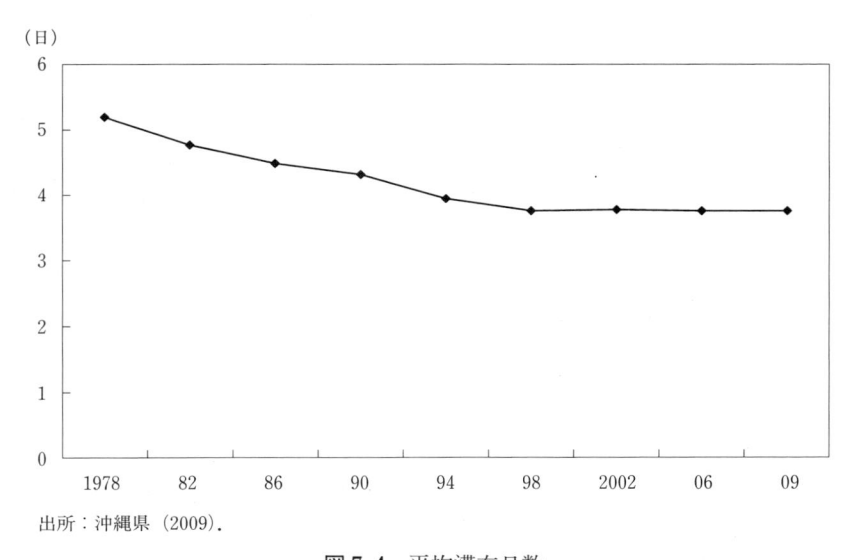

図7-4 平均滞在日数

出所：沖縄県（2009）．

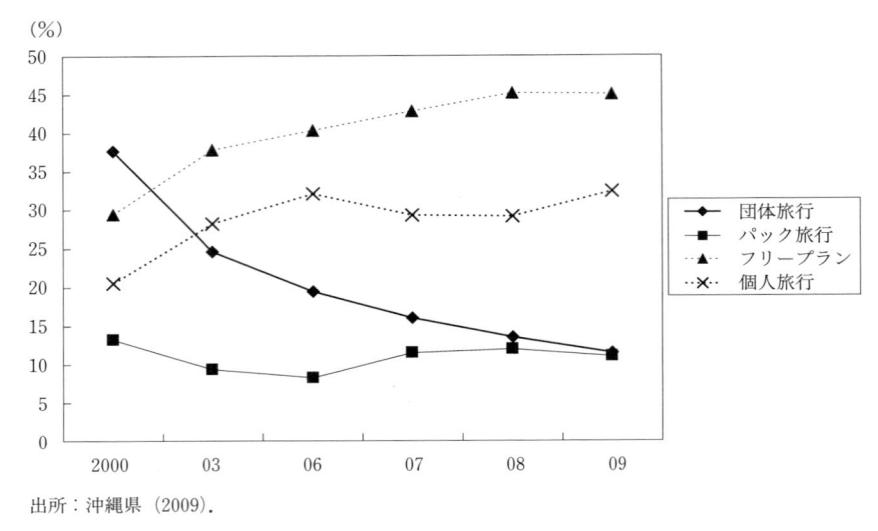

図 7-5　団体旅行・個人旅行の推移

いる．また，気軽なフリープラン型パック旅行も比率を伸ばしており，個人旅行の形態をとる観光客は全体の 77.4% に達した．

3. 観光産業の経済効果

　観光は，旅行業を中心として運輸業，宿泊業，飲食業等幅広い産業に関連する非常に裾野の広い産業である．そして，他産業への需要の創出効果や雇用創出効果などの経済効果は非常に大きく，沖縄県の有力な成長産業だといえる．その経済効果は，直接的には沖縄を訪れる観光客数と 1 人当たりの観光消費額で測れる．そして間接的な効果は観光産業とのビジネス取引のある産業において波及効果を測ることができる．

　沖縄県を訪れる観光客数の推移は 2003 年に 500 万人の大台を突破し，04 年には 515 万人，05 年には 550 万人となった．そして 06 年には 563 万人を達成した．09 年は 569 万人と対前年比 4.1% と落ち込んだものの，ここ数年，観光客数は堅調に増加した．しかし，1 人当たりの観光消費額は 2009 年実績で 6 万 6,403 円と 08 年の 7 万 2,458 円より 8.4% の減少となり，低いレベルで推移

出所:沖縄県(2009).

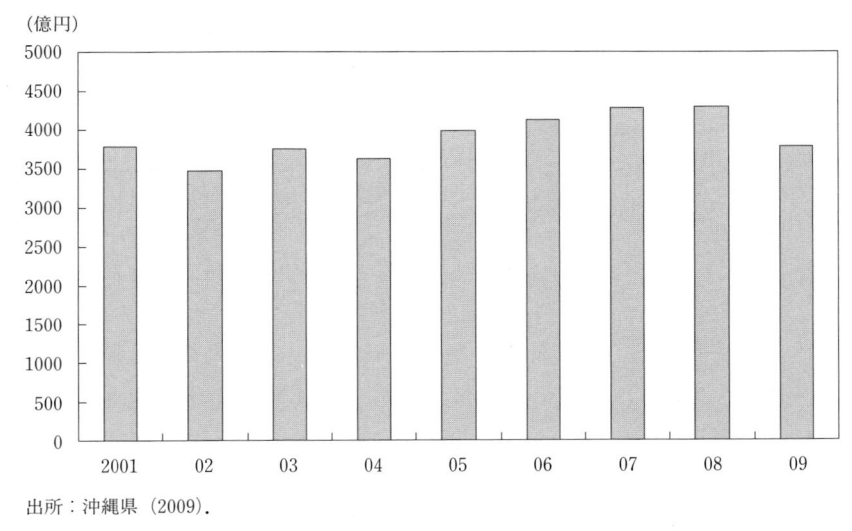

図7-6 観光収入の推移

している.

1人当たりの観光消費額の低迷と同時に09年の観光客数が伸び悩んだこともあり，観光収入は減少し，09年で3,778億円と08年度の4,298億円を大きく割り込んで，マイナス12.1%となった．

県外受取額に占める観光収入を08年度の統計より見てみると，県外からの財政移転の8,553億円（42.1%）に次ぐ，2番目に大きな収入となっている．観光収入の県外受取額は3,715億円（17.7%）で，石油製品の967億円（4.6%）や軍関係受取額465億円（2.2%）を大きく上回っており，県外からの財政移転（県外からの財政への経常移転＋国庫からの資本取引）を除いた場合には，県経済のリーディング産業として沖縄県を支えている．

2004年度の観光の経済波及効果は，直接効果は4,105億円となっている．これは，旅行・観光消費額が4,549億円であったが，サービスや商品のうち県外から調達したものは，その波及効果が県外に流出することから，この流出分である445億円を差し引いたものを直接効果として計上してある．

この直接効果に加え，サービスや商品の原材料の購入を通じて他産業の生産

を誘発する効果などを加味した生産波及効果は6,903億円で，県内生産の11.7%に相当する規模となっている．全国の生産波及効果が国内総生産額の5.6%だということをみても，沖縄県における観光の経済に及ぼす影響の大きさがわかる．

観光産業によって生み出された付加価値効果は3,794億円となり，県内総生産の10.8%を占める．また，観光産業が作りだした付加価値を表す観光GDPは1,959億円となり，県内総生産の5.6%を占める．これは，農林水産業の約3倍となり，製造業や金融・保険業よりも規模が大きい．沖縄県の観光GDPは日本全体の平均である1.9%を大きく上回っており，海外の観光優良国であるオーストラリア（4.5%）やニュージーランド（4.5%）よりも大きくなっている．

この観光産業は沖縄の経済において，リーディング産業として位置づけられている．産業構造をみても第3次産業，特に観光関連のサービス業の比率が全国と比較しても全体の27%と高くなっており，就業者数も他の産業より比率が高い．観光の雇用への波及効果は7万8,850人となり，県全体の就業者の14.2%に相当する．全国平均の6.8%をみると，観光産業の沖縄における雇用効果がいかに大きいかが理解できる．

これらからみて沖縄県における観光産業の影響度は，全国平均の2～3倍は高いと言え，波及効果の面からはより裾野が広く，多様でさらなる発展の可能性が大きい産業と捉えることができる．

4. さらなる発展の必要性

(1) 観光発展のポテンシャル要因と悲観的要因

沖縄観光のさらなる発展を推進するためには，沖縄が抱える悲観的要因を少しでも減らし，ポテンシャル要因をより強固にしていくことが必要である．観光の発展を阻害する悲観的要因を列挙すると表7-1のようになる．

これらすべてを解決することは不可能であると思われる．しかし，いくつかの重要な要因があり，それらは沖縄の持っている資源と人材を投入して早急に解決していかなければならない．

表 7-1　悲観的要因

観光収入の回復が遅れている
外国人観光客が少ない
滞在日数が短い
観光情報が少ない
自然保護に対する印象が弱い
食事に不満がある
運転手のマナーが不評
路線バスや船などの交通情報が無い
体験・学習ツアーの情報が無い
沖縄までの交通費が高い
ヤング層の沖縄観光に占める割合が減少
シニア層の割合が他の層に比べて低い
質的側面での不満がある
台風が来る
入域観光客の増加で自然環境とのインバランス
円高で海外との比較で価格優位性が無い

表 7-2　ポテンシャル要因

冬が暖かい
芸能が盛んで独特である
文化が日本本土と大きく異なる
人があたたかい
海がきれい
冬に花々が咲いている
特徴のあるお土産品がある
冬でもゴルフができる
自然が多い
ゆったりできる
異国情緒がある
日常生活から脱皮できる
花粉症が無い
日本語が通じる
医療レベルが日本本土と同じ
安全である

次に，ポテンシャル要因を列挙してみる．

これらは，日本本土から見たものと，海外との比較から出てきたプラス要因である．これもすべてが重要ということではなく，沖縄観光の潜在顧客層が価値を感じられる要因に関して集中して高度化していくことが望まれる．

これらの悲観的要因とポテンシャル要因を前提に，その中でも特に沖縄の観光発展に影響が大きいものを中心に，さらなる発展の可能性を探っていく．

(2)　観光発展のための構造分析

近年の沖縄観光の実態は，リピーターが増加すると共に，旅行形態も多様化する傾向にあり，それに伴い観光客のニーズも多様化・高度化してきている．沖縄観光がさらに発展していくためには，質の高い沖縄観光の実現，国際観光の推進，オフシーズン対策の強化等を図ること等も沖縄県や関連機関で指摘されている．

そのような中，沖縄経済が観光を通してさらに発展していくためには，大きく見て3つの要素があると考えている．それらは「観光収入を上げること」「沖縄県民が観光産業の発展を通して生活が豊かになること」そして「この2つの要因が継続していくこと」である．

住民不在の経済の発展は，その地域にとってプラスなことではない．地域発展は地域住民と共生して初めてその価値が生まれるのである．そのことから観光産業の発展が，その地域の生活の安定や快適な居住環境の保全に直結していなければならない．そして，その上で観光収入が上がることによって沖縄経済全体が豊かになっていくのである．加えて，この２つが持続可能な仕組みになっていなければならない．本節では，沖縄観光のさらなる発展を模索して，観光収入の構造的仕組みを分析していく．そして，沖縄が抱える数多い観光発展の課題を収斂させ効率が高く効果的な解決策を模索していく．
　まず沖縄が観光の新しいコンセプトを発展させていくためには，観光にかかわる構造を分析しなければならない．
　沖縄観光の発展は，県外からの観光客が沖縄を訪れるということと，県内で消費してくれることから始まる．もちろん，その前提には観光客が沖縄に来てくれることで，県民が豊かで安定した生活ができるということがある．ここでは，観光の発展が沖縄の環境・文化・生活に良い影響を及ぼすということで考察していく．
　まず，沖縄を訪れる観光客数は重要な指標である．県ではこれまで目標来県客数を参考にさまざまな施策を実行してきた．目標はほぼ達成されており，沖縄観光ブームに乗って良い状況が続いている．しかし，それだけでは沖縄に入ってくる観光収入は増えない．そのためには１人当たり消費額が増加しなければならない．これらの人数と消費額の掛け算が，沖縄県に入ってくる観光収入だと言える．それでは，この２つの重要な要素をどう向上させていけばいいのか．それは観光収入の構造を理解することから始まる．
　まず２つの要素，「延べ来県観光客滞在日数」と「１人当たり１日の消費額」を細分化して分析してみる．

　　　　延べ来県観光客滞在日数×１人当たりの１日の消費額 ＝ 観光収入

1) 延べ来県観光客滞在日数
　来県する延べ観光客滞在日数は３つの要素から成り立っている．それは，沖縄を訪れる観光客数，１人当たりのリピート数，そして１人当たりの滞在日数である．これらの３つの要素のそれぞれを向上させることで，延べ観光客数は

増加するのである．そして，この3つの要素を向上させるためには，要素毎の目標を立て，その目標を達成するための各々の独自の政策・戦略が必要となる．例えば，沖縄に来る観光客数を増やす政策と，沖縄に滞在させる日数を増やす政策ではまったくことなるコンセプトが必要となる．

沖縄に来る観光客の人数×リピート数×滞在日数 ＝ 延べ来県観光客滞在日数

①沖縄に来る観光客の人数

　初めて沖縄に来る観光客数は，ここ20数年微増にとどまっている．例えば，1978年には約149万人いた初めての訪問者数は2003年に194万人にしか増加していない．これは1978年に36万人ほどしかいなかったリピーターが2003年には315万人と大きく増加していることと比べればかなり少ないと言える．しかし，継続して新しい観光客を開発していかなければ，沖縄観光の発展は望めない．そのためには，これまで顧客ターゲットとしていた層に加えて，新たな沖縄観光の潜在顧客を開拓する必要がある．沖縄観光の最初の顧客ターゲットは墓参団やビジネス目的客であったが，それから農協や企業等の団体客と変化して，若者層に移っていった．今は，修学旅行客もメインターゲットといえる．今後有望なのは，団塊の世代や外国人観光客，あるいは健康志向の人とか，癒しを求めている人などの特殊なニーズを持った層である．

②1人当たりのリピート数

　常に新しい観光客を増やし続けることは非常に困難である．また，そのための費用もリピート客獲得より高コストとなる．少ない費用や労力で延べ観光客を増やすには，これまでに沖縄を訪れたことがある者を沖縄に再来させることだと言える．これはリピーターと言われ，沖縄観光のコアターゲットになってきている．ここ数年リピーターは増え続け，沖縄病とか沖縄ファンなどという言葉も生まれてきている．新たな観光客を開発するには費用が必要だが，リピーターにまた来てもらうには，それほど費用を要しない．逆に沖縄で満足できる滞在ができれば，特にこちらから働きかけないでも，自ら再度沖縄を訪れてくれる．

③1人当たりの滞在日数

　これまであまり注目されてこなかったものが，1人当たりの滞在日数である．

沖縄観光の平均滞在日数は2009年で3.75日，2泊3日が主流となっている．幾ら新規観光客やリピーターを増やしても，滞在が短かったら，消費する金額も短いなりのものとなる．本章では，特にこの「1人当たりの滞在日数」を増やすことで，バランスの取れた観光客と滞在日数の増加を考えていく．そのためには，沖縄の持つ多くの観光資源（癒し，健康，マリンスポーツ，歴史，文化，芸能，世界遺産，食，工芸，暖かさ等）が長期滞在型観光という側面から統一され，それに集中した政策が計画・実施されていくことが重要となる．

2）1人当たり1日の観光消費額

　沖縄に多くの観光客が訪れても，県内で消費しなければ観光収入は増加しない．増加させるためには2つの方法がある．最初に，1回の訪問で購入する観光商品の額を上昇させることである．もう1つが，沖縄に来て購入する観光商品の数そのものを増やすことである．

　　購入観光商品額×購入する観光商品の数 ＝ 1人当たり1日の観光消費額

① 1回の訪問で購入する観光商品の額の向上

　これは単にツアーやホテルの価格を上げることではなく，観光商品に付加価値を付けて，高価格でも欲しくなる，購入したくなるものにしていくことである．例えば，レンタカーを利用するなら，コンパクトカーではなく，せっかくの沖縄旅行だからとちょっと豪華にスポーツカーとかRVなどにしてもらうような工夫をする．また，お土産も大量生産の安いものでなく，沖縄の本物の工芸品を購入してもらう，ホテルはいつものシティーホテルではなく，せっかくの沖縄だからリッチな気分に浸るために高級リゾートホテルに泊まる等がある．

② 1回の訪問で購入する観光商品の数

　1回の訪問で購入する観光商品の数を増やすことにより，観光客の沖縄での消費を促すことができる．これまで沖縄に来たら，ビーチでマリンスポーツをして帰っていた若者達に，沖縄の芸能の楽しさを感じてもらい，CDやDVDを購入してもらったり，民謡の芸能公演や地元アーティストのライブを楽しんでもらったりすることで，総額収入を増加させるのである．また，冬の暖かさ

を楽しみ来たシルバー層に紅型や陶芸の楽しさを体験してもらうなど，これまでは単純に来て単純に帰っていたものを，複合的で多様な楽しみを紹介していく等が考えられる．

(3) 長期滞在型観光によるさらなる発展

本節では，異なる5つのコンセプトを持つ政策を挙げた．それぞれを向上させることで沖縄県の観光経済を発展させることができる．そして，それぞれの政策は個別での実施もできるし，いくつかを組み合わせて相乗効果を出すこともできる．しかし，これらすべてを同時に効果的に遂行することは，資源の制限や時間的問題，人材育成なども絡んで，容易にはいかない．そこで，今回は上記に挙げた5つの異なった政策の内，特に1つの要因に注目する．1回の旅行での滞在期間の延長である．滞在期間の長期化が実現すれば，その分沖縄に落とす金額も向上し，観光商品の購入数も増加する．また，リピート客に再度訪問してもらうことは，潜在顧客に働きかけて新たな旅行客を増やすことより，コスト的にも労力的にも負担が減少する．滞在期間の長期化はリピート客の再訪問よりもさらにコストもかからず，労力もさほど増えない．

それらの政策は長期滞在型観光という考え方で実現できる．長期滞在型観光政策では，新規観光客の増加にはそれ程の有効性は無いかもしれない．しかし，それはまた他の販売促進政策により，カバーできる．むしろ長期滞在型観光では，リピーター増加と滞在日数増加という面で大きく沖縄観光に貢献するものである．

4. 長期滞在型観光の現状

沖縄を訪れる観光客の滞在日数を増やすことと，滞在中により多くの沖縄観光商品の購入を促すことに集中することが，沖縄観光の新たな発展につながることは確認した．それでは，それらの実現に有効と思われる長期滞在型観光について紹介する．

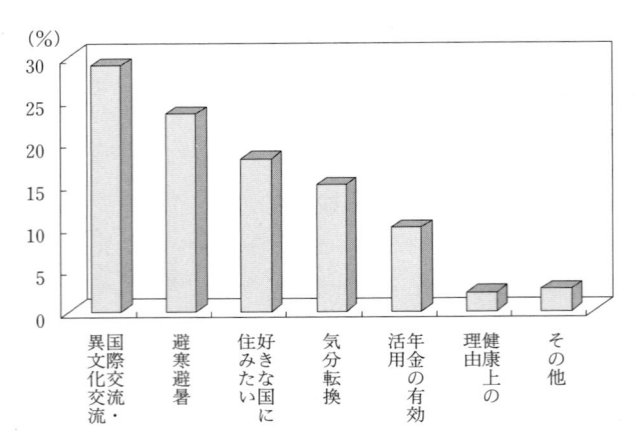

出所：(財)ロングステイ財団 (2010).

図 7-7　長期滞在型観光の目的

(1) 長期滞在型観光の定義と目的

ロングステイの概念は，財団法人ロングステイ財団により定義されている．それらは大きく分けて5つの特徴を有している．それらは，

①比較的長期にわたる滞在
②海外に「居住施設」を保有・賃貸
③余暇が目的
④旅よりも生活
⑤生活資金の源泉は日本

となっている．沖縄を長期滞在型観光の対象とした場合には，②の「海外」という部分を「沖縄県」に置き換えることができる．海外でなく沖縄における長期滞在型観光のメリットはいくつかある．例えば「海外」の場合，そこに滞在するための査証が必要であるが，国内ではそれを取得する煩わしさが無く，海外よりも気軽に長期滞在型観光を実施できる．

長期滞在型観光の目的は，国際親善・異文化交流が全体の 29.0％ を占め第1位となっている．そして避寒避暑 (23.3％)，好きな国に住みたい (18.0％)

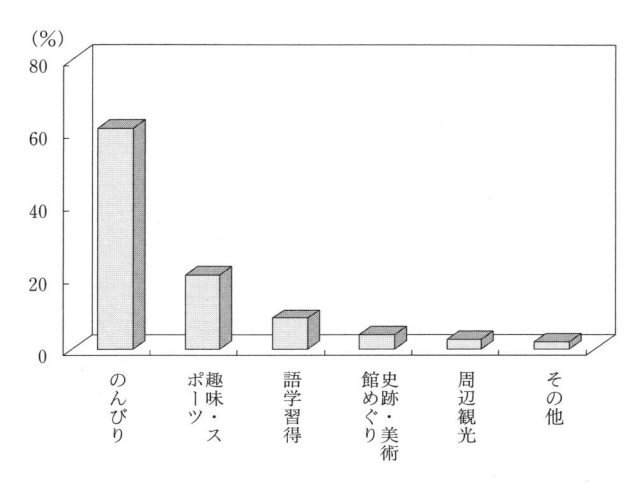

出所：(財)ロングステイ財団（2010）．

図 7-8　目的行動

と続いている．沖縄は国内であるので国際親善という目的では来沖してもらえないが，異文化交流という側面から，沖縄独特の文化に触れるという意味で，沖縄での長期滞在型観光の動機付けになりうると思われる．また，沖縄は日本本土に比較して冬でも暖かいということから，避寒地としても有望である．

　長期滞在型観光の滞在先での目的行動では，のんびりすることが全体の61.0％と圧倒的に高く，続いてかなり数値は下がるが，趣味・スポーツ（20.8％），語学習得（8.8％）と続いている．沖縄の特徴である「てーげー」とか「なんくるないさ」等の精神は，忙しい都会での生活を癒し，のんびりできる環境を作りあげている．また，陶芸，染め織物，マリンスポーツ，ゴルフ，三線，舞踊などの趣味・スポーツも沖縄独特であり，安価で気軽にできる環境が出来上がっているので，沖縄での長期滞在型観光では，したいことをする過ごし方で優位性を持っていると思われる．

　長期滞在型観光の希望滞在期間では，1〜3カ月が最も多く，調査対象者の約半数（45.9％）に迫っている．続いて6カ月以上の23.3％，3〜6カ月の17.5％と続いている．沖縄での滞在は，避寒なら真冬の12月から2月くらいの3カ月が適当だと思われる．また，若者なら夏の間の7月から9月くらいま

でが，民宿でパートをしながら自分の趣味を楽しむ期間だと言える．

(2) 沖縄をデスティネーションとした長期滞在型観光の現状
1) 若者と団塊の世代

　長期滞在型観光は現状では，海外を前提として盛んになってきている．そして，その中核として若者と定年退職をした中高年層が挙げられる．特に最近は戦後のベビーブームに生まれた団塊の世代の大量退職が始まっている．団塊世代の価値観がこれまでの中高年の価値観と変わってきており，旅行に対する興味がより強いことも分かってきている．

　沖縄をデスティネーションとした長期滞在型観光も，これらの海外長期滞在型観光の延長から盛んになってくるものと思われる．

　現在，沖縄ではドミトリー・ゲストハウスあるいは安宿が盛況をきたしている．本土から若者が仕事や学校を辞めて沖縄に来るのである．そして，彼らは沖縄各地に点在しているドミトリー等に長期間宿泊しながら，アルバイトや就職をして生活している．現在，これらの長期滞在型のドミトリー・ゲストハウスとか安宿が沖縄にいくつあるのかは把握されていない．名称も「ロッジ」「ドミトリー」「～の宿」など多様である．システムは素泊まりのドミトリー（相部屋）で一泊2,000円～3,000円台とかなり安い．食事は近くの食堂で済ませたり，宿泊客同士がお金を出し合って共同の台所で食事を作ったりしている．これらの顧客層としては20代後半から30代前半が中心となっており，しかも女性の1人旅が多い．長期で数カ月，仕事をしながらあちこち見て回る人が多いと言われている．ダイビングや離島を回る人は，行った先で泊まり，そして，また那覇まで戻ってくる．長期滞在の事例のひとつとして面白いところでは，沖縄の自動車教習所に運転免許の講習を受けに来て，長期滞在している若者がいる．また，ダイビングのライセンス取得のために長期滞在型観光をする若者もいる．

　受け入れ側も若者の長期滞在をバックアップするための環境を整備しつつある．特に離島で，マリン関連に興味のある若者が，長期滞在しやすい仕組みを作ったり，県民が田舎・離島だということで仕事を避けることから，本土からの長期滞在希望の若者を募集したりする．例えば，伊平屋島では，若者がU

ターンやJ・Iターンできる島づくりのため，長期滞在型観光客誘致と村民との交流を促進する空き民家コンドミニアムの運営の企画や島産素材を使った商品開発による産品ショップの事業拡大を図っている．また，粟国島では村保健師とともに地域保健に携わってもらう「保健師又は看護師」を募集しており，資格を持った長期滞在者を歓迎している．

若者層以外では，これから大量の定年退職が始まっている団塊の世代層がいる．団塊の世代とは戦後のベビーブーム期に生まれた世代で，通常1947年から1949年生まれのことを言う．この3カ年の出生数は806万人であるが，総務省推計では2004年時点では676万人となっていて，総人口に占める割合では5.4％と他の世代と比較してその比率はかなり大きい．2007年には，この世代の最初の者が60歳になり，定年退職が始まった．

現在，沖縄県を訪れる観光客では，2006年度で30代が21.7％と最も多く，続いて40代，50代となっている．60代以上は12.0％と他の年代層に比較してまだ少ないと言える．60代以上の観光客は主に冬に多く訪れる傾向がある．2000年度と比較すると，若者層と60代以上がその比率を下げ，30代，40代が全体の4割強を占めるまでに増加してきている．50代は横ばいである．これから見ると，今後定年により自由時間が増える60代以上の沖縄観光は，現状のままではそれほど増えるようには思われない．しかし，団塊の世代の定年で，お金を持ち健康で旅行をしたいという意向を持った層が大幅に増えることを考えると，沖縄県としては，この団塊の世代に沖縄での長期滞在型観光を定着させることは重要である．これは，沖縄県が観光政策上の中核として位置づけるべきであり，現在，総花的になっている沖縄県の観光政策を今後はある程度の方向に収斂させながら，資金・資源・人材をフォーカスさせていくことが必要だと言える．そしてその中核となるものが長期滞在型観光なのである．

これから市場が大きくなってくるシニア層で，沖縄での長期滞在型観光が定着してくると，シニア層の特徴である観光支出の高額傾向や学びや癒しに対する多様なニーズの強さによる収入面でのプラス要因が付いてくる．そしてリピーターが増加している傾向を踏まえると，今後もこれらのリピーターから長期滞在型の観光に移行していく可能性も高いと思われる．結果として一旅行当たりの滞在日数の増加につながるのである．長期滞在するということは，沖縄県

内で生活をするということである．そのためには，毎日の衣食住が必要とされ日常的な消費行動につながっていく．また，長期滞在型観光では，特にシニアの場合には，沖縄で収入を得るわけではなく，県外で収入を得て沖縄で消費するという生活パターンとなる．

2) 沖縄におけるシニア層の長期滞在型観光の可能性

団塊の世代が定年退職して自由に時間とお金を使えるようになると，沖縄は潜在顧客の有望な市場となる．ここでは，団塊の世代を含めたシニア層が，沖縄で長期滞在型観光をする可能性を探ってみる．

多くのサラリーマンが60歳で定年となるが，その9割は健康状態も良く，その中でもかなりの人が旅行に活発に出かけるようになる．60歳前半のシニア層の延べ旅行人口は2010年末には2005年の1.2倍になると予想されている．そして，このような人口統計学的視点からみて，シニア層の沖縄での長期滞在型観光誘致は沖縄観光活性化の大きな要因になり得る．

現在のシニア層の沖縄旅行の実態を確認し，今後の可能性を予測していく．シニア層の沖縄観光は1990年代に急増している．具体的に見ると，1992年から1998年までの間に2倍以上に増加しており，1998年から2004年までは緩やかながら5％程度の伸びが続いている．季節別には，この層は夏の暑い時期を避けており，秋や冬の避寒の時期にその割合が増加している．この層の観光の目的は「周遊観光中心の団体旅行」（44％）「周遊観光中心の個人旅行」（24％）「特定の目的を楽しむ旅行」（16％）となっている．本章のテーマである「長期滞在」はまだ全体の1％程度でしかなく，今後この分野の旅行目的を増加させることが重要である．

3) 沖縄型長期滞在観光が目指すもの

団塊の世代の定年に伴い長期滞在型観光の人気が高まってきている．それは，彼らの生き方に関連していると思われる．つまり，団塊の世代が残りの人生をどう過ごしたいかということを考えた場合，それを実現する1つの方法が長期滞在型観光にあると気づいたのである．また，若者や中年の働き盛りでもやはり自分の人生を考えたときに，今の状態からどうにか前に進みたいと思って長

期滞在型観光に飛び込む人も少なくない．これらの人はこの長期滞在型観光にどのようなことを期待しているのであろうか．団塊の世代が長期滞在型観光を通して望むものとしては大きく5つに分かれている．

最初にくるのが「自分の第2の人生」を考える，感じるための長期滞在観光である．団塊の世代が仕事を引退して，この先の残りの人生を充実させたいと思う時に，長期滞在型観光を通して，これからの生き甲斐を見いだそうとするもので，これまで仕事のためにおろそかにしてきた自分の人生を新たにスタートさせるものである．長期滞在型観光の計画から実行，帰国後の活動などにおいて自らが主体となり作り上げていくこと自体が，自分の人生のコントロール感につながる．

つぎに「非日常」の場に自分を置いて精神の再生を目指す長期滞在観光がある．忙しい日々から離れ，仕事や雑務，親戚や知人との付き合いなどがない非日常空間に身を置くことで，気持ちをリフレッシュすることができる．また，これまで自分を振り返る時間がなかったのを，長期滞在型観光地でのゆったりとした時間の中で，見つめ直すこともできる．

3番目は「自己成長」を目指す為の長期滞在観光である．これは幅広い年代層・個人レベルで行われる長期滞在観光である．日常の生活では得ることができないような体験をすることにより，新たな発見があり，それが自身の知識やキャリアにつながって行く効用がある．一般的なものは海外における語学習得であるが，本場で趣味を習得するために長期滞在観光をする者も多い．趣味としては，ダンス，料理，楽器，ゴルフ，キルト，ガーデニング，サーフィン等がある．

4番目は「社会貢献」を目標とした長期滞在観光である．これまでにやってきた自分の仕事やいろいろな経験を生かして，長期滞在型観光先でボランティアをして，異文化交流を図る．ある分野の専門家が退職後に自分の持っている技術を活用して地元のために奉仕活動をしたり，海外においては無収入で現地の人に日本語を教えたりする活動なども自分の生き甲斐を創り出す長期滞在型観光だといえる．

最後に「家族」をキーワードにした長期滞在観光がある．これは家族全体，親子間，祖父母と孫などいろいろな組み合わせがある．最近は若い母親が小さ

い子供を連れての長期滞在観光も盛んである．共に非日常空間で生活することで積極的に家族と関わることになり，これまでにない家族間コミュニケーションが生まれる．介護の家族の肉体的，精神的，経済的負担を特定の国（特にアジア）で長期滞在することにより，総合的に負担が軽減されるという効能もある．最近ではフィリピンに年老いた親子で滞在し，日本でもらう年金の為替差益で介護者を雇うことができるために，大変助かっているという事例がある．

5．新しい沖縄独自の長期滞在型観光の提案

（1） 戦略的長期滞在型観光の構築

　沖縄観光の悲観的要因としては，外国人観光客が少ないことである．また，観光産業自体が沖縄において人気の就職先とは言えず，人材がまだ蓄積されていないこともある．そして，ハワイやグアム等の南太平洋諸島と異なり，通年でマリンスポーツが楽しめるわけでもなく，シーズンオフにおける観光客の落ち込みも克服すべき要因である．

　市場の観光ニーズは多様化・高度化してきており，より満足を提供できる環境・仕組みを構築することが望まれている．

　訪問者は増加傾向にある．しかし，旅行慣れしたリピーターが増えていることもあり，単純にお土産や飲食にお金を落としてくれる観光客は少なくなってきている．そのために数は多いが，収入は上がらずという状況が，ホテルでもお土産品店や飲食業でも見られる．もっと付加価値を付けた観光商品の開発と同時に，世界レベルと比較すると極端に短い滞在期間を改善することがまず望まれる．

　ここでは，沖縄におけるシニア層の長期滞在型観光を取り巻く環境について見ていく．まずは悲観的要因として2つに分けることができる．1つが外部要因でもう1つが沖縄内部の問題である．まず沖縄におけるシニア層の長期滞在型観光導入の外部的な悲観的要因としては，海外における長期滞在型観光誘致活動が活発化していることである．つまり，沖縄県が長期滞在型観光を前面に打ち出す政策に出た場合には，海外の長期滞在型観光誘致国との競合が発生する．それに加え，海外では，為替による優位性や異文化という差別化が大きい

ために，沖縄としても大きな脅威だと言える．内部的な悲観的要因はさらに多い．まず団塊世代には，今の沖縄を知らない人が意外と多い．それから，沖縄の強みとなっている海やビーチの魅力ではシニア層に十分な訴求ができない．沖縄料理は美味しくないという評判がシニア層に幅広く浸透している．沖縄までの移動費用が高い，等がある．

ポテンシャル要因としては，夏のマリンスポーツに加え，癒し，芸能，歴史・文化，健康などが挙げられる．これらの有効活用は沖縄独特の観光資源となり，他の観光地との差別化になる．

夏のマリンスポーツは大きなポテンシャル要因だと言える．しかし，その分野でのグローバルな競争では，ハワイやグアム，南太平洋，東南アジアに気候的な面で劣っている．つまり冬が寒いのである．そこで，寒さのある冬をカバーするために癒し，歴史・文化，健康，学び等の要素の有効活用を考える必要がある．

つまり，これらの多様化した要素を，沖縄の弱点である短期滞在型観光から長期あるいは超長期滞在に向けた商品化をしていくことが必要である．

沖縄の長期滞在型観光には悲観要因だけでなく，ポテンシャル要因も多くある．外部要因としては，団塊の世代，つまり新たなシニア層が増加することである．また，旅行経験豊富なシニアや長期滞在型観光などの旅行専門店が首都圏に誕生し始めていることも沖縄観光への需要を増加させている．シニア層に人気のカルチャー事業がシニアの旅行需要を喚起している．内部要因としては，沖縄の気候がある．特に秋から春にかけて気候が温暖で過ごしやすい．また，琉球王朝を中心とする沖縄の歴史と世界遺産がある．琉球ガラスや陶器などの伝統工芸品の質が高い．亜熱帯気候ならではの南国ムード漂う花々や果実類がある．琉球舞踊や琉球音楽，三線などの沖縄の伝統芸能が人気．「おじぃ」や「おばぁ」など地元の人々の親しみやすさがある．冬でも快適に利用できるゴルフ場が多く，高級リゾートホテルの建設も増えている．海外に比べると言葉，治安，医療面などでも優位性がある．

このように，長期滞在型観光の悲観的要因もあるが，ポテンシャル要因も多く，今後はこれらを総合的に分析して，将来展望を模索していかなければならない．そして，それを土台にして長期滞在型観光を基軸とした，沖縄観光発展

のための行動計画を作成する必要がある．

　沖縄県はこれまで観光客の訪問者数と1人当たりの消費額に注目してきた．しかし，現実にはそれにもう1つの要素を加えた観光発展トライアングルが望ましいと思われる．その重要な要素は，「滞在期間」である．沖縄における観光産業の今後の発展も，このシニア世代の長期滞在型観光を軽視しては不可能である．現在は，海外における長期滞在型観光が注目されているが，日本語の通じる暖かい沖縄は，海外以上にシニア長期滞在型観光の魅力を秘めていると思われる．

　今後は観光発展トライアングルを目指したバランスの取れたコンセプトを創り上げ，それに向けた行動計画を明示して，実際に動かしていくことが必要だと言える．

　基本的には，団塊の世代を中心とする中高年層のリピーターによる長期滞在型観光に焦点を絞った観光政策を推進する．シニア層の旅行時の消費支出は他の層よりも高くなる傾向にあり，人口的にも今後拡大していく層でもある．また，沖縄が持つ多様な観光資源である芸能や伝統工芸，文化，ゴルフ，暖かさ，地元の親しみやすさ，治安，医療，贅沢なリゾートホテル等に興味を示す傾向がある．リピーターであることから，団体客として沖縄を訪れるのではなく，

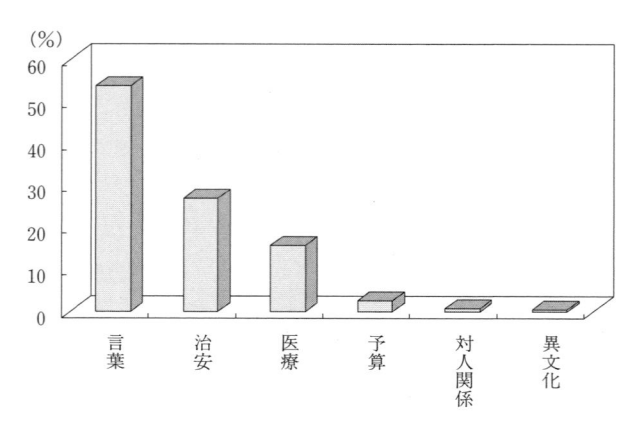

出所：(財)ロングステイ財団 (2010)．

図 7-9　不安要素

個人旅行での可能性が高いので，レンタカーや飲食，ショッピングなどに直接お金を落としてくれる．沖縄での長期滞在観光が海外に優るものがあるとすれば，それは日本語が通じることである．また，国内なので医療制度が同じであり，治安も良い．そういう意味では，日本本土からの長期滞在者は海外における不安要素のかなり多くの部分を沖縄では取り除くことができると言える．

　長期滞在型観光により，沖縄での滞在期間が伸びて，購入する観光商品の多様化も期待できる．また，本物志向により付加価値の高いものへの出費も他の層に比べて多くなる傾向にある．長期滞在により地元に知りあいや友達ができると，さらにリピートする確率が上がる．

　このコンセプトを行動計画まで具体化していく．そのためにはマーケティング的視点で観光全体を見て，市場の望むものを提供していくことが必要である．

　長期滞在型観光を沖縄県において政策的に導入するためには，大きく分けて3つの重要な課題がある．

　第1に，長期滞在型観光を受け入れる環境整備が重要である．第2に，長期滞在型観光という沖縄の観光商品を販売していく上でのセールス・プロモーション戦略を構築しなければならない．そして，最後に沖縄における長期滞在型観光が，地元の人々にとっても必要なことであり，有益なことでなければならない．

　上記の3つの課題を前提に，沖縄に長期滞在型観光を定着させるための行動計画を提示していく．

（2）　長期滞在型観光のマーケティング戦略

　マーケティングの基本は，潜在顧客のニーズを明確にすることから始まる．そして，ニーズが明らかになったところで，そのニーズを満たすための戦略を構築する．その時には，長期滞在型観光を希望する者がすべて同様なニーズを持っているとは限らない．そのために，より細かいニーズに対応するために市場細分化を行う．各細分化された潜在市場に対して，沖縄が提供できる付加価値あるいは沖縄を訪れる新たな目的・コンセプトを提供していくのである．このコンセプトは，目標とする潜在顧客に効果的にコミュニケートしなければならない．そのためにそれに合致したプロモーション戦略の構築が望まれる．長

期滞在を希望する観光客は，地元との人的交流に興味を持っている者が多い．そのために，地元が長期滞在型観光を歓迎する姿勢がなければ，観光客にとって沖縄に来る意味がない．長期滞在型の観光客に対する環境整備と共に，地元の人々が長期滞在型でやってきた観光客と交流する仕組みや，地元にお金が落ちる仕組みなどを構築しておかなければならない．

・潜在顧客のニーズの把握
・市場細分化
・宿泊施設や体験プログラムなどインフラストラクチャーの整備
・観光商品のコンセプト構築
・顧客ターゲットへのコミュニケーション戦略
・地元と共に作り上げる共存の仕組みの構築

以上の 6 つの活動を具体的に見ていく．

①潜在顧客のニーズの把握

本土の旅行会社とのネットワークを構築して，長期滞在型観光希望者のニーズやその変化を継続して観察する．また一度沖縄を訪れた長期滞在型観光経験者を組織化して，情報を収集すると共に継続して訪れてくれるようなプロモーションを実施する．専属のリサーチャーを雇い，海外の長期滞在型観光の状況や新しいコンセプトなどをインターネットや現地視察を通して収集・データベース化する．

②市場細分化

旅行ニーズは細分化してきている．そのために画一化された観光商品は，どの層からも不十分な感覚になる．そのため，ある一定の興味の共通項で結ばれる市場に分けていかなければならない．沖縄における興味としては，冬の暖かさ，伝統芸能，新しい沖縄ミュージック，歴史・文化，伝統工芸，ダイビング，花や果実，ゴルフ，健康・長寿，高級リゾートホテル，癒し，そして泡盛・とうふよう等の飲食物がある．

③宿泊施設や体験プログラムなどインフラの整備

長期滞在を目的とした宿泊施設の整備が重要である．部屋にキッチンが付属しており，長期的賃貸には魅力的な割引が設定されていること．また，生活が

し易く，沖縄らしい自然や景観がある立地も必要である．民間レベルでいくつかの企業が長期滞在型の宿泊施設の提供を始めており，今後は行政との協力関係のもと，より積極的な長期滞在型宿泊施設の新築，既存のホテルの改築などを推し進めていく必要がある．また，宿泊施設と連携した魅力的な体験プログラム，交流プログラム，学びのプログラムなどが付随していたら，より効果的なインフラになると思われる．

④観光商品のコンセプト構築

　観光商品のコンセプトを，ターゲットとする層のニーズにあったものに作り上げていく．例えば，「癒し」というコンセプトは，疲れている都会の女性に向けて発信できる．そしてそのコンセプトを実現する観光商品は「スパ」や「エステ」かもしれない．また「健康」というコンセプトは，残りの人生を気にする団塊の世代に向けて発信される．そしてそのコンセプトを実現する観光商品は「沖縄の伝統料理」や「沖縄独特の食材」かもしれない．

⑤顧客ターゲットへのコミュニケーション戦略

　それぞれの顧客ターゲットに合致したコンセプトが構築されると，次はその顧客へのコミュニケーションが必要となってくる．効果的なコンセプトを構築し，それにあった観光商品を準備しても，それが知られなかったら，あるいは

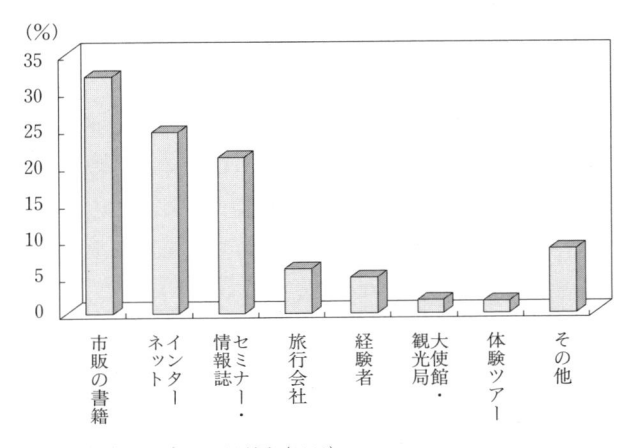

出所：(財)ロングステイ財団（2010）．

図 7-10　情報源

知っていてもその効用・魅力について気づいていなかったら，それは購入されることはない．団塊の世代に対しては，セミナーや長期滞在型観光の専門情報誌が効果的である．また，若者を狙うならインターネットを活用する必要がある．

⑥地元と共に作り上げる共存の仕組みの構築

　長期滞在型観光を受け入れるインフラや仕組みができ，効果的に潜在顧客にコミュニケーションができたとしても，それを受け入れる地元の心がなければ，長期滞在型観光による沖縄観光の発展は期待できない．そのためには，地元と観光業界，行政が一体となって長期滞在型観光を定着させていかなければならない．地元の人々は，観光業界のためにボランティアでそれをするか，あるいは沖縄県の発展のために犠牲になるかというと，それは考えられない．地元の人にとっても何らかの有益性が明示されなければならない．それは，金銭的なものかもしれない．精神的なものかもしれない．それらを明確にして，地元が犠牲を強いられないような仕組みを考え出すべきである．例えば，地元の人と長期滞在の観光客が友達になれるようにする．お互いに知らないことを教え合えるような仕組みを作る．長期滞在する観光客の世話をすることでなんらかの収入が入る等，である．

6. まとめ

　本章では，長期滞在型観光を通していかに沖縄の観光発展を推進するかを中心にみてきた．観光産業は裾野が広く，県経済に与える影響も大きい．それだけに県民全体でそれを支える仕組みと志が必要である．そのためには，地元と長期滞在型観光客との交流が大切である．そして，それを土台として観光収入を上げていくことを考えなければならない．

　観光産業を発展させて，県経済を豊かにする選択肢は数多くあると思う．しかし，それをすべて実施するには沖縄の資源・資本の両面で限界がある．例えば，もっと若者を呼び込むことや，外国からの観光客を増やすこと，家族客があこがれる観光地にすること，ショッピングの魅力を高めること等，枚挙にいとまがない．しかし，限られた制約条件の中で今推し進める政策としては長期

滞在型観光ではないかと考える．長期滞在型観光を中心として，沖縄が抱える課題を克服して，世界の中でも長期滞在型観光のトップ地域になることができれば，観光に対する魅力は後からでも追いかけてくるのではないだろうか．特に団塊の世代が海外の長期滞在型観光に興味を持ち始めていること，そして団塊の世代が続々と定年して自由な時間とお金を得ることを考えると，今こそ沖縄県はこの長期滞在型観光に集中していくべきではないかと思う．

参考文献
今防人（2008）「フィリピンにおける日本人ロングステイの可能性」実践女子短期大学紀要第 29 号．
沖縄県（2009）『観光要覧』．
沖縄総合事務局財務部（2010）「最近の沖縄の経済動向等について」．
(財)ロングステイ財団（2010）『ロングステイ調査統計 2009 年』．
国土交通省総合政策局旅行振興課（2006）「高齢者のニーズに対応した質の高い観光・リゾート地の形成等方策に関する調査」．

第8章

過疎地域における産業クラスター型地域振興
下川町の事例

長尾正克

【本章のキーワード】
　　　外来的開発論，内発的発展論，産業クラスター，地域の自律，NPO法人森の生活

1. はじめに：問題の所在

　「地域づくり」という言葉は，地域づくりに取り組む立場，つまり，誰が何のために地域づくりをするのかによって，その内容は大きく異なる．その立場とは大別すると2つあり，1つは国（中央政府）の立場である「外来的開発論」，もう1つは地域住民あるいは自治体（地方政府）の立場である「内発的発展論」である．地域住民の立場と自治体の立場は必ずしもイコールではないが，今はさしあたりほぼ同じ立場としておく．しかし，最終的にはその立場の違いを認識することが地域興しには重要であることを論述する．

　まず，国の立場に依拠している理論は，新古典派理論をベースとした地域開発論であり，その内容は経済発展が遅れている地域に外から資本を注入する外来型の地域経済振興戦略である．より具体的にいえば，発展途上国の経済発展を先進国経済の発展に従属させる，いわば間接的な植民地化のための開発理論である．宮本憲一は，大原総一郎元倉敷レーヨン社長が新産業都市計画の一環である水島コンビナート誘致の実態を見て「植民地開発」と名付けたことを「まさに至言」と評し，このような外来の資本（民間企業の投資だけでなく，国の補助金も含む），技術や理論に依拠して開発する方法を「外来的開発論」[1]と命名した．これはもう1つの地域住民に立脚した「内発的発展論」と対置し

た概念である．

「内発的発展論」とは，地域住民の立場に立脚した理論であるが，「内発的発展」という言葉を日本で最初に使ったのは鶴見和子である．鶴見は内発的発展についての考え方を次のようにまとめている．「内発的発展とは目標において人類共通であり，目標達成への経路と，その目標を実現するであろう社会のモデルについては，多様性に富む社会変化の過程である．共通目標とは，地球上のすべての人々および集団が，衣・食・住・医療の基本的必要を充足し，それぞれ個人の人間としての可能性を十分に発現できる条件を創り出すことである．それは，現在の国内および国際間の格差を生み出す構造を，人々が協力して変革することを意味する．そこに至る経路と，目標を実現する社会の姿と，人々の暮らしの流儀とは，それぞれの地域の人々および集団が，固有の自然生態系に適合し，文化遺産（伝統）に基づいて，外来の知識・技術・制度などを照合しつつ，自立的に創出する．地球規模で内発的発展が展開されれば，それは多系的発展となる．そして，先発後発を問わず対等に，相互に手本を交換することができる」[2]．鶴見が「内発的発展を多様性に富む社会変化の過程」というとき，そこでは政策論が消えている．多様な主体が多様に行動する中から自ずと発展がもたらされるということなのであろう．決して，自治体政策としての内発的発展策ではない．

宮本憲一は「内発的発展とは具体的にはどのような政策をとるのかはまだ明らかではない．発展途上国の自立には，これ以外に選択の方法はないであろう．この場合，まず，今の寄生的な大都市の改造と地方都市や農村の発展が課題になるに違いない」[3]と指摘している．このことは，発展途上国あるいは地方政府レベルの政策が自主的に用意されていることを前提条件にしている．この点は鶴見と大きく異なる点である．

しかし，地域の自律的発展，つまり内発的発展を具体化する方法としては，自治体が地域政策を立案することが現実的な対応に思える．予算と権限を持つ自治体が自ら投資主体となって動かなければ，自立した地域政策を策定することが困難だからである．

そこで宮本は，地域政策策定のための内発的発展に関する基本原則を，次のような4項目の要旨で整理している[4]．

①地元の技術・産業・文化を土台に，地域内の市場を主な対象として地域住民が学習・計画・経営すること．だが，地域主義ではない．大都市圏，政府との関連を無視して，地域が自立できるものではない．
②環境保全の枠の中で開発を考え，アメニティ，福祉，文化，地元住民の人権の確立を求める総合目的を持つこと．
③産業開発を特定業種に限定せず，複数の産業分野にわたるようにして，付加価値があらゆる段階で地元に帰着するような地域産業連関を図ること．
④住民参加の制度をつくり，自治体が住民の意志を汲んで，その計画にのるような資本や土地利用を規制しうる自治権を持つこと．

　この原則に基づいて，地域の内発的発展を推進しようとした場合，誰がどこで何をしたらよいのかが，実のところあまりよくわからない．自治体が内発的発展の推進主体となったとき，自発的な住民参加の組織は誰がどのようにつくったらよいのか，つまり形骸化しない住民参加組織のあり方については明らかにしていない．

　しかしながら，まず予算と権限を持つ地方自治体が政策主体になって内発的発展，いわば産業クラスター化に踏み切ることの必要性を主張する意義は，それなりに認められる．

　ここでは，自治体主導による内発的発展を目指してきた北海道上川支庁管内下川町の事例を対象に，内発的発展の展開過程について検討し，自発的な住民参加組織について考察してみたい．

2. 内発的発展の成功事例：下川町の地域振興経過

(1) 下川町の概況

　内発的発展の対象事例となる下川町は，北海道上川支庁管内の北部，名寄市の東隣り約25kmに位置する農山村である．町の面積64,420ha，そのうち森林面積は58,277haと総面積の約90％を森林が占めている．所管別にみると国有林が80％（47,476ha）と最も大きい．次いで私有林が8％（4,328ha），そして町有林が7％（3,697ha）となっている．なお，下川町には道有林は存在しない．

1903（明治36）年に鉄道が名寄まで通過したのを契機に，名寄市に木工場ができ，木材の取引は活況を呈した．1923年の関東大震災の際には，下川町はその復興材として100万石（5,547,300m³）の木材を送り出したこともある．昭和の時代に入ると，戦火の拡大に伴い軍需資材として多くの木材を供給してきた．

　戦後の下川町は，戦前からの天然林を中心とした林業，そして金や銅の鉱山として繁栄し，1960年の国勢調査では，人口15,555人に達していた．しかしその後の貿易の自由化による海外からの輸入材の氾濫や炭鉱閉山に伴う炭鉱鉱木需要の喪失による木材価格の低迷，鉱山（銅山）の廃止，JRの廃線，営林署の統廃合などにより，雇用の場を失うこととなって，表8-1にみられるように多くの就業人口が流失したが，特に第1次産業と第2次産業の減少が著しかった．

　それでも1980年の人口総数は曲がりなりにも7,000人台を維持していたが，1985年には一挙に5,000人台に突入し，1995年には遂に5,000人台を割って4,747人となり，文字通りの過疎町村に陥った．

　そこで町は既に他町村に先駆けて実質的に森林産業クラスターを育ててきたが，1998年にその飛躍的発展を期すため，北海道では3番目になる産業クラスター研究会を新たに発足させ，さらなる地域振興策を模索した．しかしながら，この産業クラスター結成以後も過疎化のテンポは遅らせても，人口減そのものの進行は阻止できず，林業分野の活性化にある程度寄与はしたが，町全体の活性化には必ずしもつながっていないのが現状である．

　今日時点（2009年）の住民基本台帳でも，下川町の人口は3,788人と一貫して減少傾向は続いている．表8-2から業種別就業人口の動向を見ると，第1

表8-1 下川町における15歳以上の産業就業人口の動向（その1）

(1970年＝100)

項目	70年	75年	80年	85年	90年	95年	00年	05年
総数	100	78	66	55	50	46	41	36
第1次産業	100	62	54	48	38	32	23	22
第2次産業	100	85	65	43	41	39	30	23
第3次産業	100	88	80	77	72	70	74	66

資料：国勢調査．

表 8-2 下川町における産業就業人口の推移（その 2）（産業別構成割合の年次変化）

(単位：％)

分類項目	70 年	75 年	80 年	85 年	90 年	95 年	00 年	05 年
農業	23.5	17.3	18.5	20.0	19.9	18.8	16.3	18.4
林業	9.9	9.3	9.0	9.2	6.0	4.4	2.1	2.1
漁業	—	—	0.0	—	—	—	—	—
鉱業	14.8	14.1	8.7	1.3	0.2	0.2	0.4	0.1
建設業	7.5	12.0	13.1	13.5	14.7	16.2	15.2	12.2
製造業	13.8	12.9	13.6	13.6	14.7	14.2	11.3	10.6
電気・ガス・熱供給・水道業	0.3	0.3	0.4	0.4	0.3	0.4	0.9	0.6
情報・通信業								0.1
運輸業	4.3	4.2	4.4	4.2	3.6	3.2	3.1	2.2
卸売・小売業								11.4
飲食店・宿泊業	11.6	12.3	13.5	15.3	14.6	12.6	14.6	4.4
金融・保険業	0.7	0.7	1.0	1.4	1.5	1.4	1.1	0.9
不動産業	0.0	0.1	0.1	—	0.1	0.0	—	0.1
医療・福祉								10.0
教育・学習支援業								3.3
複合サービス事業	11.3	12.7	13.8	16.4	18.7	22.4	27.2	5.6
サービス業(他に分類されないもの)								10.8
公務(他に分類されないもの)	2.3	3.9	3.8	4.6	5.7	6.3	7.9	7.4
分類不能の産業	0.1	0.1	—	—	—	—	—	0.1
第 1 次産業	33.4	26.6	27.5	29.2	25.9	23.1	18.3	20.5
第 2 次産業	36.1	39.0	35.5	28.4	29.6	30.5	26.8	22.9
第 3 次産業	30.5	34.3	37.0	42.4	44.5	46.4	54.8	56.5

資料：国勢調査．

次産業の農業の落ち込み，そして，第 2 次産業の土建業と製造業の落ち込みも顕著になっている．特に土建業は，森内閣や小泉内閣の公共事業抑制政策が響き，地域の労働市場を劣悪化させている．下川町としては，農地を貸付して土建業の農業参入（フルーツトマト導入によるハウス園芸等）を奨励し，支援している．その成果は，徐々にではあるが顕在化しつつある．

(2) 国有林の町払い下げと森林組合の事業展開

豊かな森林資源と需要増大を背景に，下川町は名実ともに木材のまちとして栄えてきた．その林業依存度の高さから，町役場は独自の森林政策を進めることを決意し，1953 年には 1,221ha の森林を国から買い受け，町有林とした．

しかし，スタートを切ったその矢先，1954年9月の洞爺丸台風により約3分の1の森林が失われ，これまでの天然林施業という経営方法から方向転換を余儀なくされた．風倒木の跡地処理のため，人工林による造林主体の山づくりに移行し，町直営の森林経営体制を敷いたが，町が森林を直接管理することは困難なので，1967年に町有林事業を森林組合に全面委託することになった．それに伴って町直営労務班20数名も，森林組合に移籍した．

下川町森林組合は，1967年より町有林における素材生産・造林・林道等の委託事業を開始した．1976年には下川町が第2次林業構造改善事業の指定を受け，組合の機械設備が充実されると共に，町有林の事業が森林組合に全面委託されるようになった．これにより，森林組合の利用・林産事業は一気に拡大した．また，1981年の秋に起こった雪害の被害木を契機として，1982年からカラマツ間伐材を主な原料とした木炭加工施設を導入して製炭事業を開始した．間伐材を利用した製炭事業は現在も循環型事業のモデルとして注目を集めている．その後，さらなる相乗効果部門として，「くん煙防腐処理材部門」，「円柱・防腐処理材」，「防腐・防蟻処理土台」，「集成材」など，民間の製材業者と競合する部門（製材・チップ等）を除いて多角化し，森林産業クラスターの原型となる事業を拡張していった．なお，製炭事業の製品には，主製品の木炭の

表8-3　下川町森林組合の取扱い事業収益の推移

(単位：千円)

年次	指導事業	販売事業	加工事業	森林整備事業	計	伸び率
1985年	2,324	134,544		212,769	349,637	100
1990年	3,013	332,468		180,192	515,670	147
1995年	5,253	556,372		219,385	781,010	223
2000年	31,854	701,089		243,610	967,553	277
2001年	10,145	611,995		221,839	843,979	241
2002年	16,874	547,195		214,870	778,939	223
2003年	3,856	578,647		240,194	822,697	235
2004年	4,661	178,553	466,431	223,883	873,529	250
2005年	3,816	179,525	530,364	229,300	943,005	270
2006年	3,153	188,439	682,578	222,498	1,096,668	314
2007年	934	290,835	580,216	278,128	1,150,113	329
2008年	1,565	193,892	529,526	290,746	1,015,729	291
2009年	871	152,725	488,105	224,175	865,876	248

資料：下川町森林組合通常総会議案の各年次．

外に，土壌改良材，融雪剤，建築用カラマツ炭素等の外に，もみの木精油，木酢も含まれている．この結果，森林組合の事業実績は表8-3に示したように歴史的には著しく向上してきたが，最近では低迷状況にある．

　収益低迷の原因は，基本的には木材の需給関係は緩和する一方で，町有林の人工林は9～10齢級が多く，主伐期（カラマツ約50年，トドマツ80年を想定）には到達していない木が多いため，目下のところ徐伐，間伐，枝打ちなどが主作業になっているからである．森林資源に依存する下川町の町や森林組合にとって，収入の見込めない期間の森林保育費用をいかに捻出するかが大きな課題になっていた．そのため，「集成材」や「木炭」などの加工品に大きく依存してきたが，これらの収入源が円高の為替相場のため海外からの輸入品に圧迫されつつあった．

　一方，京都議定書が批准され，森林管理に対して炭素クレジットが認められたため，町役場では二酸化炭素の吸収量が森林の新たな付加価値となるのではないかとの期待を持った．そして企業から資金を獲得する手段の1つとして，この吸収量を活かした森林整備の活性化に向けた取り組みが始まった．その第1段階として，「カーボンオフセット・プロジェクト」が実施された．その内容は都市で開催されたコンサートでの電力消費によって発生する二酸化炭素を，下川町が育成している森林が吸収するとして，そのコンサートの主催団体が森林の育成費としてコンサート収益の一部を支払うという形態である．

　その第2段階として，前述の「カーボンオフセット・プロジェクト」を足がかりに，「森林整備による温暖化防止のためのパートナーシップ形成」という構想が持ち上がっている．この構想は，町有林における二酸化炭素の吸収量を媒介にして，企業とパートナーシップを結ぶことで森林整備費用を得ようとするものであった．これは企業の社会的責任に依拠しようとするものである．このような環境保全のために森林整備をしようという動きは，経済産業省と環境省にあるが，下川町としては環境省のJVA制度に乗った動きをしている．これは北海道の下川町を含めた4町（足寄町・滝上町・美幌町）が協議会を形成し，パートナーを募集している．2009年には坂本龍一が代表を務めるモア・トリーズ（more trees）にクレジットを提供している．さらに，日本野球機構もナイターの延長分（3時間を超した分）のクレジットを買っており，カード

会社のJTBもクレジットを購入している．しかし，最も排気ガスを出している自動車を生産しているメーカーに関しては，クレジットを購入する動きはない．

(3) 林業を核とした産業クラスターへの取り組み

下川町と森林組合は，これまでの公共事業依存，官依存では下川町の地域経済は成り立たなくなってきているという危機感から，それからの脱却を目指して，持続的・循環的産業構造形成を推進するため，基幹産業を中心として産業の有機的な連関を検討する組織として，「下川町産業クラスター研究会」を1998年に結成した．その中心メンバーは，森林組合や林業関係企業が中心ではあるが，商工会や農業者も含まれた全町を網羅した組織であった．結成のリーダーとなったのは森林組合長であり，事務局は町の企画振興課におかれた．さらに外部からアドバイザーとして，北海道地域技術振興センター・クラスター事業部（現在の(財)北海道科学技術総合振興センター）と上川支庁の全面的な支援を受ける一方で，地域興しの専門家である島根大学の保母武彦教授の助言を仰いでいる．

下川町には既に森林組合を中心に，森林施業の関連部門であるハード事業を派生させて実質的な産業クラスターの芽を育ててきたが，あくまでも林業関係のクラスター化にとどまっていた．その限界性を打破するため研究会を立ち上げ，枠組みを全町的に広げた産業クタスター化を推進しようと意図したわけである．

研究会で論議された産業クラスターの基本コンセプトは，次の3つである．①現在地域にある競争力のある産業を軸に，強いものをより強くする．②地域全体で，産学官で，外部とのネットワークで連携を強化する．③他にないもの，他に先駆けるもので競争優位の可能性を基礎とする．

そして当面の目標は，①「地域の自律」「内発的発展」による地域社会経済のシステム化，②環境，産業，人々の歴史などの特性に根ざした「持続可能性」を追求する，③都市との「交流・ネットワーク」により生まれる産業ビジネスの構築，④地域の意思決定過程における「行政・企業・市民のパートナーシップ」の形成，⑤「産学官連携」を通じた技術，人材の集積，教育の高度化，

⑥美しさ・文化の継承を意識した「地域アイデンティティー」づくりである．

　産業クラスター研究会の活動はめざましく，これまでの林業を中心に形成された産業クラスターを全町的な産業活性化につなげるため，「都市と農村の交流の場＝森林保養地構想」を下川町の最終到達点として，数多くのコミュニティ・ビジネスを企画した．その具体的内容はいわば林業主体のグリーンツーリズム，あるいは環境保全の重視ということでエコツーリズムを意図していたが，実はそれを実質的に推進する担い手がなかなか育たなかった．ここでいうところの「コミュニティ・ビジネス」とは，「地域のみんなの利益のために，ビジネス感覚を持って地域に根ざした活動や事業を継続的に展開すること」[5]を意味している．

　つまり，このコミュニティ・ビジネスの起業に町民があまり自発的に参加していないという状況が続いたが，このことはある意味では自治体誘導型地域興しの限界でもあった．

　そこで，「都市と農村の交流の場」を展望しつつ新たなコミュニティ・ビジネスの担い手として登場したのが，次に紹介する「NPO法人森の生活」（以下「森の生活」）と地域学「しもかわ学会」（以下「しもかわ学会」）という2つの組織である．この2つの組織の違いを強いてあげるとすれば，「森の生活」はコミュニティ・ビジネスの実質的な担い手であり，そこに結集する人達は主として風の人（町外からのIターン・Uターンの人）で，下川町に都市住民が訪れるように外（都市）に働きかけている．

　「しもかわ学会」の担い手は主として土の人（地元の人）であり，「しもかわ学会」の役割は，「森の生活」の活動を住民に伝えると共に，住民同士が「都市と農村の交流の場」を形成するため，住民とりわけ女性住民に情報発信をしている．

(4)　都市住民と農山村住民との交流の場づくり

　下川町産業クラスター研究会では，下川町のグランドデザインを検討するワーキンググループを立ち上げ，中期目標として「森林ミュージアムを軸とした地域経済社会システムづくり」を掲げた．これこそ，下川町民が到達したグランドデザイン，森林を基軸にしながらも全町民が循環的に生活を維持しうる

「都市住民と下川住民との交流の場づくり」を意図した．そこでは下川町に存在する森林そのものが博物館の機能を果たして，下川町を訪れる都市住民はそこで大いに癒され，地元住民も経済的に潤う仕組みを考えている．その交流ビジネスを成功させるためには，森林組合関係者だけでなく，農業，土建業，商工業を含むすべての町民の結集を必要としていた．

研究会の結成当初は，意欲を持った町民が自発的に仕事が終わってから夜に参加するというボランティア活動であったが，事務局を専門に担うセクションが必要となり，五味温泉を経営するために結成された第3セクターの財団法人下川町ふるさと開発振興公社内に町がクラスター推進部を結成した．産業クラスター研究会も10年が経過し，下川町のグランドデザインが決定され，具体的なコミュニティ・ビジネスが提起される段階となったが，もはや議論の場は必要なく，起業推進の実務を担う体制が必要ということで，2006年に産業クラスター研究会は解散し，クラスター推進部が起業者を積極的に支援する体制を構築したのである．都市住民との交流のためのビジネスをコミュニティレベルで誰がどのように起業するかが問われたとき，その担い手として登場したのが，既に述べた「森の生活」である．以下に述べるこの組織の紹介内容は，「森の生活」の奈須代表の諸論文[6],[7]とインタビュー調査に依拠した．コミュニティ・ビジネスの起業を支援する「しもかわ学会」は，川島運営委員長とのインタビュー調査に依拠した．

1) 担い手1：NPO法人森の生活

この法人は，自治体主導の地域づくりを住民主体の地域づくりに転換するため，既存のタテ型住民組織をヨコに繋ぐ組織として形成された．当初は実質的な担い手は代表者である奈須憲一郎（当時33歳）を含めて2人の専属スタッフ（代表以外は事務担当者）だけの組織であった．

名古屋生まれの奈須は，かねてより都市の環境悪化から都市で暮らすライフ・スタイルに疑問を持ち，北大森林科学科に進み，自らの意思で農山村に移住した人々が地域の内発的発展に果たす役割を修士論文でまとめた後，1999年に彼自身が下川町役場に就職し，働きながら下川町のNPO団体，産業クラスター研究会，そして「しもかわ学会」などに関わってきた．

その過程で，下川町が内発的発展の典型事例として評価される取り組みに対し，ある種の問題点を強く認識するようになった．それは下川町における市民活動の弱さである．

　近年では，地方分権の時代ということで，行政側からも市民参加による協働を進めようとか，市民活動を活性化しようという呼びかけを盛んにしているが，奈須としては下川町も含めて道北地域では，市民不在のまま協働や市民活動が奨励されているような気がしてならなかった．ここでいう市民とは，ある特定の市に住んでいる住民という意味ではなく，社会的課題を自らの問題として捉え，その解決に向けて行動しようとする自立した社会構成員のことを指す．このような市民の成熟を前提とした協働であればよいが，現実の協働は自治体が財政不足を補うために住民を動員しようという意図が強く，自治体によるアリバイづくり的な市民参加の要請に，町民からも批判の声があがっていた．

　そこで奈須は，6年間勤めた町役場を退職し，特定非営利活動法人として「森の生活」を結成した．「森の生活」は，任意のNPO法人として森林・林業体験事業を中心に活動していた自主的サークルである森人類（森林組合の職員が中心となり，そこに新住民も加わった森林のデザインを楽しむ会）を「森の生活」と一体化し，その活動を吸収して活動の自律性を高めるための収益活動を重視する事業型NPO法人として再出発したのである．

　「森の生活」は，事業型NPO法人という経済活動を重視した運営スタイルを志向することで，財務上の独立性を保つことにした．また，役場を退職し，各種既存組織の圧力を回避することによって，意思決定上の独立性を保ち，既得権階層から受ける影響を極力少なくしようとしている．

　但し，既得権構造から距離をとろうとはしているが，従来までの内発的発展の流れは否定しない．むしろ，「森の生活」が事業の柱にしている森林観光や森林療法は，いままで下川町が努力して積み上げてきた森林施業，さらに木材製品の加工業・製造業などを含めた森林産業クラスターを補強するものである．そこには産業クラスター研究会で描かれた「森林ミュージアム」構想の実現をより速やかに到達させようという意図があった．

　この「森林ミュージアム」構想は，下川町が市町村合併をしないことを決定した後に作成された「下川町地域自律プラン」のなかでも町の目標として掲げ

られた．「自律」が「自立」でないのは，自立は国や道の助けを求めない自助努力で行動することを意味するが，自律は国や道からの支援は受け入れても，自主的に行動するという意味合いであろう．

このように，市民活動が未成熟という下川町の自治体主導型内発的発展の問題点を克服するために，「森の生活」は既得権構造から一定の距離をとりながらも，ある局面では既得権構造からの支援を受けながらも内発的発展をより進化させようという意図のもとで活動している．

「森の生活」は現在7つの事業を実施している．その目的は，「この法人は，下川町の資源である森を活用した多様な活動を通じて，参加する人々の健康的で心豊かな生活の創造，環境教育の促進を図り，農山村地域の活性化，地球環境の保全に寄与することを目的とする」と定めている．この目的を達成するため，コミュニティ・ビジネスとして社会的商品やサービスを有償で提供している．事業の具体的内容は，①森のコンシェルジュ事業，②森のツーリズム事業，③森のセラピー事業，④森のスローフード事業，⑤森のセレクトショップ事業，⑥森の手仕事事業，⑦森の大学事業の七事業である．このような多様なビジネスを構築したのは，ビジネスとしてはすべて初体験であったので，試行錯誤的にビジネス化の可能性のあるものは，何でも取り組んでやろうという意気込みであった．

こうした多様なビジネス活動の中でも，「森の生活」が設立当初から最も力を注いできたのが，森林療法を担う「森のセラピー事業」である．森林療法とは，森林浴をはじめとした森林レクリエーションや森林内の地形を活かした歩行リハビリテーション，樹木や林産物を利用する作業療法，そして心理面では散策カウンセリングやグループアプローチなど，森林環境を利用して五感機能を発達せしめる全人的なセラピーとされている．その森林療法をバックアップしているのが「しもかわ森林療法協議会」である．この協議会では，ゼロエミッションの木質資源活用による森林産業クラスター形成が進んだ下川町にあって，さらに森林を活用した新産業創造という観点からこの森林療法に着目し，将来像としては森林保養地を目指している．この森林保養地構想を着想したのは，「森の生活」代表奈須憲一郎その人であった．そして，この森林保養地構想の先を見据えている最終的なゴールが森林ミュージアムであり，「森の生活」

の7つの事業は森林ミュージアム実現のための布石となっている．

　このような経緯から，2006年に行政が町予算で森林療法に際して自律神経を測定する装置を購入する予算（175万円）と協議会に対する補助金（70万円）を計上し，過去2年間以上に森林保養地構想の実現に向けて前向きな姿勢を示した．さらに，2006年度には「森の生活」が内閣府「市民活動団体等支援総合事業」（以下支援事業）の助成を受け，森林保養地の実現に弾みがついた．この事業の申請者および助成対象者は「森の生活」であるが，申請受理の条件として自治体が内閣府から地域再生計画の認定を受けなければならないため，町は「森の生活」を支援するために認定を受けた．この内閣府の支援事業は，総額約265万円の委託契約であるが，そのうち約184万円を「森の生活」スタッフの人件費に当てることができた．財政基盤が脆弱な「森の生活」が新規の社会的事業を行うにあたって，非常に効果的なソフト事業の支援内容であった．

　「森の生活」が実施している7つのコミュニティ・ビジネスも試行錯誤を経験するなかで，次第に3つの事業部門に収斂してきた．

【体験事業】
①林業体験（きこり体験）
②北海道モミ・エッセンシャルオイルづくり（森林組合から移譲）
③森林セルフケア（森林療法）
④アロマスプレーづくり
⑤蜜ろうキャンドルづくり

【製造販売事業】
①エッセンシャル北海道モミ（トドマツ）
②芳香蒸留水（エッセンシャルオイル抽出時の副産物）
③北海道モミ・アロマミスト（ルームスプレー）
④北海道モミ・アロマソープ

【宿泊事業】
　下川町の施設である「下川町地域間交流施設森のなかヨックル」の運営受託事業である．運営管理する交流棟は，A棟（25人調理・会食可能）1棟と交流B棟（1棟4名宿泊・自炊可能）10棟の合計11棟である．

「森の生活」のビジネスサイズは2005年度が約142万円，2006年度は約750

万円, 2007年度は約580万円, 2008年度は約1,500万円, 2009年度は約2,700万円にものぼっている. 将来的には3,000万円のビジネスサイズにすることが目標となっているが, この目標は早急にクリアされそうである.

　事業が順調に伸びている背景としては, 2008年度からは森林組合からアロマセラピー用のもみの木精油事業を引き受けている. もともと採算の取れる事業なので森の生活としては事業運営上プラスになっている. そして, 2009年度には, 町の施設である「地域間交流施設森のなかヨックル」を受託することによって, ツーリズム事業が定着しつつある.

　「森の生活」の常勤職員は, 2008年度は奈須代表を含めて専属スタッフ3人（全体の統轄1名, 製造事業1名, 事務員1名）であった, 2010年度では専属スタッフが, 6名に達している. その内訳は奈須代表が全体の統轄と森林療法, 森林体験教育とツーリズムに1名, 製造販売事業に1名, 宿泊事業に1名, 森のなかヨックルのガーデン管理に1名, そして事務員の1名である. ビジネスサイズの拡大とともに, スタッフも充実しつつある.

2) 担い手II：地域学「しもかわ学会」

　「しもかわ学会」とは, その目的として規約に「下川での地域育ての実践と地域研究, 会員相互の交流を通して, 学術的概念の再構築を図り, 社会変化に対応し, 主体性を活かした新たな地域づくりを推進し, 下川町の継続的発展に寄与することを目的とする」とあるが, 要するに森林ミュージアムの推進に寄与するため, 「森の生活」の活動支援や町の宝を発見し, 町内に情報を発信するための集いと言えそうである. この事務局は, クラスター推進部に置かれており, 「森の生活」とは異なって, ある意味ではクラスター推進部の監督下にある組織である. しかし, 組織の実質的運営は, 町内の民間人が結集している運営委員会にある程度任せられている. その委員長は町内の運輸会社に勤務している下川町で生まれ育った生粋の土の人, 女性の川島里美（45歳）である. 町内外の人との直接的な交流拠点として, カフェ形式の「はるころカフェ」を民間の呉服店内に経営主の娘さんの協力で設置し, 町民の交流拠点としたのが「しもかわ学会」の最初の仕事であった.

　「しもかわ学会」の事業としてはクラスター推進部の指導のもとで, ①研究

発表・交流フォーラム・各種シンポジウムの開催，②機関誌その他の発表（地元名物のブックレット（11集まで完成），下川のあんな人こんな人を紹介した「おいでよ！しもかわ」のパンフレット等），③各種情報の収集・提供など，会員間の交流や研究協力を支援している．町からの補助金は10万円程度もらっていて，まちづくりに自発的に参加する住民を育てている．組織として軌道に乗っていると評価することは時期尚早であるが，女性の活動家育成に力を注ぎながら，「森の生活」と連携し，まち興しの裏方として力強く活動している．「森の生活」が新住民の集まりであるのに対し，地域学「しもかわ学会」は古くからの住民主体の集まりであるということで，絶妙なバランスがとれているといえよう．

3. 下川町における地域振興の現段階的問題点

1) 既存組織のリーダーシップについて

　内発的発展による地域興しの模範的事例として保母教授は，地域住民が主体的に結集した野沢温泉の地域振興[8]を推奨している．しかし，行政によってつくられた北海道の農村と，もともと住民によって形成された自治村としての伝統を持つ府県農村とでは，共同体のまとまりに差があり，北海道は主体的結束力が弱いので，それ程参考にはならないが，民間主導の凄さは伝わってくる．

　北海道の結束力を強めるためには，まずは自治体が先頭に立って地域内で最も活力のある産業を基軸にして，産業クラスター化を誘導し，地域興しのきっかけをつかみたい．しかしながら自治体が先頭に立つと，どうしても既得権益層の擁護に力が入ったり，あるいは，そうでなくてもそのようにみられたりして，全町的な結束を引き出すことが困難であった．下川町を，森林ミュージアムを核とした「都市住民と地元住民の交流の場」にすることができたら，それに伴うコミュニティ・ビジネスは全町民に経済的な潤いを与えてくれる可能性は大きいと考えられる．しかし，町役場がその目的達成のために，先頭に立って強引に牽引しようとすると，町民の多くは引き回されたと感じて白けた感情に陥るであろう．

　「森の生活」のような住民の自主組織が先頭に立てば，時間はかかるだろう

がその違和感は解消される．このような「森の生活」の行動は，着実に都市住民を下川町に導きつつある．事業の実績が次第に向上しているからである．そして，「しもかわ学会」の活動も着実に住民の中に浸透しつつある．その意味で，「森の生活」の誕生を契機に，町役場や森林組合が先頭を切るのを止めて縁の下の支援に廻った意義は大きい．

　下川町において，町外からの新住民が中心になっている「森の生活」が活躍できるのは，新住民と旧来の住民との間の確執があまりないからである．それは下川町の歴史と無関係ではない．下川町はもともと府県からの移住者によって明治の後半から開拓されたところであり，戦前からの三井，三菱系の鉱山として栄えたところである．また，戦後の満州からの引き揚げ者の戦後開拓入植を受入れた地域でもあり，絶えず府県からの移住者を受入れて活性化した経験を有している地域でもある．したがって，よそ者を温かく受入れる素地があったといえよう．

2)　下川町が抱えるサンルダム問題

　国に環境モデル都市を申請し，認められた下川町ではあるが，実は北海道開発局が事業主体になっている「サンルダム」建設が，環境保護団体や漁協の反対運動を振り切って開始間近に迫っている．ダム設置の目的は，①洪水調節，②流水の正常な機能の維持，③水道用水，④発電など多目的用途である．しかし，このダムがサクラマス（ヤマベ）の回遊を通じた海と森との交流に大きな影響を与えることが懸念されている．奈須はダムの設置そのものには反対しないが，サクラマスの回遊に支障のないダム，いわば環境保全の時代に適合したダムの構造にすべきであると，危機感を持って代替案を提起している．しかし，町役場としては，開発局主導のこの事業に全面的に賛成している状況にあるため，奈須はこの問題がこじれることで環境モデル都市や森林ミュージアム構想にも影響がでてくることを強く懸念している．

　内発的発展を目指してきた町が，外来的開発に大きく依存しようという動きにはいささか違和感を感じるが，あまりの過疎化の深化に，町としても土建業による短期的な地域経済振興に善し悪しは別として頼らざるを得なかったためと推測される．

3) 農業部門の連携強化

　下川町としては05年で就業人口の18.4%を占める農業者との連携が今のところ不十分である．しかし，クラスター推進部が下川町特産の春まき小麦「ハルユタカ」を中心に，付加価値を高める地域振興に乗り出したことから農業自体も活性化しつつある．さらに，下川町出身の農学研究者が実家の農業経営を継承するため北海道道立中央農業試験場を辞職して，Uターンしてきた．農学博士の佐藤導謙氏がその人である．彼は農業試験場において小麦の育種研究に従事し，若くして学位を取得した人である．彼は，「森の生活」や「しもかわ学会」の動きに啓発され，既に定着化しつつあった下川産春まき小麦ハルユタカの初冬播き技術を指導することによって，地域農業に新しい風を吹き込んだ．

　彼はクラスター推進部や「森の生活」のスタッフと交流し，新しい産業クラスター形成の一翼を担いつつあることは注目に値する．それまでは，オーストラリア産小麦で手延べ麺を製造していたが，その一部を下川産小麦に切り替えることができたのである．それを特産品として「森の生活」や「しもかわ学会」がPRして販売するという連携が取れたことにより，ようやく林業と商工業，そして農業が有機的に結びつきつつある．

　このような異業種間の連携は，今のところ必ずしも十分とは言えないが，少なくともその契機は形成されたので，あとはいかにしてそれを強化していくかである．

4) 人材の育成

　「森の生活」の代表者である奈須が地域興しのリーダーとして，その力量を発揮しつつある．リーダーが育っているのは，何よりも本人の努力や熱意が第一ではあるが，リーダーが育つ環境を町役場と森林組合が，かなり提供してきたことが指摘されよう．

　とはいえ，奈須が6年間勤めた町役場を退職して，NPO法人を立ち上げた当初年の本人の年俸は100万円に満たない程度であった．町立病院で看護師をしている妻の扶養手当対象にされていたが，軌道に乗りつつある現在（2008年度）の年俸にしても妻の扶養手当対象からはずれてはいるが，それでも240万

円程度であり，彼が役場に勤務していれば貰えたはずの約350万円の年俸に達するのは困難である．ちなみに，奈須の家族構成は夫婦2人に，当時2歳の女の子との3人家族である．

　所得が大幅にダウンすることを厭わず既存の組織を離脱し，地域興しのNPO法人を設立した奈須にとって，下川町の森林とその地域社会がそれほど魅力的なのであろう．彼は町を退職した後に，町関連の公職である，しもかわ森林療法協議会会長，下川町環境保全対策審議会委員，同行政評価町民委員会委員，同総合計画審議会委員，NPO法人下川観光協会理事，下川町産業クラスター研究会副会長を進んで引き受けてきた．そういう奈須を慕って同志が集まりつつある．そのような人材に恵まれた下川町も僥倖であったといえる．

5) 木のカスケード利用が未達成

　下川町の森林組合では，従来までの山で木を育て，伐って売るという業態から脱却して，民間企業と競合する製材やチップ製造を除外して，それ以外の加工部門を設置し，その製品を売るという画期的な体制をシステムとして構築して，森林組合のビジネスサイズを拡大してきた．ヨーロッパの林業国では，造林・伐採，集成材，さらには製材やチップばかりでなく，製品製造の際に生じる木くず等の残渣物をバイオマスエネルギーとして総合的に利用するシステムを構築している．これが木を余すことなく効率的に利用するカスケード利用[9]である．下川町の林業はこのカスケード利用により展望を見出すことができるであろう．このままでは，現在下川町が取り組んでいるバイオマスエネルギー利用は十分な成果を上げることが困難である．

　今後の方向としては，まず森林組合が木のカスケード利用を目指して，下川町内の製材・チップ・木材加工業者，さらには道内の林業主体町村に働きかけて，システム化推進の主体になるべきであろう．

　下川町において現在稼働している木材関係企業は，製材工場が4社，チップ工場が1社，割り箸工場1社，そして集成材工場が2社（森林組合の工場も含む）の計8社である．かつて最盛期には30数社あった木材関係企業は，国有林が育成途上にあるため激減している．

　森林組合も町有林を筆頭に，まだ主伐期に達していない育成途上の山林が多

いため，製材部門やチップ部門に乗り出すと，輸入材を使用する局面も覚悟しなければならないので，躊躇しているのが現状である．したがって，森林組合による木のカスケード利用は，国有林の運営，木材輸入，業界の再編，そして補助事業のあり方を含めたさまざまな問題を乗り越える必要がある．

4. おわりに

　下川町は，役場と森林組合が中心となって既にみてきたとおり森林を軸とした産業クラスター化を，地域振興策として展開してきた．このような森林を軸とした山村振興の先進事例としては，静岡県龍山村森林組合常務理事の青山宏が主張した「山村堰堤論」[10]に基づく山村興しが挙げられる．

　青山は，川の水が流れていくのはもったいないとしてダムを造って水の有効利用をするように，人の流れを止めれば山村も活性化できるとして，若年層の流出の堰堤，つまり雇用の場を山村につくる運動を提案した．この理論を実行するために森林組合は，木工班，小経木加工場，製材協同組合，花卉栽培班および天龍材だけを使った住宅建設会社を設立し，次々と雇用の場を拡大していった．それだけでなく，大都会から山仕事にあこがれる若者を受け入れて，地域内における交流を通じて活性化を図ろうとしたのである．

　下川町もこのような「山村堰堤論」に倣って既に述べたような森林産業クラスターを形成し，それなりの実績を上げてきたが，その限界にも遭遇していた．下川町産業クラスター研究会が打ち出した下川町のグランドデザインである森林ミュージアムを基軸とした「都市住民と農山村住民の交流の場」を形成し，そこからもたらされるコミュニティ・ビジネスの振興を町民参加で実現しようとして，町役場や森林組合などの官僚的組織がリーダーシップを取ったが，先例がなかったこともあって事業化のイメージすら湧かなかったのである．その壁を打破しようとして登場したのが，既成組織とはしがらみがない事業型NPO法人の「森の生活」であった．この「森の生活」の事業活動は，徐々にではあるが，都市住民を着実に下川町に引きつけつつあり，また「しもかわ学会」との連携によって下川町住民のまとまりを促すとともに，町役場や森林組合など既成組織のヨコの繋がりを強化しつつある．同時に見逃せないのは，第

3セクターのクラスター推進部の存在である．クラスター推進部は，自身が事務局を担っている「しもかわ学会」ばかりでなく，常に「森の生活」をさりげなくサポートするとともに，全町の動きに目配りしていることである．

このような「森の生活」の実践とクラスター推進部の存在は，過疎化の深化に悩む北海道の市町村に，内発的発展のビジネスモデルとその誘導手順を明快に提示している．下川町におけるこれらの実践は，「地域づくり」分野ではいわば画期的な実践であり，ある意味では鶴見和子の内発的発展論の具体的推進方法を提示しているのではなかろうか．

注

1) 保母（1996）131ページ．
2) 鶴見・川田（1983）3ページ．
3) 宮本（1980）163ページ．
4) 宮本（1989）296-303ページ．
5) 石田編著（2008）30ページ．
6) 奈須（2008）．278-289ページ．
7) 奈須（2007）60-73ページ．
8) 保母（1998）．247-248ページ．
9) 浜田（2008）123ページ．
10) 下平尾（2006）154-155ページ．

参考文献

石田正昭編著（2008）『農村版コミュニティ・ビジネスのすすめ』家の光協会．
下平尾勲（2006）『地元学のすすめ』新評論．
鶴見和子・川田侃（1983）『内発的発展論』東京大学出版会．
奈須憲一郎（2007）「森林を活かして起業する－道北の地域振興実験－」（道北の地域振興を考える研究会「北海道北部の地域振興IX」）．
奈須憲一郎（2008）「下川町の挑戦」神沼公三郎・奥田仁・佐藤信・前田憲編著『北海道北部の地域社会－分析と提言－』筑波書房．
浜田久美子（2008）『森の力』岩波新書．
保母武彦（1996）『内発的発展論と日本の農山村』岩波書店．
保母武彦（1998）「都市農村連携の類型と内発的発展」宮本憲一・遠藤宏一編著『地域経営と内発的発展』農文協．
宮本憲一（1980）『都市経済論』筑摩書房．
宮本憲一（1989）『環境経済学』岩波書店．

第9章
企業研究と地域振興の光と影
企業の社会的責任

村上了太

【本章のキーワード】
　　社会課題，社会的排除，貧困ビジネス，経済的利益，社会的利益，
　　分かち合うという文化

1. はじめに

　本稿は，北海道における地域発展と雇用創出に関する概要を説明することを土台にして，沖縄への適用可能性および適用に関する諸問題に関する意義と含意をまとめ，現状と課題を見いだすことに目的がある．適用可能性を探るにあたっても，沖縄の企業経営を通して社会課題を解決するためにはまず現状を分析する必要があり，その分析の比較対象に北海道を据えることにした．
　わが国の南北端に存在する両地方は，観光に関しての比較対象になることがある．むろん第3次産業の比重を主因として産業構造は異なっていることから，本稿において比較の意義を見いだしにくい．それゆえ，ここでは，北海道と沖縄県の比較の意義を探るために，雇用，産業，経営，企業などをキーワードにいくつかの論点に絞って課題を整理する．論点の整理に際して留意する用語に企業の社会的責任（CSR），社会的企業などがある．これらを軸に沖縄経済や排除の問題を経営学的にひもとき，さらには解決を試みる道標を提示していることにする．

2. 地域発展に関する若干の検討

(1) 先行事例

　地域には個性がある．それゆえ，いくつかの事例をもって地域発展の理解を進めることから始めよう．地域発展の成否を企業経営にたとえるならば，ひとまずここで検討課題を指摘できる．すなわち企業にとっての成功が競争社会においては生存を意味することであり，その一方失敗とは事業の撤退，企業の破綻，清算などを招くものである．それゆえ，地域発展に「成功」（貢献）したという表現は慎重な取り扱いを要するものである．逆に北海道の市町村のように「失敗」の事例をいくつか見ることができる．

　夕張市が財政再生団体に認定されたことは記憶に新しい．もちろん自治体財政が悪化したゆえの結果であるのだが，その要因とは，「第一は，国家主導の計画経済施行の国土開発，国と地方の税財源のアンバランスであり，第二は，自治体側の財政のモラルハザード，無責任体制を招いた公社・第三セクターの運営，安易な国策追随であり，第三は，住民の『あれもこれも』との過剰要求等である」[1]との指摘もある．地域発展が特定地域に対して，なにがしかのメリットをもたらすことがある限り，そして地域におけるステーク・ホルダー（利害関係者）が少しでも利得をもたらす場合がある限り，これまでのような指摘は整合性を有する論調となる．そもそも地域発展の必然性に関わる議論よりも，継続した発展があれば生ずるはずのない社会課題をどのように分析して解決するか，次節以降で論点整理や簡単な分析を行っていこう．

(2) 貧困，無縁社会

　「一億総中流と信じられていた時代は思いもよらなかったかもしれないが，いまや貧困は例外的な存在ではなくなっている．救済が必要な絶対的貧困が根絶されているわけではなく，また開発途上国の極貧と違うからといって日本の貧困を放置しておいてよいということにもならない．世界金融危機後の厳しい経済状況にあって，貧困に陥る蓋然性は増していると言わざるを得ない」[2]という指摘があり，わが国でも貧困の問題を避けて通ることはできない．

貧困層とワーキングプアとの関連性も探りながら，競争社会における弱者への救済策がどうあるべきかの議論の中で，福祉国家への再検討が必要となる．ただし，弱者を一律に救済するのではなく，労働意欲の向上（支援）を企図しつつ，社会への復帰を支援する方向性がわが国でも進められている．
　さらに無縁社会ともいえる昨今，つながりを失った人々は，深みにはまり，その数が増大したように見受けられる．わが国の傾向として下記の記述は社会課題の１つである．すなわち「『単身化』，『未婚化』，『少子化』といった家族のあり方の変容が，『無縁社会』の拡大を推し進めている現実」[3]が存在する．無縁社会が進むことが絆を無くし，またつながりが再び解決策としてのキーワードになってきた．このような現実には「近年，『ひきこもり』という言葉で，若年者や単身高齢者などが社会関係を拒む傾向が問題になっている」[4]と警鐘を鳴らすように，縁の切れた社会に関する問題が深刻化している．そもそもは地域住民や従業員，ひいては顧客というステーク・ホルダーでつながってきた社会構造に変化を来し，さらには解決すべき社会課題の１つにまで深刻化してきた．昨今では社会的企業という組織が出現し，社会課題の解決を試みている．そこで企業を対象とした学問である経営学の視点も取り入れて，本稿は分析を進めていきたい．

3．「格差」を中心とした沖縄の社会課題

（1）　子供の貧困

　貧困が社会から阻害された人々へ押し寄せる社会課題の１つである一方，看過できないものが子供の貧困である．たとえば，「『なくそう！　子どもの貧困』全国ネットワークが25日（2010年4月：筆者注），立ち上がり，東京都豊島区の立教大学で設立記念シンポジウムが開かれた．学校や医療，社会的養護の現場などで子ども支援に取り組む関係者や高校生らが，厳しい子どもの実態を報告．…『食事は給食だけ』『病気やけがでも病院に行けない』など，衣食住が不安定な子どもが増え，『学ぶ』環境にない実態を説明し，『義務教育の完全無償化が必要』と提起した．また，子どもの生活実態を明らかにした上での政策づくりが不可欠と指摘した．貧困を背景にした非行や育児放棄など，沖縄県内

でもさまざまな問題が起こっていることを訴えた」[5]と報道された．

　貧困はいわゆる大人固有の課題から子供へとその対象を広げてきた．社会課題として就学年齢にある，特に義務教育の年齢にある子供への対策が沖縄でも必要と記されていることは，その深刻さを物語る．全国的にも子どもの貧困には「『働いても貧困』という『ワーキングプア』の家庭の子どもが多いのが日本の特徴の1つだ」[6]という指摘がある．また子供の貧困に関して相対的貧困率の推計でいえば，「日本の子どもの貧困率が決して国際的に低いレベルでなく，そして中でも，母子世帯の子ども，0歳から2歳の乳幼児，若い父親をもつ子ども，多子世帯の子どもの貧困率が非常に高い．憂慮しなければならないのは，これらの世帯における貧困率が，日本の中で最も早いペースで上昇していることである」[7]という指摘への対応も必要である．つまり「日本のひとり親家庭の親御さんたちは，生活状況を改善しようとがんばって仕事に従事しているにもかかわらず，『働けど我が暮らし楽にならざる』的な奇妙な情況にあると言えるわけです．そのことが，主要先進国のなかでは，並外れたひとり親家庭の貧困率の高さをもたらしている」[8]ことから，対策すべき課題が浮き彫りにされる．

(2)　貧困ビジネスへ

　社会的排除が社会問題として取り上げられるだけではなく，彼／彼女らを顧客とする貧困ビジネスにも目を向けなければならない．湯浅誠は，貧困状態にあることには①教育課程の排除（この背後にはすでに親世代の貧困がある），②企業福祉からの排除（雇用の福祉ネットからはじき出されること，あるいは雇用のネットの上にいるはずだが，食べていけなくなっている），③家族福祉からの排除（親や子どもに頼れないこと），④公的福祉からの排除（若い人たちには「まだ働ける」「親に養ってもらえ」，年老いた人たちには「子どもに養ってもらえ」，母子家庭には「別れた夫から養育費をもらえ」「子どもを施設に預けて働け」ホームレスには「住所がないと保護できない」，その人が本当に生きていけるかどうかに関係なく，追い返す技法ばかりが洗練されている生活保護行政の現状），⑤自分自身からの排除（それに何の意味があるのか，何のために働くのか，そこにどんな意義があるのか，そうした「あたりまえ」のこ

とが見えなくなってしまう状態)という「五重の排除」[9]があると指摘している.

湯浅誠は貧困ビジネスに関して,①合法的(激安ディスカウントストア,100円ショップ,ジャンクフード),②グレーゾーン(一部のゼロゼロ物件,名ばかりの管理職,日雇い派遣労働者),③非合法(ヤミ金融,偽の養子縁組,偽装結婚,多重派遣,偽装請負)ビジネスに分類している[10].貧困の社会的包摂を謳いながらのビジネスの暗躍も社会問題であるが,法的規制の徹底も検討課題であろう.

(3) 貧困ビジネスの社会目的化

英国の事例を日本に導入したホームレスの自立支援としてビッグイシューは看過できない存在である.街角を往来する通行人への雑誌の販売活動とその支援であるが,顧客とのコミュニケーションや販売活動を通しての労働意欲の向上に貢献している.ビッグイシューには,基金と有限会社の2つの組織があり,前者は「ビッグイシュー基金は,…07年9月に設立した,ホームレスの人々の自立を応援する非営利団体」であり,後者は,「『ホームレスの人々の救済ではなく仕事を提供する』ことを目的に活動している有限会社」[11]であるとされている.

ビッグイシューが日本で軌道に乗るまでに直面したものは,1)若者の活字離れ,2)すでに情報はただの時代,3)路上で雑誌を売買する習慣がない,4)わざわざ好んでホームレスの人からは買わない,という四重苦であった[12].だが2010年現在では全国に400人近いボランティアが活動し,さらに今後は①ボランタリーな会社,②社会から信頼される会社,③試行錯誤できる会社組織を目指している[13].

さて,救済か支援かによっての差異があるが,救済とは無期限の支援であり,過去には労働意欲の阻害要因(キラーファクター)にすら言及されたことがある.「イギリス労働党やドイツ社会民主党に代表される古典的な左派(旧左派)である.彼らは,『ゆりかごから墓場まで』の完全な福祉国家を目指す.彼らは,福祉国家の実現のためには,社会や市場への国家の介入は必要不可欠であるとする.これに対し,…1980年代のイギリスのサッチャー首相やアメリカ

のレーガン大統領に代表される新自由主義勢力（新右派）である．彼らは，小さな政府と市場原理への回帰を唱えて，1つの潮流を成した」[14]とある．これに伴い，急激に経済構造が転換され，同時に公企業は民営化が始まり，株式売却に伴う私有化や規制緩和も同時に進められた．

4. 北海道と沖縄の概観

（1） 北海道の概況

ここではまず概況を見ておこう．さまざま研究をまとめるには紙幅が尽きるが，かつて北海道拓殖銀行が経営破綻した際の記録に「『銀行依存』『お上依存』という北海道経済の本質的な弱点」[15]があるという指摘がある．他地域との比較における依存度の高さが顕著であるがゆえに，よりいっそう「依存」体質が課題となされている．

さらに北海道の産業構造を知るにあたって下記のような数値が示されている．全国比で見れば第1次産業と第3次産業が高いことが分かる．地域における産業構造も異なってはいるが，商業地域，工業地帯，農業地域，旧産炭地などに分かれているが，前節の夕張は旧産炭地である．旧産炭地では「ポスト石炭」として観光にシフトした事例もあるが，概要として，全国に比して第1次産業と第3次産業が高いことが分かる．

表 9-1　北海道，沖縄，全国平均の指標

	産業別就業者			1人あたり県民所得	完全失業率	月平均人口1千人あたり生活保護被保護実人員
	第1次産業	第2次産業	第3次産業			
北海道	7.7%	19.0%	71.3%	2,463	6.5%	24.70人
沖縄	5.9%	16.3%	76.3%	2,089	8.1%	16.95人
全国	4.8%	26.1%	67.2%	3,069	6.0%	12.08人

出所：総務省統計局ホームページ（http://www.stat.go.jp/data/ssds/5.htm：2010.4.26）からのデータを加工．
注：1） 産業別就業者，完全失業率は2005年．
　　2） 1人あたり県民所得は2006年．
　　3） 生活保護被保護実人員は2007年．

(2) 北海道の自治体と第三セクターの経営に関する事例：夕張市

「『炭鉱から観光へ』を合言葉に，豊富なアイデアで観光施設を着想．強烈なリーダーシップで大規模な投資を推進し，一時は『全国一のアイデア市長』の名をほしいままにした」[16]．このスローガンの下，夕張市は炭都からの脱却を観光に求めた．地域振興のエンジンを観光に求めたものの，財政破綻の憂き目にあったのは 2006 年であった．「日本のエネルギーを支えた石炭は石油への転換で見捨てられ，炭鉱で栄えた夕張も閉山を強いられた．そこで観光開発に活路を求め，政府や道も開発投資を奨励したのが巨額の赤字に結びついた」[17]．本報告書で指摘可能な点を下記に要約する．すでに夕張問題についての研究が進められているが，中でも「①炭鉱閉山後の処理負担，②観光・リゾート開発とその後の費用負担，③国の行政改革の地方（夕張市）への転嫁である」[18]という指摘から議論を進めたい．理由は，夕張問題が「財政破綻の原因を『市の観光路線の無計画な拡大』に起因するものとみる傾向が強い．しかし，観光開発は，炭鉱産業の衰退と夕張を取り巻くさまざまな条件に規定される中で唯一の現実的な選択肢となってきたという側面があるととともに，国は炭鉱開発を後押ししてきたという現実」[19]がある．

そもそも夕張問題を知るには，「市を支えてきた炭鉱とも，観光とも一線を画しながら，全国有数のメロン産地を育てた農家」[20]の存在で説明が可能である．石炭にも観光にも頼らず，すなわち行政に依存度が低かったメロンは，今後の地域発展の行方を占う 1 つの方策である．ただし沖縄の事例でもあったように，「台湾から輸入したマンゴーに『宮古島産』と書かれたシールを張って販売した疑いが持たれている．…宮古島産のマンゴーは沖縄県産の中で最も高値で売買されている」[21]とあり，ブランド化とその模倣によるブランド価値の下落も課題である．

(3) 沖縄県の概況

次に沖縄について，簡単に経済データを用いた比較分析を試みる．給与水準や 100 の指標を見る限りでは，沖縄の経済的課題が鮮明になる．不況を知る指標には，失業率で説明できるし，また生活保護世帯にも考慮する必要がある．たとえば新聞記事によると，「2009 年の完全失業者数のうち，雇用契約の満了

や勤め先の都合など『非自発的』な理由で離職した人は2万人となり，自己都合で離職した『自発的』離職者数の1万8千人を上回ったことが，県の労働力調査で分かった．県内で『非自発』が『自発』を上回るのは，県が把握している1994年の統計以来初めて．県内の雇用情勢に特段の変化が見られないことから，沖縄労働局は『景気悪化で製造業などで派遣切りや雇い止めにあった求職者が県外から入ってきたためではないか』とみている」[22]という報道がある．

いわゆる出稼ぎとして県外に仕事を求めて流出した労働者が，沖縄県へ帰省したことによる影響もあると指摘されている．このことはそもそも，沖縄県内の雇用情勢や待遇などの諸条件が，県外の場合より総じて見劣りがするために起因すると思われる．求人と求職のミスマッチの他に，給与水準そのものによる県外での労働供給が続けられているのである．

(4) 沖縄県の地域振興策の事例：開発と雇用

沖縄の復帰以後，地域振興策と呼ばれて国費が投入され，開発が進められた．沖縄経済の課題を凝縮させると，1）自立，2）失業問題，3）産業の育成が指摘されているものの，他面では人口，所得，非基地セクターの可能性が指摘されている[23]．

前者に関する議論では，たとえば来間泰男が「沖縄はかつて一度も自立できたことはない．そもそもその条件に欠けるのである．面積は小さく，しかも島じまに分散し，人口も少なく，資源は限られ，人口密集地からは遠い．技術の開発・習得や労働力の鍛錬がしっかりなされてきた歴史もない」[24]と述べている．この論調は，2010年における米軍普天間基地の移設に関する県民と政府の対応のギャップに関するものである．島嶼(しょ)地域ゆえの問題と自助努力の欠如などさまざまな歴史的経過を踏まえながらも，沖縄は自立発展に向けた施策がなされてきた．だが，数値で表されるさまざまなデータには不名誉な1位も散見される．

5. 社会的利益という概念の伝播

(1) 地域発展の目的

　地域振興における第三セクターの経営には，地方自治体の経営危機を招く事例が散見される．第三セクターとは，いわゆる英国にあるサードセクターの概念とは異なり，地方自治体と民間企業の共同出資を1つの事例とする企業形態である[25]．時として経営の自主性が問いかけられる存在でもある．地域発展を実現するには公的機関の役割が初期の段階には必要であり，暫時民間の活力を導入していくというステップが取られる．

　社会的利益とは，「貧困削減，環境保護，地域再生など社会的価値の実現によって得られる利益のことである」[26]とされている．概して競争環境下の一般利益の追求には優勝劣敗が先鋭化する．生存と敗北の二者択一の過程では，圧倒的多数の敗北が生ずる．こうした競争環境から，私的利益と社会的利益の両立の理念として「民がになう公共」として，または公と民が融合する「公と民の積集合」[27]が必要とされるのである．では民が担うにせよ，その持続可能性が問われなければならない．すなわち，「NPOの財源不足をビジネス手法を用いた事業活動の創出で補うという考え方」[28]が前提とされなければならない．

(2) 社会的企業の重要性

　社会的企業（ソーシャルエンタープライズ）の1つにNPOがある．表9-2で示したように，NPOにはそもそも3つのパターンがあることから，若干の補足を加えておこう．地域発展を担うためには，NPOの役割も小さくはない．ただし事業活動の内容によっては，地域発展や雇用など，地域の抱える課題を解決する際の重要な担い手になることもある．ただ社会的企業に関わる議論を社会的企業論と位置づけ，他方NPOとの関係として社会的企業は，「NPOへの注目の延長線上として社会的企業に関する議論を位置づけることの妥当性は高い」[29]とある．すなわち，NPOと社会的企業の交点として社会的企業のあり方を議論する必要性，および一般利益を追求する企業と社会的企業との交点ととも併せて議論をする必要がある．

表 9-2　NPO のパターン

	(伝統的)慈善型 NPO	監視・批判型 NPO（アドボカシー型）	事業型 NPO
活動	チャリティ	政府や企業の監視と政策提言(無償)	社会的事業(有償)
スタッフ	ボランティア・スタッフ	ボランティア／プロ併用	プロのスタッフ
組織運営	アマチュアリズム	問題意識と批判性	ソーシャル・アントレプレナーシップ
行動原理	博愛主義	問題意識と批判性	効率性(市場競争，コア／コンピタンスへの意識)
マーケティング活動	受動的，マーケティング意識はない	マーケティング意識の萌芽	顧客志向，マーケティング(資金獲得，サービス提供において)
主な資金源	寄付，会費中心	寄付・会費中心	事業収益中心
企業，政府との関係	独立的	独立的	コラボレーション

出所：谷本 (2006), 9 ページ.

社会的企業とはいえ，そもそも範疇の定まらない議論に立脚していることにも問題があるが，1つの解釈としては「現代の社会経済システムが抱えるさまざまな課題領域（福祉，環境，貧困，健康，地域活性化，等）における問題解決を目指して収益事業に取り組む事業体のこと」[30]であるという指摘に説得力が見いだせる．

(3)　沖縄県内における企業の社会的責任

社会的企業の重要性とは，企業としての継続性を前提としつつも社会課題の解決をはかる組織であるとすれば，沖縄への地域発展との関連性も指摘される．そもそも企業の社会的責任（以下，CSR）とは企業による利害関係者（ステーク・ホルダー）に対する説明責任（アカウンタビリティ）と位置づけられる[31]．

グローバリゼーションや規制改革が行われてきた今日，競争社会の到来による利潤追求活動の先鋭化は，優勝劣敗を誘発させた．競争社会の中で企業が生存競争を続けている以上，偽装，粉飾，不祥事，商品事故などの問題がつきまとってきた．むろん報道の仕方にもよるが，消費者不在の経営が散見されるなどしており，その対局に CSR が位置するものと考えられる．企業にとっての CSR とは説明ができる企業活動であるが，この点に関しては「外部機関であ

る政府と労働組合, 消費者団体, 住民団体, NGO が協同しつつ, 換言すれば, 政府規制と市民規制とを含む社会的規制の下で株式会社に社会的責任を求めていくことが重要となる」[32]という指摘がある．

そもそも県内企業にも CSR を推進する事例があり, 環境配慮型経営, 弱者救済などへの対策を講じている事例がある．社会的企業が継続して存続する限りは，なにがしかの共存による課題解決の道が探られよう．

6. 沖縄への含意

(1) 前提条件

雇用創出の点に関して沖縄の問題の1つである，失業率についても若干の考察を加える．失業率の高さおよびホームレス支援などに関して，「遺骨収集を雇用支援に」NPO 連絡協議会は, 厚生労働省緊急雇用創出事業としてホームレス, 失業者などへの支援目的で行われた[33]．

地域の連携と資源の活用が沖縄への含意として指摘が可能である．そのためには環境や雇用などにも配慮した社会的企業の育成も必要である．

日本の北端と南端に位置する両地方では, 都市圏以外の地方と同様に雇用情勢の厳しさを伺うことができる．北海道から沖縄への適用可能性として提起できることは, 資源が乏しいという発想から無限の資源を活用するという価値観の転換である．そしてビジネスを施行するにせよ，競争社会がもたらす負の遺産をどれだけ解消していくかが沖縄の地域発展のキーワードとなるであろう．

さらに海洋資源, リサイクル, 天然資源, 人的資源の利活用による雇用創出とユイマールの具現化も必要であろう．ユイマールの具現化とは，沖縄の貧困問題にも着眼し, 1 人でも多くのワーキングプア, 相対的貧困やホームレスの問題を, 社会的に包摂しつつ自立へと向かわせる方策を考えることである．一般企業にとっては社会的利益の追求を CSR とつなげる場合もあるが, 問題は組織の運用上必要なこととしての継続的な支援である．個人に対する支援は中間施設であるが, 組織に対しては継続事業体（ゴーイング・コンサーン）であることが大前提である．

(2) 雇用創出としての社会的企業の可能性

では次に，今後の沖縄への指針を提示したい．雇用創出の場所がハコモノに依存してきた結果，建設目的と利用目的の乖離が生ずることが少なからず存在した，コンクリートによる雇用創出からの脱却である．ただし「働く意欲もあるが，仕事がない．そんな町で保護受給者の経済的自立を促進し，受給者の減少につなげるには，雇用の受け皿が最後で最大のネックになる．釧路は，その典型的な町といえる．こうした町では，仕事をつくる必要がある．そこで，着目されるのが『社会的企業』（ソーシャル・ビジネス）だ」[34]とある．最後のセーフティーネットからの脱却には，雇用創出が不可避である．とはいえ，これまでの開発行政からの脱却として沖縄の環境保全も議論されなければならない．これからの沖縄の光を環境に求めるならば，グリーンツーリズム，リサイクル，リユースなどへの社会的企業の存在価値が議論されよう．

CSRの一環としての人権，環境，自然，NPO，ボランティアなどへの助成が増額されるべきであり，またステーク・ホルダーとの関係において官民協働，地域協働事業として持続可能性のある環境NPOの育成と普及が必要である．環境保全を1つの雇用創出の契機とする．「環境によいことをすればするほど利益が増える，別の言葉で言えば，『環境と経営の両立』という新しいビジネスモデルへの挑戦」[35]である．企業のCSR活動およびNPOへの助成などの余地が沖縄に関わる課題を解決する糸口になると思われる．さらにSRI（社会的責任投資）による投資誘致も実社会で行われているが，決してその理念が機能しているとは言い難い．すなわちこれまでのSRIとは「SRIが1990年代に好成績を挙げたのは重工業を避け，ネット関連に重きを置いていたからと解説される．SRI不要論を唱える気はない．野放図な企業活動を厳しく監視する市場の視線は必要だ．しかし，あいまいさを内包し，評価軸が定まらないSRI側の問題もまた深い」[36]とあるように，SRIへの疑念が払拭されているわけではない．

(3) 社会的企業の可能性と沖縄

本稿を締め括るにあたり，留意すべき社会経済システムを指摘する．そもそも沖縄の問題を解決するには，これまでの各地のお上依存，そして本土企業と

沖縄企業という競争条件の下では「大企業体制下の関連企業の場合，その成果の多くは親企業に取り込まれ，下請け企業に落ちる利益は引き続き部品供給業者としての地位を辛うじて維持する程度のものでしかない」[37]という指摘にも通底する沖縄企業の依存体質にも問題がある．沖縄企業は，部品供給業者としての地位ではなく，部品供給という名の人材派遣企業体制である．こうした問題を解消するには市民という名の下でその活動が活発化されたNPOである．CSRともあいまって，企業体制ではなしえない社会課題を解決できる存在のNPOが必要である．社会的企業全般に対する種々の育成支援によって，貧困や福祉に関する課題は解決されるだろう．こうした面で沖縄への貢献が可能となる．

上記の目的を達成するための条件は沖縄にはすでに存在している．ユイマールという用語が形骸化している昨今，「助け合い」と「分かち合い」のマッチングが企業体制下でも実現可能な社会を形成する原動力になるであろう．私企業でさえ社会目的を解決できる組織でもある．それが収益性から排除されてきた社会課題である．「貧困ビジネス」がもし合法／非合法の境界にあるならば積極的な意味での定義付けをして，沖縄のユイマールとの競合，そして大企業支配体制からの脱却が必要とされる．

原点を辿れば沖縄は，サービス業を中心とした中小企業で形成されている．公企業（国，地方，国策企業も含めて）や大企業の支店および地方中小企業の構造で成り立っている．既存の企業体制下とNPOによる協働こそが沖縄には望まれているのであり，その考え方は決して新たなものではなく，沖縄由来の考え方に辿り着くのである．

7. まとめ

経済的利益か社会的利益か．前者の追求は独善的な世界が到来し，その一方で貧困を生むという現象が続けられてきた．なぜならば一部の企業の社会化が現象として存在する一方，企業の存在は，利潤追求を前提とする．その利潤の一部を競争社会から排除された人々への提供という形として企業は多面的に社会的責任を果たしていかなければならない．企業構造に争奪か分配かと問いか

けるには分配を意識した争奪，分かち合うという文化の醸成が求められる．

　分かち合う社会であるべきとされる一方，企業は生存競争の環境にさらされている．生存のための前提条件として，企業は利潤を追求し続けなければならず，この行為を繰り返していかなければならない．すなわち，企業とは社会目的であれ，一般目的であれ，収益と費用のバランスから生ずる利潤を追求することにより生存が可能である．その行為を半ば永続させるために，企業としての運動を保証するための方策として経営という概念が取り入れられる．企業の運動法則を転換させることが不可能であり，その活動を批判はできても否定はできない条件の下では，企業の分かち合うという意識の高まりとしてのCSRの促進が求められる．

〔付記〕　本稿は，村上了太「沖縄県の地域発展に関わる現状と課題」『沖縄国際大学経済環境研究所調査報告書』（沖縄国際大学経済環境研究所）第1号，2011年，および同「環境問題と企業経営」札幌大学経済学部付属地域経済研究所編『第4回3大学院共同シンポジウム』2005年12月の報告を基に加筆・修正を行ったものである．

注
1)　橋本（2007a）36ページ．
2)　菅（2009）31ページ．
3)　板倉（2010）73ページ．
4)　岩田（2008）130ページ．
5)　『沖縄タイムス』2010年4月26日（電子版）．
6)　生田（2009）54ページ．
7)　阿部（2008）70ページ．
8)　山野（2008）43ページ．
9)　湯浅（2008）60-61ページ．
10)　門倉（2009）18ページ．
11)　特定非営利法人ビッグイシュー基金（2009）10ページ．
12)　佐野（2010）28ページ．
13)　同上書，267-268ページ．
14)　ギデンズ，渡辺（2009）10ページ．
15)　北海道新聞取材班（2000）202ページ．
16)　日本経済新聞社編（2007）59ページ．
17)　「社説」『朝日新聞』2007年2月25日．

18) 保母（2007）14 ページ.
19) 田巻（2009）54 ページ.
20) 『北海道新聞』2007 年 3 月 10 日（電子版）.
21) 『朝日新聞』2008 年 7 月 31 日（電子版）
22) 『沖縄タイムス』2010 年 4 月 20 日（電子版）.
23) 眞榮城（1998）103-114 ページ.
24) 来間（2010）70 ページ.
25) たとえば，橋本（2007b）を参照されたい.
26) 菅（2009）44-45 ページ.
27) 同上書，45 ページ.
28) 橋本（2010）56 ページ.
29) 同上書，56 ページ.
30) 藤原（2009）214 ページ.
31) 島（2008）83-84 ページ.
32) 桜井（2009）254 ページ.
33) 『沖縄タイムス』2010 年 6 月 16 日.
34) 本田（2010）233 ページ.
35) 三橋（2004）162 ページ.
36) 『日本経済新聞』（夕刊）2010 年 9 月 8 日.
37) 井上（2009）232 ページ.

参考文献

阿部彩（2008）『子どもの貧困』岩波新書.
アンソニー・ギデンズ，渡辺聡子（2009）『日本の新たな「第 3 の道」』ダイヤモンド社.
生田武志（2009）『貧困を考えよう』岩波ジュニア新書.
板倉弘政（2010）「薄れる家族の絆」NHK「無縁社会プロジェクト」取材班編著『無縁社会』文藝春秋社.
井上宏（2009）「現代産業の構造と文化」足立辰雄・井上千一編著『CSR 経営の理論と実際』中央経済社.
門倉貴史（2009）『貧困ビジネス』幻冬舎新書.
菅正広（2009）『マイクロファイナンス』中公新書.
来間泰男（2010）「基地問題論争で見られる『沖縄は基地依存経済』の誤り」『エコノミスト』8 月 3 日号.
桜井徹（2009）「現代株式会社の社会的責任と社会的規制」細川孝・桜井徹編著『転換期の株式会社』ミネルヴァ書房.
佐野章二（2010）『ビッグイシューの挑戦』講談社.
島弘（2008）「株式会社と『社会的責任』論の系譜」『経済』9 月号.
谷本寛治（2006）「ソーシャル・エンタープライズ（社会的企業）の台頭」谷本寛治編著『ソーシャル・エンタープライズ』中央経済社.
田巻松雄（2009）「夕張財政破綻の背景」『寄せ場』（日本寄せ場学会）第 22 号.

特定非営利法人ビッグイシュー基金（2009）『NPO法人ビッグイシュー基金第2期（08年9月〜09年8月）年次報告書』.
日本経済新聞社編（2007）「ドキュメント『夕張破綻』」『地方崩壊再生の道はあるか』日本経済新聞出版社.
橋本理（2007b）「コミュニティビジネス論の展開とその問題」関西大学『社会学部紀要』第38巻第2号.
橋本理（2010）「ホームレス問題と社会的企業」『ホームレスと社会』Vol. 2.
橋本行史（2007a）『《改訂版》自治体破たん・「夕張ショック」の本質』公人の友社.
藤原隆信（2009）「地域社会の活性化と社会的企業家精神」足立辰雄・井上千一編著『CSR経営の理論と実際』中央経済社.
北海道新聞取材班（2000）『解明・拓銀を潰した「戦犯」』講談社文庫.
保母武彦（2007）「夕張問題とは何か」保母他『夕張　破綻と再生』自治体研究社.
本田良一（2010）『ルポ　生活保護』中公新書.
眞榮城守定（1998）「米軍基地と沖縄経済」沖縄国際大学公開講座委員会『沖縄経済の課題と展望』東洋企画.
三橋規宏（2004）『環境再生と日本経済』岩波新書.
山野良一（2008）『子どもの最貧国・日本』光文社新書.
湯浅誠（2008）『反貧困』岩波新書.

第10章
沖縄における甘味資源と環境保全型農業

兪　炳　強

【本章のキーワード】
　　　地域産業，観光資源，石垣島，夏植型さとうきび，赤土等流出，環境保全，対策効果

1. はじめに

　日本国内で流通する甘味資源である砂糖は，北海道で生産されるてん菜糖，鹿児島・沖縄の両県で生産される甘しゃ糖（さとうきび糖）および輸入糖により供給されている．したがって，日本農業全体からみれば，甘味資源の原料作物（甘味資源作物）はマイナー・クロップであり，その生産は日本列島の南北に限定され，ローカル性が高い．しかし，両地域の農業においては，甘味資源作物はメジャー・クロップの地位を占めており，その生産が地域農業・経済に与えるインパクトは極めて大きい．

　一方，地域経済が観光産業に大きく依存している沖縄においては，美しい海域やサンゴ礁は観光産業の基礎をなす重要な観光資源であり，その保全は観光産業ないし地域経済の持続的発展において必要不可欠である．1995年10月に「沖縄県赤土等流出防止条例」が施行されて以降，公共事業などの開発事業による赤土等流出は大幅に減少した．しかし，農地からの赤土等流出は現在も続いており，その防止対策が喫緊の課題となっている．

　南西諸島に広く分布する赤黄色の国頭マージン土壌は，粘土質で透水性が悪く，傾斜地に分布しているため，大雨の直撃を受けると土壌流失を起こしやすい．沖縄では，甘味資源作物（さとうきび）は春植，夏植および株出の3つの

作型があり，土地利用作物の大宗をなしており，沖縄農業全体に欠かせない地力維持作物として位置づけられる．しかし，降雨量の多い5～6月においては，夏植さとうきびの畑は裸地状態で赤土等の流出が最も起こりやすい．現在，沖縄における夏植さとうきび収穫面積は全体の5割近くを占めている．

したがって，沖縄における持続可能な地域経済・産業の振興に向けて，環境保全型農業の確立が重要である．本章では，沖縄農業におけるさとうきび生産の動向を検討したうえ，沖縄県石垣市を事例に，赤土等流出問題をめぐる農家の対応実態を分析し，環境保全型農業の確立に向けての課題を明らかにする．

2. 甘味資源と地域農業

(1) 地域経済と甘味資源産業

沖縄県における2009年度の総生産額は37,060億円，1人当たり県民所得は203.8万円で全国平均の78%である．総就業者数は61.7万人，そのうち，第1次産業が6.0%，第2次産業が16.0%（建設業が10.9%，製造業が5.2%），第3次産業が77.5%（サービス業が35.0%，卸・小売業が28.7%）を占め，第3次産業が極めて突出している．また2007年度の県内総生産額の構成比は，第1次産業が1.8%（農業が1.5%），第2次産業が12.1%（建設業が7.4%，製造業が4.5%），第3次産業が90.1%（サービス業が30.2%，政府サービス・対家計民間非営利サービス業が20.0%，不動産業が12.5%，卸売・小売業が11.4%），観光収入は県内総生産額の41.9%を占める．したがって，沖縄経済は第3次産業や観光産業に大きく依存し，製造業が非常に脆弱であるといった特質がしばしば指摘される．

表10-1は沖縄における近年の製造業の状況を示している．製造業全体に占める食料品製造業のウェートが大きい．事業所数では全製造業のおよそ3割，従業者数では4割，出荷額等では2割余りを占める．また食料品製造業に占める砂糖製造業のウェートをみると，事業所数や従業者数では数パーセントに止まっているが，出荷額等では1割強である．したがって，沖縄においては製造業が少ないなか，砂糖製造業は地域の重要な製造業である．

図10-1は甘味資源生産と地域産業との関係を示した．甘味資源の生産は，

表 10-1　沖縄における砂糖製造業の位置

(単位：箇所，人，億円，%)

項目	年度	製造業 (A)	食料品製造業 (B)	砂糖製造業 (C)	B/A	C/B
事業所数	2006	1,327	422	16	31.8	3.8
	2007	1,335	432	17	32.4	3.9
	2008	2,744	750	17	27.3	2.3
従業者数	2006	24,467	9,898	511	40.5	5.2
	2007	25,227	10,562	522	41.9	4.9
	2008	27,541	11,092	524	40.3	4.7
製造品出荷額等	2006	5,283	1,332	226	25.2	16.9
	2007	5,599	1,419	243	25.4	17.1
	2008	6,132	1,374	164	22.4	12.0

資料：経済産業省『工業統計調査』(各年).

【製造業】
・製糖工場の雇用
・燃料利用(バガス)
・特産物の原料供給

【商業】
・生産資材の需要
(肥料，農薬，機械など)

甘味資源生産

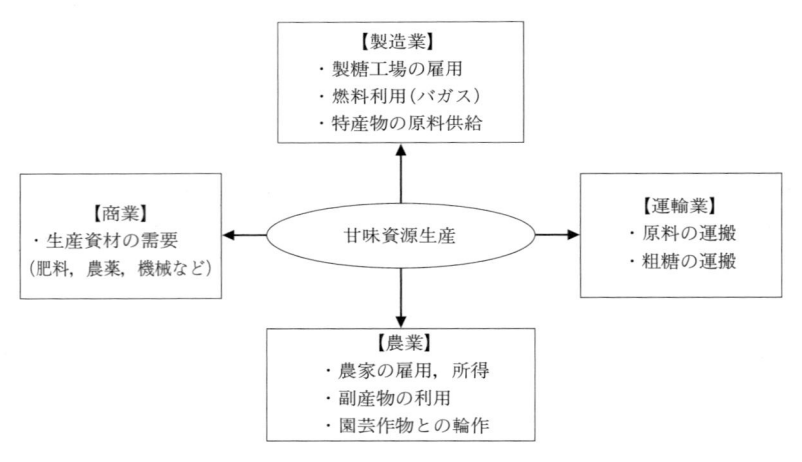

【運輸業】
・原料の運搬
・粗糖の運搬

【農業】
・農家の雇用，所得
・副産物の利用
・園芸作物との輪作

図 10-1　甘味資源生産と地域産業との関係

農業のみならず，製造業，運輸業および商業と深い関係を有し，地域産業・経済への多面的な波及効果を発揮している．1995 年の産業連関表を用いた沖縄の甘味資源（さとうきび）の生産波及効果は 4.30 倍，つまり，さとうきび生産が 1 億円増加すれば，地域経済に与える波及効果は 4.3 億円となる．

(2) 甘味資源生産と地域農業

沖縄農業において，さとうきび生産は極めて重要な位置を占めている．本土復帰以降，日本の「保護農政」が適応され，さとうきび生産価格の引き上げなど制度的変化がプラスに作用し，1985年頃までには甘味資源生産が大きく発展した．1985年度のさとうきび作付面積は32,100ha，農作物作付延べ面積の

表10-2 沖縄におけるさとうきびの作付面積および産出額

(単位：ha，％，百万円)

年度	農作物作付延べ面積	さとうきび	比率	農業産出額合計	さとうきび	比率
1975	39,500	25,200	63.8	648	205	31.6
1980	44,300	28,800	65.0	936	271	29.0
1985	49,000	32,100	65.5	1,161	374	32.2
1990	45,700	29,900	65.4	1,069	250	23.4
1995	39,600	22,700	57.3	1,022	212	20.7
2000	37,400	21,000	56.1	902	166	18.4
2005	35,400	19,700	55.6	905	143	15.8
2006	35,300	19,400	55.0	906	153	16.9
2007	35,600	19,500	54.8	930	181	19.5

資料：内閣府沖縄総合事務局『沖縄農林水産統計年報』，農林水産省『生産農業所得統計』．
注：1985年から花きを含む．

表10-3 沖縄におけるさとうきびの経営規模別農家構成

年度	総数(戸)	農家構成比(%)									1農家当たり収穫面積(a)
		5a未満	5〜10a	10〜30a	30〜50a	50〜100a	100〜150a	150〜200a	200〜300a	300〜400a	400a以上	
1975	35,298	1.1	6.6	30.9	22.9	24.6	8.2	5.6				55
1980	37,290	1.1	6.8	29.3	23.6	25.6	8.4	5.3				57
1985	37,772	0.9	5.6	27.3	21.7	26.1	10.6	7.8				61
1990	33,084	1.0	6.7	29.3	21.3	24.8	9.2	7.7				62
1995	23,305	1.4	6.9	28.4	20.6	22.6	8.9	11.2				63
2000	18,833	1.0	6.5	28.7	20.5	24.8	9.7	3.9	2.6	0.8	1.4	72
2005	17,646	0.9	6.3	28.1	19.6	25.0	9.9	4.1	2.9	1.2	2.0	71
2006	17,748	1.0	6.4	25.0	19.1	21.9	13.2	6.8	3.2	1.6	2.0	71
2007	17,475	1.5	6.5	27.6	19.7	24.2	10.7	4.0	2.7	1.3	1.8	72
2008	17,411	0.9	6.3	27.2	19.5	25.2	10.4	4.2	3.1	1.3	2.0	71

資料：県農林水産部『さとうきび及び甘しゃ糖生産実績』．
注：2000年以前の150〜200a層には200a以上が含まれる．

65.5%, 産出額は374百万円で農業産出額合計の32.2%を占める（表10-2）。しかし，1985年頃をピークに，その後は農産物価格の低迷，農業担い手の高齢化などに伴い，農業は後退ないし停滞の局面に入った．近年，さとうきびの作付面積比率はおよそ55%，農業産出額に占める割合は16～20%弱の水準を維持している．

さとうきび収穫農家数は，本土復帰以降1985年までは増加したが，その後は減少し，2008年度は17,414戸に減少した（表10-3）．収穫農家数は減少しているが，総農家数に占める割合は依然高く，2005年には73%を占める．また，1戸当たりさとうきびの収穫面積は，1975年以降わずかながら増加したものの，近年は70a余りの水準に止まっている．収穫面積規模別農家構成をみると，1ha以下の農家がほとんどであり，農家のさとうきび生産規模の拡大は進んでいない．

表10-4は，沖縄におけるさとうきびの作型別収穫面積および単収の推移を示した．作型別の収穫面積構成比は大きく変化した．1975年度に株出が圧倒的に多く73%，夏植が18.9%，春植が8.1%であったが，2006年度には株出が37.7%に減少し，一方，夏植が50%，春植が12.1%に増加した．このよう

表10-4 沖縄におけるさとうきびの作型別収穫面積および単収

（単位：ha, %, Kg/10a）

年度	収穫面積				10a当たり収量			
	総数	夏植	春植	株出	総数	夏植	春植	株出
1975	19,449	3,677 (18.9)	1,581 (8.1)	14,191 (73.0)	6,542	7,678	5,140	6,404
1980	21,100	5,110 (24.2)	2,440 (11.6)	13,500 (64.0)	6,170	6,930	4,160	6,260
1985	23,100	8,590 (37.2)	2,490 (10.8)	12,000 (51.9)	7,540	8,080	5,880	7,500
1990	20,400	7,970 (39.1)	2,080 (10.2)	10,400 (51.0)	5,970	6,580	4,700	5,760
1995	14,700	6,940 (47.2)	1,400 (9.5)	6,370 (43.3)	6,900	7,730	4,960	6,420
2000	13,600	6,510 (47.9)	1,410 (10.4)	5,640 (41.5)	5,940	6,900	4,370	5,230
2005	12,500	6,060 (48.5)	1,480 (11.8)	4,950 (39.6)	5,450	6,600	3,760	4,540
2006	12,700	6,350 (50.0)	1,540 (12.1)	4,790 (37.7)	5,850	6,820	4,530	5,000
2007	12,700	6,120 (48.2)	1,510 (11.9)	5,040 (39.7)	6,710	8,090	5,100	5,510
2008	12,400	5,760 (46.5)	1,490 (12.0)	5,170 (41.7)	7,120	7,820	5,920	6,660

資料：昭和50年産までは県農林水産部『さとうきび及び甘しゃ糖生産実績』，昭和51年産以降は農林水産省『作物統計　甘味資源作物調査』及び内閣府総合事務局『沖縄県農林水産統計年報』．
注：1) 平成20年産の数値は概数値である．
　　2) （ ）内は収穫面積総数に対する構成比．

な作付変化は，単収，生産の省力化および自然災害への対応などに基づく農家の作付行動によるものである．

以上，さとうきび生産は，農家の高齢化や生産規模の零細性などの問題を抱えている一方，地域農業，とりわけ農地利用においては依然メジャー作物としての位置を維持している．また，さとうきび収穫面積の半数近くが夏植であり，降雨量の多い5～6月に亘って裸地状態の場合が多く，赤土等の流出が最も起こりやすい問題を抱えている．

3. 地域経済・農業と環境保全

(1) 石垣市の経済・農業

本節では，赤土等流出が顕著である沖縄県石垣市を対象に，赤土等流出問題をめぐる農家の対応実態を分析し，地域経済・農業の持続的発展に向けての課題を検討する．

石垣市は人口約4.5万人（2005年国勢調査），就業者数は約2.14万人である．就業者のうち，第1次産業が11.2%（農業が9.7%），第2次産業が15.7%（建設業が11%），第3次産業が70.7%（卸売・小売業が14.8%，飲食店・宿泊業が12.4%）である．2005年度の純生産額は936億円，そのうち第1次産業が4.7%（農業が3.7%），第2次産業が14.4%（建設業が10.5%），第3次産業が86.2%（サービス業が30.2%，政府サービス生産者が21.3%，運輸・通信業が10.1%）である．したがって，石垣市の産業構造はほとんど沖縄県と同様であり，サービス業を柱とする第3次産業が極めて突出している．また観光産業は大きく発展している．1989年の観光客数は約30万人，観光収入は約210億円であったが，2008年には観光客数は778万人，観光収入は511億円に，それぞれ2.58倍と2.43倍に増加した．

2005年農林業センサスによれば，石垣市の総販売農家数は1,255戸，そのうち専業農家が44.5%，第Ⅰ種兼業農家が20.5%で，両者合わせて農業を主とする農家が65%を占める．経営耕地規模別では，1ha未満層が26%，1～3ha層が41%と最も多く，3～5ha層が17%，5ha以上層が16%で，3ha未満の農家が約7割を占め，農家1戸当たり経営耕地面積は4.4haである．また，

さとうきび生産面積は畑地面積の約4割を占めている．

このように，石垣市では主に農業収入に依存する小規模高齢化農家が多く，耕種業ではさとうきび生産が最も大きなウェイトを占めている．

(2) 赤土等流出と農家経営の対応

ここでは，石垣市において赤土等流出問題が顕著にみられる白保および新川地区を対象に，2006年に行った農家経営調査の結果を用いて赤土等流出状況とその対応のあり方を検討する．調査農家の概況を示した表10-5により，調査した農家経営の主な特徴として，経営主がかなり高齢化していること，農業労働力は2人程度，経営耕地が1～3ha，農業収入が世帯収入に占める割合が7割以上の農家が大半であることがあげられ，概して石垣市全体の特徴と同様である．

耕土（赤土等）流出状況について（表10-6），自分の圃場から赤土等の「流出がみられた」農家が多く7割余りを占める．流出の原因は，「排水路・道路またはその他からの雨水が浸透したから」が最も多く58.1%，次に「裸地状態または植え付け直後だったから」が45.2%，「畑面が急勾配または斜面が長いから」が32.3%となっている．つまり，赤土等流出の原因には，耕地の土地条件や排水路・道路などのハード的側面と，裸地状態の発生という営農上あるいはソフト的側面がある．農地からの耕土流出による影響についてみると，「収穫量が少なくなった」が38.7%，「生育が悪くな

表10-5 調査農家の概況
(単位：戸，%)

区分	項目	農家数	構成比
経営主年齢および後継者状況	40代以下	5	11.9
	50代	11	26.2
	60代	10	23.8
	うち，後継者無	2	4.8
	70代以上	16	**38.1**
	うち，後継者無	5	11.9
農業労働力	1人	15	35.7
	2人	18	**42.9**
	3人	7	16.7
	4人	2	4.8
経営耕地	1ha未満	8	19.0
	1～3ha	19	**45.2**
	3～5	7	16.7
	5ha以上	8	19.0
農業収入対世帯収入比	3割未満	4	9.5
	3～5割	10	23.8
	5～7割	4	9.5
	7～9割	6	14.3
	9割以上	18	**42.9**
計		42	100.0

資料：平成18年の農家調査結果による．

表10-6 耕土流出状況および流出の原因と影響

(単位:戸, %)

項目		農家数	比率
耕土流出状況	①流出がみられた	31	73.8
	②流出がみられなかった	11	26.2
耕土流出原因 (複数回答)	①畑面が急勾配又は斜面が長いから	10	32.3
	②排水路・道路又はその他から雨水が浸入したから	18	58.1
	③裸地状態又は植え付け直後だったから	14	45.2
	④その他	0	0.0
	無回答	0	0.0
耕土流出による 影響(複数回答)	①生育が悪くなった	10	32.3
	②病気になったり,虫が付くようになった	4	12.9
	③収穫量が少なくなった	12	38.7
	④特に問題はなかった	11	35.5
	⑤その他	0	0.0
	無回答	0	0.0

資料:前表と同じ.
注:中段および下段の比率は「流出がみられた」農家数に対する比率.

表10-7 耕土流出対策の有無と対策内容

(単位:戸, %)

項目		農家数	比率
対策の実施	①対策を行った	19	61.3
	②対策を行わなかった	12	38.7
対策の内容 (複数回答)	土のう対策	7	36.8
	緑肥栽培	5	26.3
	堆肥投入	5	26.3
	春植え	3	15.8
	サブソイラー深耕	3	15.8
	グリーンベルト	3	15.8
	勾配修正工事	3	15.8
	法面の保護	3	15.8
	葉柄のあぜ対策	2	10.5
	排水路耕土の除去	2	10.5
	マルチング	1	5.3
	輪作	0	0.0
	ステラーシート対策	0	0.0
	沈砂池設置	0	0.0
	その他	0	0.0
	無回答	0	0.0

資料:前表と同じ.
注:1) 上段の比率は「耕土流出のある」農家数に対する比率.
　2) 下段の比率は「対策を行った」農家数に対する比率.

表 10-8　耕土流出対策の実施有無の理由

(単位：戸, %)

	項　目	農家数	比率
対策実施の理由 (複数回答)	①大きな損害となったから	4	21.1
	②耕土を失いたくないから	13	**68.4**
	③作物の生育に支障を来さないため	7	36.8
	④河川や海への汚染を防止しようと思ったから	6	31.6
	⑤対策が比較的容易であったため	4	21.1
	⑥その他	1	5.3
	無回答	0	0.0
対策を行わなかった理由 (複数回答)	①大きな損害にはならなかったから	9	**75.0**
	②対策に労働負担がかかると思ったから	3	25.0
	③対策に費用負担がかかると思ったから	2	16.7
	④農作業以外で対策に時間を費やすと思ったから	0	0.0
	⑤その他	0	0.0
	無回答	0	0.0

資料：前表と同じ.
注：1)　上段の比率は「対策を行った」農家数に対する比率.
　　2)　下段の比率は「対策を行わなかった」農家数に対する比率.

った」が32.3%となっており，一方，「特に問題は無かった」が35.5%を占めている．

耕土流出がある農家の対策実施状況について（表10-7），「対策を行った」農家が61.3%，「対策を行わなかった」が38.7%となっている．具体的対策については多様に見られるが，「土のう対策」（36.8%），「緑肥栽培」（26.3%），「堆肥投入」（26.3%）が比較的多い．つまり，農家レベルで比較的に導入しやすく，とりわけ，地力増進につながるような対策が実施されている．言い換えれば，地力に関する意識の高い農家が対策を導入している．このことは，耕土流出対策を行った理由について（表10-8），「耕土を失いたくないから」が圧倒的に多く68.4%を占めていることからも明らかである．一方，耕土流出がみられるが，対策を行わなかった理由については，「大きな損害にはならなかったから」が圧倒的に多く75%を占め，耕土流出が農業経営にあまり影響を与えていないという認識が流出対策を取らない最大の理由とみられる．

耕土流出対策を行った上での負担状況については（表10-9），「お金がかなり負担に感じた」が最も多く94.7%，「労働がかなり負担に感じた」および「農作業以外で多くの時間を通やし負担に感じた」がともに89.5%を占めるが，

表10-9 耕土流出対策を行った上での負担について（複数回答）

（単位：戸，％）

項目	農家数	回答率
①労働がかなり負担に感じた	17	89.5
負担度：大	4	21.1
中	4	21.1
小	9	47.4
②お金がかなり負担に感じた	18	94.7
負担度：大	3	15.8
中	2	10.5
小	13	68.4
③農作業以外で多くの時間を通やし負担に感じた	17	89.5
負担度：大	3	15.8
中	1	5.3
小	13	68.4
④負担は感じなかった	0	0.0
⑤その他	0	0.0

資料：前表と同じ．
注：回答率は「対策を行った」農家数に対する比率．

表10-10 赤土等流出問題への農家の認識状況

（単位：％）

項目		流出無し	流出あり		計
			対策有り	対策無し	
赤土流出による海域汚染	①知っている	90.9	100.0	91.7	95.2
	②知らない	9.1	0.0	8.3	4.8
赤土等流出による環境破壊問題への関心	①全く無い	0.0	0.0	8.3	2.4
	②あまりない	36.4	5.3	8.3	14.3
	③少しある	18.2	10.5	50.0	23.8
	④強くある	45.5	84.2	33.3	59.5
海域汚染から観光客の石垣島に対する評価	①全く懸念しない	0.0	0.0	0.0	0.0
	②あまり懸念しない	18.2	15.8	25.0	19.0
	③懸念する	63.6	36.8	50.0	47.6
	④強く懸念する	9.1	47.4	25.0	31.0
	無回答	9.1	0.0	0.0	2.4
海域汚染からの水産業への影響	①全く懸念しない	9.1	0.0	0.0	2.4
	②あまり懸念しない	18.2	10.5	8.3	11.9
	③懸念する	63.6	47.4	66.7	57.1
	④強く懸念する	9.1	42.1	25.0	28.6

資料：前表と同じ．

それぞれの負担度合いについては，いずれも「小さい」が比較的多いが，労働面における負担度が「大」および「中」の回答がやや多くなっている．

赤土等流出対策の有無と農家の環境認識との関連性について（表10-10），赤土等流出による海域汚染の認識状況をみると，全体では「知っている」が95.2%でほとんどの農家が認識している．とりわけ，赤土等流出対策の有る農家では「知っている」が100%に達している．また赤土等流出による環境破壊問題への関心度をみると，対策の有る農家では，「強くある」が圧倒的に多く84%を占める．これに対し，対策の無い農家では，「強くある」が少なく33%，「少しある」が50%，「あまり無い」と「全く無い」が合わせて16%を占める．そして赤土等流出による海域汚染から観光客の石垣島に対する評価についてみると，対策の有る農家では，「強く懸念する」が47%，「懸念する」が約37%，「あまり懸念しない」が約16%である．一方，対策の無い農家では，「強く懸念する」が25%に止まっており，「懸念する」が50%，「あまり懸念しない」が25%を占めている．さらに赤土等流出による海域汚染からの水産業への影響についてみると，対策の有る農家では，「強く懸念する」が42%，「懸念する」が47%，「あまり懸念しない」が約11%である．一方，対策の無い農家では，「強く懸念する」が25%に止まっており，「懸念する」が約67%，「あまり懸念しない」が約8%となっている．このように，対策を行っている農家ほど，赤土等流出によってもたらされる海域汚染問題，観光業や水産業に影響を及ぼす問題に対する認識度・関心度が高い傾向が認められる．

以上，赤土等流出には，裸地状態の存在という営農面の要因のみならず，耕地の土地条件や排水路・道路などのハード的要因もある．また地力の意識が高い農家ほど，地力の増進につながるような赤土等流出防止対策を行っている．さらに赤土等流出による環境問題や観光業・水産業への影響に対する認識度や関心度が高い農家ほど，赤土等流出防止対策を行っている傾向が認められる．

(3) 赤土等流出対策の経営経済的評価

石垣市では，さとうきび生産面積は近年およそ1,200～1,400ha前後であり，夏植が大半を占めている（図10-2）．2007年度の作型別生産面積構成比では，夏植が75.2%，春植が9.9%，株出が14.6%となっている．作型別単収は，夏

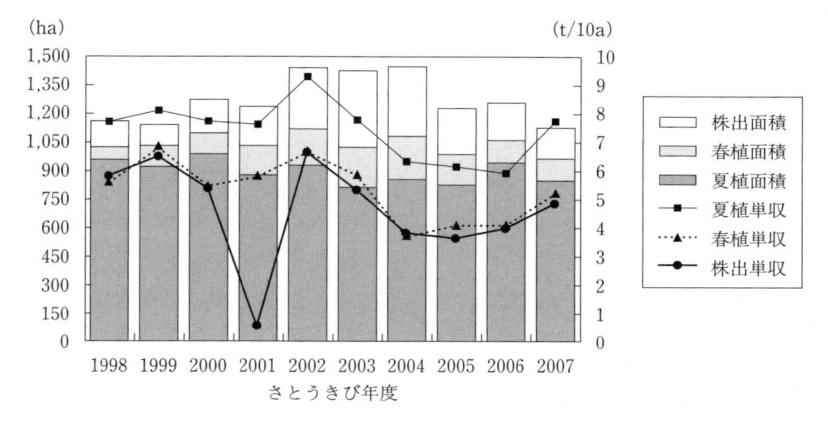

図10-2　石垣市におけるさとうきび生産の推移

資料：石垣市農政経済課．

植が春植および株出より高い水準にあり，夏植への偏重要因をなしていると思われる．

したがって，赤土等流出が最も起こりやすい夏植さとうきびの裸地状態を如何に少なくするかが最大の課題といえる．流出防止対策は大きく土木対策と営農対策に分けられる．土木対策では，発生源（畑地）の勾配修正，斜面長修正，畦畔工・承水路，植生帯およびのり面緑化など，下流における承水路・排水路および赤土等抑制施設の整備などがある．一方，営農対策では，発生源（畑地）における被覆作物の栽培，マルチングなどの畑面被覆対策，植栽フィルター，しがら工，のり面保護など畑面下流端抑制対策があげられる．

主な営農対策による赤土等流出防止効果について（表10-11），流出削減率（流出削減量の現況推定流出量に対する割合）をみると，「枯れ葉全面マルチ」が最も高く90％に達しており，さとうきび作の「春植への移行」が60％，「被覆作物栽培」が54％，「枯れ葉梱包フィルター」および「植栽フィルター（グリーンベルト）」がともに50％となっている．

一方，営農対策による10a当たりの年間対策費用をみると，流出削減率が最も高い「枯れ葉全面マルチ」の場合，流出防止対策に掛かった資材費および労務費を計上した「全作業提供型」が29,200円で最も高く，対策資材費のみ

表 10-11 石垣市における赤土等流出防止営農対策の年間費用と流出削減効果

作物	対 策		10a 当たり対策費用（円/10a）	1t 当たり土壌流出対策費用（円/t）	現況推定流出量（t/10a）	対策による推定流出量（t/10a）	流出削減効果（t/10a）	削減率（％）
夏植さとうきび	被覆作物栽培（ピジョンピー）	全作業提供型	4,000	6,200	1.18	0.54	0.64	54
	被覆作物栽培（ピジョンピー）	資材提供型	1,300	2,000	1.18	0.54	0.64	54
	被覆作物栽培（クロタラリア）	全作業提供型	3,500	5,400	1.18	0.54	0.64	54
	被覆作物栽培（クロタラリア）	資材提供型	800	1,300	1.18	0.54	0.64	54
	春植への移行	資材提供型	10,000	14,000	1.18	0.47	0.71	60
さとうきび	枯れ葉梱包フィルター	全作業提供型	6,000	13,800	0.89	0.45	0.44	50
	枯れ葉梱包フィルター	資材提供型	4,000	9,200	0.89	0.45	0.44	50
	植栽フィルター（50cm 間隔）	全作業提供型	4,000	9,200	0.89	0.45	0.44	50
	植栽フィルター（50cm 間隔）	資材提供型	2,900	6,700	0.89	0.45	0.44	50
	植栽フィルター（6 本/m）	全作業提供型	10,000	23,100	0.89	0.45	0.44	50
	植栽フィルター（6 本/m）	資材提供型	8,700	20,100	0.89	0.45	0.44	50
	枯れ葉全面マルチ	全作業提供型	29,200	37,400	0.89	0.09	0.80	90
	枯れ葉全面マルチ	資材提供型	22,400	28,600	0.89	0.09	0.80	90

資料：沖縄県農林水産部資料（2009 年 1 月）より整理作成．

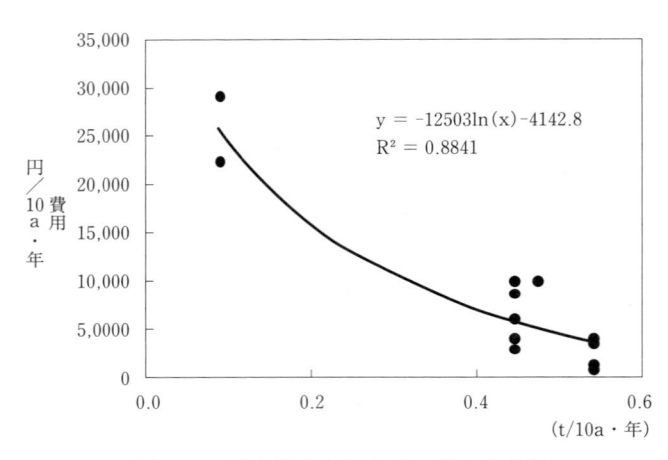

図 10-3 流出防止対策費用と推定流出量

グラフ中の式：$y = -12503\ln(x) - 4142.8$, $R^2 = 0.8841$
縦軸：対策費用（円/10a・年）、横軸：(t/10a・年)

を計上した「資材提供型」が 22,400 円である．「春植への移行」が 10,000 円，「被覆作物栽培」が 800～4,000 円，「枯れ葉梱包フィルター」が 4,000～6,000 円，「植栽フィルター」が 2,900～10,000 円である．また図 10-3 は 10a 当たり流出対策費用と推定流出量との関係を示した．これにより，推定流出量が低い

ほど，言い換えれば，流出量がゼロに近づくほど，流出対策費用が急速に増加することがわかる．したがって，経済学の視点から赤土等流出の削減目標を設定するに当たって，赤土等流出対策の限界費用と限界被害額を考慮する必要があろう．

一方，さとうきび10a当たり生産額は，石垣市が107,594円（2004～2006年産平均）で沖縄の125,125円より低い．沖縄県のさとうきび10a当たり所得は63,499円（同平均），1日当たりの所得は5,263円（同平均）である．これらを踏まえると，さとうきび生産農家にとって赤土等流出防止対策の実施は新たなコストが発生し，農業経営の収益性の減少をもたらす．

以上，農業経営における赤土等流出防止対策は，農家の新たなコスト負担増の問題が発生し，とりわけ，流出削減効果が非常に高い全面マルチの対策は農家にとって大きな経済負担となり，対策導入の経済的インセンティブが弱いと思われる．

4. むすび

甘味資源作物であるさとうきび生産は，地域経済・産業に大きなインパクトを与え，沖縄農業の基本ともいえる．また地域経済が観光産業に大きく依存する状況のなかで，環境保全型農業の確立が必要不可欠である．とりわけ，夏植型さとうきびの裸地状態など農地利用による赤土等流出問題を如何に解決していくかが喫緊の課題である．

農業経営による赤土等流出防止対策は，緑肥作物の栽培など地力の増進につながる対策が主であり，また地力意識が高く，赤土等流出による環境問題や観光産業・水産業への影響に対する認識度や関心度が高い農家ほど，流出防止対策を行っている傾向が認められる．一方，農家レベルの流出防止対策は，農業経営にとって新たなコスト増加の問題があり，とりわけ，流出防止効果の高い対策ほど経済的な負担増が大きく，対策導入の経済的インセンティブが弱い．

したがって，今後の環境保全型農業の確立に向けて，第1に，農家の地力維持や環境保全に対する意識の高揚が重要である．第2に，流出対策を実施している農家に対しては地域ぐるみで積極的に評価・支援する．例えば，認証制度

を導入し，流出防止対策による農産物を認定し，観光客や消費者などに対して的確な情報提供を行い，消費者の理解の下でコストを踏まえた適切な価格表示での取引，販路の確保やブランド化を推進する．第3に，環境支払制度の導入，環境保全対策基金の設立など，国・地方自治体および非農業者による農家の環境保全対策に対する経済的支援システムの構築を図る．

参考文献

沖縄県農林水産部（1989）『さとうきび生産構造の実態と改善課題』．
沖縄総合事務局農林水産部（1998）『これからのさとうきび作のあり方』．
来間泰男（1999）「さとうきび作農業と製糖業の課題」日本学術会議・日本農業経営学会『甘味資源政策と国内産糖』．
沖縄国際大学産業総合研究所（2001）『甘味資源の地域経済に及ぼすインパクトと関連主体の認知構造分析』．
兪炳強（2001）「沖縄における地域農業構造変化の数量的分析」沖縄国際大学産業総合研究所『産業総合研究』第9号．
兪炳強・松木靖（2001）「甘味資源作物の生産構造―沖縄県のさとうきびを対象に―」廣瀬牧人・兪炳強・阿部秀明編著『地域発展戦略へのアプローチ―地域におけるアイデンティティ・イノベーション・アメニティの創造に向けて―』泉文堂．
兪炳強（2005）「甘味資源の需給動向と生産地域の農業構造変化―沖縄県と北海道の比較研究―」沖縄国際大学産業情報学部『産業情報論集』第1巻第1号．
坂井教郎・仲地宗俊・白玉久美子・安田元（2007）「石垣島における農地からの赤土流出の実態と農家の意識」日本農業経済学会『2007年度日本農業経済学会論文集』．
赤土等流出総合対策プログラム策定検討委員会（2008）『土地利用者参加による赤土等流出装具夫対策開発事業　事業評価報告書』沖縄県農林水産部営農支援課．
兪炳強（2009）「観光型島嶼地域における農業経営の資源環境保全に関する一考察―沖縄県石垣市を事例に―」沖縄国際大学産業総合研究所『産業総合研究』第17号．

第11章
ブランド力強化と栽培履歴情報
－沖縄産マンゴーを事例に－

廣 瀬 牧 人

【本章のキーワード】
　　トレーサビリティ・システム，生産者のマインド，消費者の求める情報，糖度・酸度の比較分析，食味調査，品質保証のための認証制度

1. はじめに

　「食の安全・安心」に対する関心の高まりを背景として，種々の農産物を対象に，インターネット等の情報通信技術を高度に利用したトレーサビリティシステムの導入が構想・実践されている．トレーサビリティシステム自体は，生産，加工及び流通の各段階における農産物の移動を追跡する仕組み[1]であり，食品の安全管理を直接行うものではない．しかし，鮮度や衛生管理の態様が重視される食品では，トレーサビリティシステムを構築していること自体が消費者の安心を獲得・維持する一助となるものである．加えて，生産者段階における栽培履歴情報を具備するならば，トレーサビリティシステムは，「食の安全・安心」に関する具体的な拠り所を提供し得るという点で，消費者の要求に応えることが可能な仕組みである．地域特産品のブランド力を構築・強化するための戦略的手段として構想・実践される所以でもある．
　沖縄産マンゴーの生産は，1986～2006年の20年間で結果樹面積が約19倍，収穫量が約16倍と，順調に拡大してきた．沖縄産マンゴーは国内唯一の亜熱帯地域で収穫される熱帯果樹であることから，沖縄県の地理的イメージと合致するとともに，完熟状態で出荷されるため食味の評価も極めて高く，さらに，

国内最大の産地であることから，国産マンゴーの中で1つのブランドを形成している．しかし，卸売市場の平均単価（2009年，東京都中央卸売市場）をみると，外国産マンゴーに比して3倍程度にはなるものの，他県産マンゴーの約5割程度であり，沖縄産マンゴーのブランド力は，他県産のものに較べて優位な状態にあるとは言えない．また，沖縄産マンゴーの生産者や生産者団体の中には，卸売市場を活用しつつも，生産者が個別に消費者と直結した販売方式を取り入れている場合が多く，市場外流通量が約73％（2009年）に達することから，過去の食品事故にみられるように個別生産者段階での事故が沖縄産マンゴー全体のブランド力を損なってしまうことが強く危惧される．

農業生産部門ではIT化の進展が相対的に低位な水準にあり，生産者段階での栽培履歴の情報化の遅れが，栽培履歴情報を具備したトレーサビリティシステムの構築を阻害する1つの要因となっている．特に，零細・個別経営の多い沖縄県のマンゴー農家では，生産者段階での栽培履歴の情報化の遅れが，トレーサビリティシステムを戦略的に活用することの阻害要因となり，消費者に訴求する際に，地域固有の地理的イメージに根ざしたブランド力を十二分に活かし切れていないことが強く懸念される．

本稿の目的は，沖縄産マンゴーを対象に，生産者が主体的に品質や栽培履歴等の情報蓄積を行う機運を醸成するための基本要件について検討し，提言することである．

このため，以下では，沖縄県内のマンゴー生産者・販売者に対する聞き取り調査，消費者が求めるマンゴーの栽培履歴情報に関するアンケート調査，並びに，マンゴーの品質比較分析について，調査結果を整理し，栽培履歴情報を蓄積する機運を醸成するための具体的な方策について提言する．

2. 沖縄県内のマンゴー生産者・販売者に対する聞き取り調査

本章では，開示を前提とした栽培履歴情報の蓄積に関するマンゴー生産者や販売者の意識を推し量るために，生産者3軒，販売者1軒に対し実施した聞き取り調査結果の概要を整理する．なお，調査した3軒の生産者は全て，優良生産者として関係行政機関や販売関係者から推薦された生産者である．調査結果

概要は次のとおりである．

　(1)農業者の常として，調査対象とした3軒の生産者以外にも，かなりの生産者が自ら行った農作業を何らかの形で記録していることが伺えるが，開示を前提とした形態とはなっていない．

　(2)マンゴーの生産には，極めて精緻な栽培技術が要求されることや，沖縄県のマンゴー栽培は主に個々の生産者の創意工夫によって発展してきた経緯があり，その端緒において行政主導によって基本技術の普及が行われたものではない．従って，生産者の志向は栽培履歴情報を「開示する」方向にはない．

　(3)マンゴー生産者は家族経営が主体であること，収穫期のピークが7月中旬から8月中旬に集中すること，優良生産者は既に安定した顧客を確保していること，等のため，生産者の経営規模や販路の拡大意欲は旺盛ではない．

　(4)マンゴー生産者は，それぞれに技術の陶冶には極めて熱心であるが，購買者のニーズへの対応というよりも個人の技芸を競う風潮が強いことから，生産規模の拡大や販路の拡大意欲に結びついていない．従って，「現状以上に付加価値を高めブランド力を強化する」というインセンティブが生産者には働かず，開示を前提とした栽培履歴情報の蓄積は生産者の想定範囲外の発想となっている．

　(5)マンゴー果実個体ごとの糖度表示は，商品の差別化という発想を具現化するものであり，生産者も意義を理解し興味は示すが，追加的な作業時間の増大に対する負担感と「食せば分かる」式の生産者の側だけに立った旧態依然とした自己完結的発想が根強く，糖度計測の実行には消極的である．従って，商品の差別化のための品質情報の表示という点でも，生産者に栽培履歴情報の蓄積を促すインセンティブは働いていない．

　(6)マンゴー販売者は，消費者が求める果実の外見からでは判断できない品質情報の提供に熱心であるとともに，商品の差別化という観点から栽培履歴情報蓄積の有用性は認識している．しかし，沖縄産マンゴーの流通は消費者直販の形態が主流であり，販売者側から生産者側への訴求力には限界がある．

　(7)以上のことから，総じて，沖縄県のマンゴー生産者には，開示を前提とした栽培履歴情報の蓄積を志向する機運は醸成されていないと推察される．

3. 消費者が求めるマンゴーの栽培履歴情報に関するアンケート調査

本章では，購買者が求める栽培履歴情報項目の析出を行うために一般のマンゴー購買者（消費目的の購買者に限定）に実施したアンケート調査結果の概要を整理する．

(1) 調査概要
①実施方法：沖縄産品を取り扱うインターネットモール主催者の協力を得て，インターネット上で調査を実施
②実施期間：2004年12月28日～2005年1月31日
③回収状況：211件（沖縄県75件，他都道府県136件）

(2) 結果概要
❶商品属性に関わる情報：品種名や収穫場所は購入時の参考になるか．
【質問】
ア）沖縄県では約20種類のマンゴーが栽培されています．マンゴーの品種名を知ることができれば購入する際の参考となりますか．
イ）沖縄県では西表島から国頭村まで各地でマンゴーが栽培されています．収穫場所を知ることができれば購入する際の参考となりますか．
【集計結果】

(単位：%)

回答選択肢	回答総数		居住地別			
			品種名		収穫場所	
	品種名	収穫場所	沖縄県	他都道府県	沖縄県	他都道府県
大いに参考とする	24.6	17.5	24.0	25.0	14.7	19.1
やや参考とする	44.5	46.0	46.7	43.4	60.0**	38.2**
どちらともいえない	21.3	19.9	24.0	19.9	13.3**	23.5**
関係ない	7.6	15.2	4.0**	9.6**	9.3**	18.4**

注：表中の「**」を付した数値は，母比率の等不等の検定において5%水準で有意．

【知見】
ア）「参考とする」という回答割合が60%を越えるが，「大いに参考とする」

という回答割合が3分の1程度,「やや参考とする」という回答割合が3分の2を占めている.しかし,「やや参考とする」という回答割合が「大いに参考とする」という回答割合を上回っており,「品種」や「収穫場所」は購入時の主要な判断要素とはなっていないことが伺える.

イ)「品種名」及び「収穫場所」ともに県外回答者の「参考とする」という回答割合が県内回答者のそれを下回っており,また,県外回答者の「どちらともいえない」及び「関係ない」という回答割合が有意に県内回答者のそれを上回っていることから,特に県外者は,沖縄県産であれば生産地域に関係なく無差別に購入していることが伺え,『沖縄産』という言葉で県全域を一括りにして沖縄県産マンゴーを認識していると推察される.

❷生産者属性に関わる情報:生産者の「名前や顔」,「こだわり」は購入時の参考になるか.

【質問】

ア)マンゴー生産者の名前や顔を知ることができれば購入する際の参考となりますか.

イ)生産者のマンゴー生産に対する「こだわり」を知ることができれば購入する際の参考となりますか.

【集計結果】

(単位:%)

回答選択肢	回答総数		居住地別			
			名前や顔		こだわり	
	名前や顔	こだわり	沖縄県	他都道府県	沖縄県	他都道府県
大いに参考とする	25.1	47.4	29.3	22.8	45.3	48.5
やや参考とする	42.7	43.6	34.7**	47.1**	45.3	42.6
どちらともいえない	20.4	5.2	24.0	18.4	2.7**	6.6**
関係ない	10.4	1.9	10.7	10.3	2.7	1.5

注:表中の「**」を付した数値は,母比率の等不等の検定において5%水準で有意.

【知見】

ア)「名前や顔」を「参考とする」という回答割合は約68%であるが,「大いに参考とする」という回答割合が3分の1程度,「やや参考とする」という回答割合が3分の2を占めており,「やや参考とする」という回答割合が「大いに参考とする」という回答割合を上回っている.他方,「こだわり」を

「参考とする」という回答割合は91％であり，「大いに参考とする」と「やや参考とする」という回答割合が相半ばしているが，前者の割合が若干高い．生産者の「名前や顔」は購入時の主要な判断要素ではなく，むしろ，生産者の「こだわり」が購入時の主要な判断要素となっていることが伺える．

イ）「名前や顔」については県外回答者の方が「参考にする」度合いが高い．しかし，「こだわり」に関しては，県内回答者及び県外回答者の両者共に「参考にする」という回答割合が90％以上に達しており，生産者の「こだわり」は，県内外を問わず，購入時の主要な判断要素となっていることが伺える．

❸生産過程に関わる情報（その1）：農薬や肥料に関するどのような情報が必要か．

【質問】

ア）マンゴーの栽培に際して使用される農薬についてどのような情報が必要ですか．（複数選択可）

イ）マンゴーの栽培に際して使用される肥料についてどのような情報が必要ですか．（複数選択可）

【集計結果】

(単位：％)

回答選択肢	回答総数		居住地別			
			農薬		肥料	
	農薬	肥料	沖縄県	他都道府県	沖縄県	他都道府県
薬剤(肥料)名称	73.9	66.4	74.7	73.5	58.7**	70.6**
使用目的	73.5	64.0	78.7**	70.6**	68.0	61.8
希釈倍率	38.9	N.A.	44.0	36.0	N.A.	N.A.
使用(施肥)量	65.4	43.6	66.7	64.7	40.0	45.6
散布(施肥)月日	42.7	26.5	44.0	41.9	28.0	25.7

注：表中の「**」を付した数値は，母比率の等不等の検定において5％水準で有意．

【知見】

ア）「薬剤（肥料）名称」，「使用目的」，並びに，「使用（施肥）量」に対する回答者の関心は高いが，対照的に「希釈倍率」や「散布（施肥）月日」に対する関心は相対的に低い．また，総じて，「肥料」よりも「農薬」に対して回答者の関心は高くなっている．特に，「農薬」については，残留農薬問題

との関連で,「希釈倍率」や「散布（施肥）月日」という項目に対する関心が高くなると想定したが予想に反する結果となった.「使用（施肥）量」に対する関心が低位にあるわけではないことから, 回答者は安全性を自己確認できる情報を求めてはいるものの,「希釈倍率」や「散布（施肥）月日」等の専門知識がなければ判断できない情報については, 積極的な意味を見出せないと判断していると推察できる.

イ）「農薬」の「使用目的」や「肥料」の「薬剤（肥料）名称」においては, 県内回答者と県外回答者の間で有意の差異が見られるものの,「使用（施肥）量」については, 県内外の回答者の間で有意の差は認められない. 専門知識がなくても, 回答者が安全性を直感的・経験的に自己判断するための情報として「使用（施肥）量」を1つのメルクマールとして認識していることが伺える.

❹出荷に関する情報：収穫日, 果実重量, 糖度は購入時の参考になるか.

【質問】

ア）沖縄県では7月～8月がマンゴー収穫の最盛期となります. 収穫日は購入する際の参考となりますか.

イ）マンゴーの個々の果実の重量を知ることができれば購入する際の参考となりますか.

ウ）マンゴーの個々の果実の糖度が分かれば購入する際の参考となりますか.

【集計結果】

(単位：％)

回答選択肢	回答総数			居住地別					
				収穫日		果実重量		糖度	
	収穫日	果実重量	糖度	沖縄県	他都道府県	沖縄県	他都道府県	沖縄県	他都道府県
大いに参考とする	47.9	33.2	71.1	49.3	47.1	30.7	34.6	77.3**	67.7**
やや参考とする	38.4	49.3	23.7	37.3	39.0	52.0	47.8	20.0	25.7
どちらともいえない	9.0	9.5	3.8	8.0	9.6	6.7**	11.0**	1.3**	5.1**
関係ない	3.3	6.6	0.5	2.7	3.7	8.0	5.9	0.0	0.7

注：表中の「**」を付した数値は, 母比率の等不等の検定において5%水準で有意.

【知見】

ア）総じて,「収穫日」,「果実重量」,「糖度」の三者とも「参考とする」という回答割合が80～90%台に達している. 特に,「収穫日」や「糖度」につい

第11章　ブランド力強化と栽培履歴情報

ては「大いに参考とする」という回答割合の方が高くなっており,「鮮度」と「食味」が購入時の主要な判断要素となっていることが伺える.なお,「果実重量」については,購入時に手に持った感じで大凡の当たりは付けられるため,「やや参考とする」という回答割合の方が高くなっていると推察される.

イ) 項目により有意差は認められるものの,県内外の回答者間でパターンは同様であり,やはり,「鮮度」と「食味」が購入時の主要な判断要素となっていることが窺える.

(3) アンケート調査結果のまとめ

①美味しければ「品種」や「収穫場所」は問題とならない.特に県外者は沖縄県内の産地にこだわってはおらず,『沖縄産』という言葉で県全域を一括りにして沖縄県産マンゴーを認識している.ブランドとしての魅力度は別として『沖縄産』がブランドの基盤となっていることが窺える.

②生産者の「こだわり」は,県内外を問わず,購入時の主要な判断要素となっている.生産者の「こだわり」,言い換えれば,「ものづくり」の背景思想という生産者の主体的な創意・工夫に購買者は共鳴して購入決定を行うとも考えられる.従って,生産者の主体的な創意・工夫を積極的に情報開示することは販売戦略上有用である.

③生産過程に関わる情報については,「農薬」や「肥料」の「希釈倍率」や「散布(施肥)月日」に対する関心は相対的に低い.購買者は,専門知識を必要とする情報は開示されても積極的な意味を持ち得ないと判断していると推察できる.購買者が直感的に理解し易い情報の提供が必要であり,また,専門知識を必要とする情報を如何に分かり易く提供するかという情報提供の仕方についても創意・工夫が必要である.

④「鮮度」と「食味」が購入時の主要な判断要素となっており,購買者は,生産物を見たり触っただけでは分からない情報を求めている.現在沖縄県内で標準とされている品質基準は,大きさと色味といった外見上の物理特性に関するものであり,購買者が求める情報と合致しているとは言い難い.

⑤総じて,果実個体に関し,購買者の合理的判断(一定の自己満足が得られる

判断）を可能な限り支援し得る情報の提供が求められている．

4. マンゴーの品質比較分析[2]

　本章では，沖縄県産マンゴーと宮崎県産マンゴーの品質比較分析の結果について整理する．宮崎県産マンゴーを比較対象として取り上げたのは，宮崎県は沖縄県に次いで国内第2位のマンゴー生産地であること，品種が同じであること，沖縄県から苗木を移出していること，初期において沖縄県から栽培技術が伝播されたこと，さらに，卸売市場での取引価格は国内産マンゴーでは最高値であること，という特徴を有しているからである．

(1) 品質に関する調査
　品質に関する調査は，成分（物理）特性[3]と食味の2つの側面から行った．
①成分（物理）特性の調査
　成分（物理）特性については，糖度，pH，カリウム濃度，果実の重量・長さ・幅のデータを収集した[4]．
②食味の調査
　成分（物理）特性の調査の試料に用いた果実について，事前に一口大に調整し，市販のプラスチック製容器に個体ごとに分けて入れ，調査参加者に試食させ，10点満点の絶対評価で採点させた後，その算術平均をとった．なお，容器には，番号のみを付しており，産地や生産者，果実の色味等，調査参加者に先入観を抱かせる情報は一切与えていない．

(2) 品質に関する比較分析
1) 調査したマンゴーの成分特性
　調査したマンゴーの成分特性を見ておく．表11-1では，上から2行目に既往の研究成果や日本食品成分表に基づく数値を「標準値」と見なして掲げている．
　同表の「3カ年計」欄より，調査した全個体195個についてみると，糖度やカリウム濃度で標準値以上となる個体の割合は40％台前半であるのに，pHでは標準値以上となる個体の割合が60％となっている．産地別に見ると，宮

崎県産マンゴー 85 個については，糖度が標準値以上となる個体の割合は約 61％，pH が標準値以上となる個体の割合は約 84％，カリウム濃度が標準値以上となる個体の割合は約 53％ である．他方，沖縄県産マンゴー 110 個については，糖度が標準値以上となる個体の割合は 30％，pH が標準値以上となる個体の割合は約 42％，カリウム濃度が標準値以上となる個体の割合は約 36％ であ

表 11-1　品質に関する比較分析(1)

区分			糖度	pH	カリウム濃度
標準値			16.7	4.5	170
2004 年産	宮崎県	標準値以上(個) 構成比率(％)	10 52.6	16 84.2	11 57.9
	沖縄県	標準値以上(個) 構成比率(％)	16 39.0	23 56.1	23 56.1
	全体	標準値以上(個) 構成比率(％)	26 43.3	39 65.0	34 56.7
2005 年産	宮崎県	標準値以上(個) 構成比率(％)	22 64.7	30 88.2	17 50.0
	沖縄県	標準値以上(個) 構成比率(％)	2 10.0	5 25.0	0 0.0
	全体	標準値以上(個) 構成比率(％)	24 44.4	35 64.8	17 31.5
2006 年産	宮崎県	標準値以上(個) 構成比率(％)	20 62.5	25 78.1	17 53.1
	沖縄県	標準値以上(個) 構成比率(％)	15 30.6	18 36.7	17 34.7
	全体	標準値以上(個) 構成比率(％)	35 43.2	43 53.1	34 42.0
3 カ年計	宮崎県	標準値以上(個) 構成比率(％)	52 61.2	71 83.5	45 52.9
	沖縄県	標準値以上(個) 構成比率(％)	33 30.0	46 41.8	40 36.4
	全体	標準値以上(個) 構成比率(％)	85 43.6	117 60.0	85 43.6

注：1)　「標準値」欄の「糖度」と「pH」の数値は，伊藤（2001）の 163 ページの表 4.35 の「Irwin」欄より転載．
　　2)　「標準値」欄の「カリウム」の数値は，五訂日本食品成分表より転載．
　　3)　「標準値」欄の「カリウム」の数値は可食部 100g 当たりに含まれるカリウム量を mg 単位で表したものであり，本稿の調査はカリウムの濃度を 100ppm 単位で表したものあることから，カリウムについては，本稿の調査結果を 10 倍して 100g 当たりの含有量に簡易換算して判定した．

る．両産地間で対照的な結果となっている．要約すると次のとおりである．

ア) 宮崎県産のマンゴーの方が相対的に甘味の強い個体が多い．宮崎県で2007年4月より出荷が始まった「太陽のタマゴ」は糖度15度以上を基準としており，宮崎県産マンゴーが高糖度を意図して生産されていることの反映であると判断される．他方，沖縄県産マンゴーについては，実効性のある県内統一基準はないが，調査した沖縄県内のマンゴー生産者が全て「糖度は13～14度で十分．15度を超えると甘味が強すぎて美味しくない．」という旨の考えを示しており，宮崎県とは対象的に高糖度を意図して生産されていないことを反映しているものと判断される．

イ) pHは周知のとおり，7を中性若しくは化学的中性点として基準とし，7より小さくなるほど酸性が強く，7より大きくなるほどアルカリ性が強くなると判断する指標である．従って，沖縄県産の果実個体の方が相対的に強い酸性傾向を有することになる．

ウ) 宮崎県も沖縄県も同一品種（アーウィン種）を生産しており，しかも，沖縄県で生産された苗木が宮崎県に移出されていることから，宮崎県と沖縄県でマンゴーの栽培技術に差異があることが示唆される．一般的に十分な施肥を行った場合，植物中のカリウム濃度は高くなる．土壌条件にもよるが，宮崎県産マンゴーの方が施肥が十分に行われている，との判断も成り立つ．

2) 宮崎県産マンゴーと沖縄県産マンゴーの成分比較

上述のように，宮崎県産マンゴーと沖縄県産マンゴーが異なる成分特性を示したため，宮崎県産マンゴーと沖縄県産マンゴーについて，糖度，酸度（2006年産のみ），pH，カリウム濃度，重量，長さ，幅，食味得点，食味得点の変動係数について，母平均の差の検定を行ったものが表11-2である．なお，食味得点の変動係数は，毎回の食味調査に参加した10～19名の被験者が各果実個体に付した評点（10点満点）のバラツキの度合いを見るために算出したものである．

糖度，pH，カリウム濃度については1%水準で有意であり，酸度，重量，長さについては5%水準で有意となっている．幅，食味得点，食味得点の変動係数については有意の差は見出せなかった．糖度，pH，カリウム濃度につい

表11-2 品質に関する比較分析(2)

区 分		宮崎県	沖縄県	全体
糖度**	算術平均	17.1	15.4	16.1
	標準偏差	1.6	2.0	2.0
酸度*	算術平均	0.456	0.354	0.394
	標準偏差	0.231	0.169	0.201
pH**	算術平均	4.8	4.4	4.6
	標準偏差	0.5	0.4	0.5
カリウム濃度**	算術平均	17.2	16.0	16.5
	標準偏差	3.1	3.2	3.2
重量(g)*	算術平均	531.9	501.6	514.8
	標準偏差	84.8	101.2	95.4
長さ(cm)*	算術平均	14.2	13.8	14.0
	標準偏差	1.1	1.3	1.2
幅(cm)	算術平均	10.2	10.2	10.2
	標準偏差	0.7	0.9	0.8
食味得点	算術平均	6.9	6.8	6.8
	標準偏差	1.0	0.9	0.9
食味得点の変動係数	算術平均	24.2	24.1	24.2
	標準偏差	6.6	7.1	6.9

注：1) 表中の「標準偏差」欄の数値は標本標準偏差の実現値．
2) 表中の「**」及び「*」の印は，平均の差の検定において
それぞれ1％水準，及び，5％水準で有意であることを示す．
3) 「酸度」については2006年産のデータに基づく．

ては，前節の論考を支持する結果となっている．しかし，pHでは沖縄県産マンゴーの方が酸性傾向が強い（沖縄県産4.4，宮崎県産4.8）にもかかわらず，宮崎県産マンゴーの方が沖縄県産マンゴーよりも酸度が高い（沖縄県産0.354％，宮崎県産0.456％）という結果となっている．このような矛盾する結果を得たことについては，次のように推論している．

塩酸や硫酸などの強酸は解離定数が小さく水素イオンを放出しやすいため，濃度が高くなると，より多くの水素イオンを放出する．クエン酸などの有機酸は弱酸で解離定数が大きく強酸に比して水素イオンを放出しにくい．そのため，放出される水素イオンの量は濃度に依存しない．濃度が高くなると逆に解離しにくくなり，放出される水素イオンの量は少なくなりpHは高くなる．濃度が

低くなると解離しやすくなり放出される水素イオンの量が増え pH は低くなる．

　重量と長さに関し宮崎県産と沖縄県産マンゴーの間に有意の差が見出されたことについては，次のとおりである．

　分析に用いた宮崎県産マンゴーについては，主に JA 宮崎，株式会社エーコープみやざき，大手青果店からネット販売を活用して入手した．他方，沖縄県産マンゴーについては，主に生産者，大型量販店，小売店から，対面若しくは電話発注等の手段で入手した．分析に用いるマンゴー個体間の大きさに差異が生じないよう，入手に際しては，「大玉」若しくは「LL 玉」という指定を行った．宮崎県産マンゴーについてはほぼ指定通りの内容で入手できたが，沖縄県産マンゴーについては，生産者直販が大半を占めたため，必ずしも指定内容通りの入手はできなかった．沖縄県内の生産者は小規模な家族経営が中心で，しかも，個別に販売を行っていることから，購買者の希望に対応するにも自ずと限度があるためと思われる．

　食味得点については，宮崎県産と沖縄県産マンゴーの間に有意の差が見出されなかった．酸度を計測した 2006 年産マンゴーに限って見ても，表 11-3 に示すとおり，糖度及び酸度に関しては，宮崎県産と沖縄県産マンゴーの間に有意の差が見出されるが，食味得点では有意の差は見出せない．

　成分特性が異なるにもかかわらず食味得点に有意の差が見出せなかったことについては，次のように考えられる．

　周知のとおり，果実の食味は糖度と酸度によって方向付けられる．味覚にかかわる糖度と酸度の関係を模

表 11-3　糖度，酸度，食味得点

区　分		宮崎県	沖縄県	全　体
糖度**	算術平均	17.0	15.2	15.9
	標準偏差	1.5	2.2	2.2
酸度*	算術平均	0.456	0.354	0.394
	標準偏差	0.231	0.169	0.201
食味得点	算術平均	6.8	6.9	6.9
	標準偏差	0.9	0.8	0.9

注：表中の「**」及び「*」の印は，平均の差の検定においてそれぞれ 1% 水準，及び，5% 水準で有意であることを示す．

表 11-4　味覚にかかわる糖度と酸度の模式的関係

	糖度が低い	糖度が高い
酸度が高い	糖度が低く酸度が高いほど酸っぱい	糖度と酸度が共に高いほど濃厚
酸度が低い	糖度と酸度が共に低いほど淡泊	酸度が低く糖度が高いほど甘ったるい

式的に示すと表11-4のとおりである．

表11-3に掲げた2006年産マンゴーの糖度，酸度の平均値に基づくと，宮崎県産マンゴーは相対的に濃厚な食味，沖縄県産マンゴーは相対的に淡泊な食味という区分になる．

果実の食味では糖酸比（糖度と酸度のバランス）が重要である．一般的に，ミカンでは10～14，ブドウでは30以上が良いと言われ，果実の種類によって異なる．調査結果に基づけば，糖酸比の平均値は，宮崎県産マンゴーが37.3，沖縄県産マンゴーが42.9となる．品質比較分析の当初より，各被験者はそれぞれ独自のマンゴーに対する最適で頑健な糖酸比を先験的に有しているものと，先験的且つ暗黙裏に想定してきた．しかし，分析結果からは，糖酸比のレベルが異なるにもかかわらず，食味得点上は無差別となっており，各被験者が有する最適な糖酸比は頑健なものではなく可変的であり，本件食味調査のように，1～2週間おきに8～11個のマンゴーの食味を行う場合，各被験者は食味調査の各回ごとに被験果実のサンプルセットの中で最適（次善）の個体を基準として定め，当該果実個体との比較において食味の得点付けを行ったのではないか，

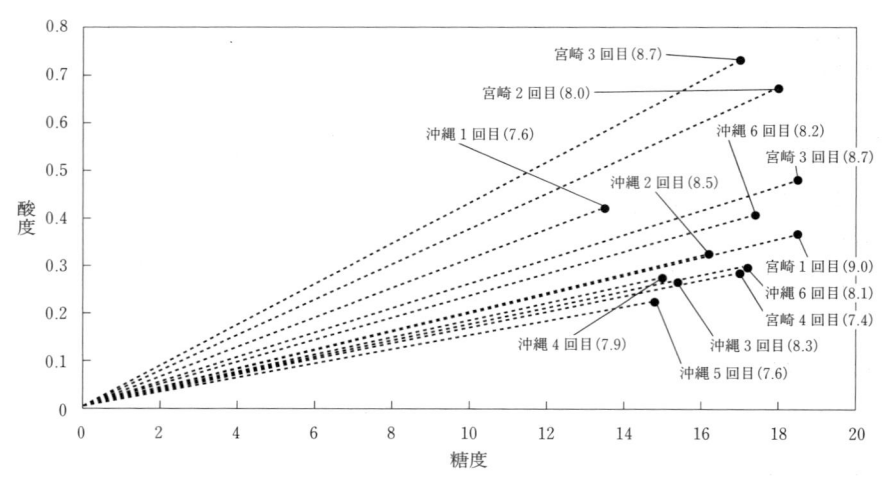

注：図中の破線が垂直軸となす角度が糖酸比．

図11-1 糖酸比と最高食味得点の関係（2006年産マンゴー：各食味調査ごとに最高得点を得た果実個体のみ）

と推論される．このような推論を補強するものとして，図 11-1 に，糖度と酸度と食味得点の関係を掲げる．図中では，原点から各サンプルの座標点に引いた直線の角度が糖酸比となる．同図から明らかなように，異なる糖酸比であっても同一若しくは近傍の食味得点となる場合があることが見て取れる．

本件食味調査に関しては，被験者が全て沖縄在住者であり，食味においてバイアスが発生する恐れが懸念された．間接的ではあるが，この点を検証するために，食味得点の変動係数を食味得点に回帰したところ次のような結果を得た．

$$\log_e Y = \underset{(97.9750)}{1.6851} \log_e X - \underset{(-8.0970)}{0.7046} D_1, \quad R^2 = 0.9773$$

　　Y：食味得点の変動係数
　　X：食味得点
　　D_1：基準サンプルダミー
　　　　各回の食味調査で最高食味得点を得た個体 = 1，それ以外の個体 = 0
※括弧内の数値は t 値

この計測結果より，食味得点の係数が正であり，食味得点が高いほど食味得点の変動係数が大きくなる関係となっている．本稿の食味得点は，被験者（1 回につき 10 人以上）の平均点をとっており，被験者が高得点と判断する個体ほど，被験者間の「美味しい」という判定の不一致性が高まることが分かる．被験者各自の最適（次善）の糖酸比が一定していないことが伺え，毎回判断基準が変動している可能性があることと併せて考えると，被験者間で食味に特定の統一的指向性はない，言い換えると，被験者が全て沖縄在住者であっても食味においてバイアスが発生した恐れは少ないということが示唆される．

3) 糖度・酸度と食味得点に関する回帰分析（2006 年産マンゴー）

食味得点を糖度及び酸度に回帰させた結果は次のとおりである．食味得点は 10 点満点であり従属変数に上限があることから，特定の数値に漸近することを前提とする必要があるため，推計に用いた関数型はロジスティック関数とした．計測結果は次式のとおりである．また，計測に際して各種のダミーを導入した事由は次のとおりである．

ア) 基準サンプルダミーは，食味調査の被験者が各回の調査毎に，被験果実のセットの中で最適（次善）の個体を基準として定め，当該果実個体との比較において食味の得点付けを行ったのではないかとの推論に基づく．
イ) 産地ダミーは，生産段階で意図している食味の方向性が異なり，また，成分特性が異なることから，宮崎県産マンゴーと沖縄県産マンゴーの間で食味評価に差異が生じるとの想定に基づく．
ウ) 黴ダミーは，酸度分析の時点で，2006年5月15日の宮崎県産マンゴーの試料用果汁の保存容器の蓋に黒カビが発生していたことに基づく．

$$Y = \frac{9.410}{1+e^{-0.0513X_1 - 0.4735X_2 - 1.0215D_1 + 0.2864D_2 - 0.4008D_3}}, \quad R^2 = 0.8970,$$
$$F = 162.8233$$

Y：食味得点
X_1：糖度
X_2：酸度
D_1：基準サンプルダミー
　　　各回の食味調査で最高食味得点を得た個体 $= 1$，それ以外の個体 $= 0$
D_2：産地ダミー
　　　宮崎県産マンゴー $= 1$，それ以外の個体 $= 0$
D_3：黴ダミー
　　　2006年5月15日に分析した宮崎県産マンゴー $= 1$，それ以外の個体 $= 0$
γ：決定係数が最も高くなる9.410とした．

計測結果より，次のことが確認できる．
ア) 糖度や酸度が上昇すれば食味得点は上昇する．酸度より糖度の方が食味得点に対する影響力は大きい．果物の食味の中では甘味（≒糖度）が最も重要な要素[6]であることを強く支持する結果となっている．
イ) 食味調査において，被験者が，ある果実個体を基準にすると，当該個体の

食味得点は，糖度の場合で約17〜27％，酸度の場合で約15〜23％上昇させる．但し，被験者は基準とした果実個体の食味に満足しているわけではなく，基準サンプルと比較して他のサンプルの食味を評価しているのであって，当該回のサンプルセットの中では一番食味が良いという，いわば，次善の満足に基づいていると考えるべきであろう．このことは，毎回の食味調査の最高得点が7〜9点の間で変動していることからも伺われる．

ウ）同水準の糖度や酸度の下では，宮崎県産マンゴーの食味得点は，沖縄県産マンゴーよりも低くなる傾向がある．但し，次のことに注意が必要である．食味調査は5月中旬から8月中旬にかけて実施したものであり，この間，沖縄県の気候は梅雨から盛夏へと変化する．また，5月中旬から6月末までは宮崎県産マンゴーの食味調査を行い，7月初旬から8月中旬には沖縄産マンゴーの食味調査を実施した．このため，食味調査期間中の被験者の季節変化に伴う食味嗜好の変化も想定され，本稿で導入した「産地ダミー」が産地の差異を表しているのか，季節変化による食味嗜好の変化を表しているのか，という点については，明確な判断が出来ない．

(3) マンゴーの品質比較分析のまとめ

①宮崎県産マンゴーと沖縄県産マンゴーでは，生産者が実現を意図する食味に差異がある．成分調査の結果，宮崎県産マンゴーは，糖度，酸度ともに高い濃厚な食味作りをしているのに対して，沖縄県産マンゴーは相対的に淡泊な食味作りをしていることが伺われる．このことは，現地調査時に得た，沖縄県内のマンゴー生産者が意図する食味作りの方向性と一致する．従って，栽培技術の優劣が生産されたマンゴーの成分に反映されているのではなく，生産者の意図が両県間のマンゴーの成分の違いに反映されていると解するべきである．

②成分特性の相違が食味には影響しない．果実の食味は糖酸比によって方向付けられるが，各人各様に安定した最適な糖酸比を持っているとは限らないことが示唆される．マンゴーの場合，日々常食にする種類の農産物ではなく，むしろ，国内の消費者の現状からすると季節感や高級感を伴って食する農産物であろうから，他の日常的な果物のように最適な糖酸比を表示することは

できない.

③成分に差異はあっても食味評価に差異はないことから，現在の市場での価格格差の原因を食味に求められないことが明らかとなった．現在の価格格差は出荷時期，大きさや色味等の外見に起因すると考えるべきであろう．同一品種であるにもかかわらず，国内の原産地と言っても過言ではない沖縄県産マンゴーよりも，宮崎県産マンゴーの方が高級ブランドとしての地歩を固めつつある現状に鑑みると，沖縄県内の生産者は沖縄産マンゴーの差別化を図るために，より一層，購買者に対して自ら生産しているマンゴーに関する情報提供を行うべきであり，主張できる点も持っている．具体的には，「適度な甘味と後口の爽やかさ」というような「味作り」の違い，そして，大きさや色味，出荷の不定時性は加温を必要としない沖縄県の地理的有利性，言い換えると，「生産段階で自然に依存できる割合の高さ」の違い，等である．

5. おわりに

本稿では，沖縄県産マンゴーを対象に，沖縄県内の生産者の意識の現状，沖縄産マンゴーに関し消費者が求める情報，そして，沖縄県産マンゴーの品質比較調査について概括した．それらの結果を踏まえて，得られた知見を整理する．

(1)沖縄県内のマンゴー生産者は，小規模な家族経営が中心で，しかも，他の農産物に比べ相対的に高い所得を安定的に確保することができる現状にある．このため，栽培履歴情報の蓄積・開示を前提としたトレーサビリティシステムの導入による付加価値の増大（＝ブランド力の強化）を促進しようとするインセンティブが，沖縄県内のマンゴー生産者には働いていない．

(2)食の安心・安全への関心が高まっている中，沖縄県産マンゴーの購買者は，農薬等使用に関して関心は示しているが，専門知識を要する情報の提供を積極的に望んでいるわけではない．むしろ，生産者のこだわり（＝「ものづくり」の背景思想）や果実の外見からでは判断できないような品質情報の提供を求めている．

(3)沖縄県産マンゴーのトレーサビリティシステムを直ちに構築することは，生産者の経営意識や経営管理手法，生産者も含めた全関係者に発生する追加的

な作業時間や経費[7]等に対する負担感が阻害要因となって実現性に乏しい．

(4)品質比較調査の結果，沖縄県産マンゴーは，他産地産のマンゴーとの差別化を可能とする独自性を有している．具体的には，「適度な甘味と後口の爽やかさ」というような「味作り」の違い，そして，大きさや色味，出荷の不定時性は加温を必要としない沖縄県の地理的有利性，言い換えると，「生産段階で自然に依存できる割合の高さ」の違い，等である．これらは，沖縄県産マンゴーの購買者が求める情報と整合的である．沖縄県内のマンゴー生産者が当然のこととして認識している事柄の中に，購買者に対して大きな訴求力を有する沖縄県産マンゴーならではの特徴が含まれているのである．「食べれば分かる」式の実質的ではあるが購買者にとっては乱暴な販売意識を改め，購買者の合理的な判断を支援し得る情報を商品に積極的に付与するという対応が求められる．

(5)以上のことから，早急なトレーサビリティシステムの構築を志向せずとも，沖縄県産マンゴーのブランド力強化のために，内容の軽重にかかわらず，栽培履歴情報システムの普及を図るべき必要条件は整っていると判断される．

以上のことから，沖縄県産マンゴーに関する栽培履歴情報を蓄積する機運を醸成するための要件を整理するとともに，具体的な方策について提言する．

(1)沖縄県内のマンゴー生産者に，開示を前提とした栽培履歴情報の蓄積を主体的に志向させるための枠組みが必要である．調査結果から明らかなように，有利な価格形成や生産者－購買者間での双方向の情報伝達の可能性，また，品質管理の効率性という理念的・規範的な説明だけでは，生産者による開示を前提とした栽培履歴情報の蓄積は促進されない．むしろ，栽培履歴情報の蓄積を促すためには，既存の流通方法や経路にとらわれず，具体的な便益が直截に認識され得るような新たなマンゴー販売システムの開発と実運用が求められる．

上地（2003）等は，「都市部の消費者または需要者としての小規模事業者の嗜好やニーズを，遠隔地である農村部の農業生産に反映させ，種蒔から育成までをインターネットを通じて確認しつつ農家と連携しバーチャルファーマーとして生産に関与することを目的」とした「インターネットファーミングシステム」を提案している．この枠組みをマンゴー生産に適用して，都市部の消費者や需要者との間でマンゴーの樹体一本単位の契約栽培を行い，インターネット

を活用して契約相手の嗜好やニーズに合った肥培管理を行うという販売システム等も考えられる．

　(2)栽培履歴情報の蓄積が，生産者にとって便益を体感できる実効性のある差別化，言い換えると，ブランド力の強化として結実するためには，品質について購買者の客観的・合理的な判断を支援するための公開された品質保証基準の存在が前提となる．「沖縄産」としての品質基準の整備を栽培履歴情報の蓄積を促進することと並行して行う必要がある．例えば，「地域団体商標制度」を活用するにしても，当該制度の活用を可能とする栽培過程の検証制度が整備されていなければならない．独自の認証制度の創設かGAPや有機認証等の既存の認証制度の活用が必要である．農家の安全・衛生管理を包括するEUREPGAP等の認証制度の活用も考えられるが，認証費用や更新費用等，小規模家族経営が中心である沖縄県内のマンゴー生産者の負担感を徒に大きくしてしまうことが懸念される．マンゴー生産者の負担感を一定限度内に抑え且つ他府県とは異なる地理的・気候的条件下にある沖縄県の固有の有利性を十分に発現させるためには，個別生産者を対象とした独自の認証制度を整備する方が地域の実情に合致するとも考えられる．

　(3)マンゴー生産者に限らず，「情報化社会」「ネットワーク社会」という言葉に日常的に耳目に触れても，日常の実生活の中で体感できる機会がなければ，情報化やネットワーク化に積極的に対応しようという個人のモチベーションは高まらない．言い換えるならば，日常生活の中で「情報化社会」や「ネットワーク社会」の利便性や便益が体感できなければ，栽培履歴情報システムに対する関心も低調に推移せざるを得ず，生産者による主体的な普及促進が望めない状態が続くことが容易に推察される．「ネットワーク社会」の利便性を，日常の実生活の中で特段の意識をすることなく体感できる枠組み作りが必要である．地域社会のネットワーク化が促進されるような施策，特に，地域の生活者が日常生活の中で活用可能な情報インフラの整備が促進されるような施策の展開が強く望まれる．

　注
　1)　農林水産省，http://www.maff.go.jp/j/syouan/seisaku/trace/index.html

2) 糖度，酸度，pH，カリウム濃度の計測は，名城敏教授（沖縄国際大学経済学部地域環境政策学科）が行った．
3) 本稿では，色味については触れない．
4) 詳しくは，平成12年度九州沖縄農業研究成果情報（2000）及び廣瀬・名城（2005）を見よ．
5) 『園芸情報サイト：インフォグリーン』, http://www.infogreen.com/ig/lec/index3.htm
6) 間苧谷（2003）の142ページ．
7) 情報化費用の試論的推定

作業項目等	1年当たり費用(円)	説　　明
機器導入	60,640	「小売物価統計調査年報」のデスクトップ型とノート型のパソコンの平成14年価格(福岡)の平均値を財務省令に定める耐用年数4年で除した額
接続料金	7,893	「家計調査年報」の平成14年の全世帯平均年額
データ入力	59,547	①所要時間は「平成15年米生産費調査」の「10a当たり間接労働時間」：1.17時間/10a ②賃金は「平成15年農業経営統計調査」の「果樹部門1位の経営」の全国平均値：754円/時間 ③果樹園の平均面積は「2000年農業センサス(沖縄)」の「果樹園面積」を「果樹園のある農家数」で除した：67.5a/1戸
合計	128,080	

注：マンゴー生産者の平均経営規模や作業項目別労働時間に関わる統計データが入手できないため，前提条件の厳しい推計とならざるを得ない．

前提条件の厳しいことを念頭において，情報化費用の試論的推定値を評価すると次のとおりである．

①貨幣タームで表した情報化費用は，想定される平均的売上高の1.15%程度となる．

ⅰ） 推定値	128,080円	828kg/10a × 67.5a × 2000円/kg = 11,178千円
ⅱ） 平均売上高	11,178,000円	〈農林水産統計H16などに準拠〉
ⅰ)/ⅱ)	1.15%	

②時間タームで情報化費用を評価すると，経営規模で調整した果樹部門1位の経営の自家労働時間の6.7%程度となる．

ⅰ） 推定値	79.0時間	1.17時間 × 67.5a
ⅱ） 平均売上高	1,186.2時間	828kg/10a × 67.5a × 2000円/kg = 11,178千円 〈農林水産統計H16などに準拠〉
ⅰ)/ⅱ)	6.7%	

引用・参考文献

藤田哲（2000）『食品のうそと真正評価』NTS.
群馬県消費者にわかりやすい農薬読本作成ワーキンググループ（2005）『ちょっと気になる農薬のはなし』群馬県.
廣瀬牧人・名城敏（2005）「沖縄産マンゴーの品質に関する比較分析(1)」沖縄国際大学産業総合研究所『産業総合研究調査報告書』第13号，53-60ページ.
石井淳蔵（2000）『ブランド－価値の創造』岩波新書.
伊藤三郎編（2001）『果実の科学』朝倉書店.
岩佐俊吉（2001）『図説熱帯の果樹』養賢堂.
岸本修・石畑清武編（1996）『熱帯果樹と樹木作物』養賢堂.
河野澄夫（2003）『食品の非破壊計測ハンドブック』サイエンスフォーラム.
久保宏文（2001）『アジア・欧米　果物と野菜の探訪』農経新聞社.
間苧谷徹（2003）『改訂版　果物の真実』化学工業日報社.
村上陽一郎（2005）『安全と安心の科学』集英社新書.
熱帯植物研究会編（1996）『熱帯植物要覧』養賢堂.
新山陽子（2005）『解説　食品トレーサビリティ』昭和堂.
沖縄県農業試験場・名護支場・熱帯果樹研究室（2000）「マンゴーの果実内糖度分布と糖度測定サンプリング法」平成12年度九州沖縄農業研究成果情報.
坂井道彦・小池康雄編著（2003）『ぜひ知っておきたい　農薬と農産物』幸書房.
産経新聞取材班（2002）『ブランドはなぜ墜ちたか』角川文庫.
関根千佳（2005）『スローなユビキタスライフ』地湧社.
食品科学広報センター（2001）『輸入フルーツハンドブック』化学工業日報社.
須藤実和（2001）『eブランド戦略』日経文庫.
農文協編（2004）『果樹園芸大百科17 熱帯特産果樹』社団法人農産漁村文化協会.
上地哲他（2003）「沖縄農水産物流の高度化に向けた生産・流通・消費のインターフェイスサービス機能の開発」平成14年度沖縄産学官共同研究推進事業報告書.
吉田よし子（1978）『熱帯のくだもの』楽游書房.

第12章
地方分工場の未来と産業振興

富澤 拓志

【本章のキーワード】
　　分工場経済，企業誘致，大企業の立地調整，地域経営

1. はじめに

　国内製造業の量的な縮小傾向の中，工場撤退が後を絶たない．これらの中には地域雇用を支える中心的役割をしてきた工場もあり，そうした工場が撤退した地域においては，深刻な雇用危機が生じている．鹿児島出水市で2件の大きな工場が閉鎖され，約1,000人が職を失うこととなったのはその1つの典型である．
　出水市を中心とする鹿児島県の出水地域には，大きな工場地帯もなく，全国的に見れば製造業が希薄な地域といってよい．このような地域では従来から目立った働き口はなく，これら2つの工場はこの地域の雇用を支える大きな柱であった．出水地域は機械工業など関連産業の裾野が広い業種をほとんど持たず，かつ大市場となる大都市圏からも遠隔地である．全国のいわゆる「地方」にはこの出水地域のような地域が広く存在しているが，こうした地域においても（いや，だからこそと言うべきか），企業誘致（すなわち地域外企業の分工場の誘致）に雇用創出の大きな期待がかけられてきた．こうした地域の中には，誘致企業を中核として地域の工業化を進めようという取り組みもあったが，そのほとんどはうまくいかず，工場数の増加・成長は進まなかったし，工場数の増加が見られたところでも，新しく増えた工場は地域の既存産業との関連が低く，また地域住民が創業する地場型企業の発生につながっているところはほとんど

ない．そして雇用調整や工場撤退が発生した地域では，雇用の受け皿作りなどの対応に追われることになる．このように，産業が希薄な地域では，企業誘致による産業化という戦略は余り成功していないのが実情である．

もちろん，企業誘致が主導的な役割を果たして工業化に成功した地域も存在している．たとえば北上市はその典型であろう．また，誘致した企業を中心にして地元資本の企業が増加して産業集積を形成した地域は，長野県の諏訪・岡谷地域や坂城町，山形県の長井市など，決して少なくない．そしてまた，近隣に関連産業がなく半ば孤立状態にありながらも操業を続けている企業も全国に点在している．

しかしながら，これらの「成功例」はそれ自体が企業誘致による工業化という手法の正当性を保証するものではなく，むしろそれらの事例を検討すると，外来の工業を地域に導入し，それを工業化に結びつけるための地域の側の主体性や戦略，継続的な努力というものが伺えるのである[1]．従って，企業誘致を地域が行う場合には，それのみを単独で推進することは避け，地域経済の発展を総合的に配慮した上で，企業誘致をその戦略に整合的な手段として組み込むことが必要となる．

こうした見解はすでに様々な論者が主張してきたことである[2]．しかし，依然として工場誘致を地域の雇用創出の重要政策として位置づけざるを得ない地域にとって，改めてその概念を整理し，意義を確認しておくことは有益であろう．そこで，分工場及び誘致工場を核とする産業振興という戦略を再度整理し，今日的経済環境の中で改めてこの可能性と対策の方向性を探ることとしたい．

以下では，まず，外来型開発と分工場経済の問題点を整理し，その例証として，シャープ亀山工場を中心に，シャープの液晶パネル工場の立地戦略の変遷を検討する．次いで，亀山工場の事例で例証した大企業の立地調整による撤退が，地域経済にとってどのような効果を持ったかを，鹿児島県出水市の例で検討する．その後，鹿児島県の市町村について，分工場依存型であるか，その可能性について統計的に概観する[3]．後半では，現今の経済状況における地方の産業振興のあり方について検討していくことにしたい．

2. 外来型開発と分工場経済の問題

　地域開発あるいは地域経済発展の方式は，大きく外来型開発方式と内発的発展方式とに分けることができる．外来型開発（exogenous development）は，宮本（2007）によって提唱された概念である．それによると外来型開発とは，「外来の資本（国の補助金をふくむ），技術や理論に依存して開発する方法」であり，その特徴は，(1)「それぞれの国の土着の文化に根ざす技術や産業構造などの経済構造を無視して，先進工業国の最新の技術を導入し，その経済構造に追いつき追い越そうとするもの」であって，(2)「後進地域に巨大な資本や国の公共事業を誘致し，それに地域の運命をあずけようというもの」である（同書，310ページ）．宮本は，この本の中で戦後「国土の均衡ある発展」の名の下で進められてきた全国総合開発計画が，実際には経済効果に乏しく，住民福祉の改善につながらず，環境破壊を引き起こしたと指摘した．

　宮本の全総計画批判の力点は環境破壊にあったが，それと同時に指摘されていたのが，他律的な経済開発がもたらす地元経済の不安定性と自治の破壊である．宮本は次のように述べている（同書，312-316ページ）．

　(1)拠点開発の主役は民間企業であり，民間企業は地域開発の全体計画にしたがうものではない．このため進出企業は地域産業との連関をほとんど持たず，地元経済への寄与が小さかった．さらに特定業種の誘致に偏ると，産業構造の変動によって地域経済が大きな被害を受けることになった．

　(2)計画から実行にいたるまで進出企業や国家が主導権をもつために，民主主義——地方自治の発展がみられない．

　これらの指摘は本稿の主題とも関わりが深い．進出企業は，多くの場合，地域の既存産業を重要な協力工場として利用することはない．このため，地域産業に対する波及効果が小さく，地域の既存産業の発展の契機ともならない一方で，進出企業自体の存在が大きいために，その動向が地域にとって重要な関心事となる．このように，地域外からの進出企業によって支えられている地域の経済は分工場経済と呼ばれ，人文地理学，経済地理学においてもその問題が指摘されている[4]．たとえば，分工場経済の問題について，中村（2008）では次

のように問題が指摘されている（6ページ）．
- (1)地域に意志決定機能を持たないために，地域経済の運命が他律的な構造に変貌する．
- (2)分工場が得た経済余剰の多くはその本社に流出してしまう．
- (3)低熟練低賃金の職場が多い．
- (4)地域からイノベーションを起こし，発展を持続させる仕組みが地域に生まれない．
- (5)地域のほかの企業に仕事を分け，学習の機会を広げることがない．
- (6)系列の違う事業所間に交流は生まれない．分工場は地域内分業に関心がない．
- (7)生産誘発効果もイノベーション能力の強化への貢献も弱い．
- (8)地元市場型産業の発展への波及も弱い→賑わいのある都市が生まれない．

また，松原（2008）によれば，チニッツ（Chinitz 1961）は大工場による地域支配が大きいほど新企業の発生率が低く，逆に小工場の割合が高いところでは新企業発生率が高くなるという見解を示しているほか，マッシィとミーガン（Massey and Meegan 1982）は「閉鎖の決定が工場所在地から離れたところでなされることも，分工場の閉鎖をおこりやすくしている」と指摘している．

このように見れば，企業誘致に応えて進出してきた工場の多くは，地域住民の立場からみると，現金収入を得る場という位置づけ以上のものにはなりがたく，地域の自律的な経済発展のきっかけともなりえず，地域経済には手っ取り早く量的な成長をもたらしてくれるが，しかし経済情勢の変化によっては，いつまた閉鎖・撤退となるかわからないという存在となる．地域に不安定性を与える効果を持っているのである．

3. 分工場の動向と地域経済

企業の立地調整が地域に与える不安定性は，地域経済に占める特定工場の比率が高くなるほど大きくなると考えられる．そこで，この節ではこの点について最近起きた立地調整の事例を概観し，分工場閉鎖が地域経済に与える影響を検討することにしたい．

(1) 事例1：シャープ亀山工場

分工場経済の不安定性を傍証する例として，まず，企業の工場立地に関する判断が状況に応じて変化した事例を示そう（表12-1）．

2002年にシャープは液晶パネル・液晶テレビの開発・生産拠点として，三重県亀山市に工場を建設，2004年から操業を開始した．この亀山工場の従業員数は2,000人から3,000人程度と推測される[5]．この工場は，シャープが工場新設を計画していることを知った北川三重県知事（当時）が2000年初頭に誘致を決意し，県と亀山市で総額135億円の立地補助金・税減免を打ち出すなどして，青森県や海外のシンガポールなど約10のライバルを抑え，誘致に成功したものである．

補助金の大きさばかりが目立った亀山工場の誘致ではあるが，シャープ亀山工場のウェブサイトによれば，亀山には関連拠点との近接性というメリットがあるという[6]．すなわち，シャープは三重県多気町，奈良県天理市に液晶パネルの生産・開発拠点を持っており，亀山工場からは車で約1時間程度で行き来できる．また，三重県には県が推進するクリスタルバレー構想があり，関連企業が近隣に立地している．従って社内外の技術者間の交流が容易であり，その結果，研究開発が円滑化されるというのである．

しかし，シャープが亀山を選んだのは関連拠点との近接性の効果によるものだけではなかった．シャープは，液晶パネル生産の大型化を巡って韓国台湾メーカーと技術開発競争を行っていたのだが，この競争において先端技術の国外

表12-1　シャープ亀山工場を巡る経緯

2000年初頭	三重県が新工場誘致に向け本格的に動き始める
	青森県，シンガポールなど約10地域が誘致合戦
2002年2月	シャープが亀山工場の建設を発表
2002年3月	三重県が90億円の補助金を発表（15年分割）
2002年5月	亀山市が45億円の補助金を発表（5年分割）
2004年1月	亀山工場が稼働開始
2006年8月	亀山第2工場が稼働開始
2007年7月	シャープが堺市での新工場建設を発表
2009年2月	シャープ，赤字1000億円，1500人追加削減，亀山工場稼働4割
2009年5月	液晶パネルは堺に集約，亀山はテレビ組立を分担と片山社長が発言．
2009年8月	亀山第1工場の設備を中国企業に売却発表．液晶パネル現地生産へ転換．（目標2011年）

流出を防ぐために国内での開発・生産を行うことに意義があるとされたのである．シャープの谷善平副社長（当時）は次のように語っている[7]．

「国内で投資を続けることが，結果として技術の漏洩防止につながる．私の聞く限り，シャープでは液晶技術者の流出は例がない．生産技術のように形のないものは特許に向かないので，盗まれないようブラックボックス化する対策を進めている．重要設備は自社でつくるか，部分ごとに発注し，内部で組み立てる．知的財産戦略も重視している」

この亀山工場の立地は，工場の国外流出・空洞化が喧伝される製造業の「国内回帰」の嚆矢として注目されたが，シャープの国内重視の姿勢は，2006年の記事でも伺うことができる[8]．

——液晶パネルをさらに増産するため，新しい工場の建設は視野にありますか．
「今まさに構想段階に入るところ．今年の年末までに決めればいいと思っている．より進化した工場を建設しなければならないため，立地場所は海外でなく日本国内にこだわりたい」

このように，高度な研究開発体制が必要で，かつ機密保護を要する品種の生産については，国内外の費用格差が大きくとも国内に拠点を置くことが，激しい技術革新競争を勝ち抜く上で必要とされていたのである．

さらにこうした立地上の優位性だけにとどまらず，亀山工場には工場自体の優位性もあるとされていた．亀山工場は，「液晶パネルから液晶テレビまで工場内で一貫生産し，物流および生産・検査工程の合理化を図った垂直統合型の画期的な最新鋭工場」であり，「独自の液晶技術とテレビ映像技術をひとつの工場に集積化することで，開発設計の効率化を実現すると共にデバイスと商品のスパイラル効果を高め」た工場である[9]．そこでは，液晶分野と映像分野の技術者が共同するだけではなく，開発と生産が同一拠点にあることによって製品設計と製造の密接なすりあわせが可能となる．その結果，製品技術・生産技

術の双方で優位性を保てる，というのであった．

　ところが，亀山工場の優位性は第2工場の稼働開始後わずか1年で覆されてしまう．2007年7月にシャープが大阪府堺市に新工場を建設することを発表したのである．同年4月に大阪府が最大150億円の立地補助金を交付する企業立地促進条例を設置したばかりであった．さらに2009年8月には，旧世代のパネル生産を消費地での「地産地消型」へ転換するという方針を受けて，亀山第1工場の設備を中国企業に売却することが発表された．現在のところ，亀山工場では引き続き液晶パネルからテレビまでの生産を継続するとされているが，すでに新世代パネル開発の主軸は堺工場に移っており，また旧世代パネルの生産が中国に移管されることもあって，亀山工場の存在意義は大きく揺らぐこととなった．実際，2009年4月24日には片山幹雄社長が「日本からの輸出という方法は，もはや最先端の産業であっても困難だ」と語り，5月14日には，第2工場の設備も海外移設して国内生産は堺工場に最終的に集約する方針であり，社長が「日本市場は人口が減っており，工場は堺に1つあれば十分」と語ったとの報道がなされた[10]．その後さらに曲折を経て，2011年現在，亀山工場はテレビ用パネルから携帯端末等向けの小型パネルの生産拠点へ移行することとなっている．こうして，2002年の亀山進出決定から2011年までで，亀山工場の位置づけは大きく変わったわけであるが，この背景にはいったいどのようないきさつがあったのであろうか．

　ひとつ考えられることは，シャープの液晶パネル事業を取り巻く競争環境の変化にある．まず液晶パネルは激しい大型化競争のさなかにあり，生産ラインを丸ごと入れ替える世代交代を短期間に繰り返さなければならない．亀山第1工場のパネルは第6世代である．工場の操業を開始した頃は，韓国台湾メーカーに比べて新工場の技術的優位性が高く，日本からの輸出も十分に採算に合う状況であった．しかし程なくしてサムスンとソニーが共同で工場を新設し，第7世代の生産を開始する．これに対抗してシャープは亀山第2工場を新設，第8世代の生産を開始したが，その1年後にはサムスンが第8世代の生産を開始して追随，シャープはさらに対抗して堺工場で第10世代の開発・生産するという状況である．このような急速な世代交代は液晶パネル価格の急速な低下を引き起こし，それに伴って日本から海外へ輸出するだけの価格優位性も急速に

失われていった．このため，旧世代パネルについては国内で生産する理由がなくなってしまったのである．

　またこのころ，リーマンショックに端を発した景気減速でテレビなどの売れ行きが減少し，シャープは赤字転落し，在庫圧縮とコストダウンを急がねばならない状況となった．亀山工場が稼働率を4割にまで落としたのはこの反映であるが，世界的な景気悪化に伴って進行した円高への対応も必要となり，設計や調達なども海外に移すことになった．こうした結果，中核部品を国内生産し，海外の消費地ではそれを現地仕様で組み立てるという方式から，すべてを現地で開発生産するという「地産地消」の方式に方針が切り替えられたのである．

　以上の展開は，亀山の立地優位性や亀山工場の先進性と言われているものが，企業の立地調整に際してどれほどの効力を持つのかを疑わせるに十分であろう．関連拠点の近接性や技術のすりあわせといった有利さが，亀山に立地を決定した要因であり，また亀山工場の生産組織の特徴であった．しかしながら，激しい技術革新競争と景気動向はそうした要素を無化してしまう．同様の現象は産業界全体にも当てはまる．2002年頃から2007年頃まで，シャープの亀山工場は日本におけるものづくりの復権を象徴する存在となっていた．液晶テレビ「アクオス」の亀山ブランドブームは，日本製品に対する根強い信頼の表れである．シャープの国内立地戦略は，グローバルに展開する大企業であっても，技術革新における競争力強化のためには先端分野は日本国内に集約し，研究開発と設計製造の緊密化を図らなければならないという説の例証とされ，国内生産の技術的優位性に基づく製造業の「国内回帰」時代の到来を告げるものとされてきた．ところが，2008年秋以降は一転して中国などのアジア諸国の市場的有望性と技術的なキャッチアップに目が向けられ，再び製造業の海外流出と空洞化の不安が叫ばれるようになっている．

　企業や産業界の論調が情勢に合わせて変化することはある意味で当然である．競争環境の変化はときに素早く，経営者の予想を裏切ることがしばしばであるから，経営者の発言はその時々で変化し，朝令暮改となることも状況を後追いして行動を合理化することも頻繁に起こる．問題は，工場を迎え入れる地域側が立地に関するこうした後付けの理由を金科玉条として，企業誘致と産業振興政策の論拠とすることである．企業とはそもそも臨機応変の存在であって，環

境変化に柔軟に対応できない企業は長期には存続できない．ところが，企業が立地する地域の側は，企業ほどに柔軟な対応はできない．雇用調整が起きても，地方ではその受け皿となる新たな雇用先を見つけることはきわめて難しい．工場が撤退した跡地を埋める次の事業所を誘致することもきわめて困難である．企業を誘致する側が企業の立地要因や経営戦略を重視しなければならないのは当然ではあるが，しかしそれが地域の側から見て相対的に短期に変化しうるものであることもまた，十分に考慮しておかなければならない．シャープ亀山工場の事例は，数千億円をかけた大規模な工場であっても，長期に地域に立地し続けるとは限らないということを示している．

(2) 事例2：出水市における工場閉鎖の影響

ここでは，分工場に依存する経済が工場閉鎖によって被る影響について，鹿児島県出水市で起こった工場閉鎖の事例を見てみよう．

出水市では，2009年2月にパイオニア鹿児島工場が閉鎖され511人が退職

表12-2 出水市の産業別（大分類）事業所数及び従業者総数（2006年）

産業(大分類)	総　数		構成比	
	事業所総数	従業者総数	事業所総数	従業者総数
全産業	2,675	22,465	100.0%	100.0%
農林漁業	43	294	1.6%	1.3%
鉱業	2	31	0.1%	0.1%
建設業	218	1,771	8.1%	7.9%
製造業	186	4,678	7.0%	20.8%
電気・ガス・熱供給・水道業	11	137	0.4%	0.6%
情報通信業	10	74	0.4%	0.3%
運輸業	44	944	1.6%	4.2%
卸売・小売業	798	4,359	29.8%	19.4%
金融・保険業	46	391	1.7%	1.7%
不動産業	56	109	2.1%	0.5%
飲食店・宿泊業	330	1,534	12.3%	6.8%
医療・福祉	205	2,944	7.7%	13.1%
教育・学習支援業	119	1,285	4.4%	5.7%
複合サービス事業	31	782	1.2%	3.5%
サービス業(他に分類されないもの)	544	2,439	20.3%	10.9%
公務(他に分類されないもの)	32	693	1.2%	3.1%

資料：事業所・企業統計調査（出水市のすがた：統計資料より）．

した．次いで12月には隣接するNEC液晶テクノロジー鹿児島工場が閉鎖され，正社員360人を含む約500人のうち，470人が職を失うこととなった．

出水市は人口約5万7,000人，全産業の従業者数は2006年で2万2,465人である．うち製造業が4,678人と21％を占める（表12-2）．2007年の工業統計（表12-3）で見ると，従業者4人以上の事業所に限られるが，電子産業が製造業従業者数の35％（1,634人），出荷額等の39％（約391億円）を占め，第1位である（第2位は食料品の28％と19％）．製造事業所110のうち，わ

表 12-3 出水市の工業（従業者4人以上の事業所，2007年）

(出荷額の単位は万円)

産業中分類	実数			構成比		
	事業所数	従業者数	出荷額	事業所数	従業者数	出荷額
総数	110	4,727	10,082,836	100.0%	100.0%	100.0%
食料品	32	1,317	1,912,459	29.1%	27.9%	19.0%
飲料・飼料・たばこ	6	119	954,636	5.5%	2.5%	9.5%
繊維工業製品	—	—	—	—	—	—
衣服・その他の繊維製品	5	153	122,104	4.5%	3.2%	1.2%
木材・木製品	8	47	51,051	7.3%	1.0%	0.5%
家具・装備品	2	11	x	1.8%	0.2%	x
パルプ・紙・紙加工品	2	13	x	1.8%	0.3%	x
出版・印刷・同関連品	5	89	67,648	4.5%	1.9%	0.7%
化学工業製品	1	34	x	0.9%	0.7%	x
石油製品・石炭製品	1	6	x	0.9%	0.1%	x
プラスチック製品	5	153	406,699	4.5%	3.2%	4.0%
ゴム製品	—	—	—	—	—	—
なめし革・同製品・毛皮	—	—	—	—	—	—
窯業・土石製品	6	75	164,544	5.5%	1.6%	1.6%
鉄鋼	1	27	x	0.9%	0.6%	x
非鉄金属	—	—	—	—	—	—
金属製品	12	192	224,053	10.9%	4.1%	2.2%
一般機械器具	10	235	266,642	9.1%	5.0%	2.6%
電気機械器具	1	179	—	0.9%	3.8%	—
情報	4	291	728,593	3.6%	6.2%	7.2%
電子	5	1,634	3,914,772	4.5%	34.6%	38.8%
輸送用機械器具	1	134	x	0.9%	2.8%	x
精密機械器具	1	6	x	0.9%	0.1%	x
その他の製品	2	12	x	1.8%	0.3%	x

資料：工業統計調査．
注：「x」…秘匿した箇所．

ずか5事業所しかない電子産業がこれだけのウェイトを占めることからも，市の産業構造に占める両事業所の重要性がわかるが，両事業所の閉鎖によって，電子産業の約1,600人のうち約1,000人（約60％，製造業全体の約20％）が失業したことになる．

パイオニア工場の閉鎖によって，出水地域（出水市，阿久根市，出水郡）の有効求人倍率（新規学卒を除き，パートタイムを含む全数）は，2009年1月の0.45倍から急速に低下し，5月には0.22倍と県下最悪となり（図12-1），2009年度当初予算案では市税収入は49億8138万円で前年度比9.0％減となった[11]．

一方，NECの工場は1969年9月に設立，40年間にわたり地元経済に貢献してきた貴重な工場であったが，本体の事業再編にあわせて業務を秋田工場へ統合し，ついに撤退ということになった．この出水市の事例は，企業・工場の直面する競争の厳しさと地域経済が少数・大型事業所に依存することの危うさとを示していると言えよう．

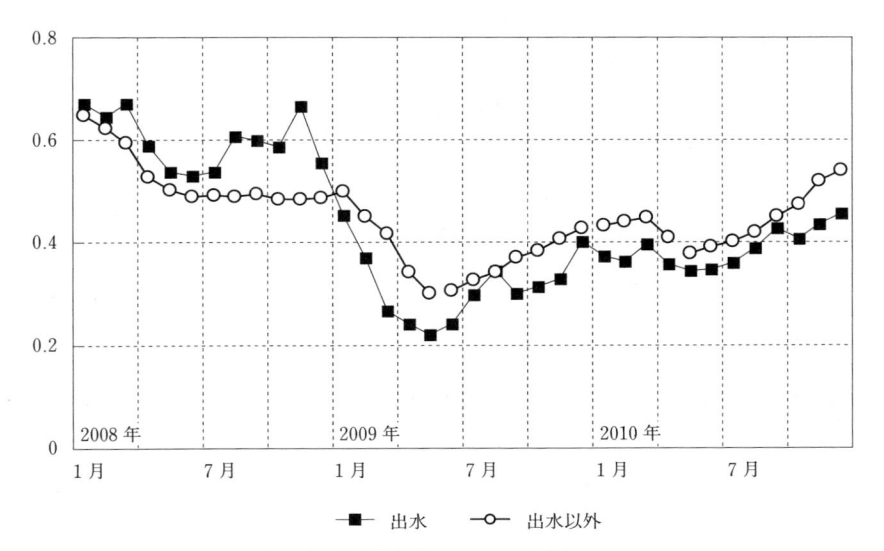

資料：鹿児島労働局職業安定部「労働市場月報かごしま」各月版．

図12-1 出水地域の有効求人倍率（新規学卒を除き，パートタイムを含む全数）

第12章 地方分工場の未来と産業振興

またこのほかに，鹿児島県内での閉鎖・人員整理にはつながっていないが，鹿児島県内に立地している企業の再編・機能集約も行われている．たとえば富士通インテグレーテッドマイクロテクノロジは，2007年3月30日に，基盤ロジック製品の生産を薩摩川内市の九州工場に集約して，岐阜工場（美濃加茂市）のラインを廃止し，跡地を売却すると発表した．これは2009年3月までに行われるとしているが，その一方，同社は2009年3月までに全国7工場で400人の派遣社員を雇い止めにすると発表した（2008年12月22日付朝日新聞）．また，ソニーセミコンダクタ九州は，2009年3月末に長崎から霧島市へ製造移管すると報道されている（日経エレクトロニクス，2009年1月22日）．これらの事例からは，大企業が全国の事業所の中で常に事業を配分して立地調整を行っている様子がうかがえる．

4. 鹿児島県内の分工場経済

ここまで述べてきたように，分工場経済とは，特定の分工場に地域経済が依存し，その企業の業績や意志決定に地域経済の動向も従属させられている状態を指す．この意味で，ある地域が分工場経済であるかどうかを検討するには，本来は，その分工場の経営・管理機能が本社からどの程度独立しているかや，その分工場が地域内にどのような分業構造を持っているか，またどのように労働を組織しているかなどを見極める必要があろう．しかし，まずその外形的な特徴としては，少数の分工場が地域産業の大きなウェイトを占めていることが少なくとも必要であろう．そこで本稿では，第1次近似として，工業統計と事業所・企業統計から市町村別の経済規模と企業規模との関係について検討してみた（図12-2）．

図12-2は2006年の鹿児島県内市町村別の従事者数を見たものである．図中「全従業者数」は第1次産業から第3次産業までのすべての従業者数を示している．縦軸の「最大平均企業規模」とは，事業所あたり従業者数（平均企業規模）を業種ごとに算出し，その最大値を意味している．本来であれば，市町村ごとに規模の大きな事業所が全従業者数に占めるシェア（集中度）を見るべきであるが，データ上の制約から，業種単位で従業者規模を出し，その全従業者

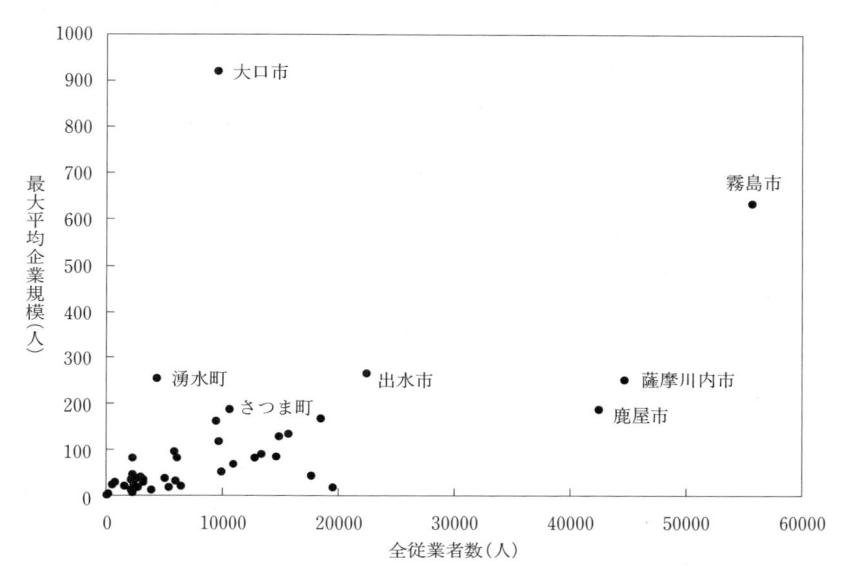

図 12-2　全産業に占める業種別最大平均企業規模

数に占めるシェアを見ている．したがって，際だって大きな事業所が存在していても，同一業種に小規模事業所が複数存在していれば，その業種の「平均企業規模」は小さく出てしまうという問題があるため，市町村の規模が大きくなるほど，「平均企業規模」は小さくなりやすいという傾向がある．しかしながら，比較的小さな自治体を対象としている限りは，あくまでも第 1 次近似として特徴的な市町村を絞り込むには一定の有効性を持つと考えられる．

図 12-2 を見ると，大口市，霧島市，薩摩川内市，鹿屋市，出水市，湧水町，さつま町などが表れている[12)]．薩摩川内市や鹿屋市は事業所規模が大きいものの，全従業者数も大きいため，割合としては比較的低く表れている．一方，先に取り上げた出水市はこれら 2 市に比べると全従業者数が小さく，大型事業所の影響が強く出やすい構造があると見ることができる．

このほか，「全産業に占める割合」が出水市と近い霧島市も，出水市と類似の産業構造を持っている市である（表 12-4）．霧島市は，従業者総数に占める製造業の割合は約 20% と県下では製造業の盛んな市である．霧島市の主要企業にはソニーセミコンダクタ九州と京セラの 2 工場があり，いずれも電子工業

表 12-4 霧島市の製造業

産業中分類	事業所数	従業者数	事業所の平均規模	
			霧島市	出水市
総数	164	13,098	79.9	43.0
食料品	29	830	28.6	41.2
飲料・飼料・たばこ	27	269	10.0	19.8
衣服・その他の繊維製品	3	175	58.3	30.6
木材・木製品	9	120	13.3	5.9
家具・装備品	2	9	4.5	5.5
パルプ・紙・紙加工品	4	73	18.3	6.5
出版・印刷・同関連品	4	59	14.8	17.8
化学工業製品	2	29	14.5	34.0
石油製品・石炭製品	2	16	8.0	6.0
プラスチック製品	5	71	14.2	30.6
窯業・土石製品	15	296	19.7	12.5
鉄鋼	—	—	—	27.0
非鉄金属	2	25	12.5	—
金属製品	18	489	27.2	16.0
一般機械器具	16	1,313	82.1	23.5
電気機械器具	5	210	42.0	179.0
情報	1	142	142.0	72.8
電子	17	8,884	522.6	326.8
輸送用機械器具	—	—	—	134.0
精密機械器具	2	79	39.5	6.0
その他の製品	1	9	9.0	6.0

出所：鹿児島県の工業（平成19年版），平成19年工業統計．

である．この点を2007年の工業統計で確かめてみると，製造業のうち電子工業が占める割合は，総事業所数164に対して17と10.4％にすぎないのに，従業者数では総数1万3,098人に対して8,884人と実に67.8％を占めている．業種別の事業所あたり従業者数で比べても，電子工業は522.6人で第1位，2位が情報の142.0人，3位が機械の82.1人であるからその大きさが推測できよう．

また，大口市には，住友金属鉱山所有の菱刈鉱山と子会社の大口電子があるが，図12-2はこれらの存在が大口市にとってきわめて大きいことを示唆している．このほかにも，湧水町にはヤマハ鹿児島セミコンダクタが，さつま町には日本特殊陶業があるなど，図12-2で目立って表れている市町村には，おおよそ，地域を代表するような分工場が立地しており，その影響下にあると見る

ことができよう．

5. 企業誘致型産業振興の限界

　以上，分工場経済が抱える本質的な不安定性について検討した．競争環境の変化に臨機応変に対応する企業の行動に対して，その立地を引き受ける側である地域は十分弾力的に対応できない．このため，特定工場への依存が強ければ強いほど，その工場の雇用調整や閉鎖が生じた時の影響が大きくなる．製造業の集積が希薄な地方の市町村においては，数百人規模の工場であっても地域を代表する大工場となりやすく，それだけに大型の工場誘致はその地域の経済を分工場経済へと一気に引き込むおそれがあるのである．

　さらに，今日の日本では，大型企業誘致による地域振興という戦略そのものの成立条件が失われつつある．それは，大企業による地方立地の根拠とされてきた2つの優位性，すなわち労働力供給面での優位性と大市場への近接地としての優位性を地方が失いつつあることによっている．

　まず労働供給面の優位性については，地方は従来の分工場の進出先という役割をアジア諸国によって奪われつつある．これは，地方で「純化」される生産領域が，アジア諸国が競争力を持つ生産領域とほぼ重なっているからである（関・加藤　前掲書）．このため，地方が従来果たしてきた量産品の生産機能の受け皿としての役割はアジア諸国に取って代わられつつあるのである．アジア各国において交通網と通信網とが整備され，企業立地の選択肢がきわめて広域に拡大したために，こうして大手メーカーは，アジアにおいて若い労働力を豊富に利用できるようになった一方，国内では，それまで労働集約的な工程の受け皿であった地方においても，すでに十分な労働力を確保できない状況が生じている．過疎化と高齢化によって若年労働力の実数自体が減少しているだけではなく，工場での現場労働が忌避される傾向も強まっているからである．これから工業化が本格的に進展するアジア諸国に対して，これらの地方はすでに労働力の天井と言っていい段階に達しつつあるのである．

　次に，地方は大市場圏への供給を意図した市場近接型の立地についてもさほど期待を持てなくなっている．1980年代までは大都市圏内の立地困難を理由

とした地方への工場進出が相次いでいたが，日本経済が低成長・縮小型に移行した現代では国内市場の大きな成長をあまり望めなくなっている．加えて，都心での工場立地規制が緩和され，大都市圏の臨海部再開発に見られるように，都市型産業集積の再生を目指そうという動きも出始めている．こうして，地方は，工場の都市部脱出の受け皿という役割も失いつつあるのである．

　仮に工場が地方に立地したとしても，その立地は微妙な費用条件のバランスの上に成り立っている以上，その立地は絶えず移転する可能性をはらむものとなる．特に近年は，開発・生産技術の向上と生産システムの革新が進んでおり，費用管理が高度化し，原材料・部品の調達先も世界規模で広域化し，流通管理も精密に行われるようになってきている．このことは，原材料・部品の価格変化や為替レートの変動などの立地選択に対する影響が大きくなりつつあること，言い換えれば立地選択が流動化しつつあることを意味している．加えて，近年は製品開発サイクルが短縮化し，既存製品の陳腐化が早くなっている上に，異分野融合も進展しているため，工場側の生産内容や規模の変化を予測することが難しくなっている．このように，今後は工場立地の不透明化・不安定化が進むと考えられる．従って，地方が企業誘致活動で期待できる経済的利益は従来よりも縮小し，分工場が地域産業を不安定化させる可能性は今後ますます大きくなっていくであろう．

　従って，今後は従来のように過去の周辺地域の立地動向や産業の動向に基づいて立地予測を立て，用地整備計画を作るのは危険である．特に，工業集積の薄い地方圏では，地理的条件だけで誘致しても進出企業は長続きしない．工場が持続的に競争力を向上させられる環境を整備することに重点を置くべきであろう．

6. 工場が地域にある意義は何か

　そもそも，工場を地域に呼び込むことの意義は，資本や技術が乏しく，自力では工業化を起こしにくい地域に産業発展の核を導入し，地域に「労働の成果物を地域内でより効果的に蓄積し，より効果的に組み合わせることによって，同一労働量でより高い価値の生産を可能にしていく循環的・累積的な発展機

構」(安東 1986, 21 ページ) を形成することにある．このためには，生産現場，市場，財務，組織運営などの分野で経験と知識を身につけ，経営的マインドを持った企業家的人材を地域にある程度の厚みを持って滞留させられることが必要である．しかしながら，こうした知識，マインドは，実際の業務の中で互いに厳しく切磋琢磨するような経験の中で培われるものであり，それはしばしば地域外の大手メーカー等の要求水準が高い顧客や取引関係によって磨かれるものである．この点で，地域に進出した工場は地域の内と外とをつなぐ窓という意義を持っている．地域の人々が工場を媒介として産業に携わる知識・経験を得て，自らのものとして消化することで，地域の人々が主体的に関わる産業の発展を準備すること，このために工場を維持する意味があるのである．しかし，現実には地域に工業の「循環的・累積的な発展機構」が形成されることはほとんどない．誘致される工場のほとんどは生産機能に特化した分工場であり，経営的判断を行う管理機能も市場開拓を行う販売機能も持っていない．現地要員は現場オペレータでしかなく，得られる知識や情報は特定分野の生産面に偏ってしまう．

　残念ながら，工場進出後に地元採用された人々がどのような仕事上の経験を積み，どのような技能を形成していくのか，この人々を経営的知識を持った人材へ育てていくためにはどのような方策が必要なのかという観点から行政が工場誘致を位置づけている例は皆無と言ってよい．ほとんどの場合，企業誘致の成功とは進出企業の工場が稼働し始めることと同義だと思われている．しかし，このような態度は，地域産業の「循環的・累積的な発展機構」を作るための資源である地域の労働力，人材を特定業種の生産技能しか持たないラインワーカーへ変形してしまう．こうして地元での起業の芽をつぶしていくことで，結果的に地域経済を分工場経済の持つ不安定性の中へ引き込むことになるのである．

7．地域を守るために

　だが，本質的に不安定性を抱えているとはいえ，進出工場は地域にとって貴重な雇用の場であり，また地域の産業創生の礎となる可能性を秘めた存在でもある．従って，現在すでに地域で操業している工場をどのように維持し，活用

していくかを考えることもまた重要な課題である．工場の雇用調整や再編，撤退に地域の側が干渉することはきわめて困難であるが，それでもなお，地域の側で行えることはいくつかあるように思われる．

　まず，工場，企業との連絡を密接にし，工場の新たな展開について絶えず工場・親企業側と情報交換しておくことである．また，それに並行して業界の動向に関する情報を把握しておくことも重要になる．大都市圏に本社がある大手企業の分工場の場合，工場再編時に地域側の事情を斟酌する余地は小さいかもしれないが，業界動向と工場の現況とを対照することで，その工場の社における位置づけや工場の"寿命"をある程度予測できるようになる．工場がどんな問題を抱えているかを具体的・詳細につかむことが，いち早い対応を可能にするということである．また，工場側とのこまめな情報交換は，地域と工場との相互理解・協力関係の素地を生み，工場が地域に残りやすくする上で適切な支援を行うことも可能になる．

　次に，労働供給面での協力も重要である．地方と言えどもすでに工場が人を集めるのは容易ではなくなっている．地域に製造業の担い手をどう育てていくかという問題とも絡む重要な課題だと言える．さらに，一時帰休などを含む雇用調整へどう対応できるかも重要な問題である．工場側の労働力の弾力的な運用を支援しつつ，短期で変動する雇用調整が労働側の生活不安に直結しないようにすることを目指す必要がある．この面で，フルタイムで働き家計を支える中心的な役割を担う人や他の仕事や活動を行いつつ仕事をする多就業の人など，個々人の働き方を十分に把握しておくことが重要である．

　このほかにも，中核を担う地元人材を継続的に供給することや技術的連関を近隣と広域で形成すること，市場開拓支援など経営戦略面での関与を強めることなどで工場側と関係を強めることが考えられる．いずれにせよ，工場側に地域との関係を強めさせ，その一方で，この工場に関連する領域の技術的な連関を強めていくという方向での方策が求められるのである．

8．既存工業の脱落に備える方向

　このように，既存工場の動向を注視し，工場との関係を深めて工場が撤退す

るリスクを減らすという努力に加え，これらの工場が撤退したときの備えを整えることもまた重要である．工場の立地がますます流動化しつつある今日，現在安定的に操業している工場であっても，いずれ生産の海外移管，撤退という日が来ることを想定しておくことは，撤退時に地域経済が過剰なショックを被らないためにも重要である．

実際に撤退が生じたときに解雇された人への緊急支援体制を普段から準備することが望ましいが，この段階で実効的な対策を取ることは，産業の蓄積が小さい地域においては容易ではないであろう．そこで，こうした支援体制の整備に加えて，労働側の柔軟性を確保することが重要になる．たとえば，家計の収入源を分散させられるような就業形態を地域全体で実現する方向はその1つである．農林水産業のみならずサービス業なども含めた兼業の促進や，家計収入を支える人が複数いるような家族構成の形成を支援したり，地縁血縁を通じた相互扶助のネットワークを維持発展させることなども一考に値しよう．また，解雇時に転職を容易化するように，工場側と協力して労働者の幅広い技能形成を支援したり，普段から就労しながら異分野の教育訓練を受けられるような制度を設置したりすることも有効であろう．

しかし，最も根本的な対策は，リスクヘッジと分工場経済の不拡大路線を取ること，すなわち，地域産業を複線化することである．たとえば，大型の誘致は避け，大型プロジェクト等による財政拡大路線を取らないことは重要である．地域の経済規模と調達可能な労働力の見通しに基づいて，これらの制約条件と整合的な産業構成を構想することが必要である．高度成長期から今日までの地域産業振興は，他地域との格差に注目して産業開発を行う発想に基づいていたと言える．この発想の基に，個別産業単位で地域間の集積規模や競争力を比較し，個別産業における自地域のプレゼンスを強化するという地域産業の発展モデルが作られていた．

しかし，この方法は外来産業の誘致に安易に頼り，地域に自律的な産業創生システムを作り出すという努力を怠るというバイアスをもたらした．もはや企業誘致に多くを期待できなくなった以上，今後は在来の企業・産業を基礎とした低成長安定型の経済構造を目指すことを基調とするべきである．これは，地域の固有性を尊重し，他地域との差別化を図りながら，産業構成のポートフォ

リオバランスを整えることで，個別産業の発展可能性は不透明でも，地域全体としては安定的な経済を実現するという方向である．このような路線は努力の成果が見えにくく地域の支持を得にくいことが多いため，内発的発展に適した環境の指標を整備するなど，新たな地域経済の評価方法を作成することも求められよう．

9. まとめ

工業団地を整備して地域産業を振興するという手法の有効性はますます薄れつつある．企業の立地は時代に応じて移り変わり，立地の選択はますます広域化していくであろう．地域は，特定工場の存在を前提にせず，地域内に操業する工場は絶えず変化するものだということを前提した上で地域産業の育成に取り組まなければならない．農林水産業や地場産業が衰退するなど疲弊が進行している地域は増加しているが，産業振興には本来的に決め手などは存在しない．地域産業を総合的に捉え，一業種に依存しない構想を地域が持ち，長期的視野で地域の住民・企業へ働きかけていく必要がある．その一方で，農林水産業からサービス業に至るまで産業の現場に密着して，経営の実情と働く人々の生活実態を普段から理解することが重要である．こうした地道な取り組みを基礎として，初めて企業誘致は効果を発揮するのである．

注
1) たとえば北上市の誘致に関する戦略性については関・加藤（1994）を，島根県斐川町については関・横山（2004）を参照．
2) たとえば産業集積論の立場から地方工業の存立条件を確保するという観点からは関・加藤（1994），地域経済学の立場から地域の内発的発展を目指す観点からは宮本（2007），中村（2008）など，経済地理学の立場から地域産業のイノベーションシステム形成という観点からは松原（2009）などがあげられよう．
3) 本章は，富澤（2010）を加筆修正したものである．
4) 1960年代以降のイギリスで生じた分工場問題について体系的に分析したマッシィ（Massey 1984）は，本社と分工場との間で機能分化が生じている場合を二通りに分け，分工場でも一定程度工程が完結している空間構造を「分工場型（クローン型）」，分工場が一部の工程にのみ特化して，経営・管理機能のみならず生産機能においても完結性を失っている空間構造を「部分工程型」と分類している．マッシィは分工場型

(クローン型)では管理機能に関する従属性が生じ,「部分工程型」ではさらに生産機能に関する従属性が生じるとして区別しているが,本稿では特に言及しない限り,この両者を「分工場経済」の問題として取り扱うこととする.

5) いずれも資料根拠が明確ではないが,経済産業省産業構造審議会資料(経済産業省2007)によれば,2005(平成17)年5月に総従業員数が3,300名,またシャープが三重県に提出した地球温暖化対策計画書(三重県 2008)によれば,第2工場稼働直前の2006年5月1日時点で従業員数が2,023人,同2008-2010年度計画では2008年4月に2,900人とされている.

6) http://www.sharp.co.jp/kameyama/feature/index.html(2009年12月23日現在)

7) 朝日新聞大阪版2003年6月5日「日台補完,韓国と勝負 液晶パネルの「第5世代」以降狙い」

8) 朝日新聞大阪版2006年1月28日「(聞きたい語りたい)液晶トップ譲らない シャープ・町田勝彦社長」

9) 「亀山工場とは コンセプト」http://www.sharp.co.jp/kameyama/feature/concept/index.html

10) 朝日新聞大阪版2009年4月24日「亀山工場,曲がりカド シャープ,液晶「国産主義」を転換 設備海外へ,」および,毎日新聞2009年5月14日「シャープ:亀山第2も海外移設 国内生産は堺工場に集約.」

11) 毎日新聞2009年2月24日「出水市:新年度当初予算案 前年度比0.8%増,229億8800万円」

12) 鹿児島市は規模が突出しているのでグラフからは除いている.

参考文献

Chinitz, B. (1961) "Contrasts in agglomeration: New York and Pittsburgh," *American Economic Review* 51, pp. 279-289.

Massey, D. (1984) *Spatial Divisions of Labour*. London: Macmillan. マッシィ著,富樫幸一・松橋公治監訳(2000)『空間的分業』古今書院.

Massey, D., and Meegan, R. (1982) The anatomy of job loss, London, Methuen.

安東誠一(1986)『地方の経済学』日本経済新聞社.

経済産業省(2007)「地域の産業グランドデザインと産業立地の課題」産業構造審議会地域経済産業分科会(平成18年11月10日)第2回配付資料,http://www.meti.go.jp/committee/gizi_1/1.html

関満博,加藤秀雄編(1994)『テクノポリスと地域産業振興』新評論.

関満博,横山照康編(2004)『地方小都市の産業振興戦略』新評論.

富澤拓志(2010)「分工場依存型地域産業の課題」『地域総合研究』第37巻第2号,23-36ページ.

中村剛治郎編(2008)『基本ケースで学ぶ地域経済学』有斐閣.

松原宏(2008)「立地調整の経済地理学序説」『東京大学人文地理学研究』19,45-59ページ.

松原宏（2009）「産業集積地域における地域イノベーション」『産業立地』1月号.
三重県（2006）「シャープ株式会社亀山工場地球温暖化対策計画書」2006年度-2007年度，http://www.eco.pref.mie.lg.jp/ondanka/02/sakutei2005-2007/doc-corp_plan_list/sharp060621.pdf
三重県（2008）「シャープ株式会社亀山工場地球温暖化対策計画書」2008年度-2010年度，http://www.eco.pref.mie.lg.jp/ondanka/02/sakutei2008-2010/doc-energy1/03suzuka/sharpkameyama080630.pdf
宮本憲一（2007）『環境経済学新版』岩波書店.

第III部　まちづくりの課題と行財政

手前より県道74号線，黙認耕作地そして米軍嘉手納基地
（写真提供：村上了太）

第13章
都心における大規模再開発事業
― 札幌・JRタワーと都心環境 ―

鈴木聡士

【本章のキーワード】
　　JRタワー，AHP（階層分析法），札幌駅前通地下歩行空間，大規模再開発事業，意識構造分析

1. 背景と目的

　2003年3月，JR札幌駅南口再開発事業（以降JRタワー）がオープンした．1997年以降大通駅の地下鉄利用客数が首位であったが，JRタワーのオープンに伴い利用客数が逆転し，札幌駅が首位となった．JRタワー内の大丸百貨店と商業施設であるステラプレイスのオープンに伴い，各駅周辺の既存商業地域は大きな打撃を受けた．商業地域への影響は百貨店の売上で代表できるが，既存各百貨店の売上構造が激変している．すなわち，JRタワーが開業するまでは，老舗地場資本の丸井今井百貨店が売上高第1位であったが，JRタワー開業後7年を経過した2010年現在，JRタワー内の大丸百貨店が売上高第1位となった．また，JRタワー近接の西武百貨店札幌店は，JRタワー開業のインパクトなどにより，売上高がピーク時の約7割まで激減し，2009年には開業以来100年超の歴史に幕を閉じた．
　さらに2002年7月，「人と環境を重視した都心づくり」が政府の都市再生プロジェクトとして決定した．これは，【歩いて暮らせる「豊かで快適な都心」を創造するため，都心通過交通の大幅な抑制に取り組むとともに，都心3軸（札幌駅前通，大通，創成川通）を基軸とした地下歩行空間，親水空間，モール化などの整備・検討を推進する】という内容である．同年10月，都市再生

緊急整備地域として「札幌駅・大通駅周辺地域」が指定された．これらの中で特に注目すべき事業として，札幌駅前通の歩行空間整備が挙げられ，2010年3月に供用が開始する予定である．今まで札幌都心部は，札幌駅周辺地域と大通駅周辺地域の二大商業地域が独立した構造関係になっていたが，この計画では積雪寒冷の地域特性を考慮して，地下歩行空間の整備が実施されることから，いままで独立していた都心核構造は，相互の結びつきが強化されることになる．つまり，札幌都心核の既存の独立的な関係構造を変化させ，関係を強化し，都心全体の魅力度を向上させようとする動きである（図13-1参照）．

このように札幌都心は，JRタワーオープン（大丸＋ステラプレイス）によって大きな構造変化のインパクトがおこった．また，都市再生プロジェクトにおける札幌駅前通整備事業による都心交通環境整備により，2つの都心核間の関係構造にも大きな変化が起ころうとしている．しかしながら，大通駅周辺のような既存商業地域も含めた都市再生事業として評価する場合，これらJRタワー整備と都心交通環境整備（特に，札幌駅前通整備）の両者が相俟ってその

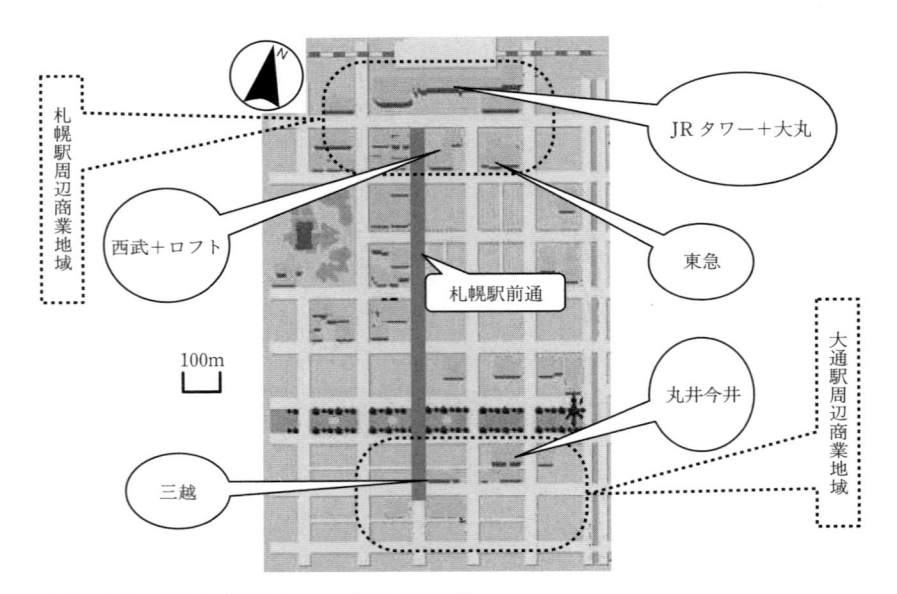

出典：札幌市HP上の地図ファイルを基に著者編集．

図13-1　札幌都心部の商業地域

効果が発揮されると考えられる．

　ここで，商業地域に関連した研究として，文ら（1989）は商業地再開発における規模と構成について，消費者・小売業・事業主体の三者を考慮したモデルを構築し，ケーススタディを行っている．また，近藤ら（1997）は効用最大化に基づいた新しい買物行動モデルを構築し，その適用性を検証している．阿部ら（2002）は小売業集積と買い物行動の両者を結びつけた視点から，地域商業集積の動態分析や居住者の買い物行動分析を行っている．花岡ら（2002）は消費者のライフスタイルと商業施設選択の特性について数量化理論III類による意識調査分析を行っている．石橋ら（1998）は，商業集積地の評価を消費者の回遊行動から販売額予測モデルを構築している．Ben-Akivaら（2002）は，個人の効用を潜在変数とする消費選択モデルを構築している．中心市街地における交通環境整備の効果分析や意識調査分析等の研究として，藤澤ら（2003）は京都市都心商業地域の交通環境改善に伴う市民意識や商業面での効果について，CVMを用いて分析している．また，飯田ら（1994）は京都市内街路を対象地として街路空間を分類し，それらの機能を考慮した上で，各交通主体に対して街路空間を再配分することによって，各主体にとって効用の高い道路空間システムの構築方法を提案している．札幌都心の再開発事業を対象とした研究として，内田ら（2001）はJRタワー開業にともなう交通渋滞対策について，交通規制計画案の評価を行っている．加賀屋ら（2003）は，札幌都心の交通環境整備計画において，情報提供が市民認識に変化を与える点に着目し，コンジョイント分析によってその影響評価を比較分析している．

　これらの研究の位置づけをふまえた上で，商業地域整備と交通環境整備という2つの視点について，どちらか1つの視点からの研究は数多く行われているが，その両方の視点からの分析はあまり見あたらない．また，札幌都心の都市再生を対象とした研究もあるが，都心商業機能に対する評価意識構造特性の視点から分析を行っている研究は見あたらない．さらに，積雪寒冷地域における都心交通環境整備に対する市民意識構造の特徴などについて分析した研究はほとんど見あたらない．

　以上より，地方中枢都市などで行われている都市再生事業や大規模再開発事業に対する住民の評価意識構造がどのような特性を有するのかを分析すること

は，今後のまちづくりのあり方や課題を考察する上で有益であると考えられる．そこで本研究では，以下の2つを目的とする．

① JR タワーを含む都心商業機能に対する住民評価意識構造を明らかにする．

消費者の意識構造と売上構造の関係を分析する．ここで，消費者の価値観構造を数量的・システム的に分析可能な AHP（Analytic Hierarchy Process）が有効であると考えられる．この手法によって，JR タワーと既存百貨店に対する意識構造を明らかにする．また，AHP の評価結果と各百貨店の店舗の特徴や売上高との相関性を分析する．その上で，JR 札幌駅にほぼ同条件で立地しているにもかかわらず，影響度合いが大きく異なる既存百貨店の売上構造の特性を考察する．

② 都心核間の交通環境整備に対する住民意識構造の特徴を明らかにする．

もう1つの都市再生事業である札幌駅前通の整備計画について，札幌駅前通を地上部と地下部に分けて，市民意識の特徴を明らかにする．地下部について，現在計画されている札幌駅前通公共地下歩道事業に着目し，札幌市が実施した 1000 人 WS の結果と市民意識調査結果を比較分析し，その特徴などを明らかにする．地上部については，現状の交通空間機能配分に対し，市民が要望している機能配分について分析し，その特性などを明らかにする．これらを勘案し，積雪寒冷の地域特性を考慮した上で，今後の都心交通環境のあり方について考察する．

2. 札幌市内主要百貨店に対する住民意識構造分析

(1) 調査概要

JR タワーと既存主要商業施設に対する市民の意識構造を明らかにする．

本研究では，次の概要で市民意識調査を実施した．調査項目は，被験者属性，札幌駅前通地下歩行空間に対する意識および駅前通地上部に対する要望，札幌市内主要百貨店に対する価値観分析および総合評価分析（AHP）である．対象者は，札幌市各区に居住する世帯で，配布日時は第1回が平成 15 年 10 月 23 日(木)～12 月 16 日(火)，配布方法は各区世帯割合で配布数を配分し，各世帯郵便受けへの無作為投函（ポスティング法）である．配布数は 1800，回収

```
                    ┌─────────────────────┐
                    │ 札幌市内主要百貨店評価 │
                    └─────────────────────┘
```

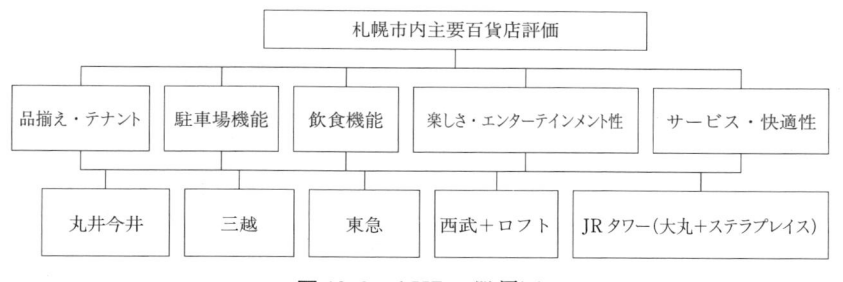

図 13-2　AHP の階層図

数が 244（回収率 13.6％）であった．

　ここで，AHP に用いた階層図を図 13-2 に示す．

　AHP の評価方法であるが，評価要因間の評価および各評価要因に対する各代替案の評価について，盛ら（2001，2002，2004）が提案している相対位置評価法によって実施した．この方法は，既存の一対比較による評価ではなく，数直線上の位置で重要度を比較評価し，その評価位置データを比較マトリックスに変換してウエイトを算出する手法である．この方法を活用することにより，被験者の回答負担を軽減し，また回答矛盾による無効回答数を減少させることができる．

(2)　AHP による評価結果と売上高の関係性

　AHP の評価値と売上高の関係性を考察するために，AHP 評価値，売り場面積，各店舗の売上高との関係性を見る．またこれにより，AHP の評価結果の信頼性を実証する．ここで指標値は，指標毎に合計 1.000 となるように基準化した上で比較する．ここで，AHP の評価値と売上高との関連性を考察する場合には，AHP の評価平均値をそのまま用いることは合理的ではない．すなわち，年齢属性毎に経済力が大きく異なることから，AHP 評価値をそのまま平均して比較すべきではないと考えられる．そこで，各年齢属性の経済力の指標として，日本統計年鑑 2006 第 19 章－家計－より，年齢属性毎の世帯の貯蓄現在高によって各年齢属性の経済力指標を算出し，各年齢属性の AHP 評価値とこれらの経済力指標値を掛け合わせ，売上高と比較するための指標値である AHP 指標値（貯蓄補正）を算出した．さらに，比較対象指標として，一般的

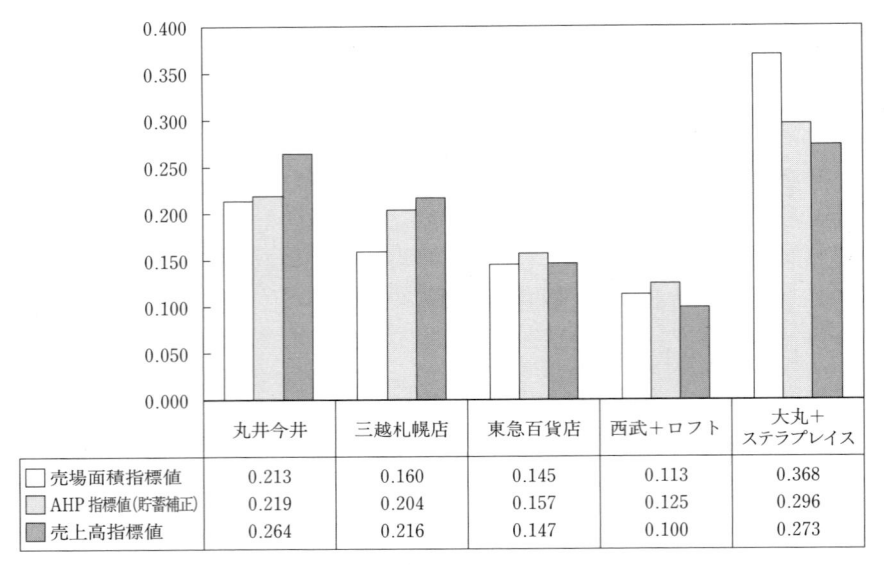

図13-3 各指標値の比較

	丸井今井	三越札幌店	東急百貨店	西武＋ロフト	大丸＋ステラプレイス
売場面積指標値	0.213	0.160	0.145	0.113	0.368
AHP指標値(貯蓄補正)	0.219	0.204	0.157	0.125	0.296
売上高指標値	0.264	0.216	0.147	0.100	0.273

表13-1 各指標の相関マトリックス

	売上高指標値	AHP指標値（貯蓄補正）	売場面積指標値
AHP指標値(貯蓄補正)	0.921	1.000	
売場面積指標値	0.794	0.954	1.000

に売上高予測などで用いられるハフモデルにおいて，魅力度指標として用いられている各店舗の「売場面積」から，売り場面積指標値を算出した．以上の結果を図13-3に示す．

同表より，売上高指標値による各店舗の順位と，AHP指標値および売り場面積指標値の順位は全て同じ順位であった．このことから，AHPの評価結果は，売り場面積指標値と同様に実際の売上高の順位を再現していることがわかった．次に，各指標間の相関マトリックスを表13-1に示す．

表13-1より，AHP指標値と売り場面積指標値の相関性がかなり高い(0.954) ことがわかった．

また，売上高指標値を比較基準値とした場合，売り場面積指標値（0.794）

よりも AHP 指標値（0.921）の方が，売上高指標値との相関性が高いことがわかった．

以上より，AHP の評価結果は実際の各店舗の売上高と関連性が高いことがわかった．

(3) 評価結果に関する考察

図 13-4 に評価要因ウエイトを示す．

図 13-4 より，次のことが言える．

①全体平均では，品揃え・テナント（0.349），サービス・快適性（0.267）を重視している．

②40 歳代以上がサービス・快適性を重視する傾向にある．29 歳以下では他属性より楽しさ・エンターテインメント性を重視し，30 歳代では他の属性より駐車場機能を重視する傾向にある．

また，図 13-5 に百貨店の総合評価結果を示す．同図より次のことが言える．

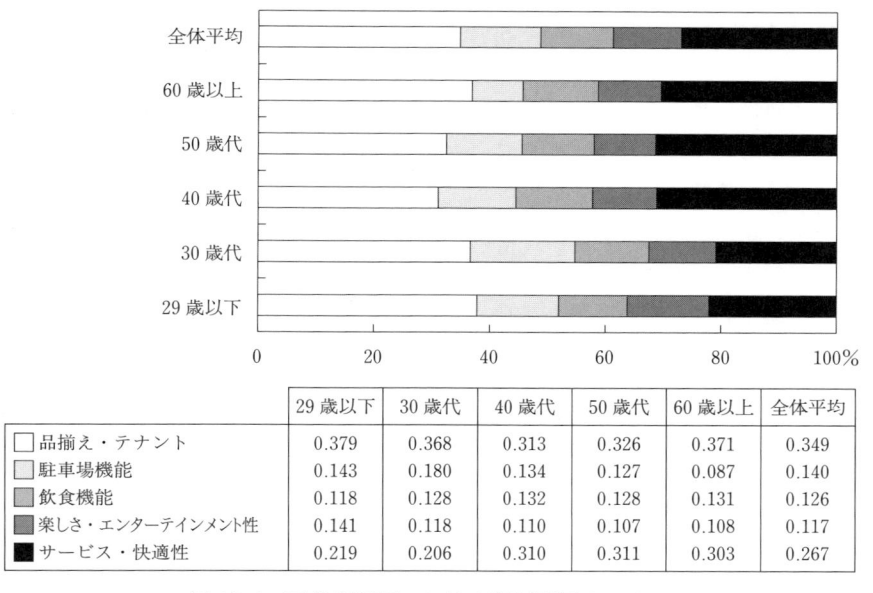

	29 歳以下	30 歳代	40 歳代	50 歳代	60 歳以上	全体平均
□品揃え・テナント	0.379	0.368	0.313	0.326	0.371	0.349
□駐車場機能	0.143	0.180	0.134	0.127	0.087	0.140
■飲食機能	0.118	0.128	0.132	0.128	0.131	0.126
■楽しさ・エンターテインメント性	0.141	0.118	0.110	0.107	0.108	0.117
■サービス・快適性	0.219	0.206	0.310	0.311	0.303	0.267

図 13-4 百貨店評価における評価要因ウエイト

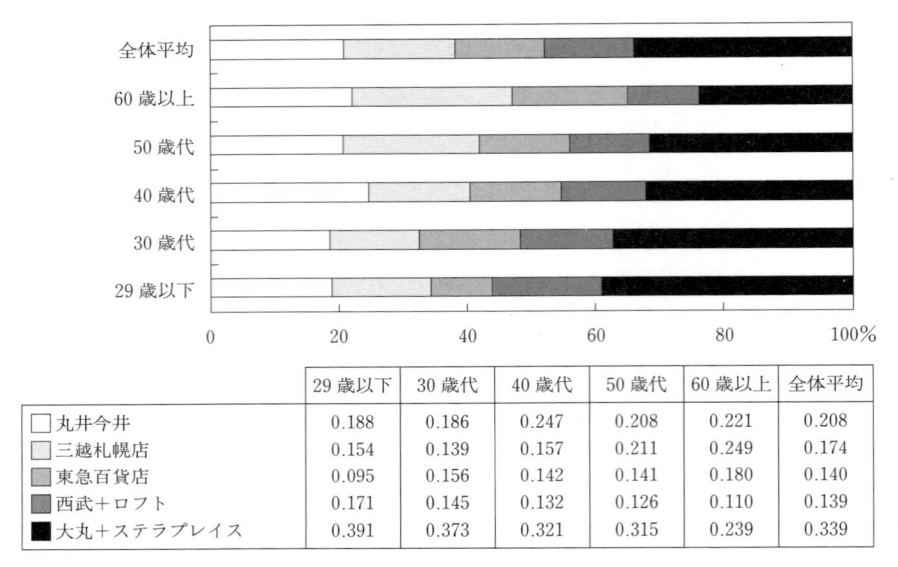

	29歳以下	30歳代	40歳代	50歳代	60歳以上	全体平均
☐ 丸井今井	0.188	0.186	0.247	0.208	0.221	0.208
☐ 三越札幌店	0.154	0.139	0.157	0.211	0.249	0.174
☐ 東急百貨店	0.095	0.156	0.142	0.141	0.180	0.140
☐ 西武＋ロフト	0.171	0.145	0.132	0.126	0.110	0.139
■ 大丸＋ステラプレイス	0.391	0.373	0.321	0.315	0.239	0.339

図 13-5　百貨店の総合評価結果

①全体平均では，JRタワーの評価が高く，次に丸井今井，三越，東急，西武＋ロフト，と続く．

②年齢属性が高くなるにつれ，丸井今井・三越・東急を高く評価する傾向にあり，年齢属性が若くなるにつれ，大丸＋ステラプレイスと西武＋ロフトを高く評価する傾向にある．

③以上の結果からJRタワーオープンのインパクトに関する考察を行えば，西武の売上落ち込みが同地域に立地している東急よりもかなり大きく，2009年に閉店した原因として，上述の②からわかるとおり，年齢が若くなるにつれて評価が高い傾向がJRタワーと一致していることから，客層が競合していることにより，特に売上の落ち込みが激しい構造であったことが推察される．今後，このような商業地域整備のインパクトを分析するうえでは，客層などの消費者属性を考慮した分析が有益であることが示唆される．

(4) 札幌駅前通の交通環境整備に対する市民意識構造分析

1) 地下通路に対する住民意識と 1000 人 WS による結果の比較分析

ここで，札幌駅前通地下通路の賛否に関する 2 つの既存調査結果の概要を以下に示す．

- 札幌市主催の市民 1000 人 WS 投票結果（北海道新聞 2003.11.15 朝刊）．事業着手すべき：49％，当面着手すべきではない：21％，白紙に戻すべき：21％，その他：9％．
- 北海道新聞情報研究所による調査結果（北海道新聞 2003.12.11 朝刊）．全面的に賛成で早く着手すべきだ：17.0％，賛成だが財政事情を考慮しながら進めるべきだ：48.2％，あまり必要ないと思う：19.4％，全く必要ない：10.6％，どちらでもいい：4.4％．

ここで，市民 1000 人 WS では 49％ が賛成傾向であり，北海道新聞社の調査結果では，65.2％ が賛成傾向となっている．この 2 つの賛成傾向を比較した場合，15％ 以上離れた値を示している．

このような結果となる原因としては，質問項目設定の違いや被験者・WS 参加者の属性の偏りなどが考えられる．そこで，本分析では上記 2 つの調査とは異なる選択肢を設定し，札幌駅前通地下通路に対する賛否，および駅前通地上部に対する要望などについて新たに第 3 の調査を実施した．その結果を分析し，これら 3 つの結果と比較する．

この調査では，札幌駅前通地下通路事業に対して，1. 賛成，2. 条件付で賛

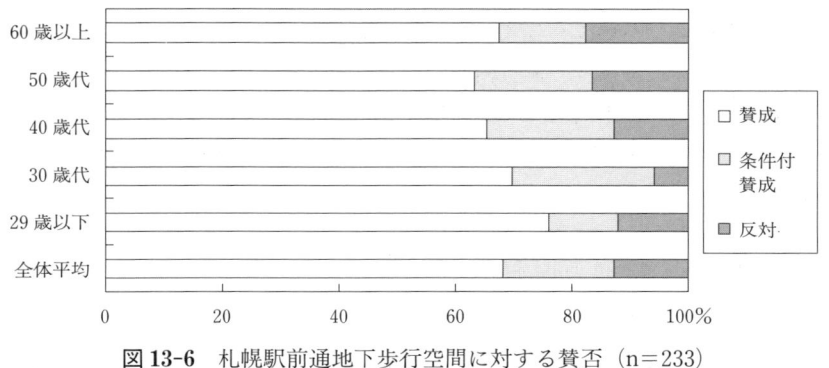

図 13-6 札幌駅前通地下歩行空間に対する賛否（n＝233）

成，3. 反対，を選択し，さらに2について条件の自由回答項目を設けた．分析の結果は図13-6のようになった．

同図より，次のことが考察される．

① 全体平均より68.2%が「賛成」，19.1%が「条件付きで賛成」，「反対」は12.7%である．

② 年齢別属性では，年齢が若くなるにつれて「賛成」傾向が高い．ただし，60歳以上の属性については「賛成」傾向が高くなっている．また，30歳代で「反対」と回答した被験者が他の属性に比べて低いことがわかる．

以上より，市民1000人WSによる結果，北海道新聞社による調査結果，本研究で新たに実施した調査結果の3つを比較した場合，それぞれの調査結果にある程度の差異があることが確認された．これは，設定された選択肢の違いが主な原因であると考えられるが，意識調査被験者およびWS参加者属性の偏りによる差異である可能性も示唆される．このことから，WSの結果のみでは必ずしも住民の意見を正確に反映できているとは限らない可能性もあることが示唆される．よって，今後このような参加型計画を立案する上では，WSの実施に加え，可能な限り一般住民の意識調査などを並行して実施し，それらの結果を総合的に勘案しながら計画を立案する必要性があることが示唆された．

2) 札幌駅前通地上部整備に関する意識構造分析

現在，札幌駅前通の地上部分は，図13-7のような状態になっている．

本調査では，各機能の整備コストに関しては，調査時点において各整備事業の費用が不明なものが多く含まれていたことから，コスト負担に関する情報は提供していない．よって，分析結果の意味は，今後の地上部の整備について，各機能がそれぞれどれくらいあればよいと思うかについて，全体の道路幅を10.0としたときの希望割合のみを尋ねた結果である．この分析結果を図13-8

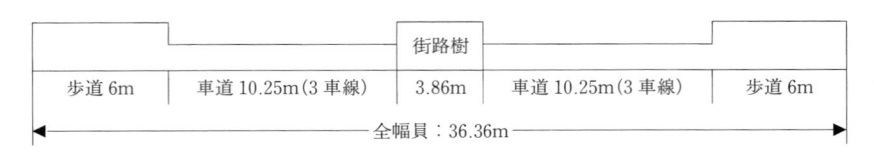

図13-7 札幌駅前通地上部における現状の空間機能配分

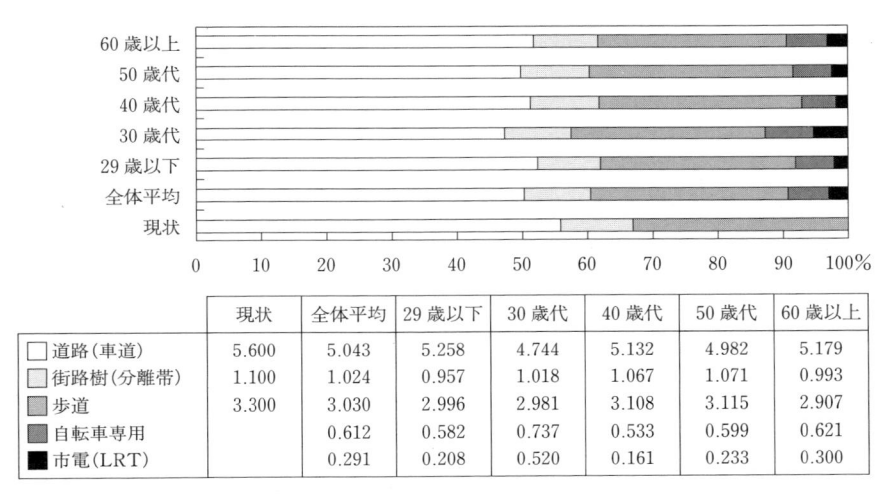

	現状	全体平均	29歳以下	30歳代	40歳代	50歳代	60歳以上
☐ 道路（車道）	5.600	5.043	5.258	4.744	5.132	4.982	5.179
☐ 街路樹（分離帯）	1.100	1.024	0.957	1.018	1.067	1.071	0.993
▨ 歩道	3.300	3.030	2.996	2.981	3.108	3.115	2.907
▨ 自転車専用		0.612	0.582	0.737	0.533	0.599	0.621
■ 市電（LRT）		0.291	0.208	0.520	0.161	0.233	0.300

図13-8　札幌駅前通地上部の各機能の要望割合（n＝203）

に示す．

同図より次のことが考察される．

① 現状と平均を比較して，「道路」が0.557，「歩道」が0.270，街路樹が0.076減少している．

② 減少分については，「自転車専用」に0.612，「市電（LRT）」に0.291それぞれ配分されている．

③ 年齢属性については，30歳代の被験者が他の属性よりも「自転車専用」，「市電（LRT）」の要望割合が高い傾向にあることがわかった．

さらに，現状では未整備の「自転車専用」および「市電（LRT）」の特徴を分析するために，各項目が0.0と回答された割合について分析した結果を図13-9に示す．

同図より次のことが考察される．

① 市電（LRT）については，0.0と回答された割合が86.2%とかなり高くなっている．

② 自転車専用スペースについては，48.3%となっている．逆に考えた場合，51.7%の被験者が自転車専用スペースを0.0以上に回答していることから，半数以上の被験者は自転車専用スペースの整備をある程度要望していること

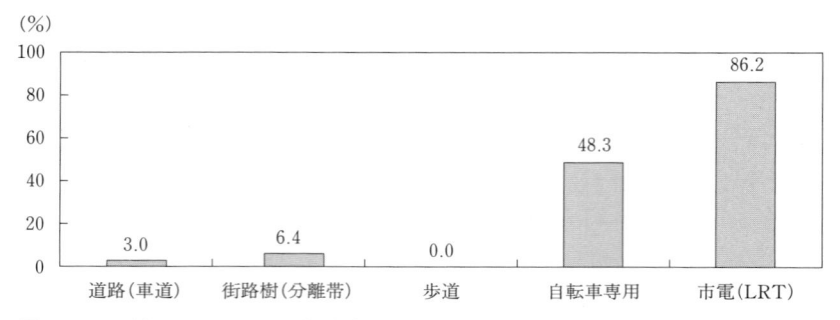

図 13-9　要望において 0.0（空欄）と回答された割合（有効回答に対する割合）

が推察された．
③道路（車道）については 3.0% の被験者が 0.0 と回答し，街路樹（分離帯）については 6.4% の被験者が 0.0 と回答していることがわかった．歩道は 0.0 と回答した被験者はいなかった．

3) 札幌駅前通の交通環境整備に対する市民意識構造に関する考察

以上より，札幌駅前通整備における市民意識構造を考察すれば，以下のとおりとなる．

①札幌駅前通地下歩行空間の整備について

　約 7 割の市民が地下歩行空間整備に賛成している．賛成傾向が高くなる主要因として，積雪寒冷の地域特性として，特に冬期における転倒事故の問題があり，2004 年は過去最高の 1000 件を突破した．この事故の特徴として，発生集中地区は中央区（ほとんどが都心部）で，60 歳代以上のシニア層の事故が多く，この年齢属性においては重症を負うリスクが高い傾向が見受けられる．

②札幌駅前通の地上部の整備について

　市電（LRT）の整備については，あまり望まれていない傾向である．過去に市電が縮小・廃止された経緯は，冬期に市電が道路交通渋滞の主原因になったことが挙げられる．また，すでに南北線・東豊線の地下鉄 2 本が札幌駅・大通駅間で運行されていることも，1 つの背景であることが推察される．自転車専用スペースについては，ある程度要望されている．自転車専用スペ

ースの設置は，自転車利用者の利便性向上のみならず，自転車非利用者にとっても，歩行時の自転車との接触事故のリスク軽減や歩行の快適性向上にもつながることから，要望割合が高かったことが推察される．

③札幌駅前通の交通環境整備の方向性

以上のことから，札幌駅前通の整備の方向性としては，「歩行環境の改善」が重要である．

3. 結論

本研究で得られた結果を以下に示す．
① AHPの評価結果と売上高に強に相関性があることを実証した．その上で，百貨店の立地条件が同じにもかかわらず，売上変化に大きな差があることについて（JRタワーと同地域立地の東急および西武について）は，AHPによる分析結果から，JRタワーと西武の消費者の価値観構造が類似していることが要因であることが推察された．以上のことから，JRタワーオープンにともなう売上変化の影響度の差は，百貨店に対する価値観構造の類似性が要因であることが示唆された．
②札幌駅前通地下歩行空間整備には7割程度の市民が賛成していることがわかった．また，地上部の整備については，自転車専用スペースの整備を望む傾向が強いことが明らかになった．これらから，札幌駅前通の整備の方向性としては，「歩行環境の改善」が重要であることがわかった．
③既存商業地域が発展するには，百貨店の価値観の類似性を意識した経営努力も必要である．しかし都市再生事業としてみた場合，JRタワー整備と札幌駅前通整備により，札幌駅周辺と大通駅周辺という独立した都市核を結びつける必要がある．特に寒冷地地域においては，歩行環境の改善が必要と考えられる．

参考文献
Moshe Ben-Akiva, Joan Walker, Adriana T. Bernardino, Dinesh A. Gopinath, Taka Morikawa, Amalia Polydoropoulou (2002) "Integration of Choice and Latent

Variable Models, In Perpetual Motion", *Travel Behaviour Research Opportunities and Application Challenges*, pp. 431-470.

阿部宏史・谷口守・中川拓哉（2002）「地方圏の市町村における小売業集積の動態と買い物行動の変化」『地域学研究』第32巻第1号, 155-171ページ.

飯田克弘・塚口博司（1994）「街路空間再配分と交通サーキュレーションに関する研究」『土木学会論文集』No. 500/IV-25, 41-49ページ.

石橋健一・斉藤参郎・熊田禎宣（1998）「来街頻度に基づく販売額予測非集計回遊マルコフモデルの構築」『都市計画論文集』No. 33, 349-354ページ.

内田賢悦・加賀屋誠一・佐藤馨一（2001）「大規模再開発事業における交通規制計画案の評価に関する研究」『地域学研究』第31巻第1号, 237-254ページ.

加賀屋誠一・内田賢悦・足達健夫（2003）「都心交通ビジョン情報提供が市民認識の変化に与える影響評価」『地域学研究』第33巻第1号, 1-18ページ.

近藤光男・廣瀬義伸（1997）「効用最大化に基づく買物行動モデルとその地方圏への適用に関する研究」『都市計画論文集』No. 32, 91-96ページ.

花岡憲司・近藤光男・廣瀬義伸（2002）「消費者のライフスタイルに着目した商業施設の選択行動分析」『土木計画学研究・講演集』Vol. 26, No. 84.

藤澤友晴・青山吉隆・中川大・松中亮治（2003）「中心市街地における歩行空間整備の便益計測」『土木計画学研究・論文集』Vol. 20, No. 1, 191-197ページ.

文世一・小林潔司・吉川和広（1989）「商業地再開発の規模と構成に関するモデル分析手法」『土木学会論文集』No. 401/IV-10, 69-78ページ.

盛亜也子・鈴木聡士・鈴木克典・五十嵐日出夫（2001）「AHPにおける相対位置評価法に関する研究」『土木学会土木計画学研究・論文集』Vol. 18, No. 1, 129-138ページ.

盛亜也子・鈴木聡士・鈴木克典・五十嵐日出夫（2002）「相対位置評価法による商業地域の評価と地域特性の比較分析」『地域学研究』第32巻第1号, 323-336ページ.

盛亜也子・鈴木聡士・加賀屋誠一（2004）「非貨幣的価値に着目したフラット型道路整備の総合評価とその効果分析」『土木計画学研究・論文集』Vol. 21, No. 1, 109-114ページ.

第14章
中心市街地活性化策の実態と問題点
― まちづくり3法との関連で ―

衣 川　　恵

【本章のキーワード】
　　　中心市街地活性化，まちづくり，まちづくり3法

1. はじめに

　全国の中心市街地が著しく衰退しており，中心商店街がシャッター通りとなっているところが少なくない．地方都市の中心市街地は，都市のスプロール化現象とモータリゼーションの進行などによって1970年代頃から徐々に衰退してきたが，特に著しく衰退したのは「まちづくり3法」が制定されてからである．

　本章では，地方都市の中心市街地衰退の現況，ならびに中心市街地活性化策の実態とその課題について検討する．また，まちづくり3法についても考察する．なお，一般に中心市街地という用語を中心街と同じ意味で使うが，中心市街地活性化基本計画等に関連する場合にはそれらの定義に従う．

2. 地方都市中心市街地の衰退とその原因

　中心市街地といっても，東京都，大阪府，名古屋市，福岡市など人口が200万人を超えるようなマンモス都市と70万人程度以下の地方都市とでは，事情が大きく異なる．ここでは，70万人程度以下の地方都市の中心市街地について概観する．このような中小の地方都市は，中心街の衰退が激しい．ここでは，5つのまちの実態について概観する[1]．なお，各都市の歩行者通行量調査は，

数日以内のごく短期間の調査であるため，一定の考慮が必要であるが，利用可能な統計といいうる．

①青森市の中心街（14地点）では，歩行者通行量（平日）は，1998年に7万8,934人であったが2009年には4万8,562人に激減し，38％の落ち込みとなった．中心街の小売業の年間販売額は1997年の929億円から2009年には593億円に減少し，36％と著しく低下している．この期間における青森市全体の小売業の年間販売額は微減にとどまっており，中心街の減少が顕著である．空き店舗・空き地率も2002年から2007年の間に6.8％から16.8％に増加している．アルガ青森があり，かなり人通りのある新町商店街でも，空き店舗が増加している．柳町商店街は崩壊状態に近く，夜店通り商店街は人通りがほとんどみられない．青森市の中心市街地，中心商店街の衰退が進行している．

青森市の郊外部の浜田地区には，まちづくり3法以前からジャスコが入ったサンロード青森が立地していたが，まちづくり3法の制定を契機にイトーヨーカドーなど大型ショッピングモールや多数の量販店が進出してきて，大ショッピング地域となっている．中心街の消費者が郊外のショッピング街に流出しており，中心街の衰退を促進する大きな要因となっている．

②和歌山市の中心街（7地点）では，歩行者通行量（平日・休日平均）は，2000年の3万8,605人から2009年には1万9,631人に減少し，49％の落ち込みとなった．中心街の小売業の年間販売額は，1997年から2007年の間に1,231億円から735億円に減少し，40％という激減となっている．同期間の和歌山市全体の小売業は20％の減少であり，中心街の減少率の方が2倍も大きい．中心街の空き店舗率は2002年の11.5％から2007年の22.7％に増加している．

和歌山市の中心商店街はぶらくり丁周辺であるが，往時の面影はまったくみられない．人通りが少なく，北ぶらくり丁等は典型的なシャッター通りとなっている．ぶらくり丁の歩行者通行量（休日）は，2000年の1万2,068人から2008年には3,538人に激減しており，71％というきわめて激しい落ち込みとなっている．北ぶらくり丁も，同期間に，3,491人から1,195人に減少し，66％の減少となっている．

和歌山市の中心街は，まちづくり3法の制定以降に郊外に大型小売店が増加

したほか，大阪府南部にイオンりんくう泉南（店舗面積5.1万m²）等が開店し，消費者が大量に流出したことによって衰退が顕著になった[2]．中心商店街の核店舗である丸正百貨店も2001年に閉鎖に追い込まれた．

③高松市の中心街（15地点）では，歩行者通行量（休日）は，1997年の16万7,284人から2009年には11万9,074人に減少し，29%落ち込んだ．中心街の小売業の年間販売額は，1997年から2007年の間に1,487億円から1,034億円に減少し，30%落ち込んだ．また，中心商店街の空き店舗率は，1997年の7.2%から2009年には19.4%に急増している．

まちづくり3法が制定され始めてから，郊外部で大型小売店舗が増加した．特に，1998年に中心部近くの郊外にショッピングモール「ゆめタウン」が開店し，中心部から消費者が流出した（2006年に店舗面積を約5.5万m²に増床）．また，2007年にはイオン高松（店舗面積4.2万m²）が開店した．

高松市は四国の玄関として公的機関や企業の支店が集中しているうえ，まちの構造がコンパクトシティとなっており，地の利がある．また，高松市の中心商店街は，丸亀町商店街の努力などが奏功して，比較的元気である．しかし，中心商店街の一角を占める常盤町商店街は衰退が激しい．この商店街の歩行者通行量（休日）は，1997年から2008年の間に1万8,152人から7,566人に激減し，58%落ち込んでいる．

④佐賀市の中心街（12地点）では，歩行者通行量（休日）が，1995年の5万7,311人から2008年には1万2,911人に激減し，77%も落ち込んだ．佐賀市の中心商店街は，再開発ビル「エスプラッツ」がつくられたにもかかわらず，ほぼ崩壊状況である．白山名店街だけが中心商店街の面影を残しているが，衰退が激しく，人通りはほとんどみられない．佐賀駅前には大型店の西友があり，郊外には巨艦のイオンショッピングタウンなどがつくられており，中心街の存在感はほとんどなくなっている．

⑤鹿児島市の中心市街地（20地点）では，歩行者通行量（土・日曜日平均）が，1998年から2009年の間に22万8,715人から12万8,635人に減少し，44%落ち込んだ．中心市街地内の小売業の年間販売額は，1999年から2009年の間に2,309億円から1,672億円に減少し，28%少なくなった．

鹿児島市は人口が約60万人であり，地方都市としては比較的人口が多い．

第14章　中心市街地活性化策の実態と問題点

また，九州最南端の県庁所在地であり，周辺市町村の人々を引き付けている．そのため，鹿児島市の中心街である天文館地区は，地域の文化，娯楽，ショッピングの中心であり，比較的繁華である．

　しかし，まちづくり3法制定後には，新幹線の敷設に伴い，2004年に鹿児島中央駅（旧鹿児島西駅）に「アミュプラザ」（店舗面積約3万m^2）が開店した．さらに，中心街に隣接するいわゆる産業道路（バイパス）沿いに大型のスーパーマーケットや量販店が立ち並び，2007年には巨艦のイオン鹿児島ショッピングセンター（店舗面積約6.5万m^2）が開店した．鹿児島市でも，まちづくり3法が制定されて以来，このような大型小売店舗の郊外展開が顕著になった．この影響を受けて，鹿児島市中心街への来街者が著しく減少した．その結果，三越が撤退し，百貨店は地元百貨店の山形屋だけとなった．不況のなかで山形屋も売上げが伸びていない．しかし，三越跡につくられた民間の再開発ビル「マルヤガーデンズ」が健闘し，周辺の歩行者通行量が増加している．しかし，鹿児島の中心街である天文館は，全体的にみれば，衰退傾向が進行している．

　まちづくり3法の制定以降，他の多くの地方都市の中心市街地においても，同様に衰退が進行している．

　地方都市の中心市街地の衰退は，大別すると，2つの段階に別れる．第1段階は，広く指摘されているように，都市のスプロール化とモータリゼーションによる中心市街地の衰退である．地方都市では，高度経済成長の過程で，都市計画によって郊外に住宅地が開発されて，ドーナツ化現象が生じた．自動車が安価に大量生産されるなかで，自動車の所有者が急増していった．旧市街地の交通渋滞を避け，郊外の住宅地とのアクセスをよくするために，バイパスの建設が行われ，交通インフラが整備された．そして，幹線道路にはロードサイド店が増加し，中心市街地の近くに近隣商業地が生まれ，拡大していった．

　中心街の商店街に出かけなければ買物できない時代は終わりに近づいた．それでも，まちづくり3法制定以前には，中心街はこれほど衰退しなかった．中心商店街は，スーパーマーケットと競合しつつも，商店街にスーパーを入居させ，共存も図っていた．スーパー，量販店，専門店などと競合しながら，1980年代頃までは，概して，中心商店街は消費者をなんとか繋ぎ止めており，シャ

ッター通りが全国規模に拡大するには至らなかった．

　第2段階は，まちづくり3法の制定と大店法の廃止によって始まった．全国の地方都市で，郊外型巨大小売店舗が展開し，中心商店街での買い物客が激減したためである．すなわち，大店法の廃止とまちづくり3法の制定が，地方都市の中心商店街の衰退を激化させた主因であると考えられる．

3. まちづくり3法の失敗

(1) 旧まちづくり3法

　アメリカが日米構造協議で大店法を非難し，日本の市場開放を要求するなかで，日本政府は1998年6月に大規模小売店舗立地法を制定し，2000年6月に施行した．同法施行と同時に，大規模小売店舗の出店を厳しく規制する大店法が廃止された．当時，経済団体連合会は，大店法の廃止を「わが国の行政改革の歴史のなかでも特筆すべき第一歩となろう」と熱烈に歓迎した．そして，大規模小売店舗の出店をいっさい規制しないように意見書を提出した[3]．このことをみても，経済団体連合会，とくに大手流通企業，大手小売企業が，大店法の廃止を望んでおり，アメリカからの外圧を利用したのは明らかである．

　また，政府は，大規模小売店舗立地法とともに，2000年5月に都市計画法を抜本的に改正し，2001年5月に施行した．この改正によって，市町村が特定用途制限地区を定めることによって，大規模小売店舗の郊外出店が可能となった．各地で，巨艦のショッピングモール（ショッピングセンター）が郊外に林立する結果をもたらした．さらに，この改正は，あるまちが大規模小売店舗の郊外出店を規制しても，近隣のまちが大規模小売店舗の郊外出店を認可すれば，規制したまちの消費が近隣のまちの大規模小売店舗に奪われるという深刻な事態も生じさせている．

　他方，政府は，1998年7月に中心市街地活性化法（旧法）を施行した．これは，市町村が商工団体等の関係者と協議のうえ，それぞれのまちの中心市街地活性化基本計画を策定し，中心市街地活性化事業のために補助金を得られるようにしたものである．また，計画の実施のために，TMO（タウンマネジメント機関）を組織して，事業の実施主体とすることとした．

以上の 3 つの法律は，まとめて「まちづくり 3 法」（旧法）と呼ばれている．一見すると，「まちづくり 3 法」という名称は，まちづくりに貢献する 3 つの法律という印象を受ける．しかし，現実には，まちづくりというよりは，まちを破壊する 3 つの法律という役割を果たした．まぎらわしい呼び方である．

　大規模小売店舗立地法と改正都市計画法は，巨艦のショッピングモールを全国の都市の郊外に出店させる法的根拠となった．また，旧中心市街地活性化法のもとで，市町村が中心市街地活性化基本計画を申請する際に，中央省庁から大型小売店舗を郊外に移すことが推奨された．要するに，旧まちづくり 3 法は，全体として，大規模小売店舗をまちの郊外に立地させる役割を果たした．まちづくり 3 法が施行された 2000 年前後を境に，地方都市の中心市街地が劇的に衰退し始めた．

(2)　新まちづくり 3 法

　政府は，次の 2 つの理由から，旧まちづくり 3 法を改正せざるをえなくなった．第 1 に，旧まちづくり 3 法のもとで，地方都市では，中心商店街がシャッター通りとなって著しく衰退するようになった．中心商店街の衰退は，中心街の衰退を象徴するものであり，まちの顔が廃れていった．中央と地方の格差が拡大するなかで，地方都市の中心街の衰退は地方の没落をいっそう印象づけるものとなった．政治家が地元から突き上げられ，さすがに政府も放置できなくなった．

　第 2 に，各地で中心街が衰退するなかで，全国の多くの市町村が中活基本計画を策定して申請したが，選抜する体制になっていなかったために，政府が認定する中活基本計画は増加の一途をたどった．この旧中活基本計画は 10 年計画であったが，その事業費の総額が膨大なものとなり，政府は旧まちづくり 3 法を続けることができなくなった．

　かくして，2006 年に旧まちづくり 3 法の改正が行われ，旧中活基本計画は途中で打ち切られることとなった．ただし，法改正がなされたのは，旧まちづくり 3 法のうち，中心市街地活性化法と都市計画法だけである．大規模小売店舗立地法は改正されなかった．しかし，これらを総称して，新まちづくり 3 法と呼ばれている．

さて，この都市計画法の改正では，1万m²を超える大規模小売店舗などの大規模集客施設の出店が，商業地域，近隣商業地域，準工業地域に限定され，第2種住居地域，準住居地域，工業地域のほか，市街化調整区域や白地地域については原則的に禁止にされた．旧法で除外された飲食店，映画館，娯楽施設も規制対象とされた．

旧都市計画法と比較すれば，改正都市計画法では，大型集客施設の郊外出店に関して出店範囲の制限が強化された．しかし，大きな問題が2つある．第1に，近隣商業地域や準工業地域は，中心市街地からも郊外住宅地からもアクセスがよく，しかも固定資産税が安いため，郊外型大規模店舗にとって，この改正都市計画法も実質的には大きな規制とはなっていない．第2に，旧法で問題となっていたにもかかわらず，大型集客施設の出店に関して隣接府県の広域調整が行われるシステムが導入されていない．大型集客施設の規制を強化するまちとそうでないまちとの間で利害対立が生じているが，改善されなかった．

中心市街地活性化法の改正では，概して，3つの特徴がある．第1に，国レベルでは内閣府に中心市街地活性化本部が設置され，各市町村レベルでは商工会議所等によって組織される中心市街地活性化協議会が中活基本計画を審議・策定することとなった．新法では，「選択と集中」の方針のもとに，内閣総理大臣が中活基本計画を認定することとされている．第2に，商業面だけでなく，さらに広い視野から中心市街地の活性化を図ることとされ，旧法の主要目標であった商店街の活性化が目標の1つに後退し，まちなか居住の推進，公共施設の整備が目標に加えられた．第3に，都道府県が中心市街地に特別区域を指定し，その区域への大型集客施設の出店に関して地区説明会を不要とし，中心市街地に大型店舗を誘導する措置が盛り込まれた．

上記の第3の点については，旧まちづくり3法の考え方や当時の中央省庁の指導とまったく逆のものとなっている．旧まちづくり3法によって一旦できてしまったまちの構造は，簡単には変えられない．各地を取材すると，中心市街地が悲惨な状態になっており，政府や中央省庁の関係者に謝罪してもらいたいという声が強い．想定外であったとして済ましているのか，誰も謝罪もしなければ，責任もとらない．まちづくりの面でも，政府・中央省庁の見通しのなさ，無責任さが目立つ．こんなことでは，自民党政権は早期に倒れるだろうという

声が聞かれた．この声は正しかった．しかし，政権交代し，「地方主権」を標榜している民主党政権においても，状況は全く変わっていない．

4. 行政主導の再開発ビルの失敗

全国各地で中心市街地が衰退するなかで，中心市街地の活性化のために，さまざまな取り組みが行われている．そのなかで，市が中心となって第3セクターの再開発ビルを活用した，行政主導の中活事業が各地で行われている．しかし，成功している事例は少ない．次に，行政主導の再開発ビルの事例と問題点を検討する．

(1) 佐賀市の「エスプラッツ」

1996年2月に第3セクター株式会社「まちづくり佐賀」が設立され，1998年4月に再開発ビル「エスプラッツ」が佐賀市の中心商店街である白山名店街近くに開業した．1階から3階までが商業施設で，その上がマンションになっている．しかし，3年で経営危機に陥って，2001年5月に佐賀市に10億円の支援を要請したが，佐賀市がこれを拒否したため，同年7月に自己破産を申請し，倒産した．

商業フロアはテナント会による営業が試みられたものの，2003年2月には全面閉鎖に追い込まれた．寂れる一方の中心街を放置できないとして，佐賀市は2006年に，1階と2階の地権者共有者会所有の商業床を約10億円で買い取った．3階部分はもともと市の所有であり，一部の地権者の商業床を除いて1階から3階までのフロアが市の所有となった．

2007年8月，エスプラッツは全面改装され，再オープンした．再オープン後，佐賀市はエスプラッツの商業床の大部分を管理せざるをえなくなり，指定管理者制度を採用して運営しているが，毎年約1億円の赤字が続いている．同市は，毎年約1億円を指定管理者に支払っている[4]．

このエスプラッツの建設により，佐賀市の中心商店街，あるいは中心市街地は活性化したのであろうか．先述したように，白山名店街も歩行者がちらほら見られる程度であり，中心商店街としては崩壊に近い．中心市街地のすぐ近く

の郊外に巨艦のイオンショッピングタウンがつくられ，また多数のスーパーマーケットや量販店が展開している．佐賀市の中心市街地そのものは近代的で寂れた感じはないが，旧中心街である中心商店街はまるで面影がない．

(2) 津山市の「アルネ津山」

津山市は，1999年4月に第3セクターの再開発ビル「アルネ津山」（地上8階地下1階，延床面積7.1万 m²）を開業した．1階から3階は核店舗の天満屋百貨店を含む商業フロア，4階が市立図書館，5階から8階が音楽文化ホール・男女参画センター等となっており，地下と屋上が駐車場である．

アルネ津山の総事業費は約270億円であり，当時の同市の予算280億円に近く，岡山県北部においては大プロジェクトであった．津山市は，第3セクター「津山街づくり株式会社」に5.5億円（55％）を出資し，筆頭株主となった．代表取締役社長は津山市商工会議所会頭で，副社長が津山市助役，常務取締役が津山市OBであった．

アルネ津山は，初年度から目標の半分ほどしか売上げを実現できず，2001年11月には，津山市が15億円を津山街づくり会社に補助することが明らかになった．その後も，津山街づくり会社の経営が悪化し，2003年春にその支援をめぐって市議会が紛糾した．2004年11月に私的整理ガイドラインを申請し，2005年1月に再建計画が僅差で議会を通過した．その概要は以下のようなものであった．①津山市が津山街づくり会社から商業床の一部を23億円で買い取り，同社がその代金で金融機関に16億円を返済し，金融機関は同社に11億円の債権放棄を行う，②大口テナントの保有する27億円の内の6.6億円を返済し，残額は長期返済とする，③津山市は債務の株式化（DES）を行って津山街づくり会社の債務の削減を行う，④民間企業から人材を招いて魅力あるテナントにする．

再建計画の狙いは，約61億円の負債を約16億円に圧縮し，大口債権者を天満屋だけにし，利子，地代家賃等の経営圧迫要因を解消し，リニューアルによる営業収入の改善を図ることであった[5]．この再建計画によって，アルネ津山に多額の税金が投入された．その責任を問われ，2006年1月に中尾嘉伸市長はリコールされて失職した．現在，新市長のもとで，アルネの再建が行われて

いる.

　さて，アルネ津山によって，津山市の中心市街地の活性化は成功したのであろうか．アルネに近い中心商店街の一角をなす今津屋橋商店街は衰退が激しく，シャッター通りの典型のような光景が見られる．ソシオ一番街は，商店街の体裁を維持しているが，空き店舗が目につく．津山市駅前は崩壊に近い．中心商店街9地点の歩行者・自転車通行量（休日）は，1991年の約3.4万人から2008年には約1万人と3分の1以下に激減している．アルネによる中心市街地の活性化策は失敗であった．

　市側の説明では，赤字になったアルネ津山は3年計画で借入金を市が返済し，現在はテナント料で運営しているという．しかし，アルネ津山は，1階の食料品売場はある程度客が入っているものの，2階と3階のフロアは客の入りが少ない．アルネ津山は，市の図書館など公共施設フロアの賃料（すなわち税金）で維持されている面が大きいと思われる．

(3)　青森市の「アウガ青森」

　2001年，青森市は中心市街地活性化のために，中心街に第3セクターの再開発ビル「アウガ青森」をオープンさせた．アウガ青森は，まちづくり3法の改正の際に中心市街地活性化のモデルとされた．アウガは，地下1階から4階までが店舗，5・6階が「男女共同参画プラザ」，6階から9階が市立図書館となっている．これは，旧まちづくり3法のモデルともいうべきアルネ津山と酷似している．青森の特色は，ヨーロッパで研究されてきたコンパクトシティの考え方を採り入れ，中心市街地に都市機能を集中させることである．このような視点から，まちなか居住推進のため，中心街にマンションも建設された．

　アウガは，第3セクターの株式会社「青森駅前再開発ビル」（資本金7億5,000万円で，筆頭株主は青森市）が管理運営している．ところが，2008年5月に，アウガが経営危機に陥っており，公的資金が投入されることが判明した．そこで，2008年5月末，次のような再建計画が公表された．①青森駅前再開発ビルの筆頭株主である青森市が，同社の債務23億3,000万円を同市の地域振興基金を使って約8億5,000円で買い取る，②金融機関は14億8,000万円の債権を放棄する，③青森市は金融機関から買い取った債権を信託会社に預け

て信託財産化し，青森駅前再開発ビル社が23億3,000万円を年利0.4％で33年（建物の残余年数）かけて信託会社を通じて市に弁済する[6]．

ところが，同年11月になると，青森市は，信託会社への手数料（年間約1,000万円）が青森駅前再開発ビル社の経営圧迫要因であるとして，さらなる再建策を打ち出した．青森市は，投資信託会社との契約を解約し，一般会計から約8億5,000万円を貸し付けた．

こうした状況のもとで，翌2009年4月の市長選挙で，再開発をリードしてきた佐々木誠造市長が落選した．新市長は従来のアウガについて批判的であったが，アウガの再建を推し進めることにした．しかし，アウガの経営は改善せず，2009年12月に青森市は，新たに運転資金を2億円融資し，市の債権のうちの5億6,000万円分の「債務の株式化」を行い，債務返済を5年間猶予するという支援策を発表した．株式化された分は，資本金と資本準備金に分けられ，資本金が10億3,000万円となり，市の出資比率は36.7％から63.7％に激増し，市はますますアウガの経営に責任を負う立場となった．長期借入金は，まだ32億円弱残っている．いままでに，この1つの再開発ビルに170億円もの税金が使われている[7]．

また，毎年の税金の投入も無視できない．青森駅前再開発ビル社のホームページによれば，委託料（駐車場管理，多目的施設管理等）と指定管理料（男女共同参画プラザおよび青森市働く女性の家管理）の合計で，2007年度に1億4,188万円，2008年度に合計1億3,979万円が青森市から同社に対して支出されている．市立図書館の施設管理費はここには算入されておらず，これを考慮すれば，年間1億円を優に超える税金が投入されている．

アウガ青森の場合も，津山のアルネと同様の結果となった．アウガとアルネは，ビルの構造もよく似ている．アルガの計画時期はアルネが宣伝された時期と重なっており，新中活事業のモデルであるアウガではあるが，旧中活事業のアルネ津山の影響を受けていると思われる．また，再建処理方法でも，多額の税金の投入と債務の株式化などが行われており，類似性がある．

このような実態から，中活基本計画における自治体主導の再開発ビル型活性化策は，税金投入が多額になりやすく，問題が多いといわざるをえない．

5. 民間主導の先進事例

　中心市街地活性化について成功したところは少ないが，先進的事例もある．高松市の丸亀商店街の事例，長浜市の「黒壁」を活用した事例，長崎市の浜の町商店街の事例が注目される．これらの3つの事例を丸亀方式，黒壁方式，浜の町方式と呼ぶことにする．

(1) 丸亀方式

　高松市の丸亀町商店街は，丸亀町商店街振興組合が主体となって，古い商店を取り壊して近代的な店舗に造り替えてテナントミックスを行い，新型商店街に改造している．注目すべき手法は，古い建物を取り壊して再開発ビルを建造するにあたって，定期借地権を活用していることである．従来の再開発ビルは，中心街の高い土地を購入して再開発ビルを建設するために，多額の借入をしなければならず，破綻に追いやられるケースが少なくない．丸亀町商店街の手法では，①土地買収のための費用が不要となり，②土地の所有権と使用権が分離されるため，管理会社（まちづくり会社）が再開発ビルのテナントを自由に選択でき，テナントミックスや不採算テナントの入れ替えが容易となる．

　また，丸亀町商店街振興組合は，再開発ビルの建設にあたっては，比較的低層のビルとし，上層部分をマンションにして，中心街での定住者を増やして賑わいを回復することも狙っている．また，管理会社は，家賃・共益費の中から，借入金の返済，管理経費を差し引いた金額を，所有者（オーナー）に地代・家賃として分配し，オーナーへの地代・家賃支払額は1年ごとに見直す変動地代家賃制にしている．このことによって，オーナーがまちづくりやまちづくり会社に関心を持たざるをえない仕組みとなっている．

　さらに，注意すべき点は，中活事業等の公的補助を活用するため，再開発ビルの管理運営を行うまちづくり会社は第3セクターとしているが，自治体ではなく商店街振興組合が大株主となって，民間主導の株式会社としていることである．こうしてこそ，再開発ビルや新型商店街の管理運営のスピードと自由度が確保され，迅速な集中投資ができ，経営の健全化が担保できる．

地方都市は，少子高齢化のなかで，いかにして都市の経営を維持していくのかということが重要な課題になっている．他の大都市に本社を置く郊外型ショッピングモールには，このようなことは期待できない．郊外の固定資産税の低い地域に店舗を設け，法人税の多くを本店所在地に納入するからである．丸亀町商店街が目指す商店街再生計画の根底には，再開発のために支援を得た補助額を上回る納税を行い，市の経営を支えるという崇高な理念がある[8]．このような視点は，行政の側にも，まちづくり3法にも見られないものであり，丸亀町商店街の先進性を示すものである．

(2) 黒壁方式

　滋賀県長浜市は，モータリゼーションと市街地のスプロール化によって，中心商店街は歩行者が激減し，昭和50年代に衰退が激しくなった．しかし，1983年に長山城が博物館として復元され，翌年に長浜のまちを博物館のようにする「博物館都市構想」が策定され，個性ある美しいまちをつくる方向性が打ち出された．

　この博物館都市構想のもとに，次の3つのことが行われた．①市・商工会議所・商店街が一体となって，商業振興と中心商店街活性化の方向を示した．②青年会議所のOBが中心となった「21市民会議」が長浜駅前開発・長浜ドーム・大学誘致などのプロジェクトを提案し，その実現のための運動を行った．③「黒壁銀行」の保存運動と黒壁の事業展開によるまちづくりを始めた．これらの3つの流れが合流し，長浜のまちおこしとなった．

　「黒壁」は，曳山祭りを存続させ，中心商店街の活性化を目的とした株式会社である．黒壁方式は，民間主導の第3セクター株式会社「黒壁」によって，歴史的建造物（町家を含む）など歴史遺産を活用して，観光客を呼び込んで中心市街地の活性化を図る事業展開といえる．また，黒壁は，長浜のまちおこしの3つのコンセプト（歴史性，文化芸術性，国際性）に合致するものとして，長浜とは縁のなかったガラス産業を選ぶという発想の転換も特色となっている[9]．このような黒壁方式は，歴史的街並みが残っているまちにおいて，商店街の歩行者が少なく，商店街が積極的に商店街活性化に取り組んでいないような場合に，特に重要な役割を果たしうるものである．

黒壁は商店街に観光客を多数引き付けることによって，来街者を増加させ，商店街の賑わいを取り戻し，活性化することができた．しかし，これだけでは，観光客を長時間にわたって商店街に滞留させることは困難である．また，多くの市民は，駅前のスーパーや郊外のショッピングモール等において，日常の買い物をしており，市民との関係性が希薄化するという問題が指摘されている[10]．

（3）浜の町方式

長崎市の「浜の町商店街」または「浜んまち商店街」は，いつでも来街者で混雑している．人口50万人未満の地方都市において，これほど歩行者の多い商店街はめずらしい．

浜の町商店街がこれほど繁華である要因は次のようなものである．①浜の町商店街は，参入希望者が多く，各個店が店舗・品揃え・サービス等の近代化に努め，商店街振興組合も魅力ある商店街づくりに取り組んできたことである．②地の利がある．商店街周辺には，市役所，県庁，病院，図書館等の公共機関が多数集積しているほか，中華街，眼鏡橋・出島・龍馬関係等の史跡がある．また，長崎は坂の急なまちであり，高齢になると高台の高齢者が中心市街地に移転する傾向がある．観光客も多い．浜の町商店街は，市民や観光客のショッピング，飲食，憩いの場となっている．

浜の街商店街の最大の特徴は，伝統的に競争の厳しい檜舞台としての中心商店街において，各個店が店舗・品揃え・サービス等の近代化を絶えず追求するとともに，商店街が商店街振興組合としてまとまり，長崎一番の繁華街として高い評価を受け続けていることである．市民と観光客を顧客とし，伝統と競争を兼ね備えた実力派商店街である．地の利に恵まれ，常に前向きに改革を進めてきた浜の町商店街は，観光通りとともに，長崎の中心商店街，繁華街として常に地元の支持を得てきた．田栗奎作氏は，その著書『長崎浜の町繁昌記』のなかで，「浜の町の移り変わりの中に，長崎の人々の幼ない日々があり，青春の日々があり，そして，老いの日々がある」[11]と記している．浜の町方式は，ある程度来街者が多い商店街で，店舗やテナントミックス等において近代化を図れば，消費者の支持が得られそうな場合に，参考となる．

なお，以上の3つのタイプで共通していることは，商店街振興組合や商店街

振興組合連合会として，商店街がよくまとまり，十分にコミュニケーションがとれているということである．中心市街地の活性化の鍵を握るのは，振興組合や振興組合連合会のまとまりである．そして，民間主導で，それぞれのまちに適した活性化策とそれを実現できる体制をつくることができるかどうかが活性化策の成否を決める鍵といえよう．

6. おわりに

多様化した消費者のニーズをいつまでも商店街だけで満たすことはできない．商店街は大型ショッピングモールのような商品供給やサービスを実現することは容易ではなく，大型ショッピングモールに期待する消費者も少なくない．

筆者は，地方都市の中心商店街の衰退の主因は大型ショッピングモールの郊外展開にあると判断しているが，大型ショッピングモールの郊外展開を全面的に否定しているわけではない．中小地方都市では大型ショッピングモールの展開には規制を強化することが必要であり，巨大都市においてのみ大型ショッピングモールの自由展開を認めるのが妥当である．

また，中心商店街も，大型ショッピングモールと共存する戦略を考え，多数の消費者の支持を得られる店舗の近代化，商店街の近代化に努めることが必要である．また，商店街は，他力本願でなく，主体的に創意工夫を行い，時代の変化に対応するよう努力することが必要である．

行政面では，道州制の採用によって地方分権が推進され，まちづくりの権限と財源が地方政府に移譲されることが必要である．同時に，市町村の公務員の専門能力の向上が求められる．さらには，多数の市民がまちづくりに関心を持ち，参加することが必要である[12]．

本年3月の東日本大震災により，東北地方太平洋沿岸のまちの多くが壊滅的な被害を受けた．中心市街地がまちごと消えてしまったところもある．このようなまちの中心市街地の再建については，国の財政支援が必要であるが，国の考えではなく，地元の商業者や市民の意見をとり入れて，地元主体で行うべきである．

注

1) 各市の歩行者通行量，小売業年間販売額，空き店舗等に関するデータは，各市の中活基本計画およびそのフォローアップ報告の資料等による．
2) 和歌山地域経済研究機構（2010）参照．
3) 経済団体連合会（1998），同（1999）．
4) 佐賀市「まちづくり基点施設－エスプラッツ」等参照．
5) 津山市（2008），柴原（2007）57-62ページ等を参照．
6) 『朝日新聞』2008年5月30日，『陸奥新報』2008年5月21日等参照．
7) 『朝日新聞』2009年12月19日参照．
8) 高松丸亀町商店街振興組合「事業説明資料」，丸亀町商店街振興組合（古川康造理事長）におけるヒアリング．
9) 長浜市総務部市史編さん担当編（1993）参照．
10) 長浜市（2009）．
11) 田栗（1983）22ページ．浜の町商店街の歴史については同書を参照した．
12) より詳しくは衣川（2011）を参照されたい．

参考文献

衣川恵（2011）『地方都市中心市街地の再生』日本評論社．
経済団体連合会（1998）「流通分野における一層の規制緩和を要望する」．
経済団体連合会（1999）「大規模小売店舗立地法第4条の指針に関する答申案に対する要望」．
佐賀市（2009）「佐賀市中心市街地活性化基本計画」．
柴原多（2007）「アルネ・津山」事業再生実務家協会編『地域力の再生』金融財政事情研究会．
高松市（2007）「高松市中心市街地活性化基本計画」．
高松丸亀町商店街振興組合「事業説明資料」．
田栗奎作（1983）『長崎浜の町繁昌記』浜市商店連合会．
津山市（2008）「津山市中心市街地の現状と取組について」．
長浜市（2009）「長浜市中心市街地活性化基本計画」．
長浜市総務部市史編さん担当編（1993）『長浜物語』長浜市制50周年記念事業実行委員会．
和歌山市（2007）「中心市街地活性化基本計画」．
和歌山地域経済研究機構（2010）『和歌山市民・近隣地域住民の消費動向と和歌山市小売商業の課題』（平成21年版）．

第15章
地方分権と自治体財政

前 村 昌 健

【本章のキーワード】
　　地方分権，中央集権，自治体，財政，歳入，地方税，地方交付税，国庫支出金，地方債，目的別歳出，性質別歳出，沖縄振興計画，権限委譲，税財源移譲，一括交付金

1. はじめに

　中央集権システムのメリットは，統一性や公平性を重視し，全国的な水準の選択にかかわる場合にある．しかし権限や財源，あるいは情報を中央に過度に集中させることになり，地方の多様性を考慮した公共サービスの供給が困難となり，画一性や非効率性が露わになる．少子高齢化，情報化，国際化といった大きな潮流の中で，わが国は国民福祉の維持・向上を図るために地域住民のニーズに応じた公共サービス供給が不可欠となっている．また市場の失敗に対応し資源配分を調整すること，所得や富の再分配（公平性）への対応といった公共部門の本来の役割と共に効率性の視点も等閑にできない[1]．
　オーツ（W.E. Oates）の「分権化定理」は，公共財の地域間波及効果がなければ，中央集権は地域の厚生損失を発生させるため，効率性の観点から地方分権が優れていることを示している．また，ティボー（C.M. Tiebout）は，地域住民が地方政府の政策（税と支出の組合わせ）を選択して，政府間を移動できる（「足による投票」という）とすると，たとえ中央政府の介入がなくても各地域の地方歳出の規模（公共サービスの供給水準）と人口分布が最適になり，公共部門における資源配分の効率化が達成されることを示している[2]．地域住

民の公共サービス選好については，中央政府よりも地方政府が多くの情報を有しており，このような情報の不完全性の下では，中央政府による画一的な供給より地方政府による地域の多様性を考慮した供給のほうが一般的には望ましい．

地方分権を推進する意義は，自治体の歳入，歳出における自由裁量権を拡充し，自治体が地域のニーズに応じた公共サービスを供給できることにより，住民の満足（効用）を高めることにある．自治体は限られた資源で地域住民のニーズに応じた公共サービスを供給するため，これまで以上に自己責任とより高い行財政運営能力を求められるのであり，さらに，地域間の連携あるいは競争もますます高まることになろう．地方分権の推進により，地方に活力が生まれれば，わが国全体の活力を呼び起こすことに繋がる．

本稿では，地方分権を視野にいれ，自治体の歳入，歳出の動向をみて，今後の自治体の財政運営について考察する．

2. 地方分権の推移

わが国の地方自治制度の基本は，日本国憲法において地方自治の規定が設けられ，地方自治が保障されたことにある．戦後間もない1947年に地方自治法が制定され，続く1949年にはわが国の税制，国と地方の事務配分に大きな影響を及ぼしたシャウプ勧告が行われた．これらは，その後の地方制度調査会，臨時行政調査会，行政改革審議会における地方財政制度及び地方自治制度の改革につながっていったが，地方自治の理念を具現する制度の確立までには至らず，わが国は依然として中央集権的な行財政システムが維持されていくことになる．

1990年代はじめの地方分権に向けた動き，また2000年はじめの「三位一体改革」から現在の「地域主権改革」に至る一連の動きは，紆余曲折を伴っていたが，地方分権への大きな流れとなっている．特に国と地方の事務配分の見直しや税源移譲といったこれまでには議論さえ不可能と思われたことが具体的な改革の俎上に取り上げられたことから，歴史的な転換点を迎えているといえる[3]．地方分権の推進において具体的な取り組みが進んだのは，1993年の衆参両院における地方分権推進の決議を契機としている．その後1995年には，「地

方分権推進法」が成立し，地方分権推進委員会が，地方税財源充実の基本的な視点，国庫補助負担金，地方交付税等の改革，分権型社会にふさわしい地方財政秩序の再構築といった内容を含め，5次にわたる勧告を行った．さらに，1999年には「地方分権一括法」が成立し，中央集権的なしくみの象徴でもあった機関委任事務が廃止され，国と地方は上下の関係から対等な関係へ移行することとなり大きな前進があった．

　2001年以降は，毎年6月に閣議で「今後の経済財政運営及び経済社会の構造改革に関する基本方針（いわゆる骨太の方針）」が決定され，ここで地方財政改革の方向が示されることになる．骨太の方針においては当初，地方の自律性の向上，国や自治体が国民や住民に保障すべき行政サービス水準の見直し，行政サービス供給における効率性といったものが主要な改革の方向とされるはずであったが，国の財政健全化と合わせて地方の歳出水準とその内容の見直しも行うべきであるとして，次第に財政健全化をどう進めるかに主眼が移っていった．2002年6月の「骨太の方針2002」において「三位一体改革」という表現がはじめて用いられ，国庫補助負担金，地方交付税，税源移譲を含む税源配分のあり方を検討し，それらの望ましい姿とそこに至る具体的な改革工程が示された．この「三位一体改革」の推進により，2004-06年度予算において，約4兆7千億円の国庫補助負担金の削減，約5兆1千億円の地方交付税及び臨時財政対策債の抑制，約3兆円の所得税から住民税への税源移譲が実現し，これまでには不可能と思われた内容について具体的に取り組み，その意味では重要な改革であった．しかしながら，「三位一体改革」では，義務づけや関与の見直しは進まず，金額や国庫補助負担率の変更といった単なる数字合わせに終わったとの批判も上がった[4]．

　このような中，地方6団体は，2006年1月に「新地方分権構想検討委員会」を設置し，今後の分権社会のビジョンを提言することにより，わが国における地方分権改革推進論議を促し，国民の幅広い理解を得ることを目指して「分権型社会ビジョン（7つの提言）」の中間報告を行った．そこでは，国税と地方税5対5の配分，地方共有税の創設，国庫補助負担金の総件数を半減し一般財源化することなどを含めて包括的な提言が行われた．また，内閣総理大臣の諮問機関である地方制度調査会は，2006年2月に新しい政府像として国は国家

的課題に役割を重点化し，地方団体（道州と市町村）は内政を担うという道州制の提言をとりまとめた．さらに，総務大臣の諮問機関である「地方分権21世紀ビジョン懇談会」は，三位一体改革後の将来の地方分権の具体的な姿を描き，それを実現する抜本的な改革を論議するために，新地方分権一括法の提出，地方債の完全自由化，再生型破綻法制の整備，税源配分の見直し，人口と面積を基本として算定する新型交付税の導入，道州制といった多岐にわたる提言を行った．これらの議論は，三位一体改革後にどのように地方財政改革を進めていくかを包括的に取り上げたものであったが，税源移譲や国庫補助負担金削減といった具体的事項については持ち越されることになった．

　2006年12月にはさらなる地方分権改革を進める観点から，「地方分権改革推進法」が成立した．これは，3年間の時限立法で地方分権改革の推進に関する基本方針を規定するほか，地方分権改革推進委員会の設置や地方分権推進計画の策定などが定められている．これに基づいて地方分権改革推進委員会が設置され，2008年5月に国と地方の役割分担の基本的な考え方，重点行政分野の抜本的見直し，基礎自治体への権限移譲と自由度の拡大について第1次の勧告を行い，また同年12月には，義務付け・枠付けの見直しと条例制定権の拡大，国の出先機関の見直しと地方政府の拡大について第2次の勧告を行った．2009年10月には義務付け・枠付けの見直しと条例制定権の拡大，地方自治関係法制の見直し，国と地方の協議の場の法制化について第3次勧告を行い，さらに同年11月には，当面の課題として地方交付税総額の確保及び法定率の引き上げ，地方自治体への事務・権限の委譲と必要な財源の確保，国庫補助負担金の一括交付金化に関しての留意点，及び中長期の課題として，地方税制，国庫補助負担金，地方交付税，地方債，財政規律の確保について第4次の勧告を行った．

　また，2009年11月には，首相を議長とする「地域主権戦略会議」が設置され，同年12月には「地方分権推進計画」を策定した．計画では，国と地方自治体の関係を，国が地方に優越する上下の関係から，対等の立場で対話のできる新たなパートナーシップの関係へと根本的に転換し，地域のことは地域に住む住民が責任を持って決めることのできる活気に満ちた地域社会をつくっていかなければならないとし，地域主権改革の第1弾として，義務付け・枠付けの

見直しと条例制定権の拡大,国と地方の協議の場の法制化,今後の地域主権改革の推進体制について取り上げられた[5].

さらに,2010年6月に政府は「地域主権戦略大綱」を策定した[6].大綱では,「地域主権改革」とは,日本国憲法の理念の下で,住民に身近な行政は,地方公共団体が自主的かつ総合的に広く担うようにし,地域住民が自らの判断と責任において地域の諸課題に取り組むことができるようにするための改革であると定義している.地域主権は,中央集権体質から脱却し,国と地方公共団体の関係を,対等の立場で対話のできる新たなパートナーシップの関係へと根本的に転換し,国民が,地域の住民として,自ら暮らす地域の在り方について考え,主体的に行動し,その行動と選択に責任を負う住民主体の発想に基づいて改革を推進していくとされている.

3. 地方分権と自治体の歳入

地方分権を推進する意義は,自治体の歳入,歳出における自由裁量権を拡充し,自治体が地域のニーズに応じた公共サービスを供給し,住民の満足(効用)を高めることにある.今後,地方税,国庫支出金,地方交付税,地方債といった主要な歳入の見直しを行うとともに,税源移譲をよりいっそう進めることにより自治体の自主財源及び一般財源の水準を高め,行財政運営の遂行が可能となるように歳入が確保されなければならない[7].ここでは,自治体の主要な歳入についてみていく.

(1) 地方税

地方税は社会資本,教育,福祉といった自治体が供給する基本的な公共サービスの財源を調達するために,行政区域内の住民や企業から強制的に徴収するものであり,自治体が自主的に収入,支出できる財源として歳入の中心となるべきものである.

図15-1によると地方税は1989年度の42.6%からその後低下し,1992年度以降は30%半ばで推移し,2005年度から30%後半へと増加している.90年代に構成比が低下したのは,景気の低迷による法人関係税の低下と個人住民税,

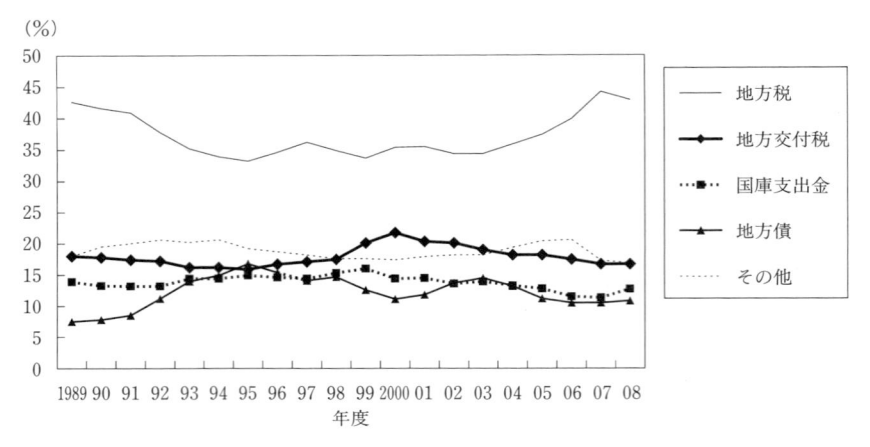

図 15-1　地方歳入純計決算構成比の推移

資料：地方財政白書より作成．

法人事業税の恒久的な減税によるものであり，2003年度以降の構成比の増加は景気のゆるやかな回復に伴う地方税収の回復と，三位一体改革に伴う所得税から住民税への税源移譲をはじめとした地方税制度の改正によるものである．今後，地方への事務配分に応じた税源移譲により地方税を拡充することが極めて重要である．税源移譲がよりいっそう進むのであれば，これまでのような租税収入の3割自治という状況から地方税の構成比は高まっていくと考えられる．しかし，国，地方の財政赤字，国と地方の垂直的財源配分の水準をどうするかといった問題もあり，税源移譲は容易ではない．

　2000年に施行された「地方分権一括法」に伴う地方税法の改正により，自治体の課税自主権がこれまでより拡充され，法定外普通税の許可制は同意を必要とする協議制となり，新たに法定外目的税が創設され，また，超過課税を独自に定めることが可能となった．さらに，2004年度から法人事業税への外形標準課税が導入され，制限税率が1.1倍から1.2倍に引き上げられた．このほか，住民税個人分の制限税率及び固定資産税の制限税率も廃止され，2007年度には三位一体改革の推進に伴い所得税から個人住民税へ3兆円規模の税源移譲が個人住民税所得割の税率10％フラット化により実現している．

　地方税の拡充には，普遍性，安定性，応益性の観点から基幹税である道府県

民税，市町村民税の拡充，法人事業税，固定資産税，地方消費税による拡充が想定されるが，税源移譲による都市と農村の税収格差の拡大が危惧されることもあり，最も偏在性の低い一般消費税の移譲による地方消費税の拡充が有力であると考えられる[8]．

　今後は，税源移譲をより一層進めるとともに，自治体は比較優位にある産業の発展をさらに促し，比較劣位にある産業を活性化するなど地域振興を推進することにより税源を涵養し，地方税収入を高めていかねばならない．地方分権の本来の姿を考えると，自治体が地域のニーズに応えるため，標準以上の公共サービスを供給するのであれば，法定外税や超過課税といった独自課税により対応し，受益と負担との対応関係を考慮することが望ましい．

(2) 地方交付税交付金

　地方交付税は，財源保障機能および財政調整機能を有し，全国的見地から一定水準の公共サービスを国民に保障するというナショナル・ミニマムの確保と地域間の財政力格差の是正に大きな役割を果たしてきた．しかしながら，70年代以降，地方交付税が福祉国家の建設，地域振興，景気対策といった国の経済安定化政策の手段の1つとして用いられるようになり，基準財政需要額の大幅な膨張や地方交付税財源の恒常的不足といった課題が鮮明となった．

　図15-1によると，地方交付税の構成比は，90年代半ばまで低下し，それ以降増加に転じ，2000年度の21.7％をピークに再び低下傾向を見せている．90年代半ば以降の増加は，景気の低迷や減税に伴う地方税収入の低下を地方交付税の増額で補ったためであり，また2000年度以降の低下は，地方財政対策にあたり，交付税特別会計からの借入方式に代えて臨時財政対策債を発行し，基準財政需要額の一部を振替えたこと，2004年度以降の三位一体改革に伴う地方交付税の縮減が影響している．

　三位一体改革（2004-06年度）においては，約5.1兆円もの地方交付税及び臨時財政対策債の総額の大幅な抑制を行ったほか，段階補正の縮小，算定の簡素化，行財政改革インセンティブ算定の創設・拡充，税源移譲分を基準財政収入額へ100％算入することによる財政力格差拡大への対応，不交付団体の増加といったことが成果として上げられている．しかしながら，2004年度の地方

交付税の大幅な縮減は，年度も押し迫って決定され，都道府県，市町村の予算編成に大きな混乱をもたらすことになった．本来は，国庫補助負担金の縮減，地方交付税の改革，税源移譲の3つを一体として改革するべきであったが，実際には，国庫補助負担金と地方交付税の縮減を先に行い，税源移譲については，所得譲与税による若干の移譲を行うというように本題が後回しとなり，地方を不安に陥れた．このような中で，2007年度から，人口や面積を配分基準の中心とする新型交付税が導入されることとなったが，算定の簡素化など技術的な修正にとどまるものであった．2008年度には，地方法人事業税の一部を国税化し，東京都などからの法人税収入の一部を他の道府県に配分する地方法人特別譲与税が創設され，2009年度，2010年度には，景気の冷え込みに対応するため，臨時交付金を配分するなど地方交付税が拡充されている．

三位一体改革の流れにそって地方交付税の財源保障，財政調整を見直し，縮減する方向で進むと，長期的には地方交付税の歳入に占める構成比は低下していくと考えられる．地方交付税の改革においては，国が担うべき財源保障の水準を明確にする必要があり，また多様な地方公共団体の財政調整をどの水準まで行うのかといった根本的な問題に取り組まねばならない．「農山漁村」，「基礎的条件の厳しい集落」のような財政力の極めて弱い自治体には依然として財源保障，財政調整が不可欠であり，効率性のみばかりでなく公平性の視点も考慮しなければならない．三位一体改革において縮減という形で着手された地方交付税改革は十分とはいえず，継続的な改革が必要である．

(3) 国庫支出金

国庫支出金は使途が限定された特定財源であり，補助対象事業の選定や補助率の決定を通じて国の地方に対する誘導，統制を可能としており，外部性による資源配分の非効率性を是正する上で有効である．

しかしながら，国の政策誘導を伴う国庫支出金については，様々な問題がある．今日その役割を果たし終えたものもあり，また，国の地方に対する過度のコントロールにより自治体の主体的，総合的な行財政運営を阻害すること，さらに国と自治体の行政責任が不明確になりやすいこと，あるいは，超過負担，縦割り行政の弊害，補助金まちといった問題が指摘されている．

図15-1によると，国庫支出金は90年代前半に13〜14％台で推移し，90年代半ば以降から増加し，1999年度には16％に増加している．これは景気回復に向けた公共事業の拡大によるものである．しかしながら，2002年度に13％台になり，それ以降は徐々に低下してきている．公共事業の見直しや2004年度からの三位一体改革により国庫補助負担金の縮減や義務教育国庫負担金の一般財源化等が関係している．

三位一体改革においては，地方向け国庫補助負担金が，全体で約4兆7千億円の廃止・縮減が行われた．地方向けの国庫補助負担金総額は2006年度においても約19兆円の規模であり，三位一体改革では約4分の1の廃止・縮減が行われたにすぎず，さらなる国庫補助負担金の見直しと縮減を進めていく必要がある．また，国庫補助負担金の金額自体は縮減されたものの，義務付け・枠付けの見直しが行われず，依然として国による地方のコントロールはなくなっていない．これに対して地方分権改革推進委員会は，2008年12月の第2次勧告において，義務付け，枠付けを見直し，国の地方への関与を縮減すべきという勧告を行い，2009年11月の第4次勧告においては，国庫補助負担金の一括交付金化に関しての留意点を指摘している．

今後の国庫支出金改革は，負担金の対象となっている事務事業の責任の所在を国と地方で明確にし，それに応じて国と地方で負担配分することが必要である．また，事務事業の中で地方に同化，定着，一体化しているものについては地方へ税源を付与し，地方に事務事業を任せるべきである．現在，国庫支出金について地方の裁量を拡充して使える「一括交付金」が提案され，2011年度予算に反映させる方針が示されているが，一括交付金の制度設計をはじめとして課題が少なくない．

（4）地方債

バブル経済崩壊以降，景気の低迷による事業税収入を中心とした地方税収入の落ち込みにより，自治体の財政状況は厳しい状況に陥った．国は自治体の財源不足への対策，あるいは景気浮揚のために自治体が積極的に公共投資を拡大できるように，財源対策補塡債，臨時財政特例債，地域経済対策事業債といった地方債発行の拡大により対応してきたのであり，また元利償還費を地方交付

税交付金の基準財政需要額に含めるといった政策誘導的な地方債が増加している．

図15-1をみると，地方債の構成比は，1989年度には7.5％であったものが，1995年度には16.8％へと大幅に増加しており，それ以降も増減をみせている．これは，景気対応策として臨時財政対策債が発行されるなど，地方債が景気対応的に用いられてきたことによる．

三位一体改革では地方債の見直しは取り上げられなかったが，その改革の動向も地方分権の動向に大きな影響を及ぼす．2006年度には，地方債の許可制から事前協議制へ移行することとなった．また，総務大臣の同意・許可の質的基準である同意等基準及び量的基準である地方債計画が法定化され，公表が義務付けられるようになり，都道府県・指定都市は国と，市町村・特別区等は都道府県と原則として協議を行うこととなった．自治体が，地方債を発行しようとする場合は，総務大臣又は都道府県知事と協議しなければならないが，その同意がない場合でも，地方議会への報告の上，地方債発行が可能となる．事前協議制度は，自治体の責任の下で自由に地方債を発行できるしくみ（起債の自由化ともいわれる）である[9]．

協議制への移行，起債の自由化といった近年の地方債改革により，市場の規律が機能し，また自治体の財政規律を高める効果が期待されている．しかしながら借り手である自治体の返済能力や負債について十分な情報公開が行われる必要があること，また都道府県や政令指定都市以外の財政力の弱い自治体についてどのように地方債を発行し財源調達を進めていくのかといった課題も少なくない．

今後，地方分権が進展した場合，地方債は自治体が自己責任をもって財源調達を行い，地方税とともに自主財源となるべき重要な収入となる．また，自治体のおかれた環境により地方債による財源調達も増減するのであり，歳入に対する構成比も変化するものと考えられる．

4. 地方分権と自治体の歳出

(1) 目的別歳出

目的別歳出は，経費をその行政目的別によって分類するもので，自治体の政策・施策の重点を知るのに有用である．ただし，目的別分類に基づく経費支出は，個々の自治体のおかれた自然的，社会的，経済的条件を反映した政策・施策によって異なっており，また行政の内容には法令等によって細かく規定されている面もあることから，単に目的別歳出の歳出額や割合の比較のみで個々の自治体の行政運営や効率性を判断するのは留意する必要がある．

図15-2をみると，最も大きな構成比であった土木費は，1989年度の22.6%から，2006年度には15.5%へと7.1%ポイントの低下である．これは，90年代から2000年はじめにかけて，98年度の景気対策による公共事業の拡充を除いて，全国的に公共事業の縮小が進み，土木費の構成比が低下したことによる．また，少子高齢化に伴う人口減少により長期的には社会資本への需要が低下し，

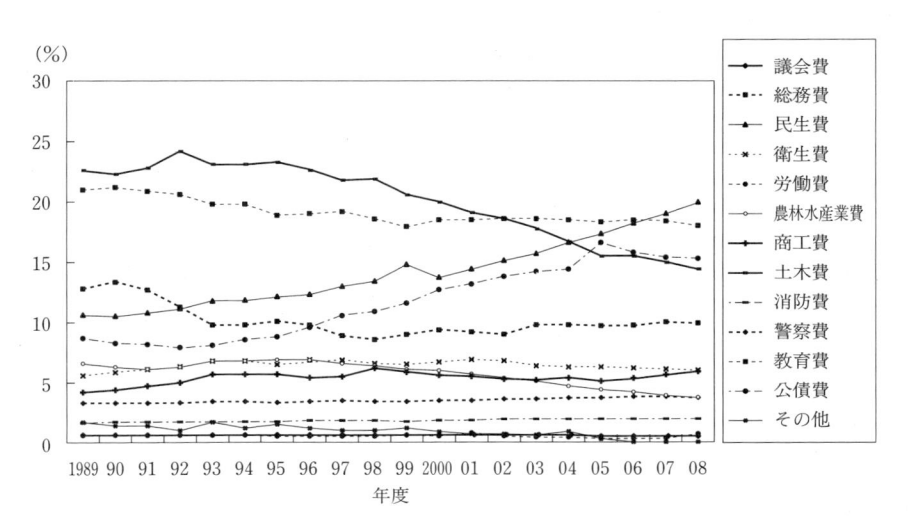

資料：地方財政白書より作成．
注：公債費の構成比について，2005年度，2006年度の数値は「その他」の割合を含んでいる．

図 15-2　目的別歳出純計決算構成比の推移

歳出における土木費の割合は低下していく．教育費は，この期間に漸減傾向を示しているが，土木費の低下に伴い 2006 年度には 18.5% と最も高くなっている．教育費の構成比が高いのは小中学校及び高等学校の教職員給与費が関係している．とりわけ目につくのが，この期間における民生費の構成比の増加である．1989 年度には 10.6% であったものが，2006 年度には 18.2% と 7.6% ポイント増加している．2000 年度は介護保険制度の導入により老人保護費の一部が普通会計を通さずに支出されることになり減少したが，翌年度以降は再び増加しており，今後，少子高齢化に伴う民生費の増加にどのように対応するかが自治体の財政運営の大きな課題となる．また，公債費についても民生費と同様にこの期間に大きく増加してきた．1989 年度に 8.7% であったものが 2004 年度には 14.4% と 5.7% ポイントの増加である．特に，90 年代に国の景気対策と同調して地方債による財源調達を拡大したことによって，その元利償還にあてる公債費支出が重荷となっている．自治体の財政改革の大きな柱の 1 つは地方債の縮減であり，起債にあたっては，将来の租税の先取りであるとの認識を強くもたなければならない．この他，管理的な経費である総務費，基本的な公共サービスである警察費，消防費，衛生費，また政策的な経費である農林水産業費，商工費は漸減か横ばいで推移している．

地方分権の推進により，今後さらに税源移譲が図られ，たとえ自治体の自主財源，一般財源の拡充があったとしても，目的別歳出の動向からみると，民生費や公債費といった義務的な経費の増加により，教育，警察，消防，衛生といった基本的な公共サービスを供給し，さらに農林水産業費，商工費といった産業振興に係わる政策的な支出に向けることは容易ではない．自治体は，歳入・歳出の見直しを含め財政構造改革を強力に進め，財政の健全性，弾力性を高めることにより，独自の政策を展開できる財政力，行政運営能力を養わねばならない．

(2) 性質別歳出

性質別歳出は，経費を経済的性質によって分類するものであり，財務管理の立場から財政運営の健全性や財政構造の弾力性を見る際に有意義である．

図 15-3 によると，投資的経費に含まれる普通建設事業費の構成比の低下が

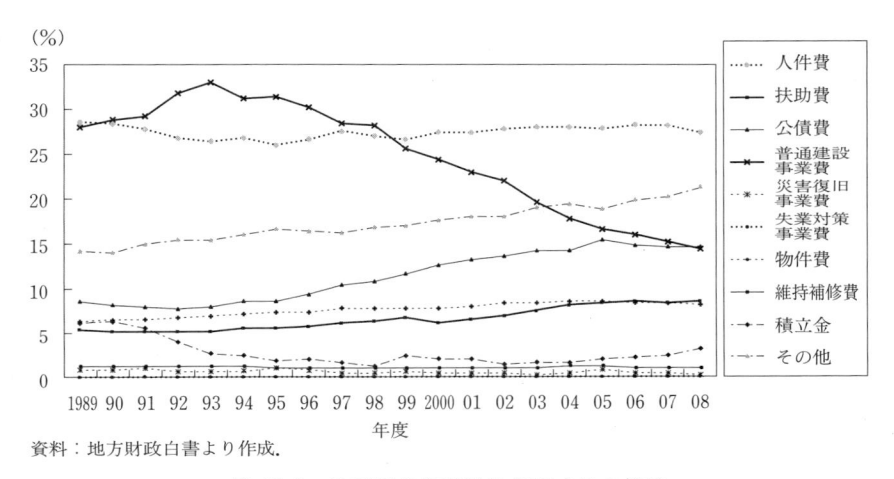

図15-3 性質別歳出純計決算構成比の推移

目立っている．これは公共事業の縮小により国が補助金を通じて実施する補助事業，あるいは自治体が単独で実施する単独事業が低下していることが関係している．逆に義務的経費に含まれる人件費，扶助費，公債費の構成比が徐々に高まってきている．人件費については，行政改革に伴う給与の適正化，定員削減等による職員給の減少などにより，その伸びが抑制されてきているが，地方債の元利償還費である公債費，また児童手当，生活保護，老人福祉に関連する扶助費は増加する傾向にある．目的別歳出の項でも述べたが，今後，義務的経費の増加が自治体の財政構造をますます硬直化させ，独自の政策展開を困難にするのであり，自治体の財政構造改革，財政健全化へ向けた取り組みが極めて重要となる．

5. 地方分権の推進と自治体の財政運営

戦後の高い経済成長と租税収入を前提に，わが国の中央集権的な公共部門のしくみは維持されてきた．経済が低成長に入り租税収入の増加が見込めない中で，これまでの歳出構造を抜本的に変えることができず，公共部門の財政赤字は膨大なものとなっている．少子高齢化，情報化，国際化といった大きな変化

の中で，国民福祉の維持・向上を図るためには地域住民のニーズに応じた公共サービス供給が不可欠になっており，これが公共部門における効率化を促すのである．その意味で地方分権をよりいっそう推進しなければならない．ただし，所得や富の再分配（公平性）といった公共部門の本来の役割を等閑にしてはならない．

　1990年代はじめの地方分権に向けた動き，また2000年はじめの「三位一体改革」から現在の「地域主権改革」に至る一連の動きは，紆余曲折を伴っていたが，地方分権への大きな流れとなっている．地方分権の推進は，国と地方，また地方間の激しい対立を伴っており，決して平坦ではない．地方分権を推進するためには，今後さらに国から地方への事務配分（権限委譲）と税財源配分（税源移譲）を進めねばならないが，自らの権限を縮小しなければならない官僚機構の抵抗，あるいは地方への不信も根底にあって，具体的な動きは遅々としている．さらに国，地方とも巨額の財政赤字を抱え，財政構造を改革しなければならないという大きな課題もある．2010年には，「地域主権大綱」を定めているが，地方分権の推進は足踏み状態にある．様々な課題を抱えているが，一歩一歩改革を進めていく必要がある．

　地方分権の推進により，今後さらに税源移譲が図られ，たとえ自治体の自主財源，一般財源の拡充があったとしても，民生費や公債費といった義務的な経費の増加により，教育，警察，消防，衛生といった基本的な公共サービスを供給し，さらに農林水産業費，商工費といった産業振興に係わる政策的な支出に向けることは容易ではなくなる．自治体は，歳入・歳出の見直しを含め財政構造改革を強力に進め，財政の健全性，弾力性を高めることにより，独自の政策を展開できる財政力，行政運営能力を養わねばならない．今後，公共サービス供給における自治体間の連携や地域間の競争も高まり，さらに，道州制といった議論も深まるであろう．個々の自治体は地方分権の推進が，地域住民のニーズに応じた公共サービスの供給を可能とし，また，公共部門全体としての効率化につながることを認識し，危機意識をもって行財政運営に取り組まねばならない．

　ここで地方分権の視点も踏まえながら，沖縄県の財政についてふれておこう．1945年に終戦を迎え，米国の占領下にある沖縄県は米国民政府が統治するこ

ととなった．終戦後の 1954 年には琉球政府が設立されたが，琉球政府は，国と地方の 2 つの機能を有する組織であった．財政のしくみは本土の行財政のしくみを取り入れたものであり，米国政府，日本政府からの財政援助は歳出の約 3 割程度であり，終戦後の旺盛な財政需要を賄うことはできず，公共サービスの給付水準は著しく低いものであった[10]．1972 年に本土復帰を迎え，行財政は琉球政府から沖縄県に移管し，わが国の財政制度に組み込まれることとなる．しかしながら戦後 27 年を迎えたとはいえ，依然として社会資本の整備状況，県民所得など本土との格差が大きく，また沖縄県の生活基盤，産業基盤を整備する必要性が極めて高かった．このような状況から，本土との格差是正，自立的発展の基盤整備を目的として『沖縄振興開発計画』が策定され，現在に至っている．

　沖縄県の財政規模は 1972 年の本土復帰以降，第 1 次沖縄振興計画（1972-81 年）期間中に全国の水準を上回って推移した．沖縄振興特別措置法に基づき，社会資本整備を中心に国庫支出金の高率補助による財政資金の投下が行われ，道路，空港，港湾，学校施設などの社会資本が重点的に整備されていった．しかしながら，第 2 次沖縄振興計画（1982-91 年）以降は，全国とほぼ同様な推移であった．

　沖縄県の財政構造をみると，他力本願の財政構造といっても過言ではない．歳入（2009 年度）のうち，県民や企業からの税収入が約 14% であり，全国（約 43%）や九州（約 23%）と比較して税収入など自主財源の割合が極めて低い．地方交付税，国庫支出金の依存財源の割合が極めて高い．地方債については，沖縄振興開発計画に基づく国庫支出金の傾斜配分もあって，類似県と比較するとその割合は低いが，近年増加傾向にあり，財政硬直化の要因になりつつある．また，歳出については，全体として人件費，普通建設事業費（補助事業）の割合が高い．歳出（2009 年度）の内訳を構成比の高い順にみると，教育費（約 25%．義務教育，高等学校の運営など），民生費（約 15%．老人福祉，生活保護等の福祉関係の支出），公債費（約 12%．県債など借金の返済の費用），土木費（約 8%．道路など社会資本整備），農林水産業費（約 8%．農林水産業の振興など），警察費（約 5%．警察の運営にかかる費用）となっている．民生費，公債費といった必ず支出しなければいけない義務的な経費の割合

が高く，土木費，産業振興にかける支出の割合は小さく，財政の弾力性が低い．また，沖縄県による財政収支の見通しによると，2011年度から130億円の支出超過となり，2020年度には約583億円の支出超過となっている．現在は収入の不足分を財政調整基金（過去に積み立てた貯金）の取り崩しにより予算を組んでいるが，いずれ基金は底をつき，収支はますます厳しい状況になる．沖縄県は，類似団体IIIグループ（沖縄県，青森県，岩手県，山形県，和歌山県，徳島県，佐賀県，熊本県，大分県，宮崎県，鹿児島県）に属しているが，こうした財政構造は概ね類似団体にもあてはまることである．

　沖縄県の財政の課題は，財政依存型地域経済からの脱却である．民間部門の低活動水準→貧困な税源→歳入の他力本願→地域経済の高い財政依存という，復帰以降の根本的な構造から脱却しなければならない．移（輸）出型産業の育成や沖縄県内における自給率を高め，財政乗数を高める必要がある．産業振興により，企業，県民からの税収入の割合を高める努力を継続し，自前の自主財源の割合を高めることが，財政の自立度を高める．

　先述したように，1972年の本土復帰に際し，格差是正と自立的発展の基盤整備を目的として，「沖縄振興開発計画」は策定された．10年ごとに計画の見直しが行われ，現在は，「沖縄振興計画」（2002-11年）[11]が推進されている．これまでの4次40年にわたる計画の推進によって，生活基盤，産業基盤といった社会資本整備が進み，また観光産業の発展にも結びついている．しかしながら，県民所得や雇用，離島振興，米軍基地の跡地利用といった固有の課題も残っている．現計画が残り1年余りで期限を迎えることから，現在は，20年後の沖縄の発展の姿をみすえた「沖縄21世紀プラン」を独自で策定し，また現計画のフォローアップを行うことにより，新計画の策定を進めている段階である．

　一方，地方分権，地域主権の動きもあり，新計画の策定においては，より沖縄の実情にあった施策が展開できるように，振興開発計画の基本法であるこれまでの「沖縄振興開発特別措置法」に代わる新たな法律の制定と，従来の国庫支出金に代わる「沖縄振興一括交付金（仮称）」の創設による自由度の高い財源措置がなされるよう国に要請している．新たな法律の制定においては，沖縄振興のグランドデザインである「沖縄21世紀ビジョン」計画の支援，国との

協議の場の設置，1国2制度の地域振興，離島定住支援，交通・物流コストの低減，沖縄振興開発金融公庫の存続等を枠組みとしている．また，「沖縄振興一括交付金（仮称）」については，国が取り上げている「一括交付金」を想定し，一括交付金の先行事例として沖縄振興に係る補助金の一括交付金化を想定している．地方分権，地域主権の流れの中で，環境変化に対応できるような新たなフレームが求められており，その意味で権限の基となる新たな法律の制定，施策を実施できるこれまでの補助金より自由度の高い交付金が必要となっている．これは，沖縄県のみならず，他の都道府県，市町村にもあてはまることである．

　地方分権は，将来にわたっての国民や住民へより良い公共サービスを提供し，国民や住民の生活を維持向上させ，厚生を高めることが真の目的であり，国民や住民のための改革でなければならない．そのためには，大きな困難が伴うが権限委譲，財源移譲をよりいっそう進めなければならない．

注
1) 　地方分権は，公共部門に市場機構の長所を取り入れ，公共財の供給について社会的限界費用（租税）＝社会的限界効用（公共財の便益）を実現し，資源配分の効率性を確保することが重要である．ただし，公共部門に市場機構の長所を取り入れるとはいっても，価格メカニズムによる資源配分の最適性は一定の諸条件がそろう場合に実現されるのであり，所得や富の分配（公平性）における最適性は含まれない．
2) 　ティボーの足による投票仮説は，住民が自治体の税と支出の組み合わせについて完全情報を有しており，自治体間の移動コストを考慮しないことや公共財のスピルオーバーが生じないといった現実にはそぐわない仮定を設けているが，地方分権システムを考察する上で重要である．
3) 　小西（2007）は，1990年代からの分権改革の動きは，従来からあった戦後的自治の理念実現という原動力だけではなく，「都市と農村」のバランスが変化し，これまでの格差是正を行き過ぎと考える時代的雰囲気があり，地方分権改革には「分権の理念を実現するという正義」と「都市が農村に過度に遠慮すべきではない」という認識が渾然一体となっていると指摘している．
4) 　三位一体改革の詳細については，神野編（2006），日本地方財政学会編（2006）を参照．
5) 　「地方分権改革推進計画」は2009年12月15日閣議決定されている．計画の内容については総務省ホームページで閲覧できる．
6) 　「地域主権改革大綱」は2010年6月22日に閣議決定されている．大綱の内容については総務省ホームページで閲覧できる．

7) これらの主要な歳入以外に負担金・分担金，使用料，手数料，財産収入，寄付金といったその他の歳入がある．負担金・分担金は，地方公共団体が行う事業により特に利益を受ける者から徴収するものであり，また，使用料，手数料は，地方公共団体の施設の利用者，各種証明書の発行等のサービスに対して徴収するものである．負担金・分担金，使用料，手数料は受益者負担の要素があり，受益との関係から適切な負担水準の設定が求められる．また，自治体の有する資産の有効利用や売却による財産収入，あるいは寄付金も歳入確保の1つの重要な手段となる．
8) 地方消費税は，人口1人当たり税収額で都道府県別に見ると，最大と最小の比率は1.9倍で，固定資産税の2.3倍，個人住民税の3.3倍，法人2税の6.1倍を下回り，もっとも偏在性が小さい．また，税源移譲を進める際に，税収格差や偏在性をおさえる方法として，偏在性の高い事業税や法人住民税を国税へ返還し，国税のうち偏在性の低い消費税などを地方に移譲するという税交換という考え方もある．
9) 起債の自由化が進められるといっても赤字額や公債費等の比率が一定以上の自治体や不良債権額が一定以上の赤字営企業等が地方債を発行しようとする場合は，総務大臣の許可を得なければならない．2006年度から起債制限比率を修正した「実質公債費比率」が公債費等の比率を図る指標として新たに導入され，これが18%以上である自治体は，許可団体へ移行する．また，25%以上35%未満の団体は一般単独事業の起債制限，35%以上の団体は補助事業の起債制限を受けることになる．ただし，協議制移行後当分の間は，激変緩和措置として，起債制限比率を用いた制限が行われることになっている．
10) 沖縄県の復帰以前の米国統治下における琉球政府をはじめとする公共部門の分析については，池宮城（2009）に詳しい．
11) 「第1次沖縄振興開発計画（1972-81）」から「第3次沖縄振興開発計画（1992-2001）」までは「振興開発計画」となっているが，格差是正，自立的発展基盤の整備が進み，また従来型の開発とは主旨が異なることから「開発」の名称が削除され「振興計画」という名称に変わっている．

参考文献

池宮城秀正編（2000）『地域の発展と財政』八千代出版．
池宮城秀正（2009）『琉球列島における公共部門の経済活動』同文舘．
貝塚啓明・財務省財務総合政策研究所編（2008）『分権化時代の地方財政』中央経済社．
小西砂千夫（2007）『地方財政改革の政治経済学』有斐閣．
神野直彦編（2006）『三位一体改革と地方税財政－到着点と今後の課題』学陽書房．
神野直彦（2010）『「分かち合い」の経済学』岩波新書．
西尾勝（2007）『地方分権改革』東京大学出版会．
日本地方財政学会編（2006）『三位一体の改革－理念と現実－』勁草書房．
日本地方自治研究学会編（1998）『地方自治の先端理論』勁草書房．

第16章
北海道における地域経済と行財政の課題

岩崎　徹

【本章のキーワード】
　　北海道経済，地域間格差，構造改革

1．はじめに

　21世紀になってからの日本では，「格差」が社会問題となっている．所得・資産格差，地域間格差，そしてそれに伴うさまざまな社会格差（医療・福祉，教育等々）である．
　所得格差は，従来からの産業間，職業・職能間，地域間，性別の格差に加え，この間の非正規雇用の激増と労働力合理化（能率給制度の導入，早期退職制度，解雇等）によって生じた要因が大きい．地域間格差は，「いざなぎ越え景気」（2002-07年）の時でさえ，大都市から離れた地域経済は低迷していた．中でも北海道は，全国との「格差」を拡げ続けている地域の典型といえる．
　今日の日本における所得格差，地域間格差の問題は，グローバリズムによる日本型対応である政治・経済政策による影響を基調とする．さらに，日本の場合，所得格差，地域間格差の拡大が大きな社会問題・矛盾として顕在化したのは21世紀になってからの「構造改革」（いわゆる「小泉構造改革」）によってである．
　さて，全国的には「格差」の底辺にある北海道経済とはいえ，当然ながらその現れ方は一様ではなく，北海道内での「格差」も存在する．そこで，本稿は，北海道の中でも，地域経済が低迷し続ける具体例として，札幌市近郊の農村都市・岩見沢市を取り上げる．岩見沢市は，1970年代までは，産炭地を結ぶ

「鉄道の街」として栄えたが，1980年代後半からの構造調整政策は，岩見沢市の重要産業（炭鉱，鉄道）をスクラップさせ，産業構造をより脆弱なものに変化させた．さらに21世紀になってからは，公共事業の縮小により建設業は低迷し，「大規模小売店舗における小売業の事業活動の調整に関する法律」（以下「大店法」）の幾たびかの改正と廃止（2000年）という規制緩和策は商店街を「シャッター街」化させ，農業グローバリズムは岩見沢市のある南空知農業の極度の疲弊を招いている．そして，建設業，商店街機能，農業の縮小・低迷は，地域全体の縮小均衡を招いている．

本稿は，拙稿「グローバリズム時代の北海道地域経済－札幌市近郊の農村都市・岩見沢市の事例をもとに－」（鹿児島国際大学大学院経済学会『地域経済政策研究』第9号，2008年3月）を加筆・訂正したものである．本稿の基になった岩見沢市の調査は2007年におこなったものであり，データも当時のものを使用している．この調査時点では，いわゆる「2008年世界金融経済危機」の影響は受けていない．

2. 北海道経済の歴史的・構造的特質

北海道の産業構造は，今もって「内国植民地」[1]のまま「高度化」されず，労働市場は狭く浅い．表16-1は，全国と北海道の産業別就業者構成比の比較である．この表は，全国で最も製造業構成比の高い愛知県と比較してある．北海道の産業別就業構造は，全国平均に比べ，第1次産業（7.8％），第3次産業（71.4％）の比率が高い．また第2次産業（19.1％）は比率が極端に低い上，建設業（10.4％）の方が製造業（8.7％）よりも高いという特異な構成をもつ．北海道の産業構造は，機械など加工組み立て型産業の歴史的蓄積を欠いていることが，産業連関の分断的状況を招き，それが就業構造にも反映している．このような構造は戦前からのものであるとはいえ，戦後「高度成長期」以降さらに顕著になった．製造業も素材生産と食品加工・生活関連産業が中心である（表16-2）．北海道の大企業は，公益企業体（鉄道・バス，電力・ガス等）を除くと素材生産（製鉄，製紙・パルプ，石油備蓄）が孤立的に存在し，食品加工・生活関連産業の圧倒的多くは中小零細企業である（二極構造）．北海道に

おける製造業大企業（従業員300人以上）の就業者比率は24％であり，全国の49％と比べるとその違いは明らかである（経済産業省「工業統計表」2004年）．

さらに，公共事業を中心とした建設・土木労働者と公務労働者の比率の高さは，北海道経済の国家依存・公共依存体質を示す．以上のことと，第2次・第3次産業における自営業や中小地場産業の層の薄さ，農家兼業の層の薄さとは裏腹の関係にある．また，労働市場における不安定就業者の膨大な存在と，臨時・季節労働者の比率の圧倒的高さ，さらに失業・半失業人口，潜在的・停滞的過剰人口を多く抱えていることも北海道経済の大きな特徴である．北海道の失業率の高さ，有効求人倍率の低さ，道民所得・賃金の低さは，以上の構造の反映である．

表16-1　産業別就業者構成比（2005年）
（単位：％）

	北海道	愛知県	全国
第1次産業	7.8	2.9	5.1
第2次産業	19.1	34.1	25.9
うち建設業	10.4	8.0	8.8
うち製造業	8.7	26.1	17.1
第3次産業	71.4	61.5	67.3
参考1：有効求人倍率	0.51	1.67	0.89
参考2：有効求人倍率	0.35	0.60	0.42

資料：総務省「国勢調査」，厚生労働省資料より作成．
注：参考1の有効求人倍率は2008年7月，参考2の有効求人倍率は2010年4月のデータ．

表16-2　製造品出荷額等の類型別構成比の推移

	年	基礎素材型	加工組立型	生活関連型
北海道	2000	39.3	16.6	44.1
	2001	39.9	14.7	45.4
	2002	39.9	14.1	46.0
	2003	40.2	14.1	45.7
	2004	40.6	13.4	46.0
	2005	44.9	12.4	42.7
全国	2005	36.2	48.2	15.6

資料：経済産業省「工業統計調査」．
注：産業類型は同調査注による．

北海道の第3次産業就業者構成比は，全国平均に比べ高い．第2次産業構成比が低いままの第3次産業の肥大化は「植民地的」といえる．また，北海道の卸売り機能は小さく，卸対小売は全国3対1に対して北海道は2対1である[2]．そして，卸売り業界の多くは内地大手資本の傘下にある（東京資本への従属）．さらに，北海道の百貨店・スーパーとコンビニエンス・ストアの人口比は全国第1位である[3]．このような，ワンストップ・ショッピングやコンビニが拡大したのは，北海道の人口密度の低さ，車社会，寒冷地，道民の性格等々地理的・歴史的要因による．とはいえ，「大店法」の改正・廃止（2000年）による

大規模小売店舗の進出や，100円ショップの台頭が「デフレ・スパイラル」を招き，北海道の地域商店街を直撃するようになった（シャッター商店街化）のは21世紀になってからの著しい特徴である．

　北海道の有力産業の1つに観光産業がある．北海道は日本では唯一の亜寒帯県であり，観光資源は豊かである．各種アンケートでも「行ってみたい旅行先」は国内，東アジアを対象とした各種アンケートで北海道は1位2位を誇る．しかし，都府県や道内からの観光客の多くは代理店経由のツアーであり，観光地では大資本・観光資本による囲い込み（飲食，土産，遊戯も大規模ホテル内で自己完結）が行われ，利益の多くは東京系・外資系観光資本が持っていく．かつてあった北海道の温泉街は消滅しつつあり，地場産のものといえば「水とパート」，残されたものは「ゴミと借金だけ」という観光地も数多く存在する．

　北海道の農・林・水産業のそれぞれの生産額は全国一である．産出額の全国比は農業12.1％，森林蓄積16.7％，水産24.2％を誇るのであるが[4]，ここでは，北海道農業の基本的性格を述べるにとどめる．明治時代から今日に至る北海道農業の基本的性格は，以下の4点に要約できよう．

　第1は，「内国植民地」的・限界地的性格である．北海道農業は，開拓当初より国家主導の農地開発，大規模施設をはじめインフラ整備に支えられ展開してきた．戦後は，北海道で生産される農産物の多くは政府管掌作物であり，政府の価格支持政策に支えられてきた．

　第2は，商業的農業，土地利用型農業の性格である．都府県農業は，歴史的には自給的農業として出発したのに対し，北海道は開拓作物（ソバ，粟，稗など）の作付けの後は，「内地」向け，あるいは輸出向けの加工・原料農産物（馬鈴しょ，亜麻，除虫菊，ハッカ，てん菜）が作付けられた．今日も北海道で生産される主要農産物，馬鈴しょ，てん菜，小麦，豆類，生乳そして米も，加工原料あるいは業務用として利用されている．さらに，都府県農業は零細・兼業型・集約型の農業地帯であるが，北海道は大規模・専業型・土地利用型の農業地帯であり，都府県農業との経営規模の差は画然としている．1戸当たり経営耕地面積は都府県の15倍であり，農業依存度は都府県の33％に対して85％である（表16-3）．

　第3は，積雪寒冷地農業の性格である．北海道は，日照時間，積算温度，積

表 16-3　北海道と都府県の農家の比較

区分	単位	北海道	都府県	北海道／都府県	年次
1戸当たり経営耕地面積	ha	19.8	1.3	15.2倍	2005年
1戸当たり乳用牛飼養頭数	頭	99.7	43.2	2.3倍	2006年
基幹的農業従事者65歳未満割合	%	69.2	39.9	1.7倍	2005年
主業農家数／販売農家数	%	73.5	20.5	3.6倍	2005年
農業依存度(農業所得／農家所得)	%	84.8	33.2	2.6倍	2004年

資料：農水省「耕地面積統計」「畜産基本調査」「農業センサス」「農家経済調査」より作成．

雪，海霧，湿地，凍土などの自然・気象条件により地域的に生産される作目は限られている．また，都府県で生産される作目であっても気候条件により作業適期は制約を受ける．北海道は3～4年に1回の冷害の試練を乗り越え，また，特殊土壌（火山灰地，重粘土，泥炭地）と対峙しつつ農法転換をはかり，世界史的に見ても誇るべき北海道農法を作ってきた．

　第4に，日本の中で，北海道ほど農業地帯が截然と区別されている地域は他にはない．すなわち，石狩川流域，天塩川流域の水田型地帯，十勝，網走，羊蹄山麓の畑地型地帯，根釧・天北の草地型地帯である．また，これら地帯の内部に歴史的に規定され中規模・旧開地域，大規模・新開地域を抱える．そしてこれらの中核地帯のほか各地に中山間・小規模・非中核地帯が存在する．

　以上の北海道農業の性格は，農業国内市場が広がり，農業保護に支えられていた1970年代までは，「近代化農業のモデル」として脚光を浴びてきたが，次節でみるように農業グローバリズムの展開は，これらの性格がマイナス要因に転嫁するのである．

3.　グローバリズム時代の北海道地域経済

　日本では，第2次臨時行政調査会答申（1981年）から橋本6大改革（1996年－行政・経済・金融・財政・社会保障・教育改革）は，北海道経済の構造転換を強いてきた．しかし，90年代初頭にはバブル崩壊脱出のため，また97年には金融システム不安解消のため政府支出の拡大，公共投資の拡大等の拡張的政策が行われ，一時的にせよ，北海道の経済諸指数は全国平均よりも良好な時を

迎えた．その意味では，北海道の全国との格差が広がり，北海道地域経済が危機に瀕するのは21世紀になってからである．

この点に関して，2006年度の3大学院シンポジウムでの菊地裕幸氏（鹿児島国際大学）の報告は，興味深いものであった．すなわち，日本の旧来型政権が「地方交付税・国庫支出金＋公共投資」により地域経済への地域間再分配システムと「開発主義的国家」の役割を果たし，その過程で，政権与党の政治的利権，中央官僚機構の権益の拡大を図ってきた．そして「小泉構造改革」は，これらシステムの根底的変革をもたらしたことを指摘しつつ，構造改革が奄美地方経済に大きな打撃を与えた実態を明らかにした[5]．

つまり日本では，20世紀までは利権構造を伴っていたとはいえ，「地方交付税・国庫支出金＋公共投資」によって旧来型政権の地域経済への地域間再分配システムは働いていたのである．北海道でも同様である．確かに，1980年代以降のグローバリゼーションの新展開は北海道の産業構造調整（炭鉱・国鉄の解体，農林水産業の国内撤収）をもたらしたのであるが，北海道が全国との明瞭な格差となって現れ，地域経済を直撃するのは21世紀になってからである．とりわけ，いわゆる「三位一体改革」による地方交付税・国庫支出金の減額と公共事業の大幅削減は決定的であった．前述したように北海道の産業構造はアンバランスであり，札幌や一部産業都市を除いた地域では，農林水産業と建設業以外のみるべき産業を持たない．グローバリズムによって農林水産業の基盤は低下し，追い討ちをかけるように「小泉構造改革」が北海道における「地域経済・社会の崩壊」ともいえる事態を招いたのである．

北海道経済における構造的特質が21世紀になってから変容する過程の骨格を整理しておこう．

第1は，第1次産業，とりわけ農業の停滞・衰退である．ガット農業交渉合意（1993年）とWTO発足（1995年），そして，その対応策である新農政（1992年）・新基本法の制定（1999年）といった農業グローバリズムの新展開は，北海道農業を支えていた市場・価格体系の根本的変更を促し，農業の構造変動を促した[6]．

① 北海道で生産される農畜産物の多くは土地利用型農業で生産される穀物（米，小麦），加工・原料農畜産物（馬鈴しょ，てん菜，豆類，加工原料乳）であ

り，輸入農産物と競合する．これら原料農産物の国内生産は，農産物価格の引き下げのみではなく，国内加工メーカーから品質の向上という形態をとった効率性追求もあわせて要請されている．さらに，北海道農業の救世主と思われた「第4の作目」「畑作5品」＝野菜も，1990年代半ばからのアジア・中国野菜輸入の急増によって農業発展にとっては大きな障害となっている．

②北海道農業は，「内国植民地」的・限界地的性格を持ち，国家主導の土地開発投資に支えられてきた．さきの土地利用型農産物のほとんどはかつての政府管掌作物であり，政策価格の下落は農家経済に直接の打撃をもたらした．実は，1970年代までの北海道農業（とくに岩見沢市のある南空地などの新開地帯）の「優位性」とは，都府県の零細農業を基準とした保護政策（特に米政策）に支えられていたことも大きな要因なのであるが，その枠組みが取り外されることは，北海道農業の存立条件にかかわる問題である．また，農産物市場における「市場原理の導入」は品質差別化を伴い，それによって都府県農産物との競争を強制し同時に北海道内の地域格差を激しくさせている．

③北海道は大規模・専業型農業地帯である．兼業・高地価という都府県のような「矛盾の発散回路」をもたない北海道の農家経済は，農産物価格の下落の打撃をストレートに受ける．ちなみに北海道の販売農家1戸当たり農業所得515万円は全国124万円の4.2倍であるが，総所得は北海道655万円で全国503万円の1.3倍に過ぎない（2005年）．

④北海道は，三大特殊土壌（火山灰地，重粘土，泥炭地）を抱え，寒冷地農業であるが故に3～4年に1回の冷害に見舞われる．北海道農業の歴史は冷害克服の歴史であり，冷害を乗り越えて農法転換を図り，適地適作物の定着化と地域分化を推し進めてきたのではあるが，不安定な農業経営と負債依存体質が農家蓄積の欠如をもたらした．このような農家蓄積のなさは，グローバリズムの時代には決定的な条件不利性となる．ちなみに，農家の純財産は全国6,763万円（資産7,078万円，負債315万円）なのに対し，北海道は4,198万円（資産5,508万円，負債1,310万円）である（2003年）．

⑤農家経済について付言すれば，都府県に比べ比重が少ないとはいえ農家経済の重要な柱（とくに水田型農業経営）である兼業所得も，全国にもましての北海道経済の悪化（公共事業の削減）によって削減を余儀なくさせている．

以上の要因は，とりわけ水田地帯において深刻であり，米・転作物収入，転作交付金，小作料収入，兼業収入といった農家経済を構成するすべての収入の減額を強いられ，地域全体の縮小均衡を招いている（岩見沢市の例参照）．

第2に，北海道の「最大の産業」である建設業は，国家依存・公共依存の体質が顕著である．全国の建設投資額の公共割合は約4割なのに対して，北海道は約6割である．また，近年の「構造改革」による公共事業の受注は激減し，2006年は1990年の56.9％（全国64.1％），公共事業は52.2％（全国72.5％）である（「北海道建設部建設情報課資料」，全国は国土交通省「建設総合統計」2007年）．全国的にも建設業の受注は減少しているのであるが，北海道の減少率は公共事業を中心に全国平均を凌ぐ．前節でみたように，北海道の就業構造は第2次産業比率が低い上に，建設業比率の方が製造業よりも高いという特異な構成を持つ．農村地帯では，建設業が第1位の産業（売上高）という市町村も珍しくはない．その北海道の建設業の受注が激減しているのである．21世紀に入ってからの北海道における建設業者の倒産要因の7割ほどは業績不振である（表16-4）．とりわけ，農漁村地帯の中小土木・建築業界は瀕死の状態である．北海道の季節労働者は建設業就業者の32％を占めており（2005年，北海道労働局「季節労働者の推移と現況」2006年），そこで働く出稼

表16-4 北海道における建設業者の倒産とその理由

（単位，件，％）

	2001	2002	2003	2004	2005	2006
業績不振	224	222	177	152	139	147
放漫経営	55	24	40	32	39	13
他会社倒産余波	9	9	7	12	14	12
売掛金回収難	0	3	2	4	0	1
既往のしわ寄せ	8	13	21	7	16	13
過小資本	0	3	2	1	4	4
その他	1	2	7	5	6	2
合計	317	276	256	213	217	192
業績不振の比率(％)	71	80	69	71	64	77

資料：東京商工リサーチ資料より作成．

表16-5 北海道市町村での地方交付税減額

（億円）

年度	全市町村	うち町村計
2003	9,198	4,545
2004	8,343	4,109
2005	8,179	3,986
2006	8,048	3,676
4年累積	3,024	1,864
2006/2003年	▲12.5％	▲19.2％

資料：北海道地域振興・計画局「北海道市町村の財政状況」より作成．
注：2006年より北斗市が生れている．

ぎ・不安定就労・兼業農家にとって雇用・賃金問題は深刻である．

　第3に，「三位一体」の地方分権改革は，財政力の弱い北海道の市町村に大打撃を与えた．北海道の「地方税」構成比は11.2%であり，全国の市町村の21.4%に比べ，財政的にも弱体市町村が多い（2004年）．一般財源確保の成否を決するのは交付税であるが，その交付税等の状況は，北海道全市町村の2003-06年度4年間の減額は3,024億円であり，町村の減額率はさらに激しい（表16-5）．

4．札幌市近郊の農村都市・岩見沢市の実態

　近年の北海道地域経済の実態をみるために，札幌市近郊の農村都市・岩見沢市を例にしょう．岩見沢管内は，求人倍率の低い北海道の中でも道水準を絶えず下回っている（表16-6）．管内は，岩見沢市（06年3月に北村，栗沢町を編入合併－合計人口9万3,677人－2005年国勢調査，以下同），美唄市（2万9,083人），南幌町（9,564人），月形町（4,785人），浦臼町（2,417人）を含む南空知地域（管内人口15万1,453人）を管轄とする．

　南空知地域は石狩川下流域の水田地帯であるが，ここでは，南空知の中心都市である岩見沢市の地域経済をいくつかの側面から取り上げる．

　岩見沢市は，札幌から32km（車で40分）離れた，今や札幌市のベッドタウンと化している街である．1970年代までは，産炭地を結ぶ「鉄道の街」として栄えたが，炭鉱はなくなり，鉄道も幹線を除いて廃線となり，今は空知総合振興局（支庁）が存在するとはいえ，周辺市町村からの通過地であり都市近郊農村商業都市としての性格が色濃い．

　市の就業構造は，第1次産業5.5%，第2次産業18.8%（建設業10.1%，製

表16-6　年度別有効求人倍率

(単位：%)

年度	1998	1999	2000	2001	2002	2003	2004	2005	2006	2007	2008	2009
全　国	0.50	0.49	0.62	0.56	0.56	0.69	0.83	0.94	1.02	0.97	0.73	0.42
北海道	0.35	0.35	0.43	0.42	0.42	0.45	0.50	0.63	0.53	0.51	0.43	0.35
岩見沢	0.35	0.34	0.41	0.39	0.32	0.34	0.46	0.50	0.48	0.41	0.34	0.32

資料：岩見沢公共職業安定所資料より作成．

表 16-7 岩見沢市の産業別就業者数（2005年）

(単位；人，％)

	総数	構成比	うち雇用者	うち役員	うち自営業主	うち家族従業者	北海道構成比
総数	37,195	100.0	30,423	1,868	3,269	1,633	100.0
第1次産業	2,060	5.5	478	40	695	847	7.8
農業	1,975	5.3	399	35	694	847	6.0
林業	85	0.2	79	5	1	0	0.3
第2次産業	6,994	18.8	5,677	583	583	150	19.1
建設業	3,747	10.1	2,789	457	392	108	10.4
製造業	3,237	8.7	2,878	126	194	42	8.7
第3次産業	217,419	73.7	23,637	1,229	1,935	617	71.4

資料：総理府「国勢調査」より作成．

造業8.7％），第3次産業73.7％である（表16-7）．北海道全体の構成比と比べると，第1次産業が若干（2.3ポイント）低く，その分，第3次産業が若干高い（2.3ポイント）とはいえ，北海道の就業構造構成に酷似している．建設業の肥大化，零細な製造業，自営的小売業，大型店舗の並立という点でも「北海道的特徴」をもつ．従業員30人以上の事業所は12（うち建設業7，製造業5），建築業以外は食料品，プラスチック製造，金属製品，紙加工などの零細工場が散財する程度である．管内「最大の企業」は，農機販売会社（3カ所約400人）と介護・福祉施設（約70人）である．

以下，岩見沢市や管内の建設業，中心商店街，農業の順に見ていこう．

まず，市内・管内の最大産業である建設業の状況である．空知建設協会は，中・南空知管轄の公共事業受注資格ある会員である正会員と，受注資格はないが建設業界の情報や技術・資格取得，親睦のため加入している準会員からなる．したがって正会員は，地域の中では比較的大規模建設業者とみてよい．その空知建設協会からの聞き取り調査の結果である．

表 16-8 空知管内建設業者営業利益率（2004年）

	業者数	比率(％)
欠損	17	25.4
1％未満	14	20.9
2％未満	16	23.9
3％未満	9	13.4
3％以上	11	16.4
計	67	100.0

資料：空知建設業協会のアンケート調査．

①公共事業の受注額は，ピーク時1996年の約1,200億円より2006年の約700億円と約6割ほどである．民間需要はピーク時の約7割である．②受注減に加え，元請

表 16-9　空知建設業協会会員数の推移

(単位，人)

	1998	1999	2000	2001	2002	2003	2004	2005	2006
会員総数	250	257	261	258	252	243	234	209	182
正会員	100	100	100	97	94	92	89	81	76
準会員	142	149	153	153	149	142	134	115	96
賛助会員	8	8	8	8	9	9	9	13	10

資料：空知建設業協会．
注：正会員は公共事業の受注資格のある会員，準会員はそれ以外の会員で協会の情報，教育，行事等を受ける．賛助会員は，非建設業者で会の目的に賛意を示す個人・団体．

が減り，札幌市中堅ゼネコンの下請け・孫請け仕事の割合が増えた．③利益率は，バブル期は10％程度あったが，現在は欠損ないし3％以内が圧倒的に多い（表16-8）．④空知協会会員数は98年の250人から06年の182人へと68人（27％）減った．そのうち，正会員は，100名から76名と24名減（24％減）である（表16-9）．倒産は，零細業者がほとんどであるが，受注額10～20億円，従業員20～30人規模の管内中堅企業も4社ほどあった．⑤経営合理化の手段は，所有機械をリースに変える，従業員を減らし賃金カット（一時金カット）をすることで対応しているが，受注額減に対応して人件費は減らせないので，さらに経営は厳しい．⑥従業員の仕事を確保するため農業コントラクタ・農作業，個人除雪，福祉関係の雑用をする企業が増えているが，経営改善にはなっていない．

次に，岩見沢駅前商店街の状況である．市商工会議所の会員数は，1990年には1,521人，2000年1,087名，2006年983名と1990年の3分の2以下になった．これに対して，大規模小売店舗は，市内に19店舗もある[7]．岩見沢市の人口9万強に対しては異常な数である．このうち，西友，ダイエー，ファミリーデパート，トステムビバは市街地にあるが，ほかの店舗は市街地を囲んだ郊外に林立している．

図16-1は，市内にある5つの高校の生徒に「普段どこで買い物をすることが多いですか」という商工会議所青年部が行ったアンケート調査の結果である．これによると，札幌市内と西友・ダイエーという市街地型スーパーがほとんどであり，中心商店街は極端に少ない．（車を持たない）高校生は，放課後，週

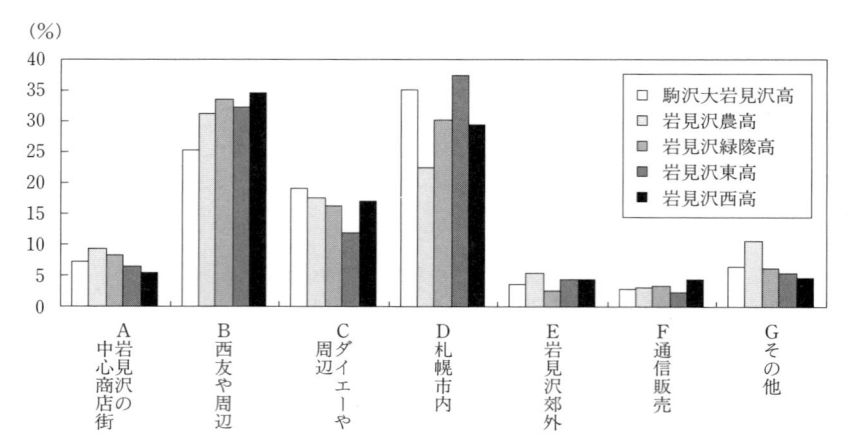

図 16-1　普段どこで買い物をすることが多いですか（高校生対象－岩見沢商工会議所青年部アンケート）

A　岩見沢の中心商店街
B　西友や周辺
C　ダイエーや周辺
D　札幌市内
E　岩見沢郊外
F　通信販売
G　その他

凡例：駒沢大岩見沢高、岩見沢農高、岩見沢緑陵高、岩見沢東高、岩見沢西高

末には札幌まで買い物にも行っていることがわかる．札幌への通勤・通学客は，札幌で，勤務地・学校周辺あるいは札幌JRタワー[8]などで買い物をする．また，主婦や家族での買い物は，郊外の大規模小売店舗利用者が多いという．このように，中心市街地の空洞化[9]がみられる要因は，市民の購買力・経済力の低下に加え①郊外大型店舗の進出②JRタワーはじめ札幌市内での買い物が増えたこと③市街地商店街の人口が減少したこと（商店の減少と経営者自身の職住分離）④周辺町村からの集客が減少した，ことである．これからの商店街の展望について商工会議所は①中心市街地活性化協議会による商工会・市役所の連携②空知地域クラスターによる産業創出と商店街の活性化③青年部の活動，に期待しているとのことである．

　日本の中で，農業グローバリズムの影響を一番受けたのは北海道の水田型地帯である．さらに，同じ水田地帯でも岩見沢市を含む石狩川下流域は「低質米」の烙印を押されている[10]．これら下流域地域は，1970年代までは，土地改良投資をベースとしその基盤の上に大型機械化・大型施設化が進展し，食糧管理制度時代の米価にも支えられ北海道内においても屈指の「構造政策の優等生」として脚光を浴びた地域である．しかし，80年代になり米価は低迷し，加えて土地改良投資や規模拡大による土地投資負債の返済は大きな農家負担と

なった．さらにグローバリズムによる農政・米政策（米価下落と市場原理の導入）の転換は，この地域に大打撃を与えた．転作交付助成金総額はピーク時の約6割である．転作物収入も輸入野菜の影響を受け下落し，地価は下がるので小作料収入も減少，兼業機会や兼業収入も軒並み落ち込み，農家経済を構成するすべての収入の減額を強いられ，農協，商店街等地域全体の縮小均衡を招いている．

岩見沢市の経営耕地面積は7,000ha強，水田比率83%，転作率46%，主な作物は米を基幹としながらも，転作小麦，たまねぎ等の野菜類の生産が多くなってきている（2005年）．農家数は1990年の1,290戸から2005年の762戸（販売農家708戸）へと1990年比で59%となっている（表16-10）．現在の農家1戸当たり経営面積は9.3ha，販売農家は10.0haである．農業粗生産額の2005年に対する1990年比は74%，2000年比は81%であり，北海道全体の減少率をはるかに上回っている（表16-11）．

表16-10　岩見沢市の専兼別農家数の推移

(単位：戸，％)

	総農家数	販売農家数	専業農家	第Ⅰ種兼業農家	第Ⅱ種兼業農家
1970	2,043		1356(66.3)	440(21.5)	247(12.7)
1980	1,571		707(45.0)	628(40.0)	236(15.0)
1985	1,452	1,413	663(45.7)	573(39.5)	216(14.8)
1990	1,290	1,236	556(43.1)	568(44.0)	166(12.9)
1995	1,079	1,030	421(39.0)	507(47.0)	151(14.0)
2000	919	870	331(38.0)	433(49.8)	106(12.1)
2005	762	708	304(42.9)	345(48.7)	59(8.4)

資料：農水省「農業センサス」各年より作成．
注：1)　販売農家数の1985年は組替値．
　　2)　専兼別の割合は，1995年までは総農家数，2000年以降は販売農家に対する割合．

表16-11　農業生産所得の推移

	1990	2000	2005	2000/1990	2005/2000	2005/1990
全国(100億円)	1,149	913	881	79.4	96.5	76.7
北海道(100億円)	112	106	107	94.5	94.5	95.5
岩見沢市(1000万円)	1,199	969	892	80.8	80.8	74.4

資料：農水省「生産農業所得統計」各年より作成．

以上，岩見沢市の実態を見てきた．1980年代からのグローバリズムは，岩見沢市の重要産業（炭鉱，鉄道）をスクラップさせ，産業構造を（より脆弱なものに）変化させた．さらに21世紀になってからは，公共事業の縮小による建設業の受注減・倒産を招き，大店法の改正・廃止という規制緩和策は商店街を「シャッター街」化させ，農業グローバリズムは南空知農業の疲弊を招いた．行政が地域産業の挺入れを図ろうにも，財政難が壁になる．もともとある北海道・岩見沢市の産業・就業構造の脆弱さに加え，グローバリズムは地域経済を直撃し，地域全体の縮小均衡を招いたのである．

5. まとめ：展望

　以上，21世紀になってからの北海道地域経済についてさまざまな角度から分析してきた．最後に北海道地域経済のこれからの展望であるが，紙幅も超えてしまったので羅列的に述べるに止める．
① 北海道における産業構造の歪行的，分断的，植民地的構造の根本的変革及び外部資本（東京資本・外資）依存経済の打破は長期展望として位置づける．とりわけ，北海道型第2次産業の育成と産業集積は必須となる．
② とはいえ，北海道の場合，第1次産業を基礎にした第2・3次産業の有機的結合を図ることが肝要である．第1次産業に付加価値をつけ（第2次産業化），第3次産業・観光業との結びつきを図ること＝第6次産業化＝産業クラスター化が必要となる．
③ 北海道農業の自給率は203％（2005年）である．それは，加工原料農産物の道外移出に頼っていることを示している．都府県の食料供給機能が低下している今日こそ，都府県への新鮮な農畜産物の供給を図るとともに，北海道農産物の素材を活かした食生活・食文化の発展，北海道独自の「地産地消」は必要不可欠である．「北海道型地産地消」ともいうべき地域文化・農村文化の支えを基礎に，地場市場・道内市場・全国市場さらには輸出による「全方位型市場」対応によって，北海道農業の市場は確実なものになっていく．
④ その際大切なことは，外部資本導入，「上からの指導」，イベント主義を極力避け，あくまで，地域の資源・産業と人材を基礎にした「内発的発展の道」

を探ることである．さらに，地域経済活性化には，行政，農協，漁協，商工会，民間企業の連携が必要である．

注
1) 北海道では少し年配の人は，今もって都府県のことを「内地」という．沖縄で都府県のことを「本土」というのとは，歴史的経緯が異なるが似ている．「内地」には沖縄は入らず，「本土」には北海道は入らない．近代史における北海道と現代史における沖縄は，日本資本主義にとっては「外地」だったのである．このことと，現代の地域経済にとっての北海道，沖縄の「後進性」をどうみるかは，3大学院シンポジウムにとっての大事なテーマであろう．
2) 経済産業省「商業統計調査」(2004年) によれば，全国の卸売業売上総額413.3兆円，小売業135.1兆円に対し北海道の卸売業は13.5兆円，小売業は6.7兆円で，その比は全国3.05対1，北海道2.01対1となる．
3) 経済産業省「商業統計調査」(2004年) の各県別の百貨店・総合スーパー・専門スーパーの合計を国勢調査 (2005年) で割った人口1,000人当たり事業所数の順位は①北海道0.33 ②福岡0.31 ③愛知0.30であり，同じ計算でコンビニエンス・ストアは①北海道0.46 ②東京0.43 ③神奈川0.35であった．
4) いずれも2005年の数値である (農水省「農林水産統計」と北海道資料)．水産業は海面漁業と養殖業の合計値である．
5) 菊地 (2006)．
6) 岩崎・牛山編 (2006)．
7) 1981年のダイエー進出を皮切りに，以下の店舗が開店した．1988年ポルタ，90年ファミリーデパート，91年トステムビバ，DOKIDOKI岩見沢，93年市民生協ひがし店，94年市民生協みなみ店，96年ショッピングセンター (ホーマック，ジャスコ)，デンコードー，07年西友，2000年アオキデンキ，ファッションセンターしまむら，04年ポスフール，05年タウンプラザ，エコタウン，ホーマック，06年ヤマダデンキである．
8) 2003年3月6日札幌駅南にオープンした駅ビル・超高層ビルである．地上38階・地下1階，173mで道内最高の高さである．西側・中央・東側の3ブロックに分かれており，中には百貨店，シネマコンプレックス，ホテル，オフィスなどが入っている．
9) 岩見沢市商工会議所が作成した1962年，2005年，2007年の3枚の市街地商店街マップがある．1962年マップを見ると，華やかなりし岩見沢市駅前商店街の活気を忍ばせる．さまざまな店舗が所狭しと軒をならべている．2005年，2007年マップには，商店の名とともに，空店舗，空地がマジックで囲われている．おおよそ，空店舗は2割，空店舗・空地面積は3割になろう．通りによっては文字通り「シャッター街」である．
10) 北海道米の代表である「きらら397」の2006年産入札価格は1万3,970円．ピーク時1993年産1万9,501円の3割減である．北海道農協中央会は，市町村ごとに

「きらら397」のランク（特A，A，B，C）を設定したが，石狩川中・上流地域は多くが特A，Aランクなのに対し，岩見沢市のある下流地域のほとんどはBランクである．転作率は，中・上流地域が概ね30〜40％なのに対して下流地域は45〜50％である．

参考文献
岩崎徹・牛山敬二編著（2006）『北海道農業の地帯構成と構造変動』北海道大学出版会．
大沼盛男編著（2002）『北海道産業史』北海道大学図書刊行会．
菊地裕幸（2006）「奄美の地域開発政策と構造改革」第5回3大学院共同シンポジウム，テーマ『構造改革と地域社会』沖縄国際大学CD．
平澤亨輔・播磨谷浩三・佐藤郁夫編著（2008）『拓銀破綻後の北海道経済』日本経済評論社．
北海道新聞社編（2008）『検証　拓銀破たん10年』北海道新聞社．
毎日新聞北海道報道部（1998）『破綻－北海道が凍てついた日々－』毎日新聞社．

第17章
地域開発政策と構造改革
― 奄美群島を事例として ―

菊 地 裕 幸

【本章のキーワード】
　　　　地域開発政策，小泉構造改革，地域経済の自立的発展，「公共事業依存」型経済，「財政依存」型経済，地域内産業連関

1. はじめに

　2002年2月から始まった戦後最長の好景気は，2007年10月を景気拡大の山として終焉を迎えた．その間，輸出関連製造業をはじめ多くの企業では業績が拡大し，日本経済は東京や中京圏を中心に活況を呈した．しかし，その一方で，景気拡大の恩恵は地方には十分波及せず，都市部と地方の経済格差は拡大した．
　これまで多くの地方では，公共事業が地域経済の実質的な基幹産業であった．しかし，小泉構造改革以降，公共事業は大きく縮減され，地方交付税や国庫補助金も削減傾向にあるため，これらに依存してきた地方では，進まない産業構造の転換や新産業の創出，また急速に進行する過疎化や少子高齢化の影響も相俟って，経済状況は都市部とは大きく異なり，低迷を余儀なくされているのが実情である．
　戦後数十年間，政権を担ってきた自民党政権は，大都市部と地方部との経済的格差拡大の動向を踏まえ，ある時期まで，地域開発政策によって「地域間の均衡ある発展」を目指そうとした．たとえば，1962年の「全国総合開発計画」は，「地域間の均衡ある発展をはかるため，長期的かつ国民経済的視点にたった国土総合開発の方向を明らかにすること」を，その意義として掲げていた．しかし，結果として，地域間格差は是正されず，東京一極集中は進み，地方か

表 17-1 奄美群島地域別

	奄美大島		名瀬市		北部2町		南部4町村		喜界島	
	人口	増減	人口	増減	人口	増減	人口	増減	人口	増減
1955 年	104,107	100.00	41,486	100.00	20,088	100.00	42,333	100.00	16,037	100.00
1965 年	94,543	90.81	44,111	106.33	17,814	88.68	32,423	76.59	14,231	88.74
1975 年	85,360	81.99	46,335	111.69	15,551	77.41	23,285	55.00	11,464	71.48
1980 年	85,793	82.41	49,021	118.16	15,054	74.94	21,525	50.85	11,169	69.65
1985 年	84,993	81.64	49,765	119.96	14,834	73.85	20,200	47.72	10,591	66.04
1990 年	79,482	76.35	46,306	111.62	13,762	68.51	19,234	45.44	9,641	60.12
1995 年	76,004	73.01	44,343	106.89	13,055	64.99	18,434	43.55	9,268	57.79
2000 年	74,064	71.14	43,015	103.69	12,979	64.61	17,902	42.29	9,041	56.38
2005 年	70,600	67.81	41,050	98.95	12,786	63.65	16,601	39.22	8,580	53.50

出所:『国勢調査』各年版.
注:北部2町は龍郷町,笠利町,南部4町村は大和村,宇検村,瀬戸内町,住用村.

らは人材も金も情報もその他の資源も流出が続いた.

そのような状況の中,小泉氏が登場し,多くの国民——都市に住む人々も,地方に住む人々も——は小泉構造改革に大きな期待を寄せた.しかし,その結果は多くの地方にとって惨めなものであった.小泉構造改革による公共事業の縮減や補助金・交付税のカット断行は,地方経済を混乱させ,より一層疲弊の度を深めてしまったのである.

戦後の地域開発政策はなぜその目的を達することができなかったのか.また,それを克服すべく登場した小泉構造改革は,なぜ地方に惨めな帰結をもたらしたのか.そもそも,自然環境や風土,歴史,文化など,地域の固有性を踏まえつつ,地域経済を活性化させ,地域の自立的発展を促進するためには,どのような政策的支援が必要なのであろうか.

このような問いに一定の示唆を与えるため,本稿では奄美群島を事例として取り上げる.というのも,奄美群島はまさに歴史に翻弄され,国や県の政策的支援に翻弄され,さらには小泉構造改革の「地方切り捨て政策」に翻弄されるなど,経済的自立へ向け,今現在も厳しい苦難の道が続いているからである.奄美の事例を通じて,そもそも地域が発展するとはどういうことか,そのための国や県の政策的支援はどうあるべきか,そして地域の当事者——住民,企業,

人口の推移

(単位：人，％)

徳之島		沖永良部島		与論島		計	
人口	増減	人口	増減	人口	増減	人口	増減
50,932	100.00	26,636	100.00	7,851	100.00	205,363	100.00
45,662	89.65	22,049	82.78	7,181	91.47	183,471	89.34
35,391	69.49	16,882	63.38	6,971	88.79	155,879	75.90
34,646	68.02	17,339	65.10	7,320	93.24	156,074	76.00
33,632	66.03	16,818	63.14	7,222	91.99	153,062	74.53
31,231	61.32	15,956	59.90	6,704	85.39	142,834	69.55
29,156	57.24	15,325	57.53	6,210	79.10	135,791	66.12
28,108	55.19	15,171	56.96	6,099	77.68	132,315	64.43
27,149	53.30	14,545	54.61	5,728	72.96	126,439	61.57

NPO，地元自治体など——はどのように考え，行動を起こしていくべきなのかについて，問い直してみることとしたい．

2. 奄美群島の概要と歴史

(1) 奄美群島の概要

奄美群島は鹿児島市と沖縄諸島のほぼ中間点に位置しており，豊かな自然，固有の風土や文化，厚い人情など，訪れる人を魅了してやまない「癒しの島」である．奄美大島，加計呂麻島，請島，与路島，喜界島，徳之島，沖永良部島，与論島という8つの有人島と無数の無人島から成り立っており，鹿児島県の県庁所在地鹿児島市から奄美群島まで航路距離にして，群島東北端の喜界島まで約377km，最南端の与論島まで約592kmの位置にある．

奄美群島の総面積は1,231.19km²で，これは沖縄県の総面積（2,272.13 km²）と比較すると6割強である．一方，奄美群島の総人口は126,439人（2005年国勢調査）で，沖縄県（1,360,830人）の10分の1以下となっている．表17-1は，奄美群島の地域別人口の推移を表したものである．これによると，奄美群島全体の人口は1955（昭和30）年には20万人を超えていたのが，2005

年には 12.6 万人と，この 50 年間で約 6 割にまで落ち込んでいる．しかも，地域別人口の推移を見ると，奄美大島の中でも，中心都市名瀬（現奄美市）への一極集中が進んでいることがわかる．南部 4 町村の人口は 1955 年と比べて 40％を切っており，地域社会の存続が困難になりつつある．喜界島，徳之島，沖永良部島などでも軒並み 1955 年と比べて半減しており，過疎化が急速に進んでいることが理解できよう．

奄美群島の主要産業は，大島紬，さとうきび（糖業），花卉園芸，黒糖焼酎などである．

(2) 奄美群島の歴史：藩政時代

奄美群島の歴史は激動と波乱に満ちている．これまで奄美の人々は複雑で数奇な運命に翻弄され続けてきた．

奄美群島は，13 世紀から 15 世紀の間に琉球王朝の支配下に入った．その後，1609（慶長 14）年に薩摩藩が琉球を支配下に置くと，奄美群島は琉球国から分離され，薩摩藩の直轄地となった．ここから奄美の人々の苦難の道が始まる．

薩摩藩は，奄美の黒糖生産に目をつけ，17 世紀末には黍役人を置き，黍作の奨励・監督に当たらせた．1745（延享 2）年には換糖上納令を公布して米の替わりに砂糖を上納させ，米作が犠牲とされた．1777（安永 6）年からは第 1 次砂糖専売制度が実施された．これにより黒糖生産の全余剰の収奪が行われ，島の人々の生活は一気に窮乏化していった．しかも，大島や徳之島などでは 18 世紀頃からたびたび凶作・疫病などに見舞われるようになり，特に 1755（宝暦 5）年の大凶作に際しては，徳之島で約 3,000 人の餓死者が出たと言われている[1]．

このような状況にさらに追い討ちをかけたのが，調所広郷の財政改革であった．調所は砂糖をはじめとした薩摩藩特産品の品質向上に努めるとともに出荷方法を改善し，また唐物貿易の拡大を図り，収入増加策とした．さらに借金の 250 年賦返済等による支出削減策など大胆な改革を断行し，破局寸前にあった藩財政を立て直すことに成功した．しかし，そのしわ寄せをもろに受けたのが奄美の人々であった．調所は当時取りやめとなっていた砂糖専売制度を復活させ，三島方（大島・喜界島・徳之島）という役所を設置し，黒糖の生産とその

ための監視・監督を強化した．藩は水田や畑をすべてきび畑に変え，砂糖は全量を安価で買い上げ，抜け荷（密売）は死罪という厳しさで臨み，さらに品質，荷造方法までも厳重に管理するという徹底ぶりであった．それによって奄美の砂糖の品質は格段に向上し，大坂の市場ではそれまでより3倍から4倍もの高値がつき，天保年間における薩摩藩の利益は100万両であったとも240万両であったとも言われている[2]．

奄美の砂糖専売制度は，財政難に苦しむ薩摩藩に巨額の利益をもたらし，それが次の斉彬，忠義の代における薩摩藩の躍進につながった．しかしながら，その一方で，奄美の人々の困窮の度合いは極に達し，家人（ヤンチュ）と呼ばれる債務奴隷を多く発生させ，島役人と結びついた一部の島民とそうでない島民との間における貧富の差も著しく拡大した．さらに奄美ではそれまで3年に1度は野菜やイモを植える三圃式の農業を行っていたが，それをやめてすべてサトウキビを植え付けることを強制されたため，地力の低下が著しかった[3]．

奄美ではこの当時の圧政・搾取の時代を「黒糖地獄」と呼ぶ．薩摩藩政時代の激烈な圧政・搾取・愚民化政策は，奄美の人々にとってはまさに「地獄」だったのであり，それは人々の生活基盤を破壊するだけでなく，自立心や働く意欲をも奪っていったのである．一方，奄美では主食の生産すらままならなくなってしまったことから，本土との交易なしには生きていけない本土依存型経済構造が形成されることとなった．

(3) 奄美群島の歴史：明治から戦後日本復帰まで

明治維新後も，奄美では黒糖を中心とした農業生産構造は変わらず，本土との支配・従属関係をともなう依存型経済構造が継続し，住民は厳しい生活を強いられた．しかも，明治維新後，安価な外国砂糖の輸入が急増したため，奄美の人々の生活はさらに窮乏化していった．

大正末期から昭和初期にかけての奄美の人々の暮らしぶりは，「ソテツ地獄」と呼ばれた．1925（大正14）年8月の『鹿児島朝日新聞』は，奄美大島（笠利）で，生活難からソテツを食して中毒を起こし，一家6人が死亡するという悲劇を報じている．当時の奄美の人々の生活は，多かれ少なかれ，そのような悲惨な状況だったのである．人々の常食は基本的には芋であり，3食のうち1

食だけでも米を食うことができる者は，上の部類に属する者であった．
　このような状況を改善するため，国では県の要請を受け，「大島郡産業助成5ヵ年計画」(1928-34年)および「大島郡振興計画」(1935-44年)を策定した．これは，糖業奨励や一般産業の助成，産業基盤整備のための土木事業等を行うことによって，窮迫した群島経済の立て直しを図ろうとするものであった．しかし，途中で日華事変が起こり，さらに太平洋戦争へと突入していったことから，国の財政支出は計画通りには行われず，結局，計画事業費約1,800万円のうち658万円(36％)が実施されたにすぎなかった[4]．
　太平洋戦争終戦後，奄美群島は日本本土から切り離され，アメリカ軍の占領統治下に置かれることとなった．これにより奄美経済はいよいよ窮地に追い込まれた．黒糖や大島紬などの基幹産業は戦災被害から容易に立ち直ることができず，しかも本土との経済関係が切断されたことにより，生産物の市場は失われ，輸出は全く不振を極めた．大島紬の生産反数は1941年には33万7,548反を記録したが，46年には3,620反に激減し，52年に至ってもやっと3万反を超える程度であった．52年の黒糖生産量も戦前水準の60％程度と極端に低迷した[5]．
　基幹産業の不振・低迷は奄美経済に深刻な打撃を与えた．累年の輸入超過は奄美の通貨を枯渇させ，民間資本を縮小に追い込み，それが生産能力をさらに削減するという悪循環を招いた．本国からの補助金も途絶え，アメリカ軍政府による補助も最低限度のものにすぎなかったため，経済の再建はおろか戦災復興もままならない状況であった．それゆえ，財源の確保は住民からの租税によるほかはなく，市町村民税・附加税以外にもさまざまな法定外独立税が乱立し，住民は過重負担に苦しんだ．教育現場の荒廃も目を覆うものがあり，本土では6・3・3制の新教育制度がスタートしていたというのに，奄美の子供達は教科書もなければノートや鉛筆さえないというありさまであったという[6]．
　こうした状況の中，熱烈な祖国復帰運動が起こり，その甲斐あって1953年12月25日，ついに奄美群島は悲願の日本復帰を果たしたのであった．この時の復帰に向けた奄美の人々の結束力にはすさまじいものがあったようである．「署名運動，復帰運動，断食などにみられる，奄美群島の住民たちと本土にいる奄美大島出身者の結束力や運動力，知恵は，奄美群島の早期返還に欠かせな

かった．というよりむしろ，そのことこそが決定的な要因の1つになったと言ってよい」[7]．

この時の奄美の人々のエネルギーは，もしかすると，薩摩藩政の時代から苦難を味わってきた奄美の人々にとって，自我や自立，生活防衛に向けた「目覚め」と言えるものであったのかもしれない．しかし，その「目覚め」はその後持続するには至らなかった．

3. 奄振事業の光と影

(1) 奄美群島復興事業（1954-63年）

アメリカ軍占領統治下時代の奄美経済は極めて困難な状況に陥っていたが，社会資本の整備も著しく立ち遅れていた．港湾は，接岸できる港は全くなく，生命の危険を冒してハシケによる乗降船，荷役作業が行われていた．道路もほとんど整備されておらず，自動車通行不能部分は既設路線の44％にも及んだ．そのため，名瀬から古仁屋まで（65.8km）バスで6時間も要した．空港も戦時中は喜界島と徳之島に軍用の飛行場があったが，空爆で破壊されたままとなっていた．学校校舎も馬小屋同然で，雨が降れば傘をさして授業を受け，足もとには水がいっぱいたまるような状態であった．電力の点灯率も大島63.6％，徳之島25.5％，沖永良部島17.9％，喜界島，与論島，与路島，請島，加計呂麻島はゼロ，水道普及率は2.5％で浄水施設もなく非衛生的，住宅，医療施設などもほとんど整備がなされていないという，文字通り悲惨な状況であった[8]．

そこで，アメリカ軍占領統治下8年間の空白を埋め，奄美の急速な復興と住民生活の安定を図ることを目的として，1954年6月21日，「奄美群島復興特別措置法」が制定された．この法律に基づいて策定された奄美群島復興計画の内容は，①公共土木施設の整備事業，②土地改良事業および林業施設の整備事業，③つむぎの生産，製糖，水産等の主要産業の復興事業，④文教施設の整備事業，⑤保健，衛生および社会福祉施設の整備事業，⑥電力，航路および通信施設の整備事業，⑦ハブ類および病害虫の駆除事業などとされ，住民の生活水準を戦前（昭和9-11年）の本土並みに引き上げるために，必要な産業，文化の復興と公共施設の整備充実を図ることが目標とされた[9]．こうして，この時

から現在に至るまで，実に50年以上にわたって，名称変更や延長を繰り返しつつ「奄振事業」が行われることとなったのである．

奄美群島復興事業の総事業費は，1954年から63年までの10年間で210億円（実績）で，その内訳は，基幹産業の復興及び特殊産業の開発が101億円で全体の約半分を占め，次いで陸海空交通の整備57億円，文教施設の復興29億円，保健衛生施設及び社会福祉施設等の充実14億円，国土の保全9億円などであった．

10年間におよぶ復興事業により，奄美の社会資本は急速に整備され，経済活動も活発化してきた．さとうきびの生産量は，復帰前の約15万トンから63年度には約45万トンへと3倍に増加した．大島紬の生産高も，復帰前の約3万2,000反から63年度には約14万9,000反へと大きく増加した．1人当たり郡民所得も，1953年には1万9,000円だったのが63年度には8万8,000円にまで向上した．しかし，これは県平均の75.2%，国平均の40.9%にすぎず，依然として本土との大きな所得格差が存在していた．

(2) **奄美群島振興事業（1964-73年）**

そこで1964年，「奄美群島振興特別措置法」が制定され，1964年度を初年度とする奄美群島振興計画が策定された．

日本本土では，高度経済成長が持続し，1960年には国民所得倍増計画が策定されるなど，著しい経済発展が実現し，大規模地域開発も進められていた．一方奄美では復興事業により交通基盤，生産基盤，生活基盤などはある程度整備されてきたものの，まだまだ十分とは言えず，しかも本土の経済成長が驚異的であったため，格差是正には程遠い状況であった．

そこで，引き続き産業基盤を整備するとともに，主要産業の育成振興を図り，群島住民の生活水準をおおむね鹿児島県本土の水準に近づけることを目標として，奄美群島振興事業が展開されることとなったのである．

1964年から73年までの10年間の事業費総額（実績）は438.1億円で，内訳としては，産業基盤整備167.0億円，産業振興144.2億円，社会基盤整備110.9億円などであった．この頃から大型の公共土木工事も増え出し，群島外の大規模土木建設業企業が多くの工事を請け負うようになった．その一方で，

群島内でも中小規模の土木建設業者が増え，土木建設業に就業する者が大幅に増加した．

この時期，奄美群島の人口は大きく減少し，1955年には20.5万人だったのが1975年には15.6万人と，20年間で5万人近く減少した．特に学卒者や青壮年の流出が激化し，その結果，群島では高齢化が進行し，後継者不足が深刻な問題となった．

(3) 奄美群島振興開発事業（1974年～）

1954年から20年間にわたって実施された復興事業および振興事業は，それなりには成果を収めた．しかし，わが国の社会経済の発展のなかにあって群島をめぐる諸条件は依然として厳しく，なお本土との間には著しい格差が存在していた．たとえば，1973年の時点において，奄美の人口1人当たり郡民所得は県の79.5%，国の51.5%にすぎなかった．

そこで1974年，奄美群島の自立的発展と住民福祉の向上を目的とした「奄美群島振興開発特別措置法」が制定され，74年を初年度とする奄美群島振興開発計画が策定された．その内容としては，①道路，港湾，空港等の交通施設および通信施設の整備，②生活環境施設，保健衛生施設および社会福祉施設の整備ならびに医療の確保，③防災および国土保全施設の整備，④地域の特性に即した農林漁業，商工業等の産業の振興開発，⑤自然環境の保護および公害の防止，⑥教育および文化の振興，⑦観光の開発，などとされた．

この振興開発計画から，予算計上の仕方が大きく変わり，従来の自治省一括計上5カ年セット方式から国土庁へ一括計上後，各省庁へ移し替え，かつ単年度方式となった．これは，復興計画および振興計画では5カ年セット方式であったため，高度経済成長期のように経済情勢の変動が著しい状況のもとでは全国の公共事業の伸びについていけなかったという反省を踏まえてのものであった[10]．

予算方式を変更した結果，それまでと比較して総事業費は飛躍的に増加した．1974-83年度の第1次振興開発計画の総事業費（実績）は3,171億円で，内訳は交通・社会基盤整備1,877億円，産業振興1,124億円，教育文化振興154億円，自然保護および観光開発13億円などであった．次の1984-93年度の第2

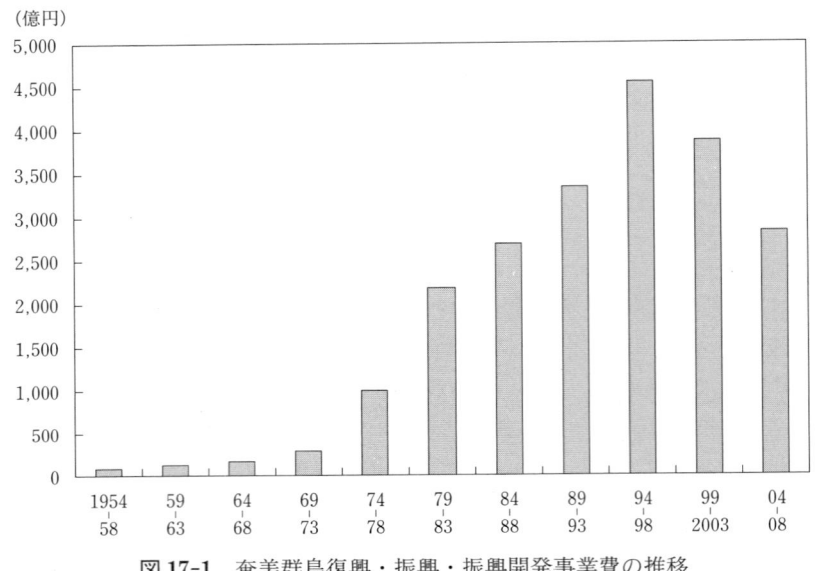

図17-1　奄美群島復興・振興・振興開発事業費の推移

次振興開発計画の総事業費（実績）は6,029億円で，その内訳は交通通信体系整備2,461億円，産業振興2,307億円，生活基盤整備606億円，教育文化振興236億円などであった．さらに1994-2003年度の第3次振興開発計画の総事業費（実績）は8,418億円で，その内訳は交通通信体系の整備3,296億円，産業の振興3,268億円，生活基盤の整備905億円，防災および国土保全604億円，教育・文化の振興331億円，環境の保全8億円などであった．図17-1を見ると，振興開発事業となった1974年度以降の事業費の伸びがいかに著しいものであったかが理解できる．

(4) 奄振事業の成果と課題

奄振事業は，奄美群島の社会基盤，産業基盤の整備や産業振興を通じて奄美経済の自立化を促すとともに，群島民の福祉向上に寄与し，本土との格差を是正することを目的として，1954年から実に50年以上にわたって続けられ，この間2兆円を超える事業費が投じられてきた．奄振事業により，交通基盤，社会基盤，産業基盤の整備は著しく進んだ．たとえば，奄美群島内の国県道道路

改良率は88.1%であり（2003年現在，以下同じ），鹿児島県（81.7%）や全国（81.9%）の整備状況を大きく上回っている．国道舗装率99.6%（鹿児島県97.4%，全国97.0%），水道普及率98.5%（鹿児島県96.4%，全国96.9%），ほ場整備率67.0%（鹿児島県65.3%）なども同様である[11]．各島において，空港，港湾，道路，トンネル等の整備も進んだ．郡民所得も着実に上昇しており，2003年の1人当たり郡民所得は205.3万円となっている．これは鹿児島県の91.7%，全国の71.1%であり，依然として格差は存在しているものの，この50年間で大きく縮小した[12]．これらが奄振事業の成果であり，いわば光の側面である．

　しかしながら，いくつかの課題，すなわち影の側面も浮き彫りとなってきた．
　第1に，奄振事業の大きな目的の1つである，産業を振興し奄美経済の自立化を促すという点については，目的を達したとは言い難い．奄美群島の主要産業は大島紬と糖業であるが，大島紬は1972年，さとうきびは1989年をピーク

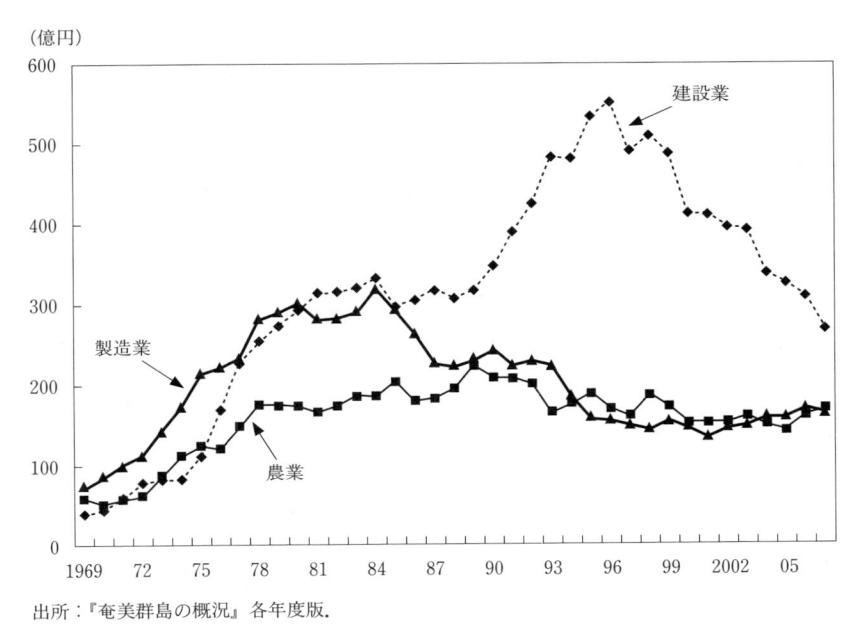

図17-2　農業・製造業・建設業の総生産額の推移

出所：『奄美群島の概況』各年度版．

としてその後は需要の低迷や高齢化，後継者不足等の影響もあって生産量は減少傾向にある（図17-2）．製造業，農業全般を見ても，総生産額は停滞傾向にあり，その一方で有望な新産業が創出されているとは言い難いのが実情である．

　第2に，奄振事業によって奄美群島では土木建設業が異常に肥大化してしまい，「公共事業依存」型経済になってしまうとともに，産業構造がいびつになってしまった．特に1974年からの振興開発事業以降，公共土木事業は規模，量ともに拡大の一途をたどり，図17-2のように，建設業総生産額は急増した．81年には建設業は製造業の総生産額を追い越し，奄美群島の基幹産業となった．80年代に入り臨調行革路線の影響もあって一時的に伸びは鈍化したものの，90年代に入って再び急増し，1996年の総生産額は過去最高の553億円となった．図17-3，4のとおり，建設業は総生産額だけでなく，事業所数も従業者数も1990年代後半にかけて急増している．2000年代に入って小泉構造改革の影響等により建設業は急激に縮小してきている．これについては後述する．

　このように，奄美群島では特に70年代に入ってから建設業が異常に膨張し，奄美は土木建設業および公共事業なしでは生きていけない経済構造となってしまったのである．

　第3に，このような公共事業中心の奄振事業により，奄美では森林破壊や赤土汚染などの自然環境破壊が進んでしまった．ほとんどの海岸線には堤防が設けられ，山中にも広い舗装林道やトンネルが次々とつくられた．近年では国の天然記念物であるアマミノクロウサギが車にはねられ死んでしまうケースも増えているという[13]．

　第4に，奄振事業により地元市町村財政は危機的状況に陥ってしまった．奄振事業は，奄美群島を急速に復興・振興・振興開発することを目的としているため，一般の補助事業や離島振興事業などと比較すると補助率が高く，地元自治体の負担が軽減されているのが大きな特徴である．しかし，自治体の負担はゼロではないから，事業費が増えれば増えるほど自己負担分も増大し，自治体財政を圧迫してしまうのである．実際，奄美群島のほとんどの自治体では財政が破綻寸前の状況となっており，奄美市では「このまま放っておくと大変なことになる」と厳しい財政状況をホームページ上で公表した．

　第5に，奄美経済は，公共事業はもとより公務労働や生活保護など国・県・

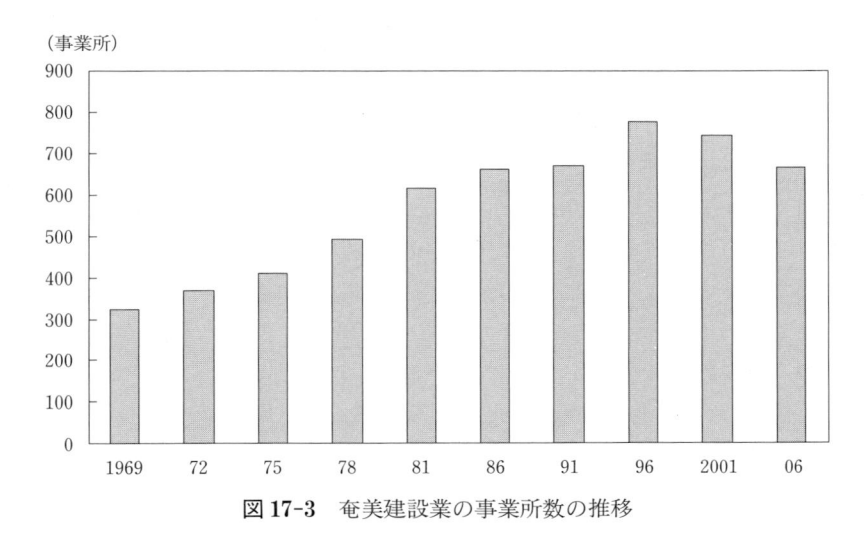

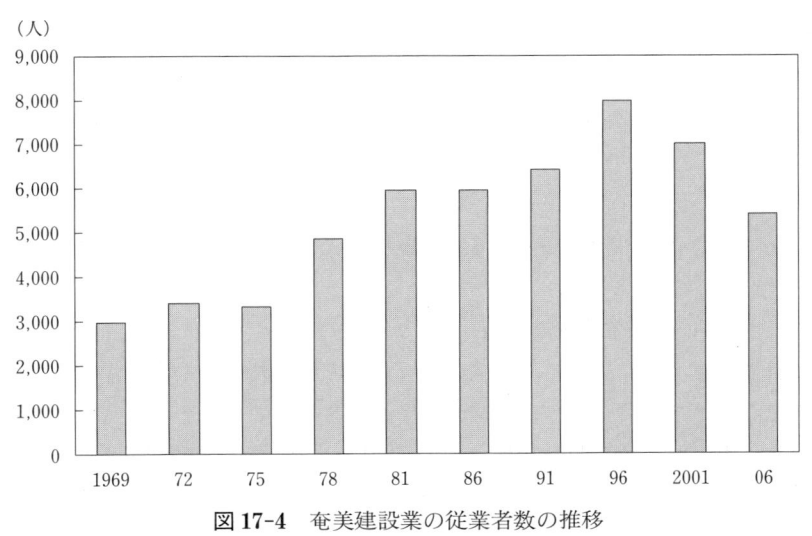

図 17-3 奄美建設業の事業所数の推移

図 17-4 奄美建設業の従業者数の推移

市町村の財政に依存する割合が極めて高く,「財政依存」型経済となっている.奄美群島では,総生産額に占める政府サービス生産者の割合が極めて高く,2005 年には 24.6% となっている.奄美群島の生活保護率も鹿児島県（12.5‰)

や全国 (10.0‰) と比較すると異常に高く，35.8‰ となっている (2002年)．今や奄美経済では，政府サービスが第1の産業となっているのであり，経済の自立化は一層困難な状況に立ち至っていると言わざるを得ない．

第6に，奄振事業の政策決定プロセスにおいては，地域住民の参加の視点がはなはだ不十分だという問題がある．地域の自立的発展を考える際，「自分達の地域は自分達が創る」という住民自治の原則が基本中の基本である．しかし，奄振事業においては，計画原案の策定・提出権は県知事に与えられており，県当局は地元の市町村と市町村議会の意見・要望を聴くことで「地元の意見は十分取り入れられている」という姿勢に終始しているという[14]．近年では県も住民意向調査を行ったり，地元説明会を開催するなど，民意の汲み上げに努力しているようであるが，まだまだ地域住民が計画策定段階から参加し，その意思が反映されるという状況には程遠いのが現状である[15]．

こうして，50年以上にわたって巨額の資金がつぎ込まれてきたにもかかわらず，結果として見ると，奄振事業による奄美経済の自立化には失敗したと言わざるを得ない．製造業や農業の低迷に加え，人口減少，過疎化，高齢化，後継者不足などの問題も深刻化しており，地域の活力低下が懸念される状況となっている．

4. 近年の奄美経済の動向と小泉構造改革

(1) さらに疲弊する奄美経済

これまで見てきたように，奄美の人々は薩摩藩政時代から太平洋戦争終戦まで過酷な生活を強いられ，その後の米軍統治8年間ではさらなる苦難に耐えねばならなかった．日本復帰後は，奄振事業という政策的支援が断続的に行われ，特に74年の振興開発事業から公共事業は激増し，社会資本は急速に整備された．しかしながら，公共事業中心の奄振事業は，奄美経済を「公共事業依存」型経済および「財政依存」型経済としてしまい，結果として奄美群島は公共事業や中央政府・県からの補助金がなければ生きていけないような経済構造となってしまった．

ところが，90年代末に転機が訪れる．まず，地元市町村も県も財政事情が

窮迫化し，従来のように公共事業を続けていくことがしだいに困難となった．

地域経済の窮乏化にさらに追い討ちをかけたのが，小泉構造改革であった．小泉政権は，従来型の地域政策が地方の中央・官への依存心や甘えを助長し，効率を阻害しているとして，これまで述べてきたような奄美の歴史的経緯や，政策的に作り出されてきた「公共事業依存」型経済，「財政依存」型経済構造について考慮することなく，新自由主義的観点から経済原則の徹底化を図り，地方の公共事業と補助金・交付税を大きく削減する「小泉構造改革」を断行したのである．その中でも特に2004年の地方交付税大幅カットは，予算編成のただ中にあった地方を混乱させるとともに，大きな痛みをもたらした．

こうした小泉構造改革の影響により，奄美群島の公共事業は近年急速に縮小している．それに伴って建設業も低迷を余儀なくされており，最盛期に553億円（1996年）あった建設業総生産額は，2007年には270億円と半分以下にまで落ち込んでいる．事業所数，従業者数ともに近年は大きく減少している（前掲図17-3，4）．建設業が基幹産業となっている奄美では，このような公共事業の縮小および建設業の衰退は，地域の人々の雇用と生活を直撃するという点において，まさに死活問題となっている[16]．

(2) 小泉構造改革の功罪

そもそも，従来型自民党政権と比較した場合における小泉政権の特質は何だったのであろうか．

従来型自民党政権の大きな特徴として挙げられるのは，支持基盤が農村部だったこともあり，都市部で徴収した資金を地方交付税，国庫支出金として積極的に地方へ配分していたこと，および，地方における地域開発や大型公共事業を積極的に推進していたことである．これらの政策は，結果的には地域間再分配システムとして，地域の雇用や所得を確保し，地域間格差を是正する役割を果たしてきた．また，日本の場合，社会保障や失業保障などのセーフティネットはヨーロッパ諸国と比べると極めて貧弱であるが，公共事業はそれらを補う役割をも果たしてきた．このような公共事業の日本的機能について広井（2006）は「公共事業型社会保障」と名付けている[17]．公共事業は日本の福祉国家としての未成熟さを補う役割をも果たしてきたのである．

一方，このような過程で，政権与党は公共事業を有力な集票手段と位置づけて政治的利権を拡大し，また業者との癒着を強め，政治献金を獲得してきた．国土交通省や農林水産省など中央省庁の官僚も，公共事業の推進を通じて自分達のナワバリと権益の拡大を図ってきた．

　ところが，小泉政権は，このような従来型の構造に対して，次の2つの点を念頭に置いて構造改革を行った．1つは，経済・財政の非効率的な部分を改革して「小さな政府」をつくること，もう1つは，非効率の象徴ともいうべき公共事業，地方財政に対して強い影響力を保持している自民党内のライバルや族議員をたたきつぶすこと，である．このような観点から，小泉政権は「官から民へ」「規制緩和」というキャッチフレーズのもと，地方の公共事業や補助金・交付税を大きく削減するとともに，道路公団民営化や郵政民営化を押し進め，「小さな政府」を推進するとともに，与党や官僚の利権関係に鋭いメスを入れたのである．

　しかし，小泉構造改革の結果，地域経済は疲弊の度を深め，都市と地方の地域間格差は拡大し，個人間の経済格差も拡大してしまった．この中でも，小泉構造改革が地域経済を一層疲弊させてしまった責任は，特に重大である．なぜなら，小泉政権は地方の中央に対する依存心や甘えなどを批判しているが，そのような地域経済の構造は，これまでの50年間に小泉が所属する自民党政権が作り出してきたものに他ならないからである．しかも，それは，地域の歴史や固有性を踏まえつつ，地域の自治力や自立の胎動を醸成し得るような政策的支援では決してなかった．

(3) 奄振事業と小泉構造改革に対する評価

　ここで，奄振事業と小泉構造改革を比較しつつ，両者について評価を試みてみたい．

　公共事業中心の奄振事業は，奄美経済の自立的発展を大きな目的としていたが，結果的に経済や産業の自立化は達成できなかった．それだけでなく，群島住民の自治や自立の意識・意欲が向上したとも言い難い．なぜであろうか．

　まず，経済の自立化の失敗についてであるが，そもそも，奄美経済の自立化ないし自立的発展という目的に対して，公共事業を中心とした奄振事業が整合

的であったのか，という問題がある．

　奄美経済は，「ザル経済」とよばれる．これは，奄美経済が需要と供給の多くを群島外に依存しており，せっかく国や県から外部資金を調達しても，その多くは群島外へと漏れ出てしまう構造になっていることを意味している[18]．

　たしかに，公共土木事業の断続的・大量の実施は奄美群島に雇用を創出し，郡民所得を押し上げた．しかし，公共事業は，基本的にはそれ自体が収益を生み出すわけではなく，経済効果も他産業に波及しない限り一過性のものにすぎない．それゆえ，効果を持続させようとすれば，また新たな公共事業を次から次へと実施せざるを得ないこととなってしまう．公共事業は一度始めたら容易には止められない，いわば"麻薬"なのである．しかも，大型の事業になればなるほど，東京など郡外に本社のあるゼネコンが受注し，郡内には思ったほど資金は落ちない．

　そうであるならば，奄振事業によって奄美経済の自立化を促すためには，最低限の社会資本を整備することはもちろんであるが，次にしなければならないのは，群島内の資金をできるだけ外へ漏出させず，奄美経済が拡大再生産構造となるよう，地域内産業連関をいかに構築していくかに意を注いでいくことだったはずである[19]．果たしてそのようなことが意識されて奄振事業の政策決定がなされていたのであろうか．結果を見る限り，否であったと言わざるを得ない．奄振事業の大きな問題点の1つとして，奄振事業は公共事業などハード事業中心で，福祉や環境対策などソフト面への支援が極めて少ないことが，しばしば指摘されている．地域産業連関という観点からは，福祉・環境・文化・観光産業などは，地域の資金が域外に流出しにくいものであることから，こうしたソフト面に対して，むしろ積極的に支援を行っていくべきであろう．

　次に，住民の自治・自立の意識の問題についてである．奄振事業を通じて住民の自治や自立の意識・意欲が向上し得なかったのは，端的に言うと，公共事業が利権や集票と結びつき，「公共事業依存型民主主義」[20]となってしまったからである．「戦後，長期にわたった保守政治は，"政官業"が癒着して公共事業にたかり，財政をくいものにする大がかりな利権構造をつくりだした．その結果，公共事業は国民生活の向上のためではなく，いわば建設のための建設，事業のための事業に堕したのである」[21]．こうして地域は"公共事業漬け"にさ

せられ，自然環境は破壊され，自治体財政は破綻の危機を迎えることとなってしまったのである．

一方，国民や住民の側も，「地元により多くの補助金や公共事業を分捕ってくる政治家こそ，偉い政治家」との認識のもと，その候補者に1票を投じて当選させようとする．住民自らは政治家の"腕力"に依存し，地域をよりよくするための行動を何も起こそうとしない．これが，日本に特異な「公共事業依存型民主主義」そして「おまかせ民主主義」の姿である．奄美群島でも1970年代後半から公共事業の配分をめぐる利益誘導型政治が広がり，「土建屋選挙」が横行することとなった．これによって住民は二派に分かれて激しく対立し，お互い深い心の傷と溝をつくってしまった．

奄美群島において「公共事業依存型民主主義」や「おまかせ民主主義」が跋扈するのは，奄振事業の政策決定プロセスにも一因がある．すなわち，奄振事業の計画策定に際して，住民参加の仕組みが極めて不十分であり，住民が主体的に計画策定に関与できる道が実質的に閉ざされているという点である．地域が自立的に発展するためには，地域住民の自治力，地域を創る力量を高めていくことが不可欠である[22]．それなしでは，いつまで経っても行政依存・他力依存の構造は変わらない．特に奄美群島の複雑な歴史を考えた場合，まずなすべきことは，歴史的・政策的に否応なしに植え付けられてきた他力依存・官依存の意識を取り除き，自治・自立へ向けた胎動を醸成していくことであり，そのためには結果だけでなく，プロセスについても住民にコミットしてもらうような仕組みをつくっていくことが重要なのではないであろうか．

人は，自らが参加し，考え，実行してはじめて当事者意識を持ち，責任の意識を持ち得る．そして，そのような試行錯誤のプロセスこそが人を成長させ，自立を促すのである．奄美群島の自立的発展を促す政策的支援のあり方としては，まずは住民が計画策定に主体的に参加し，考え，議論し，決定し，そして事後検証するといった機会をできるだけ設けるようにし，住民力，自治力を向上させていくことが必須である．その場合，行政は主役ではなくあくまでコーディネーター役に徹するべきである．そして，住民の側も，政治家や官僚にまかせきりで自分達は何も行動を起こそうとしない「おまかせ民主主義」や「公共事業依存型民主主義」からは脱却し，「自分達の地域は自分達が創る」とい

う住民自治の基本精神に立ち返り，住民間あるいは住民と専門家とのネットワークを積極的に形成することによって住民力を持続的に向上させていくことが欠かせない．

次に，小泉構造改革について評価してみよう．小泉政権は，従来型自民党政権が公共事業を介して"政官業複合体"を形成して財政をくいものにしていることを問題視し，道路公団民営化や，財政投融資資金の原資を供給してきた郵政の民営化などを断行するとともに，公共事業費を大きく削減した．また，「地方には無駄が多い」「地方は甘えている」などとして，国庫補助金や地方交付税の削減も行った．

このように，小泉政権が公共事業関連の"政官業"利権構造を強く批判し，これを断ち切ろうとしたこと，および，地方で無駄な公共事業が多く行われ，その結果，国・地方の財政赤字が拡大し，環境破壊が進行し，地方を中心に「公共事業依存」型経済および「公共事業依存型民主主義」がはびこってしまったことを問題視し，これを削減したことは，極めて妥当な政策判断であり，基本的方向性については評価し得る．特に，公共事業をめぐるこれまでの経緯や今後の経済・財政状況などを踏まえた場合，持続可能で自立的な地域経済を構築していくためには，「公共事業依存」型経済を是正し，産業構造の転換を図っていくことが不可避である，という示唆が見られる点において，小泉政権の洞察には注目すべきものがあった．

しかしながら，そのような施策を現実に実行に移したならば，公共事業は地域経済の中で大きなウェイトを占めていることから，建設業を中心に地方の雇用状況は急速に悪化し，地域経済が甚大な痛みを被ることは自明の理であった．そのような痛みをできうる限り軽減しつつ，産業構造の転換が図られるよう，人的能力を高めるための施策をセットにした雇用対策やセーフティネット充実化政策を行ったり，あるいは現場に最も近くよりきめ細かな対応が可能な地方自治体へ財源を大幅に移譲するなど，十分な配慮を行うことが，国民の生命と生活を守る為政者として，当然の責務だったはずである．

ところが，小泉政権は公共事業や補助金・地方交付税は削減する一方，そのようなセーフティネット充実化政策や地方への大幅な財源移譲などは，「自己責任」の論理のもと，ほとんど行わなかった．というより地域経済にとって公

共事業や補助金・地方交付税の配分そのものがセーフティネットの役割を果たしていたわけであるから，それらを削減することによって，むしろセーフティネットを崩壊させてしまったと言うことができる．

　小泉構造改革において，地方交付税の削減は特に問題の大きな政策であった．市場経済のもとでは，規模の経済性により，市場規模の小さな地方から市場規模の大きな大都市へと，資本や労働力など経済的機能の集中が進み（逆流効果），地域間格差がますます拡大していくことは避けられない[23]．そのような逆流効果および地域間格差を是正し，日本全国どこの地域に住んでいようと最低限のナショナル・ミニマムの行政サービスを受けられるよう歴史的に発展してきたのが地方財政調整制度であり，日本で言えば地方交付税制度である．しかも，市場規模の小さな地方へ行けば行くほど，地方交付税は地域内産業連関を意識した経費支出を行うことによって地域内再投資力を高め，地域経済の浮揚を図ることのできる極めて重要な財源である．たしかに地方交付税の制度や運用には多くの問題点があり，それらを改革していくことは不可欠である．しかし，小泉政権は改革というよりもむしろ安易なカットに走ってしまった．このような安易な政策では，地域経済は疲弊し，地域間格差はますます拡大し，長い目で見るならば，日本経済全体が活力を低下させていってしまうと言わざるを得ない．

　さらに小泉政権は，国の財政や年金・医療財政などが急速に悪化する中にあって，社会保障費抑制改革にも切り込んだ．その結果，医療・年金・障害者福祉など社会保障制度の空洞化や機能不全に拍車がかかった．そのような政策によって従来にもまして大きな苦しみを受けているのは，低所得者や母子世帯や障害者など，社会的弱者の人々である．

　こうしてみると，小泉構造改革はまさに「地方切り捨て」「弱者切り捨て」だと言わざるを得ない政策であり，このような強引かつ乱暴な手法が，小泉構造改革の負の遺産として，現在大きな問題となっているのである．

5. おわりに

本章では，地域開発政策，小泉構造改革いずれも問題の多い政策であり，地

域経済の自立的発展を促すようなものではなかったことを，奄美群島の事例をもとに明らかにした．奄美群島の事例から得られた示唆や教訓としては，次の諸点にまとめることができる．

①地域が自立的に発展するための大前提として，いかにして地域住民の自治力・自立への胎動を高めていくかということが決定的に重要である．

②そのための政策的支援としては，行政はコーディネーター役に徹して住民参加の仕組みや場を作ること，そして，結果だけでなくプロセスについても住民にコミットしてもらい，住民の自治力を高めていくことが重要である．

③地域経済の自立的発展のためには，地域経済が拡大再生産構造となるよう，地域内産業連関を意識した地域内経済循環構造を構築していく必要がある．福祉・環境・文化・観光産業などは，地域内の資金が域外に流出しにくい産業だという点で有望である．

④国や県などが地域に対して政策的支援を行う際には，その地域の歴史をはじめ，自然環境，文化，風土，慣習，価値観など，地域の固有性に最大限配慮すべきである．

⑤従来型自民党政権による公共事業中心の政策的支援策は，地域内産業連関という点からも，利権と集票という点からも，さらには環境破壊，財政危機，公共事業依存型民主主義などといった点からも大きな問題を含んでおり，持続可能で自立的な地域政策手法とは言えない．

⑥だからといって，小泉構造改革のように，歴史的・政策的経緯を顧みることなく，代替支援策なしに突然バッサリ公共事業や補助金・地方交付税等をカットする手法はあまりにも強引かつ乱暴な政策だと言わざるを得ない．セーフティネット充実化策や雇用対策など，できうる限り地方の痛みを軽減させつつ産業構造の転換を図っていくべきである．

⑦地域政策はその地域のことを最もよく知っている当事者——住民，企業，NPO，地元自治体など——が主体となって政策形成を行っていくべきである．その意味においても，利権や集票がらみの国による補助金行政は基本的には廃止し，地方に大幅に税源移譲を行い，地方分権改革を推進していくべきである．

⑧ただし，地方交付税は，逆流効果や地域間格差の是正，地域内再投資力の強化による地域経済の浮揚などの観点から，地域経済にとって極めて重要な財源であり，その意義や役割について，再認識すべきである．

　これまで奄美の人々は，数奇で複雑な歴史と政策に翻弄され続けてきた．「癒しの島あまみ」が鹿児島県の宝，日本の宝として，その豊かな固有価値をまもりつつ，これまでの経験を糧にして，日本復帰時のように，人々が一丸となって地域経済の自立化・活性化に邁進していくことを期待したい．

注
1) 原口他（1999）215ページ．
2) 芳・塚田監修（1995）367ページ．
3) 稲野（2008）127ページ．
4) 皆村（2003）27-29ページ．
5) アメリカ軍政府の経済政策について，エルドリッヂは「不幸なことに，軍政府には，十分な能力を持つ人材が不足しており，ビジネスや経済学の専門家がいなかった．これは，軍政府の設置以前から指摘されていた問題であった」と指摘している．エルドリッヂ（2003）83ページ．
6) 皆村（2003）33ページ．
7) エルドリッヂ（2001）113-114ページ．
8) 吉田（1995）66-69ページ．
9) 「住民の生活水準を戦前（昭和9-11年）の本土並みに引き上げる」という目標について，西村教授は，「この基本方針は現時点ではとても容認できない．当時の奄美住民の生活水準が極端に低ければ低いほど，当時の鹿児島県本土並みを目標にすべきであり，それを20年前の生活水準を目標にすること自体，差別行政といいたくなる．また，『琉球諸島との関係をも考慮して』奄美群島の復興は，沖縄の復帰運動を刺激しない程度の，低い水準での復興にしなければならないということは，政治判断が働きすぎだといわざるを得ない」と強く批判している．西村（2007）115ページ参照．
10) 吉田（1995）128ページ．
11) 鹿児島県（2006）22-23ページ．
12) ただし，近年は停滞傾向が続いており，たとえば2007年の1人当たり郡民所得は198.4万円（鹿児島県の84.3％，全国の67.6％）となっている．
13) 『朝日新聞』2004年11月12日付．
14) 吉田（1995）28ページ．
15) 大津（1999）107ページ．
16) 田島（2005）61ページ．
17) 広井（2006）54ページ．
18) 皆村（2003）94-95ページ．

19) 岡田（2005）166ページ．
20) 保母（2001）78ページ．
21) 小森（2005）63ページ．
22) 小田切（2006）178ページ．
23) 山田（2007）276ページ．

参考文献

稲野慎（2008）『揺れる奄美，その光と陰』南方新社．
エルドリッヂ，ロバート・D.（2001）「『復帰運動』の結束力に学ぶ」『それぞれの奄美論・50-奄美21世紀への序奏－』南方新社．
エルドリッヂ，ロバート・D.（2003）『奄美返還と日米関係－戦後アメリカの奄美・沖縄占領とアジア戦略－』南方新社．
大津幸夫（1999）「奄振45年の総決算－政策決定プロセスの問題点－」鹿児島県立短期大学地域研究所編『奄美群島の経済社会の変容』鹿児島県立短期大学地域研究所．
岡田知弘（2005）『地域づくりの経済学入門－地域内再投資力論－』自治体研究社．
小田切徳美（2006）「地域づくりの論理と新たな展開」矢口芳生編『中山間地域の共生農業システム－崩壊と再生のフロンティア－』農林統計協会．
鹿児島県（2006）『鹿児島県史』（第6巻上・下巻）．
鹿児島県（2001）『奄美群島振興開発事業の成果』（平成6年度～平成10年度）．
鹿児島県（2006）『奄美群島振興開発事業の成果』（平成11年度～平成15年度）．
鹿児島県（1998）『奄美群島振興開発総合調査報告書』（平成10年3月）．
鹿児島県（2008）『奄美群島振興開発総合調査報告書』（平成20年3月）．
鹿児島県大島支庁『奄美群島の概況』各年度版．
芳即正・塚田公彦監修（1995）『鹿児島県風土記』旺文社．
菊地裕幸（2007）「奄美経済の自立的発展への道」『リージョン』7号（2007.4.20），渕上印刷株式会社．
小森治夫（2005）『地域開発政策における公共事業の財政問題』高菅出版．
田島康弘（2005）「奄美振興開発事業と建設業」山田誠編『奄美の多層圏域と離島政策－島嶼圏市町村分析のフレームワーク』九州大学出版会．
西村富明（2007）『検証，鹿児島・奄美の戦後大型公共事業』南方新社．
原口泉・永山修一・日隈正守・松尾千歳・皆村武一（1999）『鹿児島県の歴史』山川出版社．
広井良典（2006）『持続可能な福祉社会－「もうひとつの日本」の構造』ちくま新書．
保母武彦（2001）『公共事業をどう変えるか』岩波書店．
水谷守男・菊池裕子・宮野俊明・菊地裕幸（2007）『地方財政－理論と課題－』勁草書房．
水野修（1993）『炎の航跡－奄美復帰の父・泉芳朗の半生－』潮風出版社．
皆村武一（2003）『戦後奄美経済社会論－開発と自立のジレンマ－』日本経済評論社．
山田浩之・徳岡一幸編（2007）『地域経済学入門』（新版），有斐閣コンパクト．
吉田慶喜（1995）『奄美の振興開発－住民からの検証』本処あまみ庵．

あとがき

　本書は，北海道・鹿児島・沖縄という日本の周辺地域に立地する私立大学院の3研究科が，研究分野，学派，考え方を超えて，広義の地域経済について継続的に研究してきた成果を世に問うものである．

　わが国の発展は地域の発展とともにあったと言っても過言ではない．地方はわが国の近代国家を築く大きな原動力となった．また，政治家だけでなく多くの優秀な人材を世に送り出してきた．地方の元気がわが国の元気を支えてきた．東日本大震災の結果をみても，中央の大都市だけで，わが国の発展を実現できるものではないことは明らかである．

　にもかかわらず，近年には，地方の衰退は目に余るものがある．このようななかで，札幌大学大学院経済学研究科，鹿児島国際大学大学院経済学研究科，沖縄国際大学大学院地域産業研究科の3つの研究科は，2002年12月から毎年持ち回りで共同シンポジウムを開催し，それぞれの研究成果を発表してきた．共同シンポジウムの開催のきっかけは，札幌大学大学院経済学研究科の呼びかけに，他の2研究科が賛同したことであったが，早くも10周年を迎えることとなった．3研究科が「地域と経済」を看板に掲げているとはいえ，ここまで続けてこられたのは，3大学院の構成員の地域経済に対する熱い情熱があったからこそである．とりわけ，札幌大学の黒柳俊雄研究科長（当時），桑原真人教授（現学長），沖縄国際大学の渡久地朝明名誉教授（前学長），富川盛武教授（現学長），大城保現研究科長，鹿児島国際大学の岩野茂道研究科長（当時），本多健吉元研究科長等の各位には，並々ならぬ御尽力をいただいた．ここに深く感謝の意を表したい．

　本書は，9年間の3大学院の共同シンポジウムの研究報告を3つの分野に厳選し，新たに手を加えて補正したものである．構成は以下のようになっている．

　第Ⅰ部「地域の歴史とグローバリゼーション」では，北海道・鹿児島・沖縄の地域の特質について歴史的視点から研究している．まず，第1章の桑原論文

は，北海道，沖縄，鹿児島の歴史的な特質とその関連性について考察している．近代の北海道と沖縄に関する「内国植民地論」について検討するとともに，近世の「四つの口」論（長崎，対馬藩，薩摩藩，松前藩の交易）をとりあげて，薩摩藩・琉球を通じた対中国ネットワーク，松前藩・アイヌを通じた対ロシアネットワークに注目している．また，近世後期に，北海道の昆布が日本列島を縦断して鹿児島・沖縄に流通し，中琉貿易において大きな役割を果たしたという説に言及している．

第2章の来間論文は，琉球の歴史と地理的特質を俯瞰し，沖縄の特殊性を明らかにしている．中国と薩摩の狭間で確立された「琉球近世」，本格的な日本編入期の近代，基地を抱えた戦後沖縄の特質について分析し，沖縄にとって，地域の個性を重視した経済理論がとりわけ重要であることを強調している．

第3章の石井論文は，北海道の重要特産物である甜菜栽培の発展に寄与したドイツ人招聘農家について検討している．明治23年に北海道庁によって招聘された2戸のドイツ人農家が，甜菜栽培のヨーロッパ式中農経営を実践し，酪農・輪作・農具が北海道でも活用できることを実証した．これにより，ヨーロッパ式中農経営が直ちに広がることはなかったが，農家を刺激し，十勝の地に確たる足跡を残したと評価している．

第4章の中村論文は，鹿児島の特質を歴史の視点から分析している．薩摩藩は加賀藩に次ぐ大藩であったが，実質石高は名目よりもかなり低かった．平地が少なく，火山灰の地質であるうえ，武士の割合が多く，士族中心社会であった．辺境の地で幕府の統制が十分に効かず，薩摩暦等があり，琉球を通じた外国との交易があった．外来者を「よそもん」とする傾向が強い．現在，鹿児島の県民所得は全国で最下位に近い．有能な人は，江戸・東京に向かう傾向がある．鹿児島の発展のためには，米作を脱却し，近距離にあるアジア地域に目を向け，新たな価値観を創出することが求められると指摘している．

第5章の富川論文は，沖縄の歴史的特性と地政学的優位性を活かして「アジアの沖縄」として自立経済を確立し，発展させる方策を提唱している．具体的には，沖縄のキャパシティからみて観光客の量的拡大には限界があるので，アジアの富裕層を狙った医療・環境等を含む観光に力点をおくとともに，アジアの物流拠点として低コストの「アジアのセカンダリー空港」を構築し，さらに

ネットビジネスを拡大すべきだとしている．その際，経済統合に適合する新たな特区制度を導入し，沖縄を「世界に開かれた交流と共生の島」とすることが重要であると説いている．

第II部「地域における産業振興」では，北海道・鹿児島・沖縄の3地域を中心に，地域の産業振興策について多角的に研究している．第6章の松本論文は，観光産業を通じた地域振興に関して，観光客の入り込み数の追求を疑問とし，観光を通じたネットワークによる交流人口の増大を目指すことの重要性を解明している．最近の観光は，顧客ニーズが多様化し，ニューツーリズム（エコツーリズム，グリーンツーリズム等）に変化してきており，交流人口が増大することが地域振興に寄与する．北海道の美瑛町の事例を分析し，畑作景観（自然景観）→観光客の来訪→アーティストの流入→ペンション・オーベルジュの立地→地元農家の直販ビジネス→観光客の来訪…といった好循環が地域の振興に貢献していることを示している．

第7章の宮森論文は，長期滞在型観光に焦点を絞って，今後の沖縄観光発展の新たなモデルを提示している．長期滞在型観光は海外希望が多いが，非日常的なものに触れられる点では沖縄も優位性がある．医療の心配がないうえ，非寒地としても有望である．わが国のシニア層の長期滞在型観光のニーズが高まることが予測されるなかで，南国ムード漂う非寒地，琉球舞踊などの伝統芸能等，キメ細かなセールス戦略を構築し，長期滞在者用の宿泊施設の整備や割引率の設定を行うほか，観光客を受け入れる心を県民が醸成すべきであると提言している．

第8章の長尾論文は，森林産業クラスターの育成を目指した北海道下川町の事例研究を通じて，過疎地における産業クラスター型地域振興について検討している．共同体の繋がりが弱い北海道において，過疎地の地域活性化策として，まず自治体が地域づくりを働きかけ，それを住民主導に切り換えるモデルとして，下川町のNPO「森の生活」の7つの事業活動，「しもかわ学会」の町民交流の拠点づくりとまちづくり人材の育成，それらをサポートする第三セクター「下川町ふるさと開発振興公社クラスター推進部」の活動を概観し，内発的発展のビジネスモデルについて分析している．

第9章の村上論文は，北海道と沖縄の事例を通じて，地域振興の光と影につ

いて検討している．北海道夕張市の「炭鉱から観光へ」を合言葉とする大規模投資が夕張市を財政破綻に導いた．沖縄では，本土復帰以降，国費による地域振興策が推進されているが，沖縄は一度も自立できたことがない．沖縄の産業構造は，公企業，大手企業の支店，地方中小企業で形成されており，サービス業が中心である．一般企業とNPO（貧困・福祉等を含む）との共存が図られ，企業が社会的責任を果たすことによって沖縄経済の発展が実現されると指摘している．

第10章の兪論文は，沖縄県石垣市の事例研究を通じて，沖縄のさとうきび生産と環境保全型農業の課題について考察している．石垣市では，農業収入に依存する小規模高齢化農家が多く，さとうきび生産が耕種業で最大の割合を占めている．さとうきび生産に伴う赤土流出問題を防止することが重要課題となっているなかで，流出防止策が農家の負担となっている．環境・観光等への影響に対する認識の高い農家は対策を講じているが，農家のさらなる意識向上，地域ぐるみの支援，国・自治体の環境保全に対する経済的支援システムの構築が必要なことを指摘している．

第11章の廣瀬論文は，沖縄のマンゴーを事例にブランド力の強化と栽培履歴等に関する調査と提言を行っている．沖縄産と宮崎産との品質を比較して，宮崎産が糖度・酸度が高く，沖縄産が相対的に淡白であるが，この差異は生産者の意図を反映している．また，沖縄のマンゴー生産者は小規模の家族経営が多いが，気候条件によって収益性が高いので，栽培履歴情報の導入によってブランド力を高めようというインセンティブが働かない．今日のネットワーク社会のなかで，沖縄のマンゴー生産者に便益が実感できるように，公開された品質保証基準を整備するとともに栽培履歴情報の蓄積を促進することを提唱している．

第12章の富澤論文は，地方における産業振興策としての分工場の実態調査を行い，今後の対応の仕方について提言している．地方の自治体は，企業誘致を行って産業振興を図ろうとしてきたが，必ずしも成功していない．企業は競争環境の変化に機敏に対応して工場の撤退を容易に行うが，地方は工場の撤退に迅速に対応できない．企業の業績や意思決定に従属させられている分工場経済は本質的に不安定性を伴っているので，分工場との情報交換を密にするとと

もに，在来の企業・産業を基礎に厚みのある就業構造を作り出し，持続可能な経済を地道に構築していくことが重要であると指摘している．

　第III部「まちづくりの課題と行財政」では，3地域を中心におきながら，全国的なレベルでも妥当するまちづくりや行財政に関する研究と提言を行っている．第13章の鈴木論文は，地方中枢都市である札幌市の都市再生・大規模再開発事業に関して，①JRタワーを含む都心商業機能に対する住民評価意識構造，②都心核間の交通環境整備に対する住民評価意識構造について，調査・分析を行っている．①については，評価結果と売上高に強い相関性があり，年齢別平均でJRタワーの満足度が高く，JRタワーの出現が西武百貨店の撤退に繋がったこと，②については，札幌駅前通地下歩行者空間整備に市民の7割が賛成し，地上部では，自転車専用スペース，歩行環境の改善を望む声が強いことを示している．

　第14章の衣川論文は，地方都市の中心市街地の昨今の厳しい衰退の実態と原因，新旧まちづくり3法の果たした役割，行政主導の再開発ビルを目玉とした中心市街地活性化政策の問題点，および今後の中心市街地活性化の方向性について考察している．また，行政主導の中心市街地活性化政策がほとんど失敗しているのに対して，民間主導の活性化政策が効果をあげていることを指摘している（丸亀方式，黒壁方式，浜の町方式）．さらに，中心市街地の活性化が都市の経営に及ぼすメリット，地方分権の推進の必要性についても指摘している．

　第15章の前村論文は，1990年代の地域分権の動き，その後の「三位一体改革」（国家補助負担金・地方交付金・財源移譲の改革），道州制，「地域主権戦略大綱」を概観し，地方財政の推移について分析している．国と地方の対立，地方間の対立，官僚機構の抵抗等があって困難を伴うが，国の権限と財源を地方へ移譲するとともに，富の再分配（公平性）という公共部門の機能を存続させて，住民へのよりよい公共サービス，住民の生活向上を実現することを提唱している．また，自治体が財政構造改革を推進し，行政運営能力を向上させることの必要性を指摘している．

　第16章の岩崎論文は，北海道では札幌と一部の産業都市を除き，農林水産業と建設業以外にみるべき産業がないことを指摘し，岩見沢市の事例研究を行

っている．岩見沢市では，就業人口の比率の高い建設業が減少し，消費者が郊外の大規模店舗や札幌 JR タワーなどに流出し，商店街がシャッター街となり，農業のグローバル化によって農業が疲弊している．北海道の発展のためには，第 1 次産業を基礎に第 2・3 次産業の有機的結合を図り，外部資本の導入や「上からの指導」を極力回避し，地域の資源・人材を基礎にした内発的発展の道を探ることが肝要であると結論づけている．

第 17 章の菊地論文は，奄美群島の事例を通じて，政府の地域振興政策が自治体財政に及ぼす影響等ついて研究している．「奄美群島振興特別措置法」による振興事業は，奄美経済の発展と本土との所得格差の縮小に寄与したが，同時に公共事業依存経済をつくりだし，公共事業なしでは生きていけなくしたこと，奄振事業の補助金はあまり地元に落ちず，振興事業が増えれば増えるほど自治体の負担を累積させて財政危機をもたらしていることを解明している．結論として，地域経済の自立的発展には，地元を最もよく知っている地元の人々が主体となって政策形成に参加することが重要であることを指摘している．

以上のように，本書は，今日の地域経済が抱える重要課題と政策について幅広く研究し，提言を行っている．各研究が共通に示していることは，産業振興であれ，まちづくりであれ，行財政改革であれ，地方のことは地方に権限と財源を移譲すべきであるということである．東日本大震災については，ほとんど言及する余裕がなかったが，東北のまちの復興においても，この原則は妥当すると考えられる．思い切った施策が実行されることを期待したい．

本書には，地域経済に関する多彩な知見が各所にちりばめられている．自治体関係者，産業振興やまちづくりに関与されている方々だけでなく，多くの方々に本書をご一読いただき，地域問題について考えていただく一助となれば幸甚である．

われわれ 3 つの大学院研究科としては，この共同シンポジウムをさらに深化・発展させ，地域の再生・発展のために実効ある研究と提言を続けていきたい．

本書の刊行にあたっては，札幌大学総合研究所より出版助成，沖縄国際大学より研究成果刊行奨励費，鹿児島国際大学より記念誌刊行助成の交付をそれぞれ受けた．ここに記して感謝したい．

最後になったが，本書の出版を引き受けて下さった日本経済評論社の栗原哲也社長ならびに清達二，梶原千恵両氏に厚く御礼を申し上げたい．

　2011年10月

衣川　恵

執筆者紹介(章順．*編者)

*松本 源太郎（まつもと・げんたろう）序章，第6章
　札幌大学大学院教授．主な業績：『経済のサービス化と産業政策』（北海道大学出版会，2001年），「地域経済と観光」（小林・佐藤編著『生活見なおし型観光とブランド形成』（財北海道開発協会，2008年）

*村上 了太（むらかみ・りょうた）序章，第9章
　沖縄国際大学大学院教授．主な業績：『日本公企業史』（ミネルヴァ書房，2001年），「医療従事者以外の利害関係者によるタバコ対策」『経済論集』第6巻第2号（沖縄国際大学，2010年3月）

*菊地 裕幸（きくち・ひろゆき）序章，第17章
　鹿児島国際大学大学院准教授．主な業績：『地方財政－理論と課題』（共著，勁草書房，2007年），「シジウィックの租税思想と分配政策」（博士論文・京都大学，2006年）

桑原 真人（くわばら・まさと）第1章
　札幌大学学長．主な業績：『近代北海道史研究序説』（北海道大学図書刊行会，1982年），『北海道の歴史 下 近代・現代編』（共著，北海道新聞社，2006年）

来間 泰男（くりま・やすお）第2章
　沖縄国際大学名誉教授．主な業績：『稲作の起源・伝来と"海上の道"』（日本経済評論社，2010年），『沖縄経済の幻想と現実』（日本経済評論社，1998年）

石井　聡（いしい・さとし）第3章
　札幌大学大学院准教授．主な業績：『もう一つの経済システム－東ドイツ計画経済下の企業と労働者』（北海道大学出版会，2010年），「現代ドイツにおける『社会的市場経済』の変容－2003年閉店時間法改正論議を手がかりに」廣田功編『現代ヨーロッパの社会経済政策』（日本経済評論社，2006年）

中村 明蔵（なかむら・あきぞう）第4章
　元鹿児島国際大学大学院教授．主な業績：『薩摩民衆支配の構造』（南方新社，2000年），『隼人の古代史』（平凡社，2001年）

富川 盛武（とみかわ・もりたけ）第5章
　沖縄国際大学学長．主な業績：『台湾の企業成長とネットワーク』（白桃書房，2002年），『沖縄の発展とソフトパワー』（編著，沖縄タイムス社，2009年）

宮森 正樹（みやもり・まさき）第7章
　沖縄国際大学大学院教授．主な業績：「沖縄の観光資源とロングステイ」富川盛武編著『沖縄の発展とソフトパワー』（沖縄タイムス出版，2009年），「北米のゲーミングの現状と今後の展望」『産業総合研究』（沖縄国際大学，2008年）

長尾 正克（ながお・まさかつ）第 8 章
前札幌大学大学院教授．主な業績：『グリーン・ツーリズム　北海道からの発信』（編著，筑波書房，2011 年），「森高牧場」（佐藤郁夫・森永文彦・小川正博編著『北海道の企業　2』（北海道大学出版会，2008 年）

兪 炳 強（ゆ・へいきょう）第 10 章
沖縄国際大学大学院教授．主な業績：『地域発展戦略へのアプローチ－地域におけるアイデンティティ・イノベーション・アメニティの創造に向けて』（共編著，泉文堂，2001 年），『基盤整備と地域的合意形成』（農林統計協会，1993 年）

廣瀬 牧人（ひろせ・まきと）第 11 章
沖縄国際大学大学院教授．主な業績：『地域特性の数量的評価と沖縄の様相』（共編著，泉文堂，2003 年），『地域発展戦略へのアプローチ－地域におけるアイデンティティ・イノベーション・アメニティの創造に向けて』（共編著，泉文堂，2001 年）

富澤 拓志（とみざわ・ひろし）第 12 章
鹿児島国際大学大学院准教授．主な業績：「工業統計表による製造業の地域性同定の試み－『東葛・川口地域』を素材として」『地域総合研究』第 34 巻第 2 号，（鹿児島国際大学地域総合研究所，2007 年 2 月），「地方における産業振興の課題」『産業立地』第 49 巻第 1 号（日本立地センター，2010 年 1 月）

鈴木 聡士（すずき・そうし）第 13 章
北海学園大学大学院准教授．主な業績：Soushi Suzuki, Peter Nijkamp, Piet Rietveld, Eric Pels (2010) "A Distance Friction Minimization Approach in Data Envelopment Analysis: A Comparative Study on Airport Efficiency," *European Journal of Operational Research*, Volume 207, Issue 2, pp. 1104-1115. Soushi Suzuki, Peter Nijkamp, Piet Rietveld (2011) "Regional efficiency improvement by means of data envelopment analysis through Euclidean distance minimization including fixed input factors: An application to tourist regions in Italy," *Papers in Regional Science*, Volime 90, Number1, pp. 67-89

衣川 恵（きぬがわ・めぐむ）第 14 章，あとがき
鹿児島国際大学大学院教授，副学長．主な業績：『地方都市中心市街地の再生』（日本評論社，2011 年），『新訂　日本のバブル』（日本経済評論社，2009 年）

前村 昌健（まえむら・しょうけん）第 15 章
沖縄国際大学大学院教授．主な業績：「地方財政」星野泉・小野島真編著『現代財政論』（学陽書房，2007 年），「一般財源補塡のしくみ」池宮城秀正編著『地域の発展と財政』（八千代出版，2000 年）

岩崎 徹（いわさき・とおる）第 16 章
札幌大学大学院教授．主な業績：『農業雇用と地域労働市場－北海道農業の雇用問題』（編著，北海道大学図書刊行会，1997 年），『北海道農業の地帯構成と構造変動』（編著，北海道大学出版会，2006 年）

地方は復活する
——北海道・鹿児島・沖縄からの発信

2011年11月15日　第1刷発行

定価(本体4000円+税)

編者　三大学院共同出版編集委員会
　　　松　本　源太郎
　　　村　上　了　太
　　　菊　地　裕　幸

発行者　栗　原　哲　也

発行所　株式会社　日本経済評論社
〒101-0051　東京都千代田区神田神保町 3-2
電話 03-3230-1661／FAX 03-3265-2993
E-mail: info8188@nikkeihyo.co.jp
振替 00130-3-157198

装丁＊渡辺美知子　　　　藤原印刷／高地製本所

落丁本・乱丁本はお取替いたします　　Printed in Japan

© Gentaro Matsumoto, Ryota Murakami,
and Hiroyuki Kikuchi et al. 2011

ISBN978-4-8188-2187-3

・本書の複製権・翻訳権・上映権・譲渡権・公衆送信権（送信可能化権を含む）は，㈳日本経済評論社が保有します。

・JCOPY 〈㈳出版者著作権管理機構　委託出版物〉
本書の無断複写は著作権法上での例外を除き禁じられています。
複写される場合は、そのつど事前に、㈳出版者著作権管理機構
（電話 03-3513-6969, FAX 03-3513-6979, e-mail: info@jcopy.or.jp）の許諾を得てください。

福与徳文
地域社会の機能と再生
　　　　　　　A5判　本体2800円

戸数や人口の減少，高齢化によって低下した資源管理，自治，生活互助，価値文化維持などといった農村の地域社会の機能を計画的に再生する方法を明らかにする．

本間義人・檜槇貢・加藤光一・木下聖・牧瀬稔著
地 域 再 生 の ヒ ン ト
　　　　　　　四六判　本体2400円

永田町，霞ヶ関の地方支配からの離脱．カギは市民と地域社会のパワー．本格的な地域再生に向けてのヒントを提示．

橘川武郎・篠﨑恵美子著
地域再生　あなたが主役だ
　－農商工連携と雇用創出－
　　　　　　　四六判　本体2000円

地域経済の再生を図るため，その鍵を握る農商工連携と雇用創出のメカニズムを明らかにする．青森のリンゴ産地や釜石の事例など様々な取り組みを紹介し道しるべとなす．

足立基浩著
まちづくりの個性と価値
　－センチメンタル価値とオプション価値－
　　　　　　　A5判　本体3400円

衰退する地方都市や中心市街地では愛着あるスポット，歴史や文化，魅力的な場所が放置状態にある．そんなセンチメンタル価値で個性的なまちづくりを提唱．想い出の価値はいくらか．

野崎道哉著
地 域 経 済 と 産 業 振 興
　－岩手モデルの実証的研究－
　　　　　　　A5判　本体4000円

花巻市や北上市，宮古市など岩手県などの地方自治体による地域産業政策の現状と課題について定性的定量的に分析し，自治体が直面する諸課題に対する分析視角を提示する．